◎许光中 / 著

# 青海推进新型城镇化问题研究

*A Study on the Push of New Type Urbanization in Qinghai Province*

中国财经出版传媒集团

经济科学出版社
Economic Science Press

**图书在版编目（CIP）数据**

青海推进新型城镇化问题研究/许光中著．—北京：经济科学出版社，2017.8

ISBN 978－7－5141－8272－9

Ⅰ.①青…　Ⅱ.①许…　Ⅲ.①城市化－研究－青海
Ⅳ.①F299.244

中国版本图书馆 CIP 数据核字（2017）第 180793 号

责任编辑：庞丽佳
责任校对：王肖楠
责任印制：邱　天

**青海推进新型城镇化问题研究**
许光中　著
经济科学出版社出版、发行　新华书店经销
社址：北京市海淀区阜成路甲 28 号　邮编：100142
总编部电话：010－88191217　发行部电话：010－88191522
网址：www.esp.com.cn
电子邮件：esp@esp.com.cn
天猫网店：经济科学出版社旗舰店
网址：http：//jjkxcbs.tmall.com
固安华明印业有限公司印装
710×1000　16 开　21.25 印张　400000 字
2017 年 8 月第 1 版　2017 年 8 月第 1 次印刷
ISBN 978－7－5141－8272－9　定价：56.00 元
**（图书出现印装问题，本社负责调换。电话：010－88191510）**

# 序

近年来，中国发展面临的外部环境和内部条件都发生了很大的变化。世界经济持续低迷，贸易保护主义明显抬头，发达经济体推行的量化宽松货币政策，对中国经济发展带来了巨大冲击。从国内情况看，中国经济已进入“新常态”，在外需不振的情况下，城镇化在我国经济社会发展中的作用和地位进一步凸显。牢牢把握住扩大内需这一战略基点，积极稳妥推进新型城镇化成为党的十八大以来中国政府推动经济社会发展的一个重要选择。

自改革开放以来，中国城市迅速发展，城镇化进程的速度达到同期世界城市化进程速度的两倍。但快速发展的城镇化在经济低迷逐渐成为全球经济“新常态”的情况下，中国粗放推进的城镇化出现了一些亟待解决的问题。面对各种问题，进一步提高城镇化的质量和科学发展水平成为新时期推进城镇化的重要内容。

党的十八大报告提出要坚持走中国特色新型工业化、信息化、城镇化、农业现代化道路。党的十八届三中全会明确提出要走中国特色新型城镇化道路，随后召开的中央城镇化工作会议进一步强调“走中国特色、科学发展的新型城镇化道路。”2014年3月《国家新型城镇化规划（2014～2020年）》正式出台，标志着中国新型城镇化进入了实际的实施阶段。中央政府创新思路，走中国特色新型城镇化道路，使中国的城镇化站在了新的起点上。

中央政府提出的新型城镇化是“质量明显提高”的城镇化、是“四化”同步的城镇化、是“以人为核心”的城镇化、是“以城市群作为主体形态”的城镇化，地处青藏高原的青海省如何按中央政府的要求有效地推进新型城镇化，成为青海社科界广泛关注的课题。

我校经济管理学院硕士研究生导师许光中教授在研究国务院印发的《全国主体功能区规划》、《国家新型城镇化规划（2014～2020年）》和十八大以来中央政府出台的一系列有关推进新型城镇化的政策、《青海省城镇体系规划（2015～2030年）》、《青海省人民政府关于深入推进青海省新型城镇化建设的实施意见》等文件的基础上结合青海的实际情况写就的《青海推进新型城镇化问题研究》一书，对青海如何推进新型城镇化的问题进行了比较深入的研究。

本书立足于青海区域的特殊性，在探寻青海省城镇化发展的现状和存在问题的基础上，从青海推进新型城镇化的机遇与优势入手，系统地分析了城镇化与经济增长的关系、提出了青海推进新型城镇化的战略选择，然后从城市群建设、县域经济发展、牧区的城镇化问题、外向型经济发展、人口问题等方面对青海推进新型城镇化的路径进行了研究，提出了具有可操作性的政策建议。

在青海推进新型城镇化的路径上，作者通过定性研究与定量分析提出，青海的城镇化进程与经济增长具有很强的相关性，新型城镇化的提出为青海城镇化的发展提供了一个非常好的新机遇，青海要及时抓住这个机遇，确立生态型城镇化发展战略，以大力发展东部城市群、筹建西部城市群并借助于“一带一路”建设，发展外向型经济，扶持外向型企业，以向外发展带动青海产业结构转型，实现青海区域经济的均衡发展；以土地流转促进县域农牧业现代化，进而带动小城镇建设，实现现代农牧业与小城镇的良性互动，最终实现县域范围内的城乡一体化；以生态经济、绿色经济构建牧区的产业体系，促进牧区的新型城镇化发展；以完善基础教育、职业教育来提升各民族人口的素质，为推进新型城镇化进程中人口向城镇的集聚及城镇中多民族融合发展提供条件；以提高各民族的人口素质为核心，积极推进流动人口市民化，促进人口在城镇的有效集聚。

在城镇建设方向上，作者提出，受制于青海地广人稀的现实和国务院印发的《全国主体功能区规划》的要求，青海推进新型城镇化应走提升大城市（城市群）的质量、扩大中等城市的数量，完善小城镇功能的城镇体系建设之路。以发展大城市（城市群）带动全省经济社会发展，以中等城市建设带动县域城镇的发展，以完善小城镇的功能带动农牧区实现农牧业现代化的城镇化发展思路。

2001年诺贝尔经济学奖获得者斯蒂格列茨认为，新世纪对于中国有三大挑战，居于首位的就是中国的城镇化。他提出“中国的城市化将是区域经济增长的火车头，并产生最重要的经济利益。”作为以生态立省的青海省，“最大的价值在生态、最大的责任在生态、最大的潜力也在生态”，确立生态城镇化的发展战略，在积极保护生态，筑牢国家生态安全屏障的前提下，通过大力推进新型城镇化，实现经济效益、社会效益、生态效益相统一并“产生最重要的经济利益”，对青海的全面发展具有重要的战略意义。

大美的青海是世界的，她是世界的屋脊，是亚洲的山宗水源；大美的青海更是青海人民的，她是青海人民的生息之地。关爱青海，保护青海，是我们每个人的责任。在党的十九大即将召开之际，我们希望更多的人关注青海，研究青海，为青海的发展贡献力量。

**青海师范大学　校长　博士生导师**

2017年5月1日

# 内容提要

2008年国际金融危机爆发以来，中国发展面临的外部环境和内部条件发生了很大变化。世界经济持续低迷，贸易保护主义明显抬头，发达经济体推行量化宽松的货币政策，对中国经济发展产生了巨大的冲击。中国经济进入了由高速增长到中高速增长的“新常态”，经济发展开始了深刻变革的调整阶段。

2011年城镇化率历史性地突破50%后，中国城镇化建设站在了一个新的起点上。在外需不振的情况下，扩大内需就成为重要的战略基点。面对经济进入“新常态”，李克强总理指出：中国已进入中等收入国家行列，但发展还很不平衡，尤其是城乡差距量大面广，差距就是潜力，未来几十年最大的发展潜力在城镇化。“城镇化是扩大内需的最大潜力”，“是我国经济增长的巨大引擎”。积极稳妥推进新型城镇化成为未来推进中国经济发展的一个重要选择。

作为中国西部经济欠发达省份，作为青藏高原生态脆弱地区，青海省不仅城镇化发展的速度一直落后于东部、中部地区，城镇化率低于全国平均水平，而且现有的城镇存在着数量少、规模小、经济基础薄弱及地区间发展不平衡等问题。作为欠发达地区谋求发展的必要条件和促进经济增长的有效手段，《国家新型城镇化规划（2014~2020年）》的颁布为青海城镇化的推进提供了一个良好的机会。把握好这个机会，青海就可以实现城镇化的快速发展，进而带动经济社会的全面发展，走出一条欠发达省份特色城镇化发展之路。因此，加强对青海省城镇化问题的研究，探寻青海省城镇化发展的现状和存在的问题，提出科学地推进青海新型城镇化的战略与发展对策，对推动青海新型城镇化建设和城乡社会经济发展至关重要。

推进新型城镇化对青海地区而言有着特殊的意义：首先，通过城镇特有的“聚集效应”和“规模效应”及广泛的影响力，可以把不同民族背景、文化背景、教育背景的人聚集在一起，为技术进步及外溢提供最佳环境，能有效地缩短经济创新周期，加速信息化进程，可以从根本上改变青海地区粗放的经济增长方式。其次，随着城镇化和非农产业的发展，可以逐步摆脱自然环境对现代文明的束缚，把青海生态脆弱地区高度分散的人口，通过发展新型产业的方式集中起来，使分散的农牧民向城镇聚居，从事非农产业的经济活动，形成新的城镇，进入现代生活方式。再次，通过城镇化疏解农牧业人口，加快土地流转，使人均农牧业资源增加，农牧业经营规模扩大，经营方式走向集约化、机械化。伴随着农牧民迁居到城镇居住和进入到二、三产业就业，农牧民的收入来源将增多，收入水平会有不同程度的提高。这对于解决“三农”问题，促进城乡统筹发展，都具有重大意义。最后，城镇化有利于退耕还林还草等生态建设措施在青海农牧区的顺利实施，为减轻生存条件严峻、生态与环境脆弱地区的人口超载状况，恢复这些地区生态系统良性循环提供了条件。伴随着城镇化进程，大批农牧民将从青海贫瘠的土地上解放出来，进入城镇就业，这将减少直接从事农牧业的劳动力数量，最大限度地降低人类活动对自然资源的依赖程度，减轻生态环境压力，使伤痕累累的土地得以休养生息。

本书立足于《国家新型城镇化规划（2014~2020）年》和十八大以来中央政府出台的一系列有关推进新型城镇化的政策，结合《青海省城镇体系规划(2015~2030年)》、《青海省人民政府关于深入推进青海省新型城镇化建设的实施意见》等文件，根据青海省特殊的省情，对青海省如何推进新型城镇化问题从青海推进新型城镇化的机遇、城镇化与经济增长的关系、城市群建设、县域经济发展、牧区的城镇化问题、外向型经济发展、人口问题等方面进行了研究。

在阐明研究的背景、意义、目的、方法与内容并对新型城镇化的含义、提出、内涵、主要理论及研究现状进行述评，说明研究的基础条件、研究的内容与方向的基础上，探讨了在中央政府推进新型城镇化背景下，以生态立省的青海省推进新型城镇化的后发优势及其发展方向；对青海城镇化与经济增长的对应关系做了实证分析；提出青海基于国家生态安全的重要地位，要在保护生态的前提下，准确定位，抓住机遇，探索青海特色的新型城镇化模式，走以生态经济为主导产业、以政府自上而下的推动为主要动力的新型城镇化之路。

青海推进新型城镇化的关键在于做好以下几个重点工作：1. 要进一步推进青海东部城市群发展并及时借“丝绸之路经济带”建设积极筹建青海西部城市群；2. 要以市场为导向，充分发挥县域经济国民经济基础单元的作用，使其成为优化区域产业布局和产业链衔接延长过程中的关键部分，为推进小城镇建设和城乡一体化提供强力支撑，实现农牧区富余劳动力就地就近转移，全面建成小康社会；3. 要在土地流转的基础上，鼓励农牧民发展现代化的农牧场，依靠发展新型的生态产业，实现现代化的农牧场与小城镇发展的良好互动；4. 要借助于“一带一路”建设，大力发展外向型经济，扶持外向型企业，以向外发展带动青海产业结构转型，进而推动青海新型城镇化的进程；5. 要通过户籍等制度改革，通过发展基础教育、完善职业教育来提升人口的素质，着力解决好农牧业转移人口的职业身份、社会身份、意识和行为的转变，使农牧区转移人口顺利实现市民化，解决好人口小省在推进新型城镇化中人口向城镇的集聚及城镇中多民族发展融合的问题；6. 面对日益严重的老龄化趋势和出生率下降带来的劳动力短缺，要及时调整人口政策，在努力提高人口质量的前提下，确保数量合理地增长，以应对老龄化和劳动力供给减少带来的经济社会问题。

# 目　录

# 第一章

# 导　论

## 第一节　研究的背景、意义及方法

### 一、研究的背景

20 世纪 80 年代以来，随着经济全球化、国际化进程的加快，不论是国际还是国内，竞争越来越集中于大城市。大城市乃至城市群的发展越来越受到重视，并在区域经济、世界经济的发展中发挥着越来越大的作用，缺乏大城市引领的区域越来越被边缘化。

进入 21 世纪以来，以信息技术为先导的新技术革命和经济全球化进程日益改变着社会经济运行的基础，世界经济正朝着区域化、集团化方向发展。与之相适应，经济活动的空间组织形态也趋向于城镇与区域一体化，城镇区域化与区域城镇化已成为区域发展的全球性主导趋势。而着力发展大城市、城市群成为城镇化发展的一个世界性发展方向。城镇化作为区域经济社会发展的主要驱动力，选择什么样的城镇化发展道路，成为决定一个国家或区域的发展方向和现代化与可持续发展战略目标能否实现的关键因素。

2011 年城镇化率历史性地突破 50% 后，中国城镇化建设站在了一个新的起点上。从国际情况来看，2008 年国际金融危机爆发以来，中国经济发展面临的外部环境和内部条件发生了很大变化。世界经济持续低迷，贸易保护主义明显抬头，发达经济体推行的量化宽松货币政策，使新兴经济体面临又一次被“剪羊毛”的风险，对中国经济发展带来了巨大冲击。从国内情况看，中国经济已进入由高速增长到中高速增长的“新常态”，经济发展开始了深刻变革的调整阶段。在外需不振，国内经济发展进入“新常态”的情况下，扩大内需就成为中国经济发展的重要战略基点。李克强总理指出：中国已进入中等收入国家行列，但发展还很不平衡，尤其是城乡差距量大面广，差距就是潜力，未来几十年最大的发展潜力在城镇化。面向未来，“城镇化是扩大内需的最大潜力”，“是我国经济增长的巨大引擎”。我国城镇化率已超过 50%，但按户籍人口计算仅 35% 左右，远低于发达国家近 80% 的平均水平。从现代化发展规律来看，今后一二十年我国城镇化率将不断提高，每年将有相当数量农村富余劳动力及人口转移到城市，这将带来投资的大幅增长和消费的快速增加，也会给城市发展提供多层次的人力资源。积极稳妥推进城镇化成为未来推进中国经济发展的一个重要选择。①

改革开放以来，中国城镇化飞速发展，有力推动了中国经济、社会的巨大发展，但同时在中国快速推进城镇化的进程中，出现了三个矛盾：城镇化速度高但城镇化特征低；脱离农村的人口多但得到市民身份认同的少；新增城市数量多但不蕴含乡村特征的城市少（Zhang，2008）。李和赵（Li & Zhao，2003）将这种城镇化滞后定义为是在工业化率高增长的同时却没有相应的城市人口增长，是典型的社会主义经济现象，尤其在中国最为明显。这种城镇化是城市扩张的城镇化，在没有改变社会和经济的基础上，通过以土地为中心的城市扩展来推动的城镇化。它导致了中国的城镇化速度脱离了循序渐进的原则，忽视了质量与可持续发展，存在着以城市扩张代替城镇化的现象（陆大道，2007），城镇化总体呈现泡沫化倾向（王家庭，2011）。此外，城市空间规划失衡、生态环境恶化、产业结构趋同、中心区人口密集、交通拥挤、生活居住条件变差、失业人口增多、社会秩序混乱等问题的叠加交错极大制约着中国城镇化的健康发展。面对中国快速城镇化带来的诸多经济社会问题，如何在城镇化率不断提高的同时更加重视城镇化的质量和水平，成为党和政府进一步推进城镇化时更加关注的一个问题。

中国的城镇化规模史无前例，蕴藏着巨大的内需潜力。城镇化推进进程中伴随着大量农村人口向城镇的转移，人口向城镇的大规模集聚必然带来大量投资需求和消费需求，同时也有利于改善城乡结构和国民收入结构，有利于第三产业和新产业的发展与成长。正如中央城镇化工作会议所指出的那样：“城镇化与工业化一道，是现代化的两大引擎。”“城镇化目标正确、方向对头，走出一条新路，将有利于释放内需巨大潜力，有利于提高劳动生产率，有利于破解城乡二元结构，有利于促进社会公平和共同富裕，而且世界经济和生态环境也将从中受益。”②

城镇化绝不是简单的城市人口比例增加和城市面积扩张，更重要的是实现产业结构、就业方式、人居环境、社会保障等一系列的重要转变。城镇化水平是衡量一个国家或地区经济发展状况的重要指标，一个国家或地区城镇化的水平，既

---

① 李克强．认真学习深刻领会全面贯彻党的十八大精神促进经济持续健康发展和社会全面进步［N］．人民日报，2012 年 11 月 21 日．

② 人民日报社论．积极稳妥引导城镇化健康发展［N］．人民日报，2013 年 12 月 15 日．

受经济发展水平的影响，又受自然条件、地理区位、历史文化等诸多因素的制约。认识城镇化的发展规律和特点，制定切实可行的区域城镇化发展对策，对一个地区的经济社会发展具有十分重要的意义。因此，中国的城镇化需要紧紧围绕提高城镇化发展质量，积极推进以人为本的城镇化，这对全面建成小康社会、加快推进社会主义现代化建设具有重大现实意义和深远历史意义。

青海省作为中国西部经济欠发达省份，不仅城镇化率低于全国平均水平，而且现有的城镇存在着数量少、规模小、经济基础薄弱及地区间发展不平衡等问题。加强对青海省城镇化问题的研究，掌握青海省城镇化发展的现状和存在的问题，制定科学的城镇化发展对策，对推动青海新型城镇化建设和城乡社会经济发展至关重要。

## 二、研究的意义及目的

### （一）研究的意义

“城镇化是伴随工业化发展，非农产业在城镇集聚、农村人口向城镇集中的自然历史过程，是人类社会发展的客观趋势，是国家现代化的重要标志。按照建设中国特色社会主义‘五位一体’总体布局，顺应发展规律，因势利导，趋利避害，积极稳妥扎实有序推进城镇化，对全面建成小康社会、加快社会主义现代化建设进程、实现中华民族伟大复兴的‘中国梦’，具有重大现实意义和深远历史意义。”“当今中国，城镇化与工业化、信息化和农业现代化同步发展，是现代化建设的核心内容，彼此相辅相成。工业化处于主导地位，是发展的动力；农业现代化是重要基础，是发展的根基；信息化具有后发优势，为发展注入新的活力；城镇化是载体和平台，承载工业化和信息化发展空间，带动农业现代化加快发展，发挥着不可替代的融合作用。”①

改革开放以来，西部地区的城镇化进程相对缓慢，大大落后于东部地区和全国平均水平，也滞后于自身的经济发展水平，西部城市数量少且城市人口比重过低，城镇化滞后成为西部经济发展的“瓶颈”。因此，探求符合西部特色的新型城镇化发展之路，加快西部城镇化的步伐，成为新一轮西部大开发面临的重大课题之一。其中青藏高原区域作为西部非常特殊的一个区域，其城镇化战略直接决定着这一“世界屋脊”区域在新一轮西部大开发中的发展路径与价值取向。此外，随着西部大开发进入新一轮快速发展之时，西部地区不同区域的差异性也日渐显现，迫切需要进一步从理论上对西部大开发战略做出更深入的解释，在充分

---

① 国家新型城镇化规划（2014～2020年）［N］. 光明日报，2014年3月17日.

考虑西部不同区域政治、经济、文化、地理、人口特征的前提下，探求西部不同区域的价值取向及其具体的发展路径，将复杂的西部大开发的大系统战略，划分为易于操作的子系统开发战术。因此，基于新一轮西部大开发和“丝绸之路经济带”建设的视角，探讨青海推进新型城镇化建设问题，对深化西部大开发的理论研究，强调西部地区各区域的特殊性和不同的价值取向，协调西部地区内各区域的发展，促进新一轮西部大开发战略目标的顺利实现，保证西部可持续发展具有积极而重要的理论意义。

作为不发达地区谋求发展的必要条件和促进经济增长的有效手段，城镇化对青海地区而言还有着特殊的意义：（1）青海是一个多民族地区，通过城镇特有的“聚集效应”和“规模效应”及广泛的影响力，可以把不同民族背景、文化背景、教育背景的人聚集在一起，为技术进步及外溢提供最佳环境，有效地缩短经济创新周期，加速信息化进程，从根本上改变青海地区粗放的经济增长方式。（2）随着城镇化和非农产业的发展，可以把青海生态脆弱地区高度分散的人口，通过发展新型绿色生态产业的方式集中起来，形成新的村镇，或使分散的农牧民向城镇聚居，在非农产业中从事经济活动，享受现代生活方式，逐步摆脱自然环境对现代文明的束缚。同时，城市文明的辐射范围将日趋扩大，城镇利用其辐射作用，特别是通过其拥有的各种媒体传播各种新的知识和观念，可以不断提高青海广大农牧民的人口的素质，促进社会进步与结构转型。（3）通过城镇化疏解农牧业人口，加快土地流转，将使人均农牧业资源增加，农牧业经营规模扩大，经营方式走向集约化、机械化。伴随着农牧民迁居到城镇居住和进入到二、三产业就业，农牧民收入来源将增多，收入水平会有不同程度的提高。这对于解决“三农”问题，促进城乡统筹发展，都具有重大意义。（4）城镇化有利于退耕还林还草等生态建设措施在青海农牧区的顺利实施，为减轻生存条件严峻、生态与环境脆弱地区的人口超载状况，恢复这些地区生态系统良性循环提供了条件。伴随着城镇化进程，大批农牧民将从青海贫瘠的土地上解放出来，进入城镇就业，这将减少直接从事农牧业的劳动力数量，最大限度地降低人类活动对自然资源的依赖程度，减轻生态环境压力，使伤痕累累的土地得以休养生息。

### （二）研究的目的

党和政府提出的新型城镇化规划和“一带一路”发展战略，为青海跨越式发展提供了一个良好的机遇，抓住这个机遇，是实现青海跨越式发展的机会也是条件。新型城镇化作为中国城镇化发展的全新阶段，既是对传统城镇化的突破与创新，更是对城镇化发展战略的展望，如何在推进新型城镇化进程中增强发展动力、创新发展模式、开拓发展路径、科学评价发展阶段等不仅是区域经济社会发展努力的目标，也是学界不断深入探索的领域。本书研究的目的在于探寻青海这样一个具有特殊战略地位的欠发达地区推进新型城镇化的路径、方式与对策，希望能多方合力，更好地全面推进新型城镇化的进程，以新型城镇化带动青海省实现跨越式的发展，把青海早日建设成为团结、民主、富裕、和谐的大美青海。

## 三、研究的方法与内容

### （一）研究的方法

（1）本书是对青海省推进新型城镇化建设问题的研究，因此，以马列主义、毛泽东思想、邓小平建设有中国特色的社会主义理论、科学发展观为当然指导，以区域经济学、城市经济学、发展经济学、产业经济学等学科的理论为基础分析工具，以中国社会主义市场经济体制为既定的分析背景，将通过对各种数据、资料的分析进行从理论到实践的研究。

（2）城镇是人口、产业、政治、文化、生态的集聚地，因此也决定了城镇化同时是经济学、社会学、人口学、政治学、地理学等多学科的研究对象。基于此，本书的研究将综合运用多种学科的基本理论进行综合化、集成化的研究，以期能从多角度对位于青藏高原区域的青海省新型城镇化推进之路径进行解读。

（3）由于研究的内容比较多，在研究过程中将根据研究的需要和资料情况，对不同问题的研究采用多种研究方法。如理论分析与实证分析；定性分析与定量分析；静态分析与动态分析；对比分析与规范分析，统计分析与比较分析相结合的研究方法等。

### （二）研究的基本思路与框架

**1. 研究的基本思路**

本书首先在导论里对中国政府推进新型城镇化的背景、原因、意义做了分析，然后在对城镇化研究的理论及现状进行述评的基础上，对青海省推进新型城镇化的机遇与优势进行了探讨，对青海省城镇化进程与经济增长的关系进行了实证分析。基于对青海省推进新型城镇化的机遇与优势进行探讨和对青海省城镇化进程与经济增长的关系进行实证分析得出的结论，提出了青海省推进新型城镇化的战略——走生态城镇化之路。在生态城镇化战略指导下，从城市群发展的机遇、县域新型城镇化的路径、牧区新型城镇化的产业基础、发展外向型经济推进新型城镇化的思路与对策、青海省推进新型城镇化进程中的人口问题等五个方面对青海省推进新型城镇化的路径进行了探讨。最后在对这五个方面进行总结后提出了本研究的结论与政策建议，并对青海省推进新型城镇化的发展进行了展望。

**2. 框架结构**

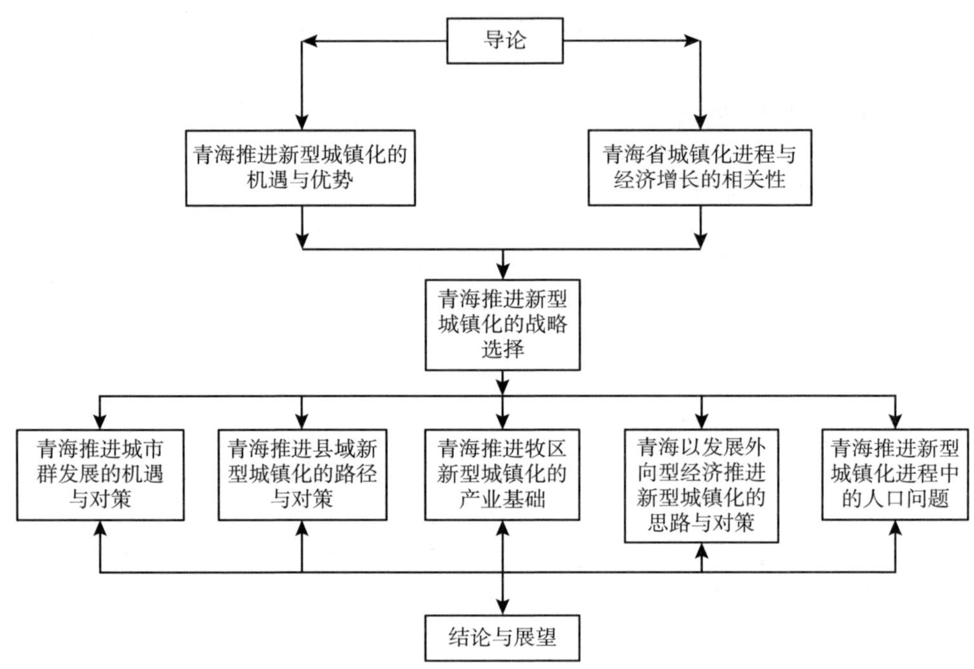


**图 1－1　本书框架结构**

### （三）研究的观点与内容

1. 本书研究的主要观点：本书以中国经济进入“新常态”后青海省如何推动新型城镇化建设为视角，从青海的区域特殊性入手，以城镇化为切入点，探讨青海推进新型城镇化建设中的各种路径，并提出相应的对策。据此，本研究的主要观点如下。

（1）要进一步推进青海城市群的建设，强化区域中心城市的功能，提升其经济辐射能力，带动青海经济发展。

针对青海地广人稀、交通不便、生态脆弱、高寒缺氧、工业化不足的现实，通过大力发展大城市、城市群使人口向城镇适度集中，减少牧区居留的人口，留出大面积的生态保护区，减轻人类活动对草原生态环境的压力。在避免破坏生态环境的前提下以大城市作为实现西部大开发目标的立足点和基点，为产业集群的形成和降低企业的生产成本提供条件。

从理论和实证层面探讨青海城市群形成与演化的动因具有重要意义。经济全球化和区域一体化等内外因素推动着城镇区域化和区域城镇化。“城市群”是这种趋势的具体表现，已经成为中国政府推进城镇化建设的主体形态。基于城市经济学、新经济地理学和贸易理论的观点，从产业视角探讨城市群空间结构演化的分析框架，探讨城市要素结构和集聚经济，衍生出基于要素的比较优势和基于集聚经济的竞争优势两种力量，在促进产业在城市空间调整的基础上，最终促使不同城市形成一个整体的集聚体——城市群。

动态要素结构和集聚经济是城市群形成与发展的关键因素，城市群通过城市之间的产业分工协作和共享彼此的市场而内生出强大的集聚经济竞争力。政府鼓励城市群建设的政策既可能加速也可能阻碍城市群的形成，某些政策的实施有可能出现城市群等级规模集中但使城市产生分散的趋势。

从产业视角看，城市规模大，人口密集度高的城市成本低，有利于发挥规模效应。要素结构和集聚经济是影响城市群产业分工的关键因素，能推动东部城市群产业在空间的合理调整，是东部城市群的形成与发展的重要条件。而产业转型升级带来的空间结构的变化和对第三产业的需求将推动以格尔木为重心的西部城市群的加速形成。城市群发展中出现的“中心—外围”的空间结构，需要城市产业分工的合理发展；合理构建城市群内部的产业结构，有利于提升青海新型城镇化的质量。

（2）青海的土地面积广大，城镇数量少，分布不均衡，城镇对广大农牧区的辐射带动能力弱，小城镇作为连接城乡的纽带，在推进农牧业现代化，缩小城乡差距、协调城乡发展、推进新型城镇化建设等方面具有重要意义。

李克强总理在2017年的《政府工作报告》中指出：“发展多种形式适度规模经营，是中国特色农业现代化的必由之路。”要“深入推进农业供给侧结构性改革，完善强农惠农政策，拓展农民就业增收渠道，保障国家粮食安全，推动农业现代化与新型城镇化互促共进，加快培育农业农村发展新动能。”① 积极推动农牧区土地流转，大力发展以家庭农牧场为主要形式的现代农牧业，通过完善以县城为主的小城镇的各项功能，可以为面积广大的农牧区腹地提供面向农牧业现代化的服务，为农牧业发展及农牧产品的深加工提供条件，为提升农牧业的发展水平和农牧民的生活水平提供基地。

合理规划，发展县域经济，统筹城乡发展，实现城乡一体化。将城镇与周围乡村的居民点作为一个整体，合理编制和完善土地利用、道路交通、产业发展、基础设施等专项规划。抓好小城镇建设规划，综合考虑各中心城镇的区位、资源、人口及经济发展水平和潜力等因素，因地制宜，分类施策，科学规划城镇布局。以中心城区、中心镇、中心村、中心社区为节点，统筹城镇设施建设与农村

① 李克强．2017年政府工作报告．http：//www.china.org.cn/chinese/2017－03/17/content_40466623_3.htm.

设施建设、生产设施建设与生活设施建设、产业设施建设与生态设施建设。加速农村基础设施与城镇的融合。

作为重要的推动主体，县级地方政府在小城镇发展中发挥着重要作用。深入剖析县级地方政府行为的缺陷及其原因，探索如何规范地方政府行为，进而更好地发挥县级地方政府在小城镇发展中的重要作用，实现在新型城镇化推进中的县域经济全面发展，无疑对实现县域城乡一体化具有重大的实践价值。

（3）以外向型经济发展推动青海新型城镇化进程。城镇化与产业结构协调发展问题，从动态角度研究，是一个调整两个系统之间从比例失调到按比例发展，从不平衡发展到平衡发展的过程。从静态角度研究是指在不断地发展与演化过程中，城镇化系统和产业结构系统之间的和谐一致性。其中，两个系统之间在发展与演进过程中彼此和谐有序的程度称为“协调发展度”。研究两者之间的协调关系，可为制定有效的产业政策，促使城镇化与产业结构协调发展提供理论依据。面对丝绸之路经济带建设带来的向西开放的机遇，人口不多，市场狭小的青海有了向外发展的机遇，这个机遇就是在产业结构调整中要面向国际市场，大力发展外向型经济，以外向型经济的发展带动外向型产业发展，带动人口集聚，带动新型城镇化进程的推进。

（4）加快青海牧区城镇化进程和农民工市民化进程，是提升城镇化质量，加快城镇化进程的一个重要方面。根据《青海省城镇体系规划（2014～2030年）》，到2020年全省总人口620万人，城镇人口370万人，城镇化水平达到60%；至2030年全省总人口660万人，城镇人口450万人，城镇化水平达到68%。要顺利达到这个目标，推进农民工市民化的进程、保障就业和加快牧区的城镇化进程是必须要完成的关键任务。

（5）借助国家丝绸之路经济带建设，加快青海交通设施建设，以大交通带动青海城镇发展，构建新型城镇体系。根据《青海省城镇体系规划（2014～2030年）》布局，至2030年全省城镇体系空间结构为“四区、两带”，即：东部地区、柴达木地区、环青海湖地区和三江源地区，兰青、青藏铁路沿线城镇发展带和黄河干流沿岸城镇带。根据《规划》发展蓝图，至2030年，全省将构建起西宁市1个中心城市，海东市、格尔木市、德令哈市、玉树市4个区域中心城市，民和、互助、共和、贵德、西海（含海晏县城）、门源、同仁、玛沁8个小城市以及80个重点城镇的城镇规模等级。以西宁为中心的东部城市群为主体空间形态，是全省经济社会发展重要增长极，是省域核心发展地区，是兰西经济区和国家丝绸之路经济带的重要城市群和城镇化地区。通过完善基础设施网络，积极推进青海大交通的设施建设，可以优化空间结构，把各城镇更好的连接起来，形成合理的城镇产业分工合作，可以加快推进新型工业化和城市群与区域一体化进程，形成经济充满活力、生活品质优良、生态环境优美的新型城市群经济区。

### 2. 研究的重难点及可能的创新

本书的重点是在研究青海推进新型城镇化建设的各种路径及可能性的基础上提出相应的、适宜于青海地理、人口、文化、宗教、生态、资源的具有青海特色的推进新型城镇化之对策，促进青海新型城镇化的健康发展。其难点在于如何在缺乏特色产业支撑、人口稀少、环境恶劣、生态脆弱的青海调整产业结构，发展绿色生态经济，建立适合青藏高原区域资源特色，最大限度的保护生态的产业结构以促进新型城镇化进程，从而在高原新型工业化与城镇化的良性互动中促进青海新型城镇化的持续发展。对于高寒缺氧、生态环境脆弱的青海来说，选择适合区域发展的主导产业，发展新型工业，完善产业结构是推进青海新型城镇化的最重要的基础。

### 3. 研究的主要内容

本书内容共分十章。

第一章导论。主要阐明研究的背景、意义、目的、方法与内容并对城镇化的主要理论及对新型城镇化的研究现状进行述评，说明研究的基础条件、研究的内容与方向。

第二章青海推进新型城镇化的机遇与优势。主要阐述了新型城镇化提出的原因、含义、内涵、发展目标及推进新型城镇化所要遵从的基本原则。探讨了在中央政府推进新型城镇化的背景下，以生态立省的青海省推进新型城镇化的机遇与优势及其发展方向。

第三章青海城镇化进程与经济增长。主要探讨了青海城镇化进程与经济增长的对应关系。在所有影响城镇化水平的因素中，经济增长与人均收入提高是城镇化演进的直接动力，人均收入水平的提高，对城镇化具有直接的推动作用。通过理论和实证分析得出了青海城镇化进程与经济增长是正相关的关系，说明青海城镇化的进程推动了青海经济增长，推进新型城镇化有利于青海经济的发展，经济发展反过来能推动青海新型城镇化的进程。

第四章青海推进新型城镇化的战略选择。在前二章研究的基础上，进一步对青海推进新型城镇化的机遇、挑战、路径进行了分析。提出青海基于国家生态安全的重要地位，要在保护生态的前提下，准确定位，抓住机遇，探索青海特色的新型城镇化模式，走以生态经济为主导产业、以政府自上而下的推动为主要动力的新型城镇化之路。“十三五”时期，是青海经济结构、社会结构、发展方式转型升级的关键时期，借助丝绸之路经济带建设等新的历史机遇，选择一条适合推进青海新型城镇化的战略。以城镇化带动农牧业现代化，拓展经济发展新空间，挖掘就业潜力，转移农牧业人口进入城镇就业落户，加快人口集聚，实现统筹城乡发展；以新型工业化和信息化促进不同生态功能区的经济发展、提升资源环境承载能力；努力形成资源节约、环境友好、经济高效、社会和谐的城镇发展新格局，实现新型工业化、信息化、城镇化、农业现代化同步发展。城镇化是拉动中国经济发展和实现现代化的“火车头”，也是拉动青海经济发展和现代化的“火车头”。青海目前正处于工业化和城镇化初期向高速发展的中期过渡时期。选择正确的城镇化发展战略，努力推进新型城镇化进程，提升城镇化质量对青海全面发展具有非常重要的战略意义。

第五章青海推进城市群发展的机遇与对策。重点研究了青海东部城市群在青海省经济社会发展中的重要地位，对东部城市群进行了 SWOT 分析和对城市群内部城镇协调性进行了协调函数模型的实证分析。通过对经济、社会、环境三个子系统运用 SPSS 软件进行综合指数的聚类分析，得出：青海东部城市群发展面临着良好的机遇，但城市群内部城镇协调度低、不稳定、大小城镇规模及发展差距大、经济规模和市场规模过小是不协调的根本原因，生态环境的脆弱性、工业的同构化也影响着东部城市群一体化的进程，基于以上结论提出了进一步推进青海东部城市群发展的路径与对策。同时对筹建以格尔木为重心的青海西部城市群的必要性与可行性进行了初步研究与探讨。

第六章青海推进县域新型城镇化的路径与对策。主要研究了推进青海县域新型城镇化的问题。县域是中国经济、社会发展的基本空间。县域作为中国经济的基础环节，是推进城镇化的关键，其产业发展是新型城镇化的支撑和立足点，是决定城镇经济功能和性质的内在因素；县域产业发展所引起的产业结构的变迁和调整是促进城镇化发展的强大动力。提出县域城镇化在新型城镇化中是基础部分，它是整个新型城镇化的基石。

青海省地域广大，县域经济是青海省推进新型城镇化的重要内容，借助于 2014 年 11 月 20 日中共中央办公厅、国务院办公厅印发的《关于引导农村土地经营权有序流转发展农业适度规模经营的意见》、2015 年 11 月 3 日中共中央办公厅国务院办公厅印发的《深化农村改革综合性实施方案》、2016 年 11 月 20 日中共中央办公厅、国务院办公厅印发的《关于完善农村土地所有权承包权经营权分置办法的意见》等文件的落实，通过加快推进土地流转，发展以家庭农牧场为主要形式的现代农牧业带动县域城镇发展，特别是带动小城镇面向现代农牧业发展的服务业发展来促进小城镇的发展完善，以现代农牧业与小城镇的互动来提高农牧区的城乡一体化水平，是青海省推进县域新型城镇化的重要路径。

农牧区土地使用权流转的实质在于提高土地资源要素配置的效率，带动人力、资本、技术等生产要素的转移，推动农业的规模经营、集约经营，提高资源要素的配置效率，提高土地的利用率，使其在流转中实现价值最大化，使农牧民获得更多的资本性收入、级差地租收入。利用国家积极推进土地流转的政策，大力推进县域城镇化是青海目前推进新型城镇化的重要内容。

青海省以土地流转推进青海县域城镇化面临着非常难得的机遇。国务院发布

《国家新型城镇化规划（2014~2020年）》是统筹相关领域制度和政策创新、指导全国城镇化健康发展的宏观性、战略性、基础性规划。明确了未来城镇化的发展路径、主要目标和战略任务，确立了走以人为本、四化同步、优化布局、生态文明、文化传承的新型城镇化道路的原则和指导思想，强调要通过改革释放城镇化发展潜力。提出未来城镇化重点，将是在稳住速度和节奏的同时，更加注重优化结构，更加注重转型发展，更加注重提升质量，走以人为本、合理布局、集约高效、绿色低碳、城乡统筹的发展道路。要以市场为导向，充分发挥县域经济国民经济基础单元的作用，使其成为优化区域产业布局和产业链衔接延长过程中的关键部分，为推进小城镇建设和城乡一体化提供强力支撑，实现农村富余劳动力就地就近转移，全面建成小康社会。

第七章青海推进牧区新型城镇化的产业基础。主要研究了青海牧区的新型城镇化之路。青海省地处青藏高原，地域广大，民族众多，是中国四大牧区之一。青海牧区虽然地域广大、人口少，但大都地处高寒地带，偏远、闭塞，以牧业为主，工业发展基础薄弱，城镇数量少、规模小，几乎都处于2010年12月21日国务院颁布的《全国主体功能区规划》设定的禁止开发区和限制开发区内。全面建设小康社会，解决牧业区的发展问题是关键，这是青海省政府在“十三五”面临的重大任务。

怎样推进青海牧区的新型城镇化建设？本章以生态立省为前提、以绿色发展为目标、以玉树灾后重建为案例，对在中国经济发展进入“新常态”后，以生态保护为主题的青海牧区，如何适应我国经济发展的变化，在保护生态前提下，怎样推进青海牧区的新型城镇化问题进行了探讨。提出牧区占青海省国土面积的90%以上，几乎完全处于《国家主体功能区规划》规定的禁止和限制开发区，牧区的新型城镇化发展只能依靠新型的生态产业来促进。要在牧场流转的基础上，鼓励农牧民发展现代化的牧场，实现现代化的农牧场与小城镇发展的良好互动，进而促进新型畜牧产业的形成与发展。

第八章发展外向型经济推进青海新型城镇化。青海作为中国西部欠发达的省份，受严酷的地理环境、欠发达的经济和国家相关政策的制约，外向型经济很不发达。丝绸之路经济带的建设给青海发展外向型经济带来了一个绝好的发展机遇。青海省应及时抓住这个机遇，推进新型城镇化进程，多渠道推进向西开放，通过打造丝绸之路经济带青海核心区、积极推进国际物流通道建设、与中亚的文化交流、旅游业发展、扩大会展经济、大力扶持与发展外向型企业等措施大力促进青海外向型经济的发展，推动青海经济发展融入国际大市场，实现跨越式发展。提出青海省地广人稀，城镇规模小，内需不足，要借助于“一带一路”建设，大力发展外向型经济，扶持外向型企业，以向外发展带动青海产业结构转型，进而带动青海城镇化进程。

第九章青海推进新型城镇化进程中的人口问题。本章主要探讨了作为人口小省的青海省如何解决在推进新型城镇化进程中人口向城镇的集聚问题。提出在推进新型城镇化进程中，要通过户口等制度改革，通过发展基础教育、完善职业教育来提升人口的素质，着力解决好农牧业转移人口的职业身份、社会身份、社会意识和行为的转变，使农牧区转移人口顺利实现市民化并通过社区建设解决好城镇化中进入城镇中的少数民族人口的融合发展问题。

第十章结论与展望。在对前面研究内容综述的基础上提出了研究结论：(1) 城镇化与经济增长在青海呈现正相关的关系，城镇化与经济增长是互为因果、互相推进的关系，推进新型城镇化能推动青海经济发展。(2) 青海推进新型城镇化应选择立足于生态保护，推进绿色生态型的新型城镇化战略，以东部城市群为核心，以发展县域经济为基础，以完善小城镇功能为重点推进青海的新型城镇化进程。(3) 依据青海省在国家经济社会发展中的定位，青海省着力推进新型城镇化的区域为海东地区和海西地区。以西宁市、海东市为核心的青海东部城市群的建设和以格尔木市为重心的西部城市群的筹建对青海经济的发展有着至关重要的作用。(4) 青海的土地面积广大，城镇对广大农牧区的辐射带动能力弱，小城镇作为连接城乡的纽带，在推动农牧业现代化、缩小城乡差距、协调城乡发展、推进新型城镇化建设等方面具有重要意义。(5) 广大的牧区占了青海土地面积的90%以上，立足中小城镇建设，推动牧区的城镇化是青海推进新型城镇化的难点，也是重点。(6) 借助“丝绸之路经济带”建设，以外向型经济的发展带动青海新型城镇化进程，是青海融入“丝绸之路经济带”，向外开放的重要内容。(7) 青海省的县域大都面积广大，发展县域经济对推进青海新型城镇化具有非常重要的意义。(8) 支持一个地区经济社会持续发展的动力是人口数量及结构的变化。作为人口小省的青海省要保持城镇化的可持续发展，必须要重视人口总量和结构的变化，重视人口素质的提升及农牧民流动人口的身份、职业转换及心理适应问题。处理好人口与城镇化的均衡发展问题，是青海推进新型城镇化的重要问题。

在以上结论的基础上提出了地处青藏高原的青海省如何在中国经济进入“新常态”后积极推进新型城镇化的几点政策建议及对未来青海城镇化发展的预期：(1) 要进一步推进青海东部城市群的建设，强化西宁市和海东市的区域核心城市的功能，提升其经济辐射带动能力，以东部城市群质量的提升带动青海经济发展，以西部城市群的筹建，保障青海经济的持续、均衡发展。(2) 面对丝绸之路经济带建设带来的向西开放的机遇，人口不多，市场狭小的青海有了向外发展的机遇，这个机遇就是在产业结构调整中要面向国际市场，向外开放，大力发展外向型经济，以外向型经济的发展带动外向型产业发展，带动人口集聚，带动新型城镇化进程的推进。(3) 加快青海牧区城镇化进程和农民工市民化进程，是提升城镇化质量，推进新型城镇化进程的一个重要方面。农民工的合理安置、保障就业和加快牧区的城镇化进程是必须要完成的关键任务。(4) 积极推动农牧区土地流转，大力发展以家庭农牧场为主要形式的现代农牧业，通过完善以县城为主的小城镇的各项功能，可以为面积广大的农牧区腹地提供面向农牧业现代化的服务，为农牧业发展及农牧产品的深加工提供条件，为提升农牧业的发展水平和农牧民的生活水平提供基地，实现城乡互动，最终实现经济发展城乡一体化。(5) 县域是青海省经济发展的基础，以土地使用权流转推动县域经济发展是推动青海新型城镇化的重要内容。(6) 借助国家丝绸之路经济带建设，加快青海交通设施建设，以大交通带动青海城镇发展，带动旅游业发展，构建新型城镇体系。(7) 加快户籍等制度改革，加快发展基础教育、完善职业教育，通过教育来提升人口的素质和能力，满足农牧业转移人口在职业身份、社会身份、意识和行为向城镇转变的需要，促使农牧区转移人口顺利实现市民化。(8) 及时出台以提升人口质量为核心的人口政策，努力提高人口质量，保证一定数量的增长，以应对劳动力减少和老龄化带来的社会问题。要积极引导人口向城市群、向重点开发区域集聚，积累人力资本、增强城市群增长极功能，保障青海城镇能可持续发展。

## 第二节 城镇化研究的理论及研究现状述评

### 一、城镇化的含义

城镇是经济现代化的地域载体，也是生活方式现代化的载体。城镇化是指在工业化发展进程中，非农产业不断向城镇集聚，农村牧区人口不断向非农产业和城镇转移，农村地域向城镇地域转化，城镇数量增加和规模不断扩大，城镇生产生活方式和城镇文明不断向农村传播扩散的历史过程。

根据《大英百科全书》对城镇化的描述，城镇化是指：人口向城镇集中的过程，其核心是农村人口转移到城镇，完成从农牧民到市民的身份及生活方式的转变，实现城乡人口及产业的结构性变动。这个过程表现为两种形式，一是城镇数量的增多，二是各城镇内人口规模的不断扩大。城镇化是城乡融合发展的一个渐进过程，它包含了人口、经济活动和空间地域三个主体内容的演变与转换。

### 二、城镇化主要理论述评

#### （一）国外城市化理论述评

城市化发展理论历来是科学研究的热点。国外的理论研究大致经历了从区位理论、结构理论、人口迁移论、非均衡增长理论到生态学派理论、协调发展理论的理论演进，体现了人们对城市发展规律认识的不断深化。其内容大致可以分为区位理论、城乡结构转换理论、非均衡发展理论、协调发展理论、城市化动力机制及城市形成与发展的规律理论等类型。①

区位是经济地理学中的一个重要概念，是指企业、产业、设施等在空间经济格局中的位置，有时也指它们的盈利位置或最优的经营位置。区位理论主要包括农业区位论、工业区位论、城市区位论等。

从区位角度研究城镇化发展规律的理论主要有马克思的区位论、克里斯泰勒的中心区位论、廖什的市场区位论和20世纪30年代科洛索夫斯基的地域生产综合体论。区位理论认为，城市是一种社会生产方式，它以社会生产的各种物质要素和物质过程在空间上的聚集为特征。城镇化依赖于城镇的发展，城镇作为产业和资源的聚集地，其发展与空间的区位紧密相连，城镇发展的空间区位布局是由生产力水平状况决定的，不同时期城镇的区位空间布局呈现出不同的特色。

城乡结构转换理论主要包括刘易斯的二元经济结构理论、“刘易斯—拉尼斯—费景汉”二元结构模型，以及在此基础上加以改进了的乔根森的二元经济模型、托达罗的劳动力迁移和产生发展模型、舒尔茨的农民学习模型、钱纳里·塞尔昆的就业结构转换理论、人口迁移转变假说、配第—克拉克定理在内的城乡人口迁移理论等。其理论从城乡二元结构融合的角度，分析城乡人口迁移，探讨城镇化发展规律。

非均衡发展理论从经济发展不平衡的角度论述区域经济发展中产业空间聚集的原因和机理，进而论述城镇化发展规律。非均衡增长理论包括佩鲁的增长极理论、弗里德曼的中心—边缘理论、缪尔达尔的循环累积理论、赫希曼的非均衡增长理论。

按发展阶段的适用性，非均衡发展理论大体可分为两类：一类是无时间变量的，主要包括冈纳·缪尔达尔的循环累积因果论、阿尔伯特·赫希曼的不平衡增长论与产业关联论、佩鲁的增长极理论，弗里德曼的中心—外围理论、源于弗农工业生产产品生命周期理论的梯度转移理论以及赫希曼的非均衡发展理论等；另一类是有时间变量的，主要以威廉姆逊的倒“U”型理论为代表。

生态学理论与协调发展理论都是从人与自然和谐与可持续发展的角度论述城镇化发展规律的。典型的理论有霍华德的田园城市论、恩维的卫星城市论和沙里宁的有机疏散论、古典人类生态学论、城市复合生态系统论等。

生态学理论十分重视环境对迁移的影响。生态学理论认为，在人口规模、社

---

① 参见：王千，赵俊俊．城镇化理论的演进及新型城镇化的内涵［J］．洛阳师范学院学报，2013（6）．

会组织、技术和环境之间存在着一种平衡。如果后三种因素发生了变化，导致原有平衡被破坏，人口会通过调整自身规模和分布来适应这些变化，以便重新达到新的平衡。人口调整自身规模和分布的手段就是提高或降低出生率和死亡率，以及迁移，其中迁移是最直接有效的一种方式。

具体到乡村—城市迁移，迁移生态学理论认为社区是基本的社会结构，所有社区及社会体系由于存在持续不断的“系统成熟”和“演化进程”，从而都具有动态特性。这些运动让人口规模、社会组织、技术和环境四种因素之间的平衡关系不断被打破和重新调整。在这一过程中，人口通过迁移从生存机会萎缩的地区流向生存机会膨胀的地区，从而产生一种不断增进城市化的趋向。霍利（A·Hawley）在其1968年出版的《生态学：人类生态学》中指出，“人类生态学的一个基本教义就是说：一个人口会通过生命过程（变动出生率和死亡率）以及通过迁移再分布自身以求得人口规模和生存机会之间的平衡。”即迁移被看作是人口对其生存环境及生活条件变化的一种反应。① 1898年，英国城市规划师埃比尼泽·霍华德（Ebenzer Howard）研究了英国快速城市化进程中出现的交通拥堵、环境恶化以及农民大量涌入大城市产生的城市病，出版了《明天——一条通向改革的和平道路》一书，在书中提出了“田园城市”（garden city）理论，希望通过建设兼具城乡优点的新型城市来解决城市化进程中出现的城乡问题。受霍华德田园理论的启示，芬兰学者埃列尔·萨里宁（Eliel Saarinen）1942年出版了《城市：它的发展、衰败和未来》一书，提出城市发展的有机疏散理论。萨里宁认为今天趋向衰败的城市，需要有一个以合理的城市规划原则为基础的革命性的演变，使城市有良好的结构，以利于健康发展。这种结构既要符合人类聚居的天性，便于人们就近享受家庭生活，过共同的社会生活，感受到城市的脉搏，而又不脱离自然。并从土地产权、土地价格、城市立法等方面论述了有机疏散理论的必要性和可能性。

城市化动力机制理论主要解释了农村劳动力离开农村进入城镇的动力机制。主要包括推拉理论、“四因素”迁移模型等。

最早完整提出推拉理论的是赫伯尔（R. Herberle）。他在1938年发表的《乡村—城市迁移的原因》一文中指出，迁移是由一系列力量引起的，这些力量包括使一个人离开一个地方的“推力”和吸引他到另一个地方的“拉力”。具体到乡村—城市迁移中，就是农村的失业、就业不足、耕地不足、缺乏基本的生活设施、社会经济和政治关系的紧张和自然灾害等构成了原住地的推力；与此同时，城市里更好的就业机会、更好的发展前景、更高的工资、更好的教育和卫生设施等构成了目的地的拉力。推力和拉力的共同作用促使人们由乡村向城市迁移。也

---

① 史学斌，武辉，贾俊花．人口城市化动力机制理论综述［J］．西北人口，2006（3）．

就是说，在完全市场经济条件下，农村人口向城市流动的过程，简单地说，是市场机制自发地对劳动力资源进行重新配置的过程。在这个过程中，工业文明带来的更高的收入及更好的职业、更好的生活条件、为自己与孩子获得更好的受教育的机会，以及更好的社会环境是拉力，而农业的低效率、低收入和机械化对劳动力的排挤成为人口离开农村的推力。

推拉理论产生后，许多学者在该理论框架内对其进行了完善和补充，美国学者李（E. S. Lee）提出了迁移的“四因素”模型。根据李的解释，影响迁移的因素包括四种，即和迁出地相关的正因素和负因素、迁入地相关的正因素和负因素、介入障碍、个人因素。李的迁移模型较好地弥补了原有推拉理论所不能解释的同一因素对不同人既可表现为推力也可表现为拉力，以及不同人对推力和拉力反映不同的问题。李认为每一个地区都同时存在某些吸引人的因素和某些排斥人的因素，以及一些对某些人的迁移决策无关紧要的因素。人口的迁移正是人们对这些因素进行主观判断的结果。因此，一个人的性别、年龄、个性、智慧、敏感程度、对其他地区的认识程度、与外界接触的方式、个人生命周期等个人因素都会对人们的这种主观判断产生影响，从而影响迁移决策。此外，由于迁移过程还要克服一些中间障碍，如语言文化的差异、某些制度的阻碍等。因此，人口流动是由拉力、推力、中间障碍三因素综合作用的结果。

城市形成与发展的规律理论主要解释了城市形成与发展的规律。德国经济学家克里斯塔勒提出、廖什与艾萨德补充与完善的中心地理论，从经济学的角度阐述了城市作为区域商业中心和加工中心的形成与发展的基本规律，并对城镇规模结构和空间结构做了研究。

以上这些理论虽然没有统一的体系，但由于从不同方面解释了城镇化发展中的某些重大问题，因此可以同时使用。如区位理论重视中心城市的发展，而城乡结构转换理论重视人口迁移，非均衡发展理论侧重于区域差异性对经济发展的影响研究，三者是一个问题的不同方面，因此在研究城镇化进程中的问题时三种理论都可以参考使用。

### （二）国内新型城镇化研究综述

相对于传统城镇化，中国新型城镇化的提出不仅在各地区实践中得到了全面应用，也在理论界引起了广泛的共鸣。近 10 多年来，诸多学者对新型城镇化展开了大量的研究。通过知网的检索，有关新型城镇化的研究从 2001 ~ 2005 年加起来只有 28 篇，2006 年开始快速增长，2010 年增加到 204 篇，2011 年 359 篇，2012 年 754 篇，2013 年 4887 篇，2014 年 8090 篇，2015 年 7140 篇，2016 年 6671 篇。

纵观新型城镇化的理论与实践的研究成果，国内学者对新型城镇化的研究成果主要集中在对新型城镇化的概念界定、内涵、发展阶段与特征分析、动力机制、发展模式、推进路径、评价指标、实践探索等方面的研究，概括起来主要集中在以下几点。

（1）对新型城镇化概念进行了解析与探讨。胡继权（2005）认为新型城镇化是体现以人为本、全面协调可持续发展的科学理念，以发展集约型经济与构建和谐社会为目标，以市场机制为主导，大中小城市规模适度、布局合理、结构协调、网络体系完善，与新型工业化、信息化和农业现代化互动，产业支撑力强，就业机会充分，生态环境优美，城乡一体的城镇化发展道路。[①] 吴江等（2009）认为新型城镇化主要是指以科学发展观为统领，以新型产业以及信息化为动力，追求人口、经济、社会、资源、环境等协调发展的城乡一体化的城镇化发展道路。[②] 杨重光（2009）认为新型城镇化是在科学发展观指导下，以新型工业化和现代服务业为产业基础，以现代交通通信网络为物质技术手段，形成大中小城市和城镇合理的结构和空间体系，充分发挥各自的特点和功能，并以城乡和谐发展为目的，城市带领农村发展，从而形成国民经济全面、和谐和可持续发展的城市化道路。[③] 张占仓（2011）认为新型城镇化是相对传统城镇化而言，指资源节约、环境友好、经济高效、文化繁荣、社会和谐、城乡互促共进、大中小城市和小城镇协调发展、个性鲜明的城镇化。[④] 余学友（2011）认为新型城镇化是着眼解决“三农”问题，以城乡统筹为结合点，以城乡一体化为切入点，坚持以工促农、以城带乡、城乡统筹发展，推动城镇生产要素和产业链条向农村延伸、基础设施和公共服务向农村覆盖，逐步实现农民就业城镇化、农村基础设施城市化、生活服务社区化、城乡经济社会融合发展的城镇化道路。[⑤] 喻新安等（2012）认为新型城镇化是以科学发展观为统领，以促进经济、社会、环境和谐与人的全面发展为核心，以大中小城市和小城镇有机结合、协调发展为方向，以工业化、信息化为主要动力，以统筹兼顾、集约发展、合理布局、各具特色为原则，实施三化协调、产城互动、城乡统筹、业居相宜、体系完善的基本理念，全面提升城镇化水平和质量的健康城镇化。[⑥] 王千，赵俊俊（2013）认为新型城镇化是可持续发展的城镇化，是城乡统筹、城乡一体的城镇化，是以人为本的城镇化。[⑦] 周冲，

---

① 胡际权．中国新型城镇化发展研究［D］．重庆：西南农业大学，2005（2）：73.

② 吴江等．中国新型城镇化进程中的地方政府行为研究［J］．中国行政管理，2009（3）：88－91.

③ 杨重光．新型城镇化是必由之路［J］．中国城市经济，2009（11）：38－43.

④ 张占仓．河南省新型城镇化战略研究［J］．经济地理，2010，30（9）：1462－1466.

⑤ 余学友．新型城镇化带动“三化”协调发展的思考与建议［N］．安阳日报，2011 年 5 月 15 日．

⑥ 喻新安等．新型城镇化引领论［M］．北京：人民出版社，2012（10）：39－40.

⑦ 王千，赵俊俊．城镇化理论的演进及新型城镇化的内涵［J］．洛阳师范学院学报，2013，32（6）：98－101.

吴玲（2014）认为新型城镇化的本质在于城镇的内涵建设，即在科学发展观的指引下，以城乡统筹发展、产业结构优化、资源集约集聚、环境宜居友好、人文优势凸显为指引的城镇化。①

（2）对新型城镇化发展阶段与特征的研究。胡际权（2005）认为新型城镇化具有城镇规模协调、城镇布局协调、城镇功能协调、城镇产业协调、城镇环境协调、城镇社会协调、区域发展协调等几个方面的“新”特征。② 常益飞（2010）认为新型城镇化从发展观念、制度改革、城乡关系、发展模式等方面具有传统城镇化不同的特征，其本质在于不断提升城镇化建设的质量与内涵。③ 吴江（2010）认为新型城镇化的新特点在于是以人为本的城镇化、市场主导的城镇化、城乡统筹的城镇化、多元协调发展的城镇化。④ 喻新安等（2012）认为新型城镇化具有宽厚的承载平台、强大的动力机制、坚持多元化的城镇化道路、实行集约节约经营、营造优良环境、追求功能优化、促进城乡统筹、推崇社会和谐等主要特征。⑤ 蒋晓岚，程必定（2013）认为人口城市化率是新型城镇化外在特征的反映，而区域“城市性”才是新型城镇化的内涵与本质特征，中国新型城镇化之路大致可以分为城市化率和城市性的双重提升和“城市性”的持续提升两大阶段，即新型城镇化的成长阶段与成熟阶段。⑥

（3）对新型城镇化动力机制的研究。胡际权（2005）认为新型城镇化发展是以市场利益驱动机制、政府规划引导机制、政策促进机制、制度保障机制等为主要动力机制。⑦王发曾（2010）认为新型城镇化是由经济发展机制、社会发展机制、基础设施发展机制等核心机制和行政促进机制、行政控制机制等辅助机制构成。⑧ 黄亚平，林小如（2012）以湖北省为例，探讨了欠发达山区县域新型城镇化的动力机制，认为宏观政策制度保障、中观产业经济、微观硬件系统支撑力与资源环境双向力等是欠发达山区城镇化稳步健康发展的主导动力。⑨ 倪鹏飞（2013）认为在全球日益信息化以及重大技术突破和第三次工业革命即将到来之际，信息化、新型工业化和农业现代化三大新的动力不断推动中国新型城镇化的

---

① 周冲，吴玲．城乡统筹背景下中国欠发达地区新型城镇化路径研究［J］．当代世界与社会主义，2014（1）：200－202.

② 常益飞．新型城镇化发展道路研究——以甘肃为例［D］．甘肃：兰州大学学报，2010（6）：28－29.

③⑦ 胡际权．中国新型城镇化发展研究［D］．重庆：西南农业大学，2005（2）：73.

④ 吴江．重庆新型城镇化推进路径研究［D］．重庆：西南大学学报，2010（4）：28－29.

⑤ 喻新安等．新型城镇化引领论［M］．北京：人民出版社，2012（10）：39－40.

⑥ 蒋晓岚，程必定．我国新型城镇化发展阶段性特征与发展趋势研究［J］．区域经济评论，2013（2）：130－135.

⑧ 王发曾．中原经济区的新型城镇化之路［J］．经济地理，2010，30（12）：1972－1977.

⑨ 黄亚平，林小如．欠发达山区县域新型城镇化动力机制探讨［J］．城市规划学刊，2012（4）：44－50.

快速健康发展。①

（4）对新型城镇化模式的研究。于晓晴（2011）根据长江上游地区的区域特点与城镇化现状，提出采取以市场为导向，由民间力量或社区组织发动并得到政府认可和支持的“自上而下”和“自下而上”有机结合、且以“自下而上”推进为主的新型城镇化发展模式，并从独特目标、特殊路径和对策建议等方面构建了长江上游地区新型城镇化的基本架构。② 庄栋（2012）在分析浙江、安徽和成都等地区的发展路径及其模式的基础上，根据陕西省城乡统筹和城镇化发展现状，因地制宜地构建了陕北、关中与陕南地区的城镇化发展模式。③ 倪鹏飞（2013）认为新型城镇化的基本模式是以科学发展观为指导方针，坚持“全面、协调、可持续推进”的原则，以人口城镇化为核心内容，以信息化、农业产业化和新型工业化为动力，以“内涵增长”为发展方式，以“政府引导、市场运作”为机制保障，走可持续发展道路，建设城乡一体的城市中国。④ 杨仪青（2013）借鉴国外发展的经验，提出中国新型城镇化的发展应改变过去“摊大饼”式的粗放模式，而是应根据我国所在区位条件、自身特征等，旧城改造、城中村改造、合村并城和新型农村社区建设，构建组团式联合开发建设模式，带动城市和农村的共同发展。⑤ 梁浩等（2013）通过分析绿色建筑与新型城镇化的内在关系及绿色建筑产业新城在新型城镇化进程中的重要作用与独特优势，提出绿色建筑产业新城作为一种重要模式为全国不同地区开展新型城镇化建设提供了新的思路。⑥ 王佳文等（2013）以《广州市花都副中心发展规划》为例，提出具有花都副中心自身特色的整合模式、提升模式、转型模式、特色模式等四种新型城镇化模式。⑦ 王大海，张玉磊（2013）在深入探究我国传统城镇化治理模式的现实问题、本质特征和形成条件的基础上，提出制度化治理成为新型城镇化的模式选择，通过制定和执行城镇化战略规划、加强与城镇化相关领域的重点制度改革、完善城镇化的制度监管体系等措施，实现新型城镇化的治理模式。⑧ 宣超，陈甬

---

① 倪鹏飞．新型城镇化的基本模式、具体路径与推进对策［J］．江海学刊，2013（1）：87－94.

② 于晓晴．长江上游地区新型城镇化模式研究［D］．重庆：重庆工商大学学报，2011（6）：25－58.

③ 庄栋．基于城乡统筹的陕西省新型城镇化模式研究［D］．西安：西安外国语大学学报，2012（6）：27－54.

④ 倪鹏飞．新型城镇化的基本模式、具体路径与推进对策［J］．江海学刊，2013（1）：87－94.

⑤ 杨仪青．新型城镇化发展的国外经验和模式及中国的路径选择［J］．农业现代化研究，2013，34（4）：385－389.

⑥ 梁浩等．绿色建筑产业新城助力新型城镇化［J］．城市发展研究，2013（7）：124－132.

⑦ 王佳文等．新型城镇化模式探索——以《广州花都副中心发展规划》为例［J］．城市规划通信，2013（23）：15－16.

⑧ 王大海，张玉磊．从运动式治理到制度化治理：新型城镇化的治理模式选择［J］．探索与争鸣，2013（11）：47－50.

军（2013）以河南鄢陵县为例，考察了中部地区城镇化发展模式的成功经验及不足之处，深入探讨了中部地区新型城镇化发展模式，提出中原地区的就地城镇化可实行“市场型城镇化模式”。① 韦仕川等（2014）从旅游与城镇化的关系入手，探讨了旅游引导的新型城镇化模式的优势，深入分析了“大中型城镇化模式”“旅游城镇建设模式”“旅游综合体模式”和“旅游新农村社区模式”等四种模式的功能特征、发展方向和运营模式。②

（5）对新型城镇化路径的研究。吴江（2010）以重庆新型城镇化发展为例，提出“市场导向与政府推动”是新型城镇化发展路径的最佳现实选择；城乡协调、区域协调、新型城镇化与新型工业化协调及人口、资源与环境协调是重庆新型城镇化的协调路径的基本内容；在此基础上，对城镇规模结构、推进方式、人口转移方式等具体方面设计了多元实现路径。③ 冯煜雯（2011）在分析关中经济区新型城镇化的发展基础和环境的基础上，提出从规划引导、产业动力、基础设施、资源优势、城乡统筹方面加快新型城镇化发展的路径。④ 倪鹏飞（2013）指出新型城镇化应在“可持续城镇化”的总体路径下，推进新型城镇化要走以人为本、倾斜平坦、产城互动、绿色发展、包容增长、创新驱动、政府引导、本土开放等八条具体路径。⑤

向建，吴江（2013）结合重庆的区域实际，运用协调路径、高效路径、多样路径三条路径组合推进重庆新型城镇化的路径选择，最终实现重庆城乡一体化发展。⑥ 杨仪青（2013）在总结分析国外城镇化发展的主要模式及其经验和教训的基础上，从市场理念、增长方式、制度保障、城乡统筹等方面提出了中国新型城镇化发展的路径选择。⑦ 周冲，吴玲（2014）在借鉴国外城镇化建设经验的基础上，以我国经济欠发达地区为着眼点，认为我国经济欠发达地区新型城镇化的路径在于创新管理体制，更新思想观念；以大中小型城镇并行的道路推动城镇化发展；以“城镇经济区”规划引领城镇化发展；以产业集群化支撑城镇化发展。⑧

---

① 宣超，陈甬军．中部地区新型城镇化发展模式研究——以河南省鄢陵县为例［J］．理论与改革，2013（5）：201－204.

② 韦仕川等．国际旅游岛建设背景下海南省新型城镇化模式研究［J］．上海国土资源，2014，35（1）：14－18，26.

③ 吴江．重庆新型城镇化推进路径研究［D］．重庆：西南大学，2010（4）：129－134.

④ 冯煜雯．关中经济区新型城镇化发展路径探析［J］．陕西社会主义学院学报，2011（4）：38－40，45.

⑤ 倪鹏飞．新型城镇化的基本模式、具体路径与推进对策［J］．江海学刊，2013（1）：87－94.

⑥ 向建，吴江．城乡统筹视阈下重庆新型城镇化的路径选择［J］．现代城市研究，2013（7）：82－87.

⑦ 杨仪青．新型城镇化发展的国外经验和模式及中国的路径选择［J］．农业现代化研究，2013，34（4）：385－389.

⑧ 周冲，吴玲．城乡统筹背景下中国欠发达地区新型城镇化路径研究［J］．当代世界与社会主义，2014（1）：200－202.

（6）对新型城镇化评价指标的研究。胡际权（2005）从经济集约化、社会和谐、政治文明发展、生态环境保护与建设等几个方面构建了新型城镇化的评价体系，对我国城镇化水平进行了预测，并针对不同层次、不同区域的城镇，提出了我国新型城镇化的推进方式。[①] 吴江等（2010，2012）从经济发展、产业发展、人口转移、科技创新、基础设施、制度环境等方面选取了12个指标构建了重庆新型城镇化路径选择影响因子与机理的指标体系。[②]

孙雪（2012）从城市发展动力、城乡发展质量、城乡发展公平等三个方面构建了评价新型城镇化的指标体系。[③] 刘静玉等（2012）从经济发展、社会发展与环境资源等三个方面构建了新型城镇化的21个指标体系，分析了河南省新型城镇化的空间格局演变。[④] 田静（2012）从城镇化发展动力系统、城镇化发展质量系统、城镇化发展公平系统3大系统建立了8项子目标、45个指标的新型城镇化评价指标体系。[⑤] 曾志伟等（2012）以环长株潭城市群为例，从环境、经济、社会三个层面构建了新型城镇化新型度的二级评价指标体系，综合运用熵权法和多目标线性加权函数法，构架了新型城镇化新型度的定量化评价思路和框架，对环长株潭城市群的新型城镇化新型度进行了定量评价。[⑥] 张向东（2013）结合河北省城镇化发展的实际，从基础设施、经济发展、人口城镇化、生活方式、环境状态、城乡统筹等6个维度设计了包括27个操作指标的新型城镇化水平测度指标体系，对河北省各市的新型城镇化水平进行了评价，并根据评价结果指出河北省城镇化建设中存在的问题，提出了切合河北省实际的新型城镇化建设对策。[⑦]

（7）对各地新型城镇化实践探索的研究。倪鹏飞等（2007）以成都市城市发展为例，在总结城市化理论与其他国家经验教训和成都城市发展实践经验的基础上，提出城乡双赢的新型中国城镇化道路，并对战略目标、管理创新、制度设计与政策安排等方面进行了初步的勾画。[⑧] 仇保兴（2010）在分析借鉴美国凤凰城、天津生态城、马斯达零碳城发展经验的基础上，提出从可再生能源、水资源

---

① 胡际权．中国新型城镇化发展研究［D］．重庆：西南农业大学学报，2005（2）：73.

② 吴江．重庆新型城镇化推进路径研究［D］．重庆：西南大学学报，2010（4）：28－29；吴江，申丽娟．重庆新型城镇化路径选择影响因素的实证分析［J］．西南大学学报（社会科学版），2012，38（2）：151－155.

③ 孙雪．新型城镇化测评指标体系的建立研究［J］．地下水，2012，34（2）：124－126.

④ 刘静玉等．河南省新型城镇化的空间格局演变研究［J］．地域研究与开发，2012，31（5）：143－147.

⑤ 田静．新型城镇化评价指标体系构建［J］．四川建筑，2012，32（4）：47－49.

⑥ 曾志伟等．新型城镇化新型度评价研究［J］．城市发展研究，2012，19（2）：1－4.

⑦ 张向东等．河北省新型城镇化水平测度指标体系及评价［J］．中国市场，2013（20）：76－79.

⑧ 倪鹏飞等．中国新型城市化道路—城乡双赢：以成都为案例［M］．北京：社会科学文献出版社，2007（7）：65－168.

循环利用、就业模式的创新等方面提出新型城镇化带动西部大开发的发展思路与具体建议。[①] 王发曾（2010）认为中原经济区新型城镇化关键在于实施集约经营、营造优良环境、追求功能优化、促进城乡统筹、构建社会和谐等方面推进策略。[②] 潘海生，曹晓峰（2010）通过对浙江省小城镇建设的调查与分析，提出通过发展中小城镇，将农村人口就地转化为非农人口，通过发展现代农业及工业生产，就地享受现代城市生活的“就地城镇化”的新型城镇化发展道路。[③] 常益飞（2010）以甘肃为例，在对其城镇化进程和发展水平进行了综合评价与分析的基础上，提出甘肃新型城镇化的发展战略思路，并从城镇体系的三大结构出发，对甘肃的新型城镇化提出了相应的调整和优化方案。[④] 张占仓（2010，2012）以河南省为例，认为河南省应以郑汴都市区为增长极，以中原城市群为依托，着力构建由国家区域中心城市、省级区域中心城市、县（市）域中心城市、特色城镇和农村新社区构成的新型城镇体系，坚持紧凑型城市布局方针，努力走出一条资源节约、环境友好、经济高效、文化繁荣、社会和谐、城乡统筹、大中小城市和小城镇协调发展、个性鲜明的城镇化道路。在河南省新型城镇化进程中需要破解新型城镇化引领“三化”协调发展、与传统城镇化整合、新型农村社区建设资金筹措、居民就业、土地资源节约集约利用、大中小城市协调发展、农村传统文化保护与传承等七个难题。[⑤] 吴江（2010）通过深入考察重庆新型城镇化发展的现状与问题，揭示重庆新型城镇化路径选择的影响因子与机理，提出了重庆新型城镇化的路径选择及其制度创新。[⑥] 唐娅娇，李晓燕（2011）认为作为“两型社会”的长株潭城市群，应发展以低能耗、低污染、低排放为主要特征的低碳经济，转变传统发展模式，在低碳经济路径下推进长株潭城市群的新型城镇化发展。[⑦] 刘静玉等（2012）通过对河南省 2001 年、2005 年、2010 年新型城镇化的空间格局的分析得出其空间演变特征为：河南省新型城镇化水平空间变化明显，高低值中心跃迁，市域间新型城镇化水平不平衡性加剧，新型城镇化高水平市域有向中部

---

① 仇保兴．新型城镇化带动西部大开发的几点思考——以南疆为例［J］．城市规划，2010，34（6）：9－16.

② 王发曾．中原经济区的新型城镇化之路［J］．经济地理，2010，30（12）：1972－1977.

③ 潘海生，曹晓峰．就地城镇化：浙江小城镇建设的调查［J］．政策瞭望，2010（9）：33－36.

④ 常益飞．新型城镇化发展道路研究——以甘肃为例［D］．甘肃：兰州大学学报，2010（6）：30－83.

⑤ 张占仓．河南省新型城镇化战略研究［J］．经济地理，2010，30（9）：1462－1466；张占仓等．河南省新型城镇化战略实施中需要破解的难题及对策［J］．河南科学，2012，30（6）：777－782.

⑥ 吴江．重庆新型城镇化推进路径研究［D］．重庆：西南大学学报，2010（4）：129－134.

⑦ 唐娅娇，李晓燕．低碳路径下推进长株潭城市群新型城镇化的思考［J］．特区经济，2011（7）：199－200.

集中的趋势。[①] 陈映雪等（2013）通过剖析环首都中小城市在新型城镇化进程中的重要地位和面临的挑战，在全面总结怀来县城镇化现状、问题和环首都地区中小城市城镇化竞争优势的基础上，针对怀来县城镇化发展水平和要素协调性，以实现城镇发展的极化约束力向内生驱动力的转化和区域城镇化的协调发展为目标，从特色产业、产业集群、公共交通体系、创业创新网络体系等方面提出了富有区域特色的新型城镇化策略。[②] 王佳文等（2013）以《广州市花都副中心发展规划》为例，提出实施花都副中心的四种新型城镇化模式与以三个“一体”为动力的实施路径。[③]

（8）特色小城镇建设的研究。从2005年以来对小城镇的研究成果来看，研究的内容比较分散，主要从解决“三农”问题、规划、旅游、文化及特色发展等方面进行了探讨。郭蕊（2006）提出，充分认识加快小城镇建设的重要性，走有特色的小城镇建设道路，是解决“三农”问题的重要途径，也是实现城乡协调发展，从根本上解决“三农”问题的必然要求。[④] 李志民，周宝同，张玫认为，小城镇特色要在立足本地资源条件的基础上，把优势变为特色，注重和谐与创新。小城镇特色发展要从生态建设、特色产业、城镇规划建设和文化事业等诸方面来协调发展，那种为特色而特色的小城镇单一发展模式是不可取的。[⑤] 刘小洋，金晓玲（2007）从小城镇在景观营造的天然优势的视角，从城乡环境融合、历史文化传统、文化景观及民俗风情保护等方面探讨了营造富有特色小城镇景观的途径。[⑥] 李正宏，李波平（2008）在对湖北省小城镇进行实证研究的基础上提出，发展小城镇是走我国特色城镇化道路的重要途径，小城镇是县域经济的重要载体，镇强则县强，县强则省强。[⑦] 赵曦，赵朋飞（2013）指出：产业支撑缺乏、基础设施落后、管理体制缺陷、社会发展薄弱和文化机制冲突是西部地区农村小城镇建设面临的重大制约与严峻挑战。全面推进西部农村城镇化进程必须依托现代农业，通过发展推动小城镇建设并进行崭新的机制设计，构建以现代农业发展为基础的西部特色小城镇体系，是西部小城镇发展的最优选择。[⑧] 王慧军

---

① 刘静玉等．河南省新型城镇化的空间格局演变研究［J］．地域研究与开发，2012，31（5）：143－147.

② 陈映雪等．环首都中小城市新型城镇化路径研究——以张家口怀来县为例［J］．城市发展研究，2013（7）：110－116.

③ 王佳文等．新型城镇化模式探索——以《广州花都副中心发展规划》为例［J］．城市规划通讯，2013（23）：15－16.

④ 郭蕊．加快小城镇建设是解决“三农”问题的重要途径［J］．理论探讨，2006（2）.

⑤ 李志民，周宝同，张玫．小城镇的特色发展探析［J］．安徽农业科学，2006（14）.

⑥ 刘小洋，金晓玲．浅议小城镇景观特色的营造［J］．乡镇经济，2007（3）.

⑦ 李正宏，李波平．湖北特色小城镇建设的思考［J］．湖北社会科学，2013（6）.

⑧ 赵曦，赵朋飞．现代农业支撑下西部农村小城镇建设机制设计［J］．经济与管理研究，2015（7）.

（2015）从人的城镇化视角分析了小城镇文化建设的重要性，提出人的城镇化最终要实现人的全面发展，而在人的全面发展中新兴小城镇文化建设起着相当重要的作用。搞好小城镇文化建设，实施新兴小城镇文化发展战略，打造具有文化特色的小城镇，使新兴小城镇成为以人为中心的具有较高品质的宜居宜业之所，是实现人的城镇化的重要途径。① 王志章，孙晗霖（2016）认为建设新型特色小城镇是欠发达地区有效利用多种资源的重要手段，也是实现精准脱贫的重要途径，更是融入"一带一路"建设的重要举措。应全盘谋划顶层设计，合理优化城镇空间布局，培育壮大生态产业，发展绿色特色小城镇，创新小城镇治理模式，增强小城镇发展环境。②

（9）其他相关的研究。其他领域专门针对新型城镇化发展进行的研究不多，主要集中在新型城镇化与"三化"、"三农"问题、政府作用之间的关系等方面的研究。简新华（2003）认为中国特色的新型城镇化道路既要发挥政府的宏观调控作用，又要充分利用民间的巨大潜力和市场促进效率提高的优势，"选择由市场推动、政府导向、政府发动型城镇化与民间发动型城镇化相结合、自下而上城镇化与自上而下城镇化相结合的方式。"③ 冉启秀，周兵（2008）以重庆市全国统筹城乡综合配套改革试验区为例研究，认为新型工业化和新型城镇化协调发展是统筹城乡发展，实现变农民为市民、缩小城乡差距的关键。④ 鲁鹏（2010）认为新型城镇化的构成体系包含了卫星城市、中心镇和中心村，应在城市建设的基础上加强卫星城和新农村建设。另外，新型城镇化要实行国家统筹，国家和各级政府的农村建设资金以及城乡统筹的交通、通信等基础设施、科教文卫等资源要向中心镇和中心村倾斜。⑤ 耿明斋（2011）通过分析工业化与城镇化之间的关系，探讨了中原经济区如何以新型城镇化引领"三化"协调科学发展之路。⑥ 沈青基（2013）在对传统城镇化与新型城镇化比较思考的基础上，从城镇化与生态文明建设协调发展的关系、生态文明与新型城镇化协调发展的评价体系、基于生态文明的新型城镇化的创新追求等方面提出了基于生态文明的新型城镇化发展的若干重要议题。⑦

---

① 王慧军．新型小城镇文化建设与人的城镇化问题探究［J］．中共天津市委党校学报，2015（4）．

② 王志章，孙晗霖．西南地区新型特色小城镇建设的对策［J］．经济纵横，2016（1）．

③ 简新华．走好中国特色的城镇化道路——中国特色城镇化道路研究之二［J］．学习与实践，2003（11）：45－50，64．

④ 冉启秀，周兵．新型工业化和新型城镇化协调发展研究——基于重庆市全国统筹城乡综合配套改革试验区的实证［J］．重庆工商大学学报，2008，18（2）：39－45．

⑤ 鲁鹏．新型城镇化：解决"三农"问题的根本出路［J］．山东农业管理干部学院学报，2010（1）：1－3．

⑥ 耿明斋．对新型城镇化引领"三化"协调发展的几点认识［J］．河南工业大学学报（社会科学版），2011，7（4）：1－4．

⑦ 沈青基．论基于生态文明的新型城镇化建设［J］．城市规划学刊，2013（1）：29－36．

综合来看，党和政府提出了中国要走新型城镇化道路后，学术界和相关部门对新型城镇化进行了大量深入的探讨，在新型城镇化的内涵、特征、动力机制、发展路径与模式等方面推出了一大批相关研究成果，这些成果丰富和发展了新型城镇化的理论，促进了新型城镇化的实践发展，为新型城镇化的深化研究提供了借鉴和参考，对推动新型城镇化进程有着重要意义。

### （三）青海城镇化研究现状及述评

西部大开发战略实施以来，对于青海城镇化问题研究者众多，成果也很多。因青海地区经济欠发达，生态环境脆弱，其议题主要集中在青海城镇化的现状、区域城镇化的模式、西部大开发与区域经济协调发展、少数民族经济发展与城镇化等方面。专家学者们对西北地区城市规模分形结构、兰（州）西（宁）经济区发展趋势、西北“生态经济城市”的发展模式、城镇化建设中的生态文化建设等问题进行了有益的探索。从可持续发展、城镇化的进程、城镇化的模式、公共政策，特色城镇化模式，城镇化的动力机制与路径及青海区域城市群建设等方面进行了初步研究，取得了较好的研究成果。

在著作方面，许光中（2007）从青海城市化模式的演变与动力机制的角度，分析了青海省未来城市化的发展路径，提出基于青海省的自然、经济、社会、人口等条件的制约，青海省城市化的模式选择应是在积极培育产业带动等内生性动力因素和市场引导功能的基础上，充分发挥政府的主导作用，走以政府为主导的城市化道路。在路径上鉴于地广人稀、生态承载力低和经济欠发达的实际，应走内涵式发展道路，以提升质量为主，在充分发挥西宁市、格尔木市、德令哈市的极化作用，建设好现有城市和城镇的基础上，以兰青高速公路、青藏铁路为纽带，重点开发柴达木盆地，带动环青海湖和青南地区的发展，构建“一带（西宁—兰州的经济带）三心（以西宁市、格尔木市、德令哈市为中心的城市群）”的省域城市体系。[①] 青藏高原能否实现区域可持续发展，关系到青藏高原地区乃至国家的生态安全、国土安全、社会稳定以及中华民族的可持续发展。刘同德（2010）根据地区差异与发展实际，将 PRED（人口、资源、环境、经济发展）系统修正为 SRED（社会、资源、环境、经济发展）系统，建立了青藏高原区域 SRED 系统结构模型，创新性地提出了青藏高原区域可持续发展的两条主线、八大主题及十项发展原则，系统构建了青藏高原区域可持续发展的理论框架。与此同时，就青藏高原区域可持续发展的经济发展支持系统、社会支持系统、资源支持系统与生态环境支持系统进行了定量研究与实证分析，从而将青藏高原区域可持续发展推进到制度支持系统层面，强化了青藏高原区域可持续发展的能力与智

① 许光中．青海城市化问题研究［M］．青海人民出版社，2007（12）．

慧建设。[①] 丁生喜（2012）对环青海湖少数民族地区特色城镇化的研究，揭示了该地区城镇化的独特背景以及区域经济发展和城镇化存在的问题。实证分析了该地区特色产业与城镇化发展的相关关系，定量分析评价了该地区生态承载力和可持续发展能力变动趋势，阐明了地区城镇化的生态经济效应，在总结该区域城镇化独特动力机制的基础上，提出了特色城镇化发展模式、发展战略目标以及城镇化战略思路和保障措施等。[②] 马玉英，马维胜（2013）从中华民族生态安全和青藏高原可持续发展的学术视野，对青藏高原的城市化路径进行了探索。从城市与城市化理论分析、青藏高原城市文明与城市化发展进程、青藏高原城市化现状及其滞后的负效应、城市化发展条件分析、青藏高原城市化模式选择、青藏高原生态城市化模式构想、生态城市化模式下的城市化目标研究、青藏高原城市布局构想、生态城市化模式下的城市形象设计、生态城市化模式的制度构想等方面，对青藏高原城市化模式进行系统分析，提出了生态城市化模式的概念，并对其含义、特点、目标、指标、实现路径等进行了深入研究。[③]

论文方面，马维胜（2007）研究了人口视阈下的青海城市布局问题。提出在空间布局方面，青海城市（镇）发展的重点区域应为河湟谷地和青藏铁路、公路沿线的海西地区。其他区域城市（镇）发展的重点在于增加人口规模，提高城镇的辐射功能和对区域发展的带动功能。在规模结构方面，应充分挖掘和发挥现有城市特别是大城市的辐射带动功能，积极培育中等城市，加大特色小城镇建设力度，优化城市规模结构，加快城市化进程。[④] 马彪（2008）基于现有研究成果和理论分析基础之上，探讨了 Logistic 模型描述青海省城市化过程中的合理性。通过模型参数估计，计算和预测了青海的城市化水平及其发展趋势。[⑤] 严新，许长军（2009）采用定量分析的办法，构建了青海省城镇城市化综合水平指标。利用该指标和城镇空间相互作用的理论，得到青海省各城镇之间的相对空间相互作用引力指数（Wij）。结果表明：Wij 在 0.4 时，两城镇之间存在较强的相互作用。此类城镇主要集中在青海省东部，以西宁市为核心，湟中、平安、大通、湟源、乐都、互助为次级中心，化隆、循化、门源、海晏、尖扎、共和、贵德为三级城镇形成城市圈；Wij 非常小的区域，主要集中在柴达木盆地和青海高原地区，未来这些地区的城镇空间布局应为点核式资源中心发展城市和生态型Ⅱ级县域中心

① 刘同德．青藏高原区域可持续发展研究［M］．中国经济出版社，2010（1）．
② 丁生喜．环青海湖少数民族地区特色城镇化研究［M］．中国经济出版社，2012（4）．
③ 马玉英，马维胜．青藏高原城市化模式研究［M］．北京大学出版社，2013（10）．
④ 马维胜．人口视阈下的青海城市布局构想［J］．青海民族学院学报社会科学版，2007（2）．
⑤ 马彪．青海省人口城市化 Logistic 模型及其应用［J］．甘肃科技，2008（5）．

城镇为主。[①] 苏海红（2010）结合“十二五”时期发展形势，探讨和分析了青海城镇化加快发展的思路、路径及措施。提出：加快城镇化发展，是拓展经济发展空间、改善城乡经济结构、实现城乡协调发展的重要举措。[②] 黄志宏，黄志梅（2011）指出恶劣的自然环境、较差的经济社会基础、不利的区位条件、过长的空间距离、小基数人口规模、人口迁出以及复杂的人口组成等，是影响青海省城市发展的主要制约因素。城市发展水平较低、波动性较大，经济社会发展高度集中在三大中心城市，是青海城镇化进程的基本态势。青海省城市化进程存在着城市数量少、密度低、城市结构不合理以及城市首位度高的问题，而且城市化进程的地区差异性明显、中心城市辐射力有限、城市化质量有待进一步提高。因此，未来青海省加速城市化进程必须迁村并点，形成以县城为中心的县域小城镇体系，加强撤县设市工作，培育以西宁市为中心的东部城市群，以及制定不同的城镇化动力机制。[③] 张效娟，何邕健，刘同德（2011）从人口、经济和社会三个方面构建了青海省城镇化综合水平评价指标体系。利用因子分析法，基于全省 40 个地理单元的 18 个城镇化发展指标，提取出反映城镇化发展内涵的人口与生活方式城镇化因子、公共设施城镇化因子、工业城镇化因子、产业结构城镇化因子，通过聚类分析，提出了青海省城镇化综合水平空间分布具有点—轴结构和扇形分布特征。[④] 王红宇（2012）利用第六次人口普查数据，对青海人口城镇化状况进行了分析，提出青海城镇化已步入加速阶段，但存在人口城镇化进程与第二、第三产业发展不协调，城乡二元经济社会结构阻碍人口城镇化的发展问题。[⑤] 李勇（2013）指出 2010 年青海省委、省政府提出打造以西宁为中心的东部城市群，既是立足省情实际、抢抓发展机遇、加快全省城镇化进程的必然要求，也是把握青海发展趋势、符合国家政策取向、顺应城市化发展潮流作出的一项重大战略部署，对加快青海经济社会发展具有极为重要的意义和作用。[⑥] 马丽雅（2014）提出以西宁市为中心的东部地区是青海省人口、城镇的密集地区，也是全省经济社会发展的核心区域。以夏都西宁为中心的东部城市群建设是顺应区域经济一体化发展的大趋势，是推进青海东部地区发展的现实基础，对推动青海“四个发展”具有重大意义。[⑦]

---

① 严新，许长军．基于 GIS 青海省城镇体系的空间布［J］．青海大学学报（自然科学版），2009（3）．

② 苏海红．青海城镇化发展的战略思考［J］．青海社会科学，2010（1）．

③ 黄志宏，黄志梅．青海省城市化进程的特征、问题及对策分析［J］．泉州师范学院学报，2011（2）．

④ 张效娟，何邕健，刘同德．青海省城镇化综合水平空间格局研究［J］．青海社会科学，2011（6）．

⑤ 王红宇．青海省人口城镇化问题研究［J］．攀登，2012（3）．

⑥ 李勇．加快青海东部城市群发展的理论与实践探析［J］．青海社会科学，2013（6）．

⑦ 马丽雅．青海东部城市群建设的 SWOT 分析［J］．产业与科技论坛，2014（1）．

《青海省新型城镇化规划（2014～2020年）》发布后，学者们对青海新型城镇化问题展开了多方面的研究。目前在知网上检索到的论文成果已有6篇。丁生喜，王晓鹏，秦真凤，诸宁扬（2015）从人口、经济、生态协调发展的角度通过阐述新型城镇化内涵，分析了青海省城镇化发展现状，揭示了青海省城镇化存在的问题，提出了促进人口—生态—经济和谐发展的青海省新型城镇化发展思路。[①] 毛雪艳，王平（2014）通过对新型城镇化的内涵分析，建立了影响新型城镇化水平的评价指标体系，运用主成分回归分析方法，借助SPSS、EViews等统计软件，对影响青海省新型城镇化的各因素进行了实证检验和判断，提出青海省新型城镇化发展过程中经济发展和人口转移的动力不足、科技创新和基础设施的作用尚未完全凸显、第三产业发展程度低下、体制机制的不完善等因素是阻碍新型城镇化发展的主要原因。[②] 牛占龙等（2015）围绕青海省新型城镇化建设发展现状，分析了2015～2020年期间资金供给和需求特性，提出了科学合理测算建设资金缺口、完善投融资机制及提升综合服务水平，为青海省新型城镇化建设优化融资环境、提升融资效率提供支持的建议。[③] 强莹（2016）以《青海省新型城镇化规划（2014～2020年）》为基本出发点，提出青海省新型城镇化建设，应以生态保护为首、城乡一体化、城市化与经济发展相适应、兼顾地区差异为原则，从严肃规划意识，推动新型城镇化建设，对青海新型城镇化模式提出了战略构想。[④] 李毅，夏红梅（2015）对青海推进新型城镇化建设进程中的政府规制问题进行了研究。从政府行为选择与制度创新两个角度，论述了青海在建设新型城镇化的进程中，政府该如何来进行有效规制的问题。[⑤] 高永宏（2015）从宏观上考察了青海新型城镇化的发展现状、农牧业转移人口就业状况及其特点，分析了农牧业转移人口在城镇就业所面临的困境与原因，提出在农民市民化背景下，青海解决农牧区转移人口就业问题必须要将就业问题纳入产业结构调整、新型城镇化、农业现代化、城乡基本公共服务均等化的大系统之中，通盘考量、多管齐下、统筹解决。要以产业促就业，支撑农牧区劳动力向非农产业转移就业；以就业促创业，拓宽农牧民转移就业的渠道；以培训促就业，提高农牧民转移就业的能力；以公平促就业，加快推进城乡基本公共服务均等化。[⑥]

---

① 丁生喜，王晓鹏，秦真凤，诸宁扬．基于人口－经济－生态协调发展的青海省新型城镇化研究［J］．生态经济，2015（3）．

② 毛雪艳，王平．青海省新型城镇化影响因素的实证研究［J］．西北人口，2014（6）．

③ 国家开发银行股份有限公司青海省分行课题组．青海省新型城镇化发展探索［J］．青海金融，2015（4）．

④ 强莹．青海新型城镇化模式建设的战略构想［J］．柴达木开发研究，2016（1）．

⑤ 李毅，夏红梅．青海推进新型城镇化建设进程中的政府规制［J］．安徽行政学院学报，2015（6）．

⑥ 高永宏．农民市民化背景下青海解决就业压力的路径研究［J］．青海社会科学，2015（3）．

综合来看，西部大开发以来，青海学术界和相关部门对青海的城镇化问题进行了大量深入的探讨，对中央提出的新型城镇化进行了多方面的研究，在城镇化的发展路径、动力机制、发展模式、生态建设、东部城市群建设等方面推出了一批相关研究成果，这些成果丰富和发展了青海城镇化发展的理论，促进了青海城镇化的实践。但由于受制于各方面条件的不足，青海城镇化研究理论多、实证少，尤其是对少数民族地区特色城镇化、特色小城镇的发展研究不足，城镇化研究整体上滞后于城镇化发展的需要。

为了更好地推动青海新型城镇化合理、和谐的发展，努力实践好党和政府提出的提升城镇化质量、以新型城镇化推动中国经济发展的战略，本书的研究将立足于青海省城镇化发展的实际和已有的研究成果，突出青海城镇化的理论探索与实践经验的总结，为青海推进新型城镇化提供理论与实践的借鉴和参考。

## 本章小结：

城镇化是人类社会发展的客观趋势，是现代化的必由之路。推进城镇化是解决我国农业、农村、农民问题的重要途径，是推动区域协调发展的有力支撑，是扩大内需和促进产业升级的重要抓手，对全面建成小康社会、加快推进社会主义现代化具有重大的现实意义和深远的历史意义。在国际环境出现动荡，不稳定不安定因素不断增加，国内经济进入“新常态”面临新的重大结构调整之时，积极稳妥推进新型城镇化是未来推进中国经济发展的一个重要选择，也是推进青海省经济发展的重要机遇。

# 第二章

# 青海推进新型城镇化的机遇和优势

工业化进程中工业产业集聚效益要求工业企业的要素整合必须采取聚集形式的空间配置，工业的空间集聚形成了城镇，从而工业化的发展也就推动了城镇化的进程。因此，城镇化的基本矛盾是以人为核心的各种产业要素的整合与以土地和环境为基础的空间安排和利用的冲突，新型城镇化是解决这一冲突的重要战略。推进新型城镇化的核心问题是通过推进以人为核心的城镇化战略，实现中国推进城镇化进程中要素整合与空间配置的良性互动。青海要顺利的推进新型城镇化，首先要在理论上有一个全面的认识，在把握新型城镇化发展规律的前提下，要抓住机遇，以其特色优势推进新型城镇化快速发展。

## 第一节　新型城镇化的提出与发展目标

### 一、新型城镇化的提出

#### （一）新型城镇化提出的原因

从世界城镇化发展的规律来看，当城镇化率处于30%～70%时，是城镇化中期阶段，发展速度相对较快，是就业困难、大城市人口膨胀、空间高度拥挤、居住环境恶化等城镇问题集中爆发期，也是第三产业快速发展期，城镇化的发展方式和城镇的公共管理将会出现质的变化。

从历史现象来看，各个国家在城镇化率达到50%的时候，大都处于工业化和城镇化的快速发展时期；就发展趋势而言，在城镇化率超过50%以后，各个国家的城镇化普遍仍然会进一步发展，并且经过15～50年左右的时间，城镇化率达到70%左右进入城镇化发展的成熟阶段。从发达国家城镇化的历程来看，当人口转移型城镇化发展到一定程度，即人口城镇化率达50%时，人口转移型城镇化逐渐趋缓，结构转换型城镇化就会大面积地出现。例如，英国是工业革命的发源地，也是世界上最早实现工业化和城镇化的国家。从时代背景来看，1850年前后正是英国十分鼎盛的维多利亚时代，自1760年代开始工业化进程以来，工业革命的完成使英国成为世界头等强国，是全世界第一个走上结构转换型城镇化道路的国家。1850年，英国的人口城镇化率从1760年的10%上升到50%，达到了结构转换型城镇化的起点，此后，英国铁路通车里程迅速扩张，20年间翻了好几倍，密集的铁路网将全国的城镇联系了起来，又扩大了城镇对乡村的辐射和带动能力，农村经济社会结构发生了深刻变化，出现了“乡村城市化”。为了有效应对各类城市发展问题，1848年的《公共卫生法》、1855年的《消除污害法》和1866年的《环境卫生法》等有关城市公共管理的法律得以陆续制定和实施，通过立法来确定相应的公共政策，成为英国的独特传统。1898年霍华德所著《明日的田园城市》、1912年昂温所著《拥挤无益》和1915年格迪斯所著《进化中的城市》等著作的发表则表明有关现代城市规划的理论思想和实践探索在这个时期开始在英国起源并逐步发展了起来。作为一个典型的移民国家，1920年美国人口城镇化率超过了50%，达到了城镇化道路转型的临界点。此后，美国汽车产业、电气和房地产这三大产业迅速发展了起来，促进了美国公路建设大发展，仅乡村公路就达300万英里，逐步形成了联结城乡的全国公路网。汽车和公路的发展使得人们在郊区生活更方便，建筑商们在郊区开发大批条件更好的住房，大批中产阶级也陆续从市区转移到郊区，出现了郊区城镇化。除美英外，其他发达国家乃至不少发展中国家，也不同程度地出现了城市群、城市带或都市化地区，结构转换型城镇化已逐渐成为世界城镇化的普遍现象。同时，世界城镇化发展的规律也表明，城镇化率达到50%左右的时期往往是各类城市发展问题的集中爆发期，也是公共政策及现代城市规划体制得以确立的时期。

自20世纪80年代改革开放以来，伴随着中国经济和工业化的快速发展，中国城镇化经历了一个低起点、快发展的过程。1978~2015年期间，中国城镇化率从17.9%增长到2015年的56.1%。当2011年中国人口城镇化率超过50%以后，中国的城镇化正处于这样一个关键阶段，中国城镇化的发展已达到人口转移型城镇化向结构转换型城镇化转变的“转折点”。温家宝总理（2012）在2011年《政府工作报告》中指出“城镇化率超过50%，这是中国社会结构的一个历史性变化。”在这个“转折点”来临时，政府适时提出的新型城镇化思想，其实质就是借鉴欧美的城镇化发展的经验，从以前粗放的人口单向从农牧区向城镇流动的城镇化转向结构转换型的城镇化，综合考虑了政治、经济、文化、生态等多种因素，予以因势利导和综合调控，从战略层面上高度重视城镇化的发展战略和信息、智能化技术和低碳、生态技术在城镇化发展进程中的引导和应用，对切实提高城镇化发展的质量给予了高度关注。

就中国的城镇化发展而言，改革开放30多年来的快速城镇化发展形成了以下鲜明的模式特点：（1）从发展动力来看，主要是发端于外向型特征的沿海经济高速发展的需要和强力推进；（2）从转移人口的特点来看，主要是农牧民通过打工、经商、上学、当兵等多种形式转变职业进入城镇，但是他们在农村的承包地、宅基地在政策上予以保留，使大规模的人口迁移虽然呈现“候鸟式”移动的特征，但由于有土地的保障，整体保持着稳定，未出现大规模的贫民窟现象；（3）从运作模式来看，开发区、新区和新城建设是政府推动城镇化发展的主要形式；（4）从空间表现来看，呈现出以东部沿海地区为主导的非均衡发展格局。多年来持续快速的城镇化发展，有力地支撑了中国经济的持续高速发展，为中国赢得了制造业发展的竞争优势，成为全球第二大经济体。① 但中国快速的城镇化累积的诸多问题也到了迫使中国政府对城镇化发展战略必须要做出相应调整的时候。

中国城市规划设计研究院邹德慈院士工作室高级城市规划师李浩博士指出：当前中国城镇化发展已进入新阶段，以2008年金融危机为标志，中国经济发展模式转向外源、内需双轮驱动，城镇化发展的动力机制发生了变化；“80后”、“90后”新生代农民工逐渐成为流动人口的主体，他们的生活方式、价值取向等发生了深刻变化，对“候鸟式”生存方式的挑战越来越突出；城镇化发展造成的生态环境危机日益突出，社会群体性事件频发，农牧业发展严重滞后等。面对新的形势和新的发展阶段，及时调整国家发展战略和城镇化模式，已迫在眉睫。概括来说，中国未来的城镇化发展必须探索一条不以牺牲农业和粮食、生态和环境为代价的新型工业化、农业现代化、信息化与城镇化协调发展的新模式，努力形成资源节约、环境友好、经济高效、文化繁荣、社会和谐的城乡全面健康协调可持续发展的新格局。②

具体来看，伴随着城镇化的快速推进，传统城镇化的发展路径引发的如下一些问题使中央政府认识到传统的城镇化发展的不可持续性，开始探讨中国推进城镇化的新路径：（1）农民工市民化进程滞后带来的城镇内部新的二元结构矛盾，制约着城镇化的发展。被纳入城镇人口统计的2.6亿多农民工及其随迁家属，由于市民化进程滞后，未能在教育、就业、医疗、养老、保障性住房等方面平等享受城镇居民的基本公共服务，大量农牧业转移人口难以融入城市社会，不仅削弱了城镇化对扩大内需和产业结构升级的推动作用，也积累了大量的社会风险隐患。（2）土地城镇化快于人口城镇化，城镇用地粗放低效带来的“空城”及土

①② 参见：李浩．城镇化率首次超过50%的国际现象观察［J］．城市规划学刊，2013（1）．

地资源浪费问题。一些城市“摊大饼”式扩张，脱离实际大力发展房地产业、建设宽马路、大广场，新城新区、开发区和工业园区占地过多，建成区人口密度偏低，耕地减少过多过快。这不仅浪费了大量土地资源，产生了很多“空城”，也威胁到了国家的粮食安全。(3) 城镇空间分布与资源环境承载能力不匹配，带来的城市发展不均衡、城镇规模结构不合理，致使经济社会和生态环境成本持续增加。一些城镇密集地区资源环境约束加剧，环境承载能力下降，部分特大城市主城区人口压力偏大，与综合承载能力之间的矛盾加剧带来了比较严重的环境问题。(4) 城市服务管理水平跟不上城市发展的需要，“城市病”问题日益突出，严重制约了城市质量的提升。一些城市空间无序开发、人口过度集聚，重经济发展、轻环境保护，重城市建设、轻管理服务，交通拥堵问题严重，食品药品等公共安全事件频发，大气、水、土壤等环境污染加剧，城市管理运行效率不高，公共服务供给能力不足，城中村和城乡结合部等外来人口聚集区人居环境较差。(5) 体制机制不健全，阻碍了城镇化健康发展。现行户籍管理、土地管理、社会保障、财税金融、行政管理等制度，在一定程度上拉大了城乡差距、固化了已经形成的城乡利益失衡格局，制约了农牧业转移人口市民化和城乡发展一体化。特别是很多地方政府试图以行政力量人为的加快城镇化的进程，通过强征土地、大拆大建的方式扩大城市圈，增加城市经济带的影响力，从而在局部地区积累和加剧了社会矛盾，带来了社会的不稳定。这些问题的存在使得中国政府不得不尽快探索新的城镇化发展的路径。

### （二）新型城镇化的提出

新型城镇化不是凭空想象出来的，它是建立在新中国成立以来特别是改革开放30多年来，对中国特色城镇化道路不断探索和实践基础上的，是对中国特色城镇化道路内涵的丰富和发展。进入21世纪以后，中国学界率先对中国城镇化带来的问题进行了反思，提出了中国城镇化道路的新选择问题。

根据相关资料，最先提出新型城镇化的，是中央党校教授谢志强。谢志强教授在2003年7月3日《社会科学报》发表的《新型城镇化：中国城市化道路的新选择》一文中提出：“与国际社会比较，中国城镇化的道路仍然漫长而艰难。城镇化水平仍处在一个较低的发展水平，为此，我们必须努力‘消除不利于城镇化发展的体制和政策障碍’，走出一条城乡共同繁荣的，与新型工业化道路相呼应的‘新型城镇化道路’来。”① 由此中国开始了新型城镇化道路的探讨。

从2008年以来，在应对国际金融经济危机的历程中，城镇化成为中国扩大内需、调整结构、转变方式的战略重点和重要依托，成为中国保持经济平稳发展

① 谢志强．新型城镇化：中国城市化道路的新选择．社会科学报［N］，2003年7月3日第4版．

的强大内在动力。李克强在2009年第15期《求是》杂志上发表的《保持经济平稳较快发展》一文中指出：我们要“协调推进新型工业化、新型城镇化，形成新的增长极、增长带、增长面，拓展扩大内需的新空间。”2012年2月，李克强在《求是》杂志发表的重要文章《在改革开放进程中深入实施扩大内需战略》中指出：我国正处于重要战略机遇期，市场空间大，内需潜力大，对发展具有持久的拉动作用。扩内需的最大潜力在城镇化。城镇化不仅可扩大投资，而且能促进消费，对扩大内需具有重要推动作用。消费需求是最终需求。要在保持投资合理规模的同时，完善政策，改善环境，尤其要增强居民消费能力，有效释放我国巨大的消费潜力。

在多年探索的基础上，为适应中国城镇化发展的需要，2012年11月，党的十八大报告提出：“坚持走中国特色新型工业化、信息化、城镇化、农业现代化道路”。[①] 2013年11月召开的党的十八届三中全会指出：“当前，我国发展进入新阶段，改革进入攻坚期和深水区。”要“完善城镇化健康发展体制机制。坚持走中国特色新型城镇化道路，推进以人为核心的城镇化，推动大中小城市和小城镇协调发展、产业和城镇融合发展，促进城镇化和新农村建设协调推进。优化城市空间结构和管理格局，增强城市综合承载能力。”[②] 2013年12月召开的中央城镇化工作会议强调，“走中国特色、科学发展的新型城镇化道路。”[③] 2014年3月中共中央、国务院印发的《国家新型城镇化规划（2014～2020年）》是根据中国共产党第十八次全国代表大会报告、《中共中央关于全面深化改革若干重大问题的决定》、中央城镇化工作会议精神、《中华人民共和国国民经济和社会发展第十二个五年规划纲要》和《全国主体功能区规划》编制的，按照走中国特色新型城镇化道路、全面提高城镇化质量的新要求，明确未来城镇化的发展路径、主要目标和战略任务，统筹相关领域制度和政策创新，是指导全国城镇化健康发展的宏观性、战略性、基础性规划，为推进我国新型城镇化的进程提供了明确的指导。《规划》指出：“工业革命以来的经济社会发展史表明，一国要成功实现现代化，在工业化发展的同时，必须注重城镇化发展。”[④] 从党的十八大到中央城镇化工作会议，到《国家新型城镇化规划（2014～2020年）》的发布，“中国特色新型城镇化道路”的提法逐步成型，内涵逐步丰富。

中共中央、国务院于2014年3月份正式印发的《国家新型城镇化规划（2014～2020年）》，标志着中国新型城镇化战略的成型。2014年9月16日在北

① 中国共产党第十八次全国代表大会文件汇编［M］. 人民出版社，2012：19.

② 《中共中央关于全面深化改革若干重大问题的决定》辅导读本［M］. 人民出版社，2013：7、23.

③ 人民日报社论. 积极稳妥引导城镇化健康发展［N］. 人民日报，2013年12月15日.

④ 国家新型城镇化规划（2014～2020年）［N］. 光明日报，2014年3月17日.

京举行的推进城镇化建设试点工作座谈会上，李克强总理开门见山，阐释了新型城镇化的重要意义。指出："新型城镇化事关国家现代化建设的大局，把这步棋走好，不仅是利长远也利当前，可以说是远近结合的一个重要战略支点。""新型城镇化贵在突出'新'字、核心在写好'人'字，要以着力解决好'三个1亿人'问题为切入点。"李克强总理表示，中国经济保持中高速增长、迈向中高端水平，必须用好新型城镇化这个强大引擎。

### （三）新型城镇化的内涵

城镇化具有一定的阶段性，在不同阶段，其内涵是不断变化的。党的十八大提出新型城镇化概念，虽然仍沿袭城镇化的提法，但强调了中国经济进入"新常态"后人口与经济社会活动在地理空间上的均衡分布，强调人口从农村向城市（镇）转移过程中在城市与城镇之间的均衡再分配，强调了在中国大城市快速发展的特殊条件下，城镇作为农村与城市之间的过渡带所扮演的重要角色。根据党和政府的相关文件的精神，新型城镇化是以人为本，以集约、智能、绿色、低碳为标志，以城乡统筹、城乡一体、产城互动、生态宜居、和谐发展为基本特征的城镇化，是大中小城市、小城镇、新型农村社区协调发展、互促共进的城镇化。

新型城镇化的内涵主要包括以下六个方面。

第一，新型城镇化的关键在于"着力提高城镇化质量"，是"质量明显提高"的城镇化。城镇化不是简单的非农人口比例增加和城市面积扩张，更重要的是实现产业结构、就业方式、人居环境、社会保障等一系列由"乡"到"城"的重要转变。中国的城镇化正处于一个特殊发展时期，与发达国家还有很大差距，仍需大力推进；城镇化快速推进过程中出现的大量问题也需要我们正视并有针对性地采取措施加以解决，既要有一定的速度，又要把提高质量放在突出位置。因此，习近平总书记强调，在推进城镇化的过程中，要尊重经济社会发展规律，过快过慢都不行，重要的是质量，"要推动城镇化向质量提升转变"①。2012年底的中央经济工作会议也将"积极稳妥推进城镇化，着力提高城镇化质量，走集约、智能、绿色、低碳的新型城镇化道路。"列为2013年经济工作的主要任务之一。2013年底的中央经济工作会议进一步强调要"积极稳妥推进新型城镇化，着力提高城镇化质量"。②

第二，新型城镇化是"四化"同步的城镇化。2008年十七届三中全会通过的《中共中央关于推进农村改革发展若干重大问题的决定》提出，要"统筹工

① 人民日报社论．人民日报［N］，2013年3月9日．

② 人民日报社论．积极稳妥引导城镇化健康发展［N］．人民日报，2013年12月15日．

业化、城镇化、农业现代化建设。”① 2011 年国家《“十二五”规划纲要》提出“同步推进工业化、城镇化和农业现代化”，即“三化”同步。② 2012 年 11 月 8 日党的十八大报告提出，要“坚持走中国特色新型工业化、信息化、城镇化、农业现代化道路，推动信息化和工业化深度融合、工业化和城镇化良性互动、城镇化和农业现代化相互协调，促进工业化、信息化、城镇化、农业现代化同步发展。”增加了信息化，提出了要坚持“四化”同步的发展战略。2013 年 12 月 14 日召开的中央城镇化工作会议更是明确指出，走中国特色新型城镇化道路，“关键是提升质量，与工业化、信息化、农业现代化同步推进。”③

第三，新型城镇化是“以人为核心”的城镇化。“以人为本”是科学发展观的核心，也是推进城镇化必须坚持的核心原则。城镇化的目的在于造福百姓和富裕农牧民，要让广大人民共同分享城镇化的成果，要让有意愿的农民工及其家属逐步融入城市，有就业支撑，有政策保障。党的十八大报告明确指出，要“加快改革户籍制度，有序推进农业转移人口市民化，努力实现城镇基本公共服务常住人口全覆盖。”④ 2013 年 3 月 27 日和 5 月 6 日召开的国务院常务会议强调，研究新型城镇化中长期发展规划，要围绕提高城镇化质量、推进人的城镇化。⑤ 为贯彻这一原则精神，2013 年 5 月 24 日，国务院批转的国家发展改革委《关于 2013 年深化经济体制改革重点工作的意见》提出：根据城市综合承载能力和转移人口的情况，分类推进户籍制度改革，统筹推进相关公共服务、社会保障制度改革。⑥ 党的十八届三中全会通过的《中共中央关于全面深化改革若干重大问题的决定》中明确提出：全面放开建制镇和小城市落户限制，有序放开中等城市落户限制，合理确定大城市落户条件，严格控制特大城市人口规模，推进农业转移人口市民化。⑦ 中央城镇化工作会议更是明确指出，走新型城镇化道路，“核心是以人为本”⑧，其指向也在于有序推动城镇常住人口市民化。

第四，新型城镇化是体现生态文明理念的城镇化。党的十八大将生态文明建设纳入到中国特色社会主义建设事业的总体布局，强调要加快实施主体功能

① 中共中央关于推进农村改革发展若干重大问题的决定［N］. 人民日报，2008 年 10 月 20 日.

② 国家新型城镇化规划（2014～2020 年）［N］. 光明日报，2014 年 3 月 17 日.

③ 中央城镇化工作会议. 人民日报［N］，2013 年 12 月 15 日.

④ 中国共产党第十八次全国代表大会文件汇编［M］. 人民出版社，2010：21.

⑤ 参见：国务院常务会议研究新型城镇化中长期发展规划［N］. 人民日报，2013 年 3 月 28 日、5 月 7 日.

⑥ 参见：国务院批转国家发改委《关于 2013 年深化经济体制改革重点工作的意见》［N］. 人民日报，2013 年 5 月 25 日.

⑦ 参见：中国共产党第十八届中央委员会第三次全体会议文件汇编［M］. 人民出版社，2013：42.

⑧ 中央城镇化工作会议［N］. 人民日报，2013 年 12 月 15 日.

区战略，推动各地区严格按照主体功能区定位发展，构建科学合理的城镇化格局、农业发展格局、生态安全格局。这对推进城镇化提出了新的要求。2012年底的中央经济工作会议提出：要把生态文明理念和原则全面融入城镇化全过程，走集约、智能、绿色、低碳的新型城镇化道路。① 这就是说，不仅在城镇化的空间布局上要体现生态文明要求，符合国土开发的总体功能定位，而且在城镇化建设的各项工作中都要体现节能节地、生态环保的要求，走可持续发展之路，不断提高生态文明水平。中央城镇化工作会议进一步提出，“要坚持生态文明，着力推进绿色发展、循环发展、低碳发展，尽可能减少对自然的干扰和损害，节约集约利用土地、水、能源等资源。”“要体现尊重自然、顺应自然、天人合一的理念，”“让城市融入大自然，让居民望得见山、看得见水、记得住乡愁。”②

第五，新型城镇化是“以城市群作为主体形态”的城镇化。这是2006年《“十一五”规划纲要》明确的方针。城市群是随着城市的发展而出现的，城市群理论也是随着城市的发展而逐渐兴起的。1987年，戈特曼出版的《大城市带：25年之后》，被认为是城市群理论研究的一个重要里程碑。③ 20世纪90年代以来，随着中国城市化水平的不断提高，中国对于城市群内涵的研究不断深入。城市群的概念，在制定“十一五”规划期间开始进入中央决策视野；党的十七大第一次将“城市群”写进党代会报告。2011年3月全国人大通过的《“十二五”规划纲要》进一步规划了“三纵两横”的城镇化战略格局，并据此提出推动相关城市群的发展；要求科学规划城市群内各城市功能定位和产业布局，推进大中小城市基础设施一体化建设和网络化发展。④ 党的十八大报告中强调：“科学规划城市群规模和布局，增强中小城市和小城镇产业发展、公共服务、吸纳就业、人口集聚功能。”⑤ 中央城镇化工作会议再次明确：“要优化布局，根据资源环境承载能力构建科学合理的城镇化宏观布局，把城市群作为主体形态，促进大中小城市和小城镇合理分工、功能互补、协同发展。”⑥

第六，新型城镇化是注重文化传承和历史文化保护的城镇化。目前中国城镇化进程中存在的一个突出问题是大拆大建，千城一面，毁坏了城镇的历史底蕴和文化特色，挖断了城镇的历史文脉。对此，中央城镇化工作会议强调：在城镇建设中，“要融入现代元素，更要保护和弘扬传统文化，延续城市历史文脉。”“在促进城乡一体化发展中，要注意保留村庄原始风貌，慎砍树、不填湖、少拆房”，

---

① 中央经济工作会议［N］. 人民日报，2012年12月17日.

②⑥ 中央城镇化工作会议［N］. 人民日报，2013年12月15日.

③ 范恒山、陶良虎主编. 中国城市化进程［M］，人民出版社，2009（173）.

④ “十二五”规划纲要［N］. 人民日报，2011年3月17日.

⑤ 中国共产党第十八次全国代表大会文件汇编［M］. 人民出版社，2010：21.

"发展有历史记忆、地域特色、民族特点的美丽城镇。"①

## 二、新型城镇化的发展目标与基本原则

### （一）新型城镇化的发展目标

中共中央、国务院印发的《国家新型城镇化规划（2014～2020年）》提出了五大发展目标，一是城镇化水平和质量稳步提升。城镇化健康有序发展，常住人口城镇化率达到60%左右，户籍人口城镇化率达到45%左右，户籍人口城镇化率与常住人口城镇化率差距缩小2个百分点左右，努力实现1亿左右农业转移人口和其他常住人口在城镇落户。二是城镇化格局更加优化。"两横三纵"为主体的城镇化战略格局基本形成，城市群集聚经济、人口能力明显增强，东部地区城市群一体化水平和国际竞争力明显提高，中西部地区城市群成为推动区域协调发展的新的重要增长极。城市规模结构更加完善，中心城市辐射带动作用更加突出，中小城市数量增加，小城镇服务功能增强。三是城市发展模式科学合理。密度较高、功能混用和公交导向的集约紧凑型开发模式成为主导，人均城市建设用地严格控制在100平方米以内，建成区人口密度逐步提高。绿色生产、绿色消费成为城市经济生活的主流，节能节水产品、再生利用产品和绿色建筑比例大幅提高。城市地下管网覆盖率明显提高。四是城市生活和谐宜人。稳步推进义务教育、就业服务、基本养老、基本医疗卫生、保障性住房等城镇基本公共服务覆盖全部常住人口，基础设施和公共服务设施更加完善，消费环境更加便利，生态环境明显改善，空气质量逐步好转，饮用水安全得到保障。自然景观和文化特色得到有效保护，城市发展个性化，城市管理人性化、智能化。五是城镇化体制机制不断完善。户籍管理、土地管理、社会保障、财税金融、行政管理、生态环境等制度改革取得重大进展，阻碍城镇化健康发展的体制机制障碍基本消除。《规划》提出，配合这五大目标的实现，要完成有序推进农业转移人口市民化、优化城镇化布局和形态、提高城市可持续发展能力、推动城乡发展一体化四大战略任务。

### （二）推进新型城镇化要遵守的基本原则

全国人大财政经济委员会副主任辜胜阻认为新型城镇化要转向以人为本的城镇化，核心是正确处理政府和市场的关系，围绕人、业、钱、地、房五个方面的要素来推进。国家行政学院经济学部主任张占斌教授指出，新型城镇化道路"新"在六个方面：新核心、新理念、新动力、新方式、新格局和新重点。国家

---

① 中央城镇化工作会议［N］. 人民日报，2013年12月15日.

行政学院张孝德教授基于新能源革命、民族文化与“三高技术”的三维分析框架，认为中国特色城镇化模式应当是城乡两元文明共生、大中小城市均衡、旨在满足大多数人幸福的城镇模式。① 厉以宁提出了“有序、同步、渐进、匹配、持续”的五项原则。指出：推进新型城镇化解决农民工的问题要按照“地点转换、职业转换、身份转换”的顺序进行，城镇化进程要与产业支撑同步，推进城镇化要符合城镇化发展的规律，不可操之过急，城镇化模式的选择要与国情相匹配，城镇化进程要可持续、城镇发展要可持续。②

根据《国家新型城镇化规划（2014～2020年）》的要求和专家们的解读，中国政府在推进新型城镇化进程中要遵守好七条原则：一在农民工市民化问题上要坚持以人为核心的城镇化，在推进新型城镇化的进程中，要依照自愿、有序、因地制宜的原则处理好农民工市民化问题，有序实现农民工地点、职业、身份的转换。二在城镇用地问题上，要坚持集约、节约用地，积极改造现有低效利用的土地，提高土地的使用效率。三在城镇化融资方面，要坚持多渠道筹措建设资金，让地方税体系更加完整，让地方公共服务拥有基本的财力支撑，要探索建设城市基础设施与住宅政策性金融机构，让社会资本通过特许经营等方法参与城市基础建设的投资和运营，有效发挥政策性金融在推进新型城镇化建设当中的作用。四在城镇发展方式上要坚持以城市群为主体形态。就宏观布局来说，要坚持城市群为主体，要推动大中小城市与小城镇同步发展。按照微观布局来说，要严格控制城市，尤其是特大城市开发边界、控制“摊大饼”式扩张。五在城市发展方面，要保护每个城市特有的自然形态和历史文化，要按照山水脉络来修复自然，保护城市文化遗产，延续城市的文脉，构建人与人亲善、人与自然亲善的城市。六在城市治理方面，要探索城市治理模式的创新，要根据十八届三中全会关于促进国家治理体系与治理能力现代化改革的总目标，正确区分城镇化进程中政府和市场的分工，正确区分政府和市民的分工，正确区分中央政府和地方政府的分工、与社会组织的分工。七在资源配置方面，要坚持市场主导，政府引导，使市场在资源配置中起决定性作用，城镇化成为市场主导、自然发展的过程，成为政府引导、科学发展的过程。

---

① 新型城镇化：机遇与挑战——“中国新型城镇化论坛”暨全国行政学院系统经济学科2013年年会综述［J］. 国家行政学院学报，2013（4）.

② 厉以宁等. 中国新型城镇化概论［M］. 中国工人出版社，2014年12月.

## 第二节 青海推进新型城镇化的机遇与优势

对新型城镇化问题，青海省委在2013年12月28～30日召开的十二届五次全体会议上依据党的十八届三中全会、中央经济工作会议、中央城镇化工作会议和中央农村工作会议精神，讨论修改了《青海省新型城镇化发展规划(2013～2020年)》，对推进青海新型城镇化进程进行了积极的部署。全会提出，我们一定要深刻认识青海省城镇化面临的形势和任务，牢牢把握中央提出的指导思想和基本原则，从青海基本省情出发，遵循规律，注重质量，既要积极，又要稳妥，更要扎实，要抓住难得的历史机遇，探索具有青海特色的城镇化发展道路，走出一条具有青海特点的科学发展、集约高效、功能完善、环境友好、个性鲜明、城乡一体的新型城镇化道路。2014年3月中共中央、国务院印发了《国家新型城镇化规划（2014～2020年)》（以下简称《规划》)。《规划》的颁布更加明确了青海推进新型城镇化的方向和道路，也为青海推进新型城镇化带来了非常好的机遇。

### 一、新型城镇化给青海城镇化带来的机遇

从中央政府实施新型城镇化的发展战略目标和《规划》的内容及青海省城镇化发展的实际情况来看，国家新型城镇化的推进为青海城镇化的发展提供了如下的机遇。

（1）对生态文明建设的高度重视，为青海从传统发展方式转向绿色发展提供了良好的机遇。《规划》提出：要把生态文明理念全面融入城镇化进程，着力推进绿色发展、循环发展、低碳发展，节约集约利用土地、水、能源等资源，强化环境保护和生态修复，减少对自然的干扰和损害，推动形成绿色低碳的生产生活方式和城市建设运营模式。要强化生态环境保护制度，完善推动城镇化绿色循环低碳发展的体制机制，实行最严格的生态环境保护制度，形成节约资源和保护环境的空间格局、产业结构、生产方式和生活方式。

习近平总书记在青海考察期间强调，生态环境保护和生态文明建设，是我国持续发展最为重要的基础。生态保护是全国一盘棋，青海在这“一盘棋”中具有独特而不可替代的作用。中国最大的盐湖在青海，长江、黄河、澜沧江3条大河也都发源于青海。这里既是生态资源的宝库，又是生态安全的屏障。从自身说，青海的生态保护是实现持续发展的关键；从大局说，青海的生态保护，尤其是对三江源“中华水塔”的保护又是关系国家生态安全的大事。如果三江源这个

"水塔"的"储水""配水"能力退化，或者不能确保流出"一江清水"，下游生态就会加剧恶化。

基于青海重要的生态地位，习近平总书记要求青海在生态环境保护上"一定要算大账、算长远账、算整体账、算综合账"，必须把生态文明建设放在突出位置来抓，不仅是要让青海的生态资源永续造福人民，更是要为下游的生态建设提供保障。

2016 年全国"两会"期间，习近平总书记在参加青海代表团审议时提出，要像保护眼睛一样保护生态环境，像对待生命一样对待生态环境。要求青海保护好三江源，保护好"中华水塔"，确保"一江清水向东流"。2016 年 8 月 22 ~ 24 日，习近平总书记来到青海考察，在 3 天的考察行程中，习近平总书记最关注的就是生态保护。考察期间，习近平总书记对青海生态保护定目标、下任务，要求青海"必须担负起保护三江源、保护'中华水塔'的重大责任。"强调要坚持保护优先，全面落实主体功能区规划要求，使保障国家生态安全的主体功能全面得到加强。要统筹推进生态工程、节能减排、环境整治、美丽城乡建设。对青海生态地位的重要性和特殊性习近平总书记做了重要的评价，"青海最大的价值在生态、最大的责任在生态、最大的潜力也在生态。"

生态环境的问题，实质上是经济发展方式的问题。保护生态环境、提高生态文明水平，同时也是转方式、调结构的过程。将生态保护和生态修复摆在压倒性位置上，实际上就是用绿色发展的理念培育新结构、形成新格局，推动发展低碳经济、循环经济、绿色经济，实现持续健康的发展。借助于国家对青海生态地位重要性的高度关注和对青海生态保护的大力支持，走绿色低碳的产业发展之路，积极推进以生态型产业为主的产业转型升级，实现城镇化的绿色发展，这是青海实现新型城镇化目标的最大机遇。

（2）国家调整城镇化布局与交通发展的机遇。《规划》提出：优化城镇规模结构，增强中心城市辐射带动功能，加快发展中小城市，有重点地发展小城镇，促进大中小城市和小城镇协调发展。完善综合运输通道和区际交通骨干网络，强化城市群之间交通联系，加快城市群交通一体化规划建设，改善中小城市和小城镇对外交通，发挥综合交通运输网络对城镇化格局的支撑和引导作用。

青海省土地面积广大，但人口稀少，截至 2016 年末，青海省常住人口只有 593.46 万人，城镇数量少规模小，相互之间距离遥远，辐射带动能力弱，牧区的很多小城镇就像草原上的孤岛，很难发展壮大。借助于《规划》的要求，加快青海省交通一体化规划建设，联通大中小城市和小城镇交通连接，发挥综合交通运输网络对城镇化格局的支撑和引导作用，形成合理的城镇体系，对发挥中心城市的辐射带动功能、带动中小城市小城镇的发展是非常有利的机遇。

梭罗笔下的瓦尔登湖静谧美好，但自然之所以美好是因为人迹罕至，保护自然最好的方法就是人类活动远离自然。如今，美国81%的人口居住在仅占全国总面积约3%的城市中，人类活动向大城市收缩，实则是给自然环境留出了更多喘息空间。生态环境问题一方面是由经济落后造成的，其原因是生产力水平的相对低下，人口压力过大造成的生态环境退化；另一方面是由发展带来的，主要是现代工业部门的发展，造成了空气、水、土壤的污染。相比较而言，由落后所带来的生态环境恶化更为严峻。据中科院兰州沙漠研究所提供的资料，造成沙漠化面积不断扩展的原因中，草原过度农垦占25.4%，过度放牧占25.3%，过度采樵占31.8%，水资源利用不当占9%，其他原因占8.5%。[①] 从上述数字可以看出这样一个基本事实：落后地区生态环境问题的主要矛盾是由落后而不是由发展造成的，生态环境破坏在空间地域上主要是农村而不是城市，主要的破坏活动是农牧业活动而不是工业活动，活动主体是农村人口而不是城市人口。因此，青海推进新型城镇化要走生态型城镇化之路，在推进新型城镇化进程中，首先要通过“精准扶贫”从根本上解决贫困问题，通过区域经济社会的发展来遏制青藏高原地区因“发展不足”造成的生态危机，并通过把工业化、城镇化建立在“生态安全”的基础之上，真正做到在发展中保护，在保护中发展，遏制因“发展加快”引起的生态危机，实现区域生态功能强化与经济社会发展的紧密衔接。同时要注重人口的集聚问题，要尽量把贫困地区的人口向城镇集聚，以减轻人类的活动对生态的压力，提高生态的自我修复能力。

从目前青藏高原的现状来看，青藏高原区域虽然地域面积广大、资源丰富，但高寒的气候使青藏高原的生态恢复十分缓慢，在粗放的经济发展和过快的人口增长压力下，青藏高原的生态承载力在快速下降。从生态承载力的视角来看，青藏两省区在全国已属于人口严重超载的地区，根据对资源平衡及资源结构与农业结构（土地利用结构）的匹配、农林牧用地规模测算与水土平衡、养分平衡与投入水平、作物总产量、人口预测和未来食物消费水平等的进一步测算，得到青海省的最大人口承载量约为494万人，[②] 而2016年底青海省的常住人口规模已达到593.46万人，已超过环境承载能力20.1%以上。因此，要从根本上遏制生态环境恶化的局面，就必须从保护和强化青藏高原的生态功能出发，减少环境脆弱区的人类活动，在科学测定区域环境人口、经济承载力的前提下，实施生态移民政策，把部分人口从高海拔、高敏感的环境脆弱区迁至城镇，以减轻环境压力。

（3）国家促进绿色生态产业发展的机遇。《规划》提出：强化生态环境保护制度，将生态文明理念全面融入城市发展，构建绿色生产方式、生活方式和消费模式。树立以人为本、服务为先理念，完善城市治理结构，创新城市治理方式，

① 涂元季．钱学森和沙产业［N］．光明日报（时代周刊），1996年11月11日．

② 马维胜．青藏高原生态城市化模式研究［J］．青海民族研究，2002（4）．

提升城市社会治理水平。

2016 年 8 月 22 日 ~24 日，习近平总书记来青海考察期间多次指出，生态环境保护和生态文明建设，是我国持续发展最为重要的基础。要求青海必须把生态文明建设放在突出位置来抓，不仅是要让青海的生态资源永续造福人民，更是要为下游的生态建设提供保障。对青海而言，生态地位的极端重要和资源富集的特殊优势，决定了走绿色发展之路是我们闯出欠发达地区实践科学发展观成功之路的必然选择，也是迫切的现实需要。既要保护生态，又要促进发展，是一对突出的矛盾，而转变发展方式则是解决这个矛盾的唯一出路。从资源开发向新能源、新材料转型，从高碳经济向低碳经济转型，从工业文明向生态文明转型，就是要彻底从资源的低层次开发转向科技含量高、经济效益好、资源消耗低、环境污染少、人力资源优势得到充分发挥的新型工业化道路。坚定不移地推动绿色发展，就要统筹兼顾资源环境的保护利用与经济社会的快速发展，实施生态立省战略，大力发展生态农牧业、生态旅游业、民族文化产业、循环经济和新能源新材料产业，努力构筑高端化、高质化、高新化、低碳化、生态化的绿色产业体系。

（4）国家一系列推进农牧业现代化政策的出台，为青海省推进农牧业现代化、提升农牧业生产水平进而为小城镇的形成与发展提供了机遇。《规划》提出：加快农业现代化进程，坚持走中国特色新型农业现代化道路，加快转变农业发展方式，提高农业综合生产能力、抗风险能力、市场竞争能力和可持续发展能力。创新农业经营方式，坚持家庭经营在农业中的基础性地位，推进家庭经营、集体经营、合作经营、企业经营等共同发展。

青海地域广大，是中国四大牧区之一，广大农牧区要转变农牧业发展方式，加快农牧业现代化进程，必须要把农牧业农场化发展与小城镇建设结合起来互动发展。“鼓励承包经营权在公开市场上向专业大户、家庭农场、农民合作社、农业企业流转，发展多种形式规模经营。鼓励和引导工商资本到农村发展适合企业化经营的现代种养业，向农业输入现代生产要素和经营模式。”这种以家庭农牧场为代表的现代农牧业的发展需要社会提供各种服务，而小城镇是“加快构建公益性服务与经营性服务相结合、专项服务与综合服务相协调的新型农业社会化服务体系。”为家庭农牧场等农牧业发展组织提供社会服务的各种公司安家的最好基地。如果结合农牧业现代化的建设，大力发展为以家庭农牧场为主体的现代农牧业提供服务的第二、第三产业，将为小城镇的形成与发展提供良好的依托，远离中心城市的小城镇，在进一步完善基础设施和公共服务的基础上，会逐步发展成为服务“三农”、带动周边地区发展的综合性小城镇，形成独特的“耕在田、居在镇，基础设施城镇化、生活服务社区化、生活方式市民化”的新型青海小城镇的发展模式。

（5）国家推进小城镇建设的政策安排，为青海省发展特色小城镇提供了机遇。《规划》提出，要有重点地发展小城镇。按照控制数量、提高质量，节约用地、体现特色的要求，推动小城镇发展与疏解大城市中心城区功能相结合、与特色产业发展相结合、与服务“三农”相结合。大城市周边的重点镇，要加强与城市发展的统筹规划与功能配套，逐步发展成为卫星城。对吸纳人口多、经济实力强的镇，可赋予同人口和经济规模相适应的管理权。坚持工业反哺农业、城市支持农村和多予少取放活方针，加大统筹城乡发展力度，增强农村发展活力，逐步缩小城乡差距，促进城镇化和新农村建设协调推进。加快消除城乡二元结构的体制机制障碍，推进城乡要素平等交换和公共资源均衡配置，让广大农牧民平等参与现代化进程、共同分享现代化成果。

青海地域广大，大中城市少，小城镇相对较多，137 个小城镇分布在广大农牧区，大部分小城镇由于离大城市远，缺少大城市的辐射带动，小城镇缺乏发展能力，长期以来未能得到较好的发展。《规划》的颁布，为青海的小城镇建设带来了历史性的发展机遇。青藏高原独特的自然地理环境、生态经济条件以及少数民族聚居的社会特点，决定了该区域发展小城镇具有其独特的优势。从经济上来看，青海民族地区农牧业的发展无论从提供农畜产品还是提供剩余劳动力方面对城镇化的推力是十分明显的，近年来工业的迅速发展也为区域城镇化发展奠定了一定的产业基础，依托青海特色资源的旅游业的发展成为青海建设特色小城镇的独特动力。从文化上来看，青海民族众多，文化资源丰富，依托旅游业的发展，具有特色资源、区位优势的小城镇，能通过规划引导、市场运作，培育成为文化旅游、商贸物流、资源加工、交通枢纽等专业特色小镇。

（6）国家有关培育和发展中西部地区城市群的要求，为青海省提升东部城市群的质量、筹建以格尔木、德令哈为重心的西部城市群提供了机遇。《规划》提出：培育发展中西部地区城市群，强化城市分工合作，提升中心城市辐射带动能力，形成经济充满活力、生活品质优良、生态环境优美的新型城市群。明确了城市群发展目标、空间结构和开发方向，明确了各城市的功能定位和分工，统筹交通基础设施和信息网络布局，加快了推进城市群一体化的进程。确立了依托陆桥通道上的城市群和节点城市，构建丝绸之路经济带，推动形成与中亚乃至整个欧亚大陆的区域大合作的发展思路。

青海东部城市群是一个年轻的区域城市群，自 2013 年海东市成立以来，虽然得到了快速发展，但中心城市的辐射带动能力、特别是城市群内部各城市的功能定位和分工尚在发展之中，《规划》提出的要求为青海东部城市群统筹制定实施城市群规划，明确城市群发展目标、空间结构和开发方向，明确各城市的功能定位和分工，统筹交通基础设施和信息网络布局，加快推进城市群一体化进程，提升青海东部城市群的质量提供了良好的机遇，也为未来调整海西城市的功能、筹建以格尔木、德令哈为重心的西部城市群指明了方向。

## 二、青海推进新型城镇化的后发优势

美国经济史学家亚历山大·格申克龙（Alexander Gerchenkron，1904～1978）在总结德国、意大利等国经济追赶成功经验的基础上，于1962年创立了后发优势理论。首次从理论高度展示了后发国家工业化存在着相对于先进国家而言取得更高时效的可能性，同时也强调了后发国家在工业化进程方面赶上乃至超过先发国家的可能性。所谓“后发优势”，也常常被称作“落后得益”“落后的优势”“落后的有利性”等。

格申克龙的后发优势理论认为，后发地区通过强制性和诱制性制度移植变迁可以直接模仿、吸收和采纳先发地区已经形成的有效的制度，与先发地区的制度创设变迁相比较，避免了因不断“试错”而支付的高额成本（政治成本和经济成本）；与制度创设变迁往往要花费较长的时间相比，后发地区对有效制度的及时模仿、跟进和移植只需较短的时间，可以节省时间，减少时间成本；同时，通过吸取先发经济体制度变迁的经验教训获得的后发利益，可以少走弯路。制度性后发优势使后发地区能提高资源配置的效率、改变激励机制、降低交易费用和风险，从而促进经济增长。

“后发优势”之所以对青海省很重要，是因为即使经过30多年的改革和发展，青海省与东中部地区差距仍然很大，而且还在不断拉大。如果不突出自己的特色，实现跨越式的特色发展，差距势必会越来越大。从城镇化的角度来看，虽然青海城镇化进程也很快，截至2016年底，青海省城镇化率达到51.63%，形成了以西宁市为中心，小城市和州府县城为骨干、小城镇为基础的城市体系，构建了与“四区两带一线”区域发展总体布局相适应的“四区两带”新型城镇化发展格局，全省城镇体系初步形成。[①] 但和全国56.1%的城镇化率相比仍然存在较大的差距。借助于国家新型城镇化规划，在模仿、吸收和采纳发达地区经验及其教训的基础上，发挥青海的后发优势，努力推进青海新型城镇化建设健康发展，将为我们赢得比较优势和后发优势发挥的巨大空间。

青海是一个自然资源富集的省份，盐湖资源得天独厚，钾盐、镁盐、钠盐分别占全国总储量的97%、99%和80%，水电资源居西北五省区第一，天然气储量居全国第四，有色金属、高原生物、旅游资源也较丰富；青海也是一个生态环境独特的省份，“三江之源”和地处“世界屋脊”的地理条件，使青海承担着维护中国乃至东南亚地区生态安全的重要责任；青海还是一个民族文化多元的省份，全省50多个民族共同繁荣发展，共同创造了绚丽多彩的民族文化。自然资

① 青海省2016年国民经济和社会发展统计公报［N］. 青海日报，2017年2月27日.

源的富集性、生态环境的独特性、民族文化的多元性，都是青海的比较优势，青海经济发展必须以这些优势为依托，尽力将比较优势转化为竞争优势。在 2007 年 5 月召开的青海省第十一次党代会上用“自然资源富集、生态环境独特、民族文化多元”对省情特点进行了概括。根据青海省的这样一个省情，青海在推进新型城镇化进程中应把握如下的后发优势。

### （一）立足于独特生态环境的优势，以绿色发展观引领，推进绿色发展

经济增长是技术、资本、制度等多种因素共同作用的结果。制度性后发优势就是后发地区向先发地区的制度学习，即效仿或移植各种先进制度并经本土化改造所产生的效率和益处。青海最大的后发优势就是根据自己的实际和中央的要求，及时借鉴发达地区发展中的经验教训，在坚持稳健大局观的前提下，提出了“生态立省”战略，树立了以保护生态为核心的绿色发展观。

面对青海在资源开发中带来的生态环境破坏日益严重的问题和实践中保护生态环境的呼声日益高涨的实际情况，青海省委在 2002 年召开的青海省第十次党代会上提出了“扎扎实实打基础，突出重点抓生态，依靠科技增效益，调整结构创特色，改革开放促发展”的总体发展思路。2005 年 12 月 15 日，时任总书记胡锦涛同志在青海考察工作结束时的讲话中强调，青海是我国淡水资源的主要补给地和生物多样性最集中的地区之一，保护和建设好这里的生态环境，不仅关系到青海各族群众的生存和发展，而且关系到全国的生态安全和中华民族的长远发展。青海的生态环境十分脆弱，一旦破坏很难恢复。他希望青海的同志切实增强责任感和使命感，自觉肩负起改善生态环境的重任。2007 年 5 月 23 日召开的青海省第十一次党代会提出“必须把科学发展作为第一要务，把保护生态作为重要责任，把改善民生作为当务之急。”2007 年 12 月，根据党的“十七大”加强生态文明建设的精神，省委十一届三次会议作出了“确立生态立省战略，致力于建设有利于生态文明的长效机制”的决定。随后在 2008 年 1 月召开的省十一届人大一次会议上，时任省长宋秀岩同志在政府工作报告中正式提出了实施生态立省战略，全面推进生态保护、生态经济和生态文化的号召。明确指出：“要金山银山，更要碧水青山。我们绝不能靠牺牲生态环境和人民健康来换取经济增长，一定要保护好‘中华水塔’的一山一水、一草一木，一定要建设好生产发展、生活富裕、生态良好的绿色家园，为中华民族的伟大复兴提供强有力的生态支撑。”青海生态立省战略的提出，突出了青海的生态优势，走了一条符合青海实际的发展之路，为青海后来的发展把握了机遇，指明了方向。2016 年 8 月习近平总书记在青海考察期间说“青海最大的价值在生态、最大的责任在生态、最大的潜力也在生态。”“生态环境保护和生态文明建设，是我国持续发展最为重要的基础。”立足生态实现绿色发展，这是青海最大的优势，也是青海发展的最大机遇。

## （二）以绿色发展观为指导，用好青海丰富的自然资源，实现产业的绿色发展，以坚实的产业基础奠定青海新型城镇化可持续发展的坚实基础

青海是一个资源大省，改革开放以来青海一直围绕着资源在谋求发展，确立了以能源矿产资源开发为主导的经济发展战略。1986 年 3 月召开的青海省委六届五次全委（扩大）会议上首次提出并确定了“改革开放、治穷致富、开发资源、迎接转移”的战略方针。1988 年 5 月青海省第七次党代会时又将这一方针调整为“改革开放、治穷致富、开发资源、振兴青海”。直到 2002 年召开的省第十次党代会上提出“扎扎实实打基础，突出重点抓生态，依靠科技增效益，调整结构创特色，改革开放促发展。”的总体发展思路之前，虽经几番调整，但资源开发的主导方向没有改变。20 世纪 80 年代确立的资源开发方针，在 21 世纪初启动的西部大开发战略的实施中得到了进一步的加强和完善。在国家资金、项目和政策的大力支持下，青海的水电、盐湖、石油天然气和有色金属等资源得到了不断开发，以优势资源为依托的石油、电力、有色金属和盐化工等四大支柱产业和水能资源开发、盐湖资源开发、石油天然气资源开发、金属和非金属资源、农牧业及野生动植物资源、旅游资源等优势产业的规模逐步扩大，综合经济实力不断增强，人民生活水平显著提高，从一个传统封闭的自给半自给的自然经济省份变为具有一定工业化水平的地区，但依托资源的单一发展方式，带来了产业发展的单一化，高耗能、高污染的产业发展带来的生态环境破坏的问题日益严重。

2002 年青海省第十次党代会上提出“突出重点抓生态”以后，青海把加强基础设施建设和保护生态环境放在更加重要的位置，立足生态保护、转换产业结构、实现绿色发展成为产业调整的方向。经过十几年的努力，青海产业结构调整取得新突破。“产业结构不断优化，呈现一产稳、二产优、三产增的新态势。高原现代生态农牧业加快发展，新型经营主体发展壮大，农牧业特色化、规模化、产业化、品牌化水平明显提高。工业转型升级迈出实质性步伐，十大特色工业建设成效显著，高新技术产业占规模以上工业比重由 3.4% 提高到 6.2%，轻、重工业比由 7.9∶92.1 调整为 16.4∶83.6。新增油气储量 2.8 亿吨，千万吨级油田建设力度加大。淘汰落后产能 208 万吨，电解铝产能就地转化率达到 80%。三大园区要素集聚、规模生产和支撑作用显著增强，15 个重大产业集群正在形成，循环工业增加值占工业比重达到 60% 以上，资源转换取得重大进展。服务业发展水平明显提高，旅游业实现跨越发展，旅游人数和总收入累计达到 9095 万人次、824.5 亿元，分别是上个五年的 1.8 倍和 3.15 倍。金融业增加值占生产总值比重达到 9%，成为支柱产业。”① 2016 年，青海省将大力发展新能源制造业、新材料

---

① 郝鹏．青海省人民政府 2016 年《政府工作报告》[N]．青海日报，2016 年 2 月 14 日．

产业、电子信息产业、生物医药产业和高端装备制造业等五大新兴产业，使新兴产业成为带动全省工业转型升级和创新发展的重要支撑，并将青海打造成为全国有影响力的锂电产业基地和重要的光伏光热制造基地。① 初步实现了产业结构的调整转型，为青海新型城镇化可持续发展奠定了较好的产业基础，为推进新型城镇化提供了产业条件。

### （三）依托多元民族文化，发展文化产业，以民族文化为底蕴，打造高原特色小城镇，是加快推进青海新型城镇化进程的有利条件

我们所称的“小城镇”，是指非农业产业，非农业人口聚居的、物质形态上小于城市，一般来说比较接近农村的那么一种社区，小城镇是农村政治、经济、文化的中心。小城镇处于城市经济与农村经济的结合部，是加强城乡联系的“中转站”。它一头联系城市，是大中城市辐射功能的“接收器”和“差转台”。另一头联系农村，作为小区域的政治、经济、文化中心，起着本区域内发展各产业的协调和指导作用。并通过发挥自身的辐射功能来带动周围乡村发展，把大量的生活资料和工业原料聚集在一起，将城市的技术、信息和生产资料送到农村，为农业生产和农民生活提供服务。同时，小城镇也是实现农村工业化和农业产业化的载体。其作用主要为：（1）通过小城镇将个体私营企业主、第三产业经营者和小企业逐步聚集、壮大，有利于市场主体的形式和经济增长方式的根本转变。（2）通过比较完备的市场体系，顺利地进行商品交换，又使农村市场体系得到进一步的发育，进而带动整个农村商品生产更快地发展。（3）通过小城镇比较齐全的市场设施和比较灵敏、快速、准确的商品供求信息，有利于市场机制的建立和健全。（4）可以促进农牧业产业化发展。可依托城镇吸纳人、财、物的功能，为以家庭农牧场为主要形式的现代农牧业生产组织提供全方位的服务，带动农牧业产业向高效农牧业经济发展；也可依托小城镇的辐射功能，带动农牧业产业向外向型经济发展。

《国家新型城镇化规划（2014～2020年）》提出：“按照控制数量、提高质量、节约用地、体现特色的要求，推动小城镇发展与疏解大城市中心城区功能相结合、与特色产业发展相结合、与服务‘三农’相结合。大城市周边的重点镇，要加强与城市发展的统筹规划与功能配套，逐步发展成为卫星城。具有特色资源、区位优势的小城镇，要通过规划引导、市场运作，培育成为文化旅游、商贸物流、资源加工、交通枢纽等专业特色镇。”在推进以人的城镇化为核心的新型城镇化过程中，显然小城镇是一个重要的突破口，“特色小镇”建设成为拓展小城镇建设的新路径。

① 青海省2015年国民经济和社会发展计划执行情况与2016年计划草案的报告［N］. 青海日报，2016年2月16日.

随着《国家新型城镇化规划（2014~2020年）》各项政策的开展，城镇化的重要地位一再凸显。2016年，作为加快新型城镇化建设的重要突破口，在多项政策红利支持下，“特色小镇”正成为社会资本的投资热点以及各方关注的焦点。随着特色小镇的培育工作被提上日程，国家和地方接连出台了多条相关政策，已经将小镇建设推上了一个新台阶。

在中国政府公布的“十三五”规划纲要中，明确提出要在未来五年中加快发展中小城市和特色镇。“因地制宜发展特色鲜明、产城融合、充满魅力的小城镇。”2015年底中共中央总书记习近平、国务院总理李克强、副总理张高丽同志先后对特色小镇和小城镇建设作出重要批示，要求各地学习浙江经验，重视特色小镇和小城镇的建设发展，着眼供给侧培育小镇经济，走出新型的小城镇之路。2016年2月6号，国务院发布的《关于深入推进新型城镇化建设的若干意见》指出，要加快培育中小城市和特色小城镇，提升县城和重点镇基础设施水平、加快拓展特大镇功能、加快特色镇发展、培育发展一批中小城市、加快城市群建设。2016年7月20日，住建部、发展改革委和财政部三部委联合发布的《关于开展特色小镇培育工作的通知》，决定在全国范围开展特色小镇培育工作，计划到2020年培育1000个左右各具特色、富有活力的休闲旅游、商贸物流、现代制造、教育科技、传统文化、美丽宜居等特色小镇，引领带动全国小城镇建设。2016年10月8日国家发展改革委发布的《关于加快美丽特色小（城）镇建设的指导意见》，第一次明确了特色小（城）镇包括特色小镇、小城镇两种形态，提出了五条总体要求。10月10日住房城乡建设部和中国农业发展银行联合发布《关于推进政策性金融支持小城镇建设的通知》，明确指出要充分发挥政策性金融的作用，推进小城镇建设。《通知》还指出，“小城镇是新型城镇化的重要载体，是促进城乡协调发展最直接最有效的途径。”2016年10月14日住房城乡建设部公布了第一批127个中国特色小镇名单，青海省的海东市化隆回族自治县群科镇、海西蒙古族藏族自治州乌兰县茶卡镇位列其中。

从青藏高原区域来看，茫茫草原上的小城镇就像沙漠里的绿洲、大海里的孤岛，对于一大片草原来说，一个功能完善的小城镇就是它一切活动的中心，是带动这片区域发展的核心，这个核心作用的发挥程度对这片草原的发展至关重要。

青藏高原地区的大部分小城镇属于以地方政府所在地为主的“服务基地型”城镇。这种模式，主要是以为农牧业服务为主的小城镇，多建有饲料生产、良种繁育、兽医防疫、农牧业产品贮藏、加工和运输、生产资料供应和农副产品销售，以及金融、信贷、科技咨询、社会保险等多种服务设施。充分完善这些设施，提高它们服务农牧业的能力，可以有效地促进农牧业产业化、现代化，促进农（牧）地流转，实现大农（牧）场运作，提高农牧业生产的效率。以大牧场为主的牧业现代产业化生产和以家庭农场为主的现代农业生产，在以各项服务功能完善的小城镇的保障下，其生产效率、对生态的保护能力会大大增强，会高于一家一户的自然经济形态的农牧业生产，更有利于生态的保护和农村牧区经济的发展。

青海是个多民族聚居的地方，历史悠久，民俗鲜明。青海悠久的历史，特殊的民俗，独特的建筑、方言与歌舞，都赋予了城镇独特的文化个性。在推进新型城镇化进程中因势利导，聚焦共识，发挥个性，对崛起一批特色小镇是非常宝贵的资源。历史上，丝绸之路曾经贯穿陕西、甘肃、宁夏、青海、新疆等省区，直到西亚。这条长长的丝绸之路，曾经存在过无数小镇，给汉唐时期的中外交流书写下了特殊的篇章。青海作为丝绸之路经济带的重要组成部分，在推进新型城镇化进程中，把青海打造成为丝绸之路经济带的战略基地、重要支点和人文交流中心，以国家主体功能区之一的兰（州）西（宁）经济区为依托，使青海成为丝绸之路经济带上向西开放的主阵地和推动西部经济发展的新增长极，将给青海重新书写汉唐神话带来新的机会。

在推进新型城镇化的进程中，注重城镇的民族特色、民俗特色，保留或延续既往形成的优良传统，形成众多的特色民族、民俗小镇，将是青海城镇长久发展的动力所在。去欧洲旅游的游客，经常忘情于欧洲的风情小镇，陶醉在其独特的历史氛围当中，当对青海的特色小城镇建设给予很好的启示。

青海省应借助国家政策和财政的支持，努力完善现有以县城为主的小城镇的各项功能，使之发展成为既具有相应人口规模和经济实力，又具有各自风貌和特色的功能健全、设施配套、环境整洁，具有较强辐射能力的新型小城镇。由于青藏高原农牧区、特别是牧区，地域广大、人口稀少、环境恶劣，缺乏建设大中型城市的条件，小城镇的建设应该成为支撑广大农牧区发展的基地。要大力发展一批基础条件好、发展潜力大、吸纳人口能力强的中心镇，适当扩大人口规模和容量，因地制宜推动小城镇整合。以特色产业为依托，建设好一批交通节点型、旅游度假型、加工制造型、资源开发型、商贸流通型等特色鲜明的小城镇，形成层次分明、结构合理、互动并进的城镇化发展格局。加大投入力度，加强县城和中心镇基础设施建设。积极稳妥推进户籍管理制度改革，支持符合条件的农牧区转移人口在城镇落户。要提升小城镇的综合承载能力，加快供排水、供暖、供气、道路、污水处理、垃圾集中处理等公用设施建设，注重文化传承与保护，改善生活和人文环境。通过完善以县城为主的小城镇的各项功能，可以为面积广大的农牧区腹地提供服务，为农牧业及农牧产品的深加工和生产现代化提供条件，为提升农牧业的发展水平和农牧民的生活水平提供基地，保障农牧区的持续发展。

### （四）把握人口流向，促进人口集聚，壮大城镇规模，促进新型城镇化进程

人口从农村向城镇流动、从农业向制造业流动、再从制造业向服务业流动的

过程是现代经济发展的结构变迁过程，是技术创新和产业升级的过程，也是人口城镇化的过程。因此，城镇形成和发展的关键在于以产业为基础的人口集聚。城市人口和经济发展密切相关，人口增加是经济发展的结果，反过来人口增加又给城市发展提供了新一轮的动力。人口聚集，形成需求，创造市场，深化分工，增加收入，也带来经济繁荣。无论什么类型的城市，城市人口增加和城市人口生活水准的提高基本是同步的。从城镇的人口规模来说：一个城市只有在市区人口达到 30 万规模的条件下，才能显示出规模效应，而城市市区人口规模达到 50 万以上时，基础设施建设才会发挥出最大效益。对于青海来说，推进新型城镇化存在的最突出问题，是人口总量较少，人口集聚不足，城镇规模偏小。如果不能持续转移农牧区人口和留居外来人口在城镇集聚，将难以撑起城镇化的格局。

青海省统计局 2014 年青海全省人口变动调查的统计数据显示（见表 2－1），截至 2014 年末，青海省常住人口达到 583.42 万人，较 2013 年末增加 5.62 万人。全省城镇人口达到 290.40 万人，城镇化率达到 49.78%，比 2013 年提高了 1.27%。全省城镇化率较高的地区为海西州和西宁市，其中海西州城镇人口为 35.70 万人，城镇化率为 70.63%；西宁市城镇人口为 157.15 万人，城镇化率为 68.61%，比 2013 年提高 0.81%。截至 2014 年末，西宁市常住人口为 229.07 万人，较 2013 年末增加 2.31 万人。海东市常住人口为 144.34 万人，较 2013 年末增加 1.25 万人。海北州常住人口为 27.73 万人，黄南州常住人口为 26.65 万人，海南州常住人口为 45.90 万人，果洛州常住人口为 19.42 万人，玉树州常住人口为 39.77 万人，海西州常住人口为 50.54 万人。

**表 2－1　　2014 年全省人口统计数据**

| 地区 | 常住人口（万人） | 城镇人口（万人） | 2014 年城镇化率（%） | 2013 年城镇化率（%） | 2014 年比 2013 年提高百分点 |
|---|---|---|---|---|---|
| 全省 | 583.42 | 290.40 | 49.78 | 48.51 | 1.27 |
| 西宁市 | 229.07 | 157.15 | 68.61 | 67.80 | 0.81 |
| 海东市 | 144.34 | 47.69 | 33.04 | 31.29 | 1.75 |
| 海北州 | 27.73 | 9.45 | 34.08 | 32.8 | 1.28 |
| 黄南州 | 26.65 | 7.61 | 28.56 | 25.89 | 2.67 |
| 海南州 | 45.90 | 14.70 | 32.03 | 29.54 | 2.49 |
| 果洛州 | 19.42 | 4.97 | 25.57 | 24.76 | 0.81 |
| 玉树州 | 39.77 | 13.13 | 33.01 | 32.13 | 0.88 |
| 海西州 | 50.54 | 35.70 | 70.63 | 70.06 | 0.57 |

数据来源：青海统计年鉴 2015.

表2-2 青海省综合城镇化指标数据

| 地区指标 | 人均地方财政收入 | 城市人口密度（人/平方公里） | 人均教育经费（元） | 城市每万人卫生技术人员数（人） | 每十万人口普通高中平均在校生数（人） | 每万人拥有公共交通车辆（标台/万人） | 人均用电量（千瓦时） | 人均固定资产投资（元） | 年末金融机构各项存款余额（万元） | 耕地产出率 | 农业劳动产出率 |
|---|---|---|---|---|---|---|---|---|---|---|---|
| 大通县 | 1242.85 | 66.78 | 1358.05 | 129.16 | 5778.09 | 5.88 | 36566.57 | 16289.02 | 1138246 | 1.00 | 1.63 |
| 湟中县 | 400.14 | 99.59 | 1535.49 | 199.14 | 5243.32 | 8.06 | 45875.88 | 54351.64 | 748056 | 1.36 | 1.52 |
| 湟源县 | 900.37 | 45.99 | 1371.57 | 281.89 | 5839.64 | 12.25 | 19297.18 | 29683.00 | 404678 | 0.97 | 1.01 |
| 乐都区 | 798.09 | 22.24 | 1384.58 | 151.23 | 5712.39 | 5.51 | 11365.45 | 37157.93 | 935343 | 3.01 | 2.06 |
| 平安区 | 2015.92 | 72.29 | 1698.37 | 185.48 | 6083.85 | 4.11 | 6026.40 | 78748.91 | 1038701 | 1.38 | 2.33 |
| 民和县 | 720.97 | 77.85 | 1402.06 | 124.67 | 5501.93 | 1.68 | 15754.98 | 24158.29 | 687805 | 1.48 | 1.11 |
| 互助县 | 846.18 | 38.26 | 1893.35 | 155.33 | 5648.00 | 2.00 | 4270.65 | 26804.75 | 830544 | 1.88 | 1.75 |
| 化隆县 | 356.89 | 17.74 | 1511.67 | 96.08 | 2649.53 | 0.00 | 2664.68 | 16064.71 | 367855 | 0.65 | 0.83 |
| 循化县 | 549.65 | 16.17 | 1680.13 | 191.30 | 3605.08 | 0.00 | 590.73 | 23847.62 | 413350 | 2.02 | 2.05 |
| 门源县 | 979.72 | 4.84 | 1834.59 | 126.02 | 6604.19 | 11.59 | 1040.16 | 21969.11 | 357222 | 0.75 | 2.30 |
| 祁连县 | 1941.54 | 1.04 | 2427.88 | 155.96 | 5598.08 | 1.15 | 1239.69 | 54250.19 | 178558 | 1.01 | 256.60 |
| 海晏县 | 6968.41 | 3.69 | 25614.84 | 530.77 | 7975.27 | 1.10 | 16723.68 | 68957.97 | 401480 | 0.66 | 243.62 |
| 刚察县 | 24279.96 | 1.58 | 2812.85 | 186.49 | 2797.39 | 2.40 | 2693.29 | 46454.68 | 171948 | 0.65 | 29.20 |
| 同仁县 | 1266.22 | 10.34 | 5207.27 | 133.88 | 7421.70 | 5.12 | 965.99 | 20983.62 | 439842 | 2.07 | 1.56 |
| 尖扎县 | 1405.40 | 10.31 | 4845.83 | 4.09 | 4134.21 | 3.27 | 11829.91 | 31624.71 | 233621 | 0.90 | 1.19 |
| 泽库县 | 280.03 | 1.55 | 4106.92 | 158.99 | 4900.13 | 0.00 | 142.21 | 16546.21 | 116275 | 1.39 | 2.53 |
| 河南县 | 574.68 | 0.97 | 3689.37 | 23.54 | 4493.67 | 0.00 | 685.70 | 31567.59 | 126705 | 0.00 | 4.26 |
| 共和县 | 1311.04 | 2.66 | 2101.55 | 125.46 | 7320.09 | 2.58 | 4190.21 | 43275.79 | 684038 | 0.24 | 2.09 |
| 同德县 | 688.74 | 2.63 | 3295.92 | 154.49 | 5378.47 | 0.00 | 521.17 | 22817.29 | 164700 | 1.00 | 2.61 |
| 贵德县 | 1681.93 | 6.78 | 2184.01 | 144.35 | 7225.84 | 4.34 | 891.33 | 28898.55 | 309639 | 1.15 | 1.53 |

续表

| 地区指标 | 人均地方财政收入 | 城市人口密度（人/平方公里） | 人均教育经费（元） | 城市每万人卫生技术人员数（人） | 每十万人口普通高中平均在校生数（人） | 每万人拥有公共交通车辆（标台/万人） | 人均用电量（千瓦时） | 人均固定资产投资（元） | 年末金融机构各项存款余额（万元） | 耕地产出率 | 农业劳动产出率 |
|---|---|---|---|---|---|---|---|---|---|---|---|
| 兴海县 | 1242.05 | 0.97 | 2477.02 | 119.19 | 2667.48 | 5.75 | 873.27 | 21443.77 | 157185 | 1.72 | 2.45 |
| 贵南县 | 621.16 | 3.08 | 2981.56 | 140.59 | 4184.41 | 1.49 | 393.81 | 16812.75 | 157963 | 0.76 | 2.70 |
| 玛沁县 | 1247.99 | 1.34 | 4105.02 | 113.05 | 4618.47 | 0.00 | 4506.02 | 49305.22 | 319223 | 148.72 | 1.18 |
| 班玛县 | 456.54 | 0.80 | 5418.73 | 0.00 | 4653.71 | 0.00 | 238.87 | 23265.72 | 82505 | 3.63 | 0.89 |
| 甘德县 | 405.48 | 0.58 | 3749.04 | 141.37 | 2882.19 | 0.00 | 175.21 | 20549.59 | 67494 | 0.00 | 0.54 |
| 达日县 | 513.21 | 0.48 | 5296.10 | 127.33 | 4279.28 | 0.00 | 53.79 | 19333.63 | 117273 | 0.00 | 0.66 |
| 久治县 | 573.88 | 0.33 | 7305.22 | 156.34 | 5593.28 | 0.37 | 385.45 | 23245.90 | 83467 | 0.00 | 0.97 |
| 玛多县 | 1658.39 | 0.13 | 6663.09 | 201.34 | 3228.19 | 0.00 | 308.05 | 46657.05 | 61970 | 0.00 | 0.81 |
| 玉树市 | 1113.89 | 1.54 | 1735.17 | 26.51 | 5233.54 | 3.07 | 0.00 | 4163.12 | 285381 | 1.34 | 1.23 |
| 杂多县 | 388.76 | 0.18 | 2136.36 | 59.50 | 4209.92 | 0.00 | 0.00 | 9120.17 | 98848 | 0.00 | 1.16 |
| 称多县 | 13217.28 | 0.82 | 2258.72 | 30.40 | 2640.00 | 0.00 | 0.00 | 6920.00 | 37771 | 1.00 | 1.50 |
| 治多县 | 18458.02 | 0.13 | 2535.06 | 39.51 | 5370.37 | 0.00 | 0.00 | 12098.77 | 73906 | 0.00 | 1.95 |
| 囊谦县 | 190.70 | 0.87 | 1930.41 | 88.82 | 2898.93 | 0.00 | 0.00 | 6439.36 | 122776 | 0.72 | 0.93 |
| 曲麻莱县 | 534.06 | 0.12 | 3967.18 | 121.05 | 3448.92 | 0.00 | 86.69 | 18590.09 | 73648.49 | 0.00 | 3.24 |
| 格尔木市 | 67911.33 | 1.13 | 3610.01 | 225.46 | 8770.42 | 7.73 | 30080.33 | 215033.11 | 2095419 | 4.87 | 3.16 |
| 德令哈市 | 7274.28 | 2.12 | 3216.84 | 147.39 | 6490.86 | 12.14 | 8250.22 | 76319.84 | 1239409 | 2.53 | 2.98 |
| 乌兰县 | 7322.43 | 3.00 | 4674.86 | 227.30 | 5578.38 | 0.00 | 5021.66 | 73907.30 | 183505 | 1.76 | 2.82 |
| 都兰县 | 3850.07 | 1.63 | 2087.28 | 149.80 | 5384.30 | 9.88 | 2576.03 | 35194.72 | 241497 | 3.65 | 4.32 |
| 天峻县 | 30792.04 | 0.38 | 4900.00 | 0.44 | 5712.39 | 0.00 | 2787.93 | 105974.78 | 180447 | 0.00 | 3.68 |

数据来源：《青海省统计年鉴2015》.

从青海全省及各市州常住人口与城镇化率数据可以看出（如表2－2所示），青海省人口总量少、分布不均衡、外来人口少是制约青海城镇化发展的重要制约因素。青海的城镇只有完成足够的人口聚集，才能减小自然地理环境因素的限制，形成产业发展所需的人口规模，发挥区域城镇的相关功能以及对整个区域经济的带动作用。同时，以生态立省的青海人口转移中的很大一部分是生态移民，这部分人口的转移是以减轻环境压力，改善区域生态环境质量为目标的，带有明显的公共性和外部性。这些人口的城镇化转移主要不是通过城市和乡村的经济发展来带动的，而是以追求区域乃至全球的生态保护和可持续发展为目标，以非经济的公益因素来促进人口转移的。在人口转移的方式上，主要通过政府主导的方式实现，即通过政府的引导和鼓励，实现环境恶劣、生态脆弱而敏感地区人口向城镇或其他地区移民，这里的城镇化进程主要是为了保护和改善生态环境的需要，以城镇化为契机实现人口的转移，这部分人的市民化成本高、职业转换难度大，需要政府付出更多的努力。

## 本章小结：

在对中国特色城镇化道路不断探索和实践的基础上，中国政府提出的新型城镇化战略是对中国特色城镇化道路内涵的丰富和发展。新型城镇化战略的提出为青海城镇化的推进提供了一个非常好的机遇。新型城镇化是以人为本，以集约、智能、绿色、低碳为标志，以城乡统筹、城乡一体、产城互动、生态宜居、和谐发展为基本特征的城镇化，新型城镇化强调了中国经济进入“新常态”后人口与经济社会活动在地理空间上的均衡分布，强调人口从农村向城市（镇）转移过程中在城市与城镇之间的均衡再分配，强调了在中国大城市快速发展的特殊条件下，城镇作为农村与城市之间的过渡带所扮演的重要角色。新型城镇化对生态文明建设的高度重视，对绿色低碳发展的要求，为青海从传统发展方式转向绿色发展提供了良好的机遇。借助于国家对青海生态地位重要性的高度关注和对青海生态保护的大力支持，走绿色低碳的产业发展之路，积极推进以生态型产业为主的产业转型升级，实现城镇化的绿色发展，这是青海实现新型城镇化目标的最大机遇。国家调整城镇化布局与交通发展、促进绿色生态产业发展、一系列推进农牧业现代化的政策的出台及国家有关培育和发展中西部地区城市群的要求、推进小城镇建设的政策安排，都为青海省推进新型城镇化提供了良好的机遇。青海应积极利用这些政策带来的机遇，立足于独特生态环境的优势，以绿色发展观引领，充分利用后发的优势，推进青海的新型城镇化快速发展。

# 第三章

# 青海城镇化进程与经济增长

从世界各国发展的历史经验可以发现，良性的城镇化在很大程度上是与经济增长互动的。一般认为：工业化或经济发展是城镇化演进的主要动力，在不同发展阶段，其表现形式有所不同，如在城镇化发展初期，其动力主要是以工业成长、扩张为主的工业化进程，在城镇化发展的中后期，其动力主要是来自城镇服务业的发展。钱纳里等（1989）人研究了1965年90个国家和地区工业化、城镇化之间的关系，得出了人均国民生产总值越高，工业化水平越高，城镇化水平也越高的结论。[①] 辜胜阻，简新华（1994），蔡孝箴（1998）等从劳动力就业部门构成角度分析得出：工业化率、非农化率与城镇化率之间基本上是正相关关系，第二、第三产业的发展水平越高，城镇化水平也越高，工业化率、非农化率与城镇化率之间基本上保持一个稳定值。[②] 青海省作为相对落后的省份，其城镇化演进与经济增长的关系是否与上述理论相吻合？本章运用相关经济数据从青海城镇化的进程与青海经济增长的对应关系出发，对青海省城镇化与经济增长的关系进行实证分析。

## 第一节　青海城镇化发展的历程与特点

### 一、青海城镇化发展的历程

改革开放以来，青海省的城镇化大致经历了3个阶段，目前处在第三阶段。

第一阶段：西部大开发前（1978～1999年）。1978年党的十一届三中全会

① 钱纳里，赛尔昆．发展的格局1950～1970［M］．北京：中国财政经济出版社，1989.

② 张向阳，景普秋．区域工业化与城镇化关系的特征分析：基于山西的实证［J］．兰州商学院学报，2010（2）.

后，国家的工作重心转移到了以经济建设为中心的轨道上，青海省城镇化进程迈入了一个全新的发展阶段。为了适应经济发展的新形势，1980 年配合柴达木盆地矿产资源的开发设立了格尔木市，1988 年设立了德令哈市。随着黄河上游水电资源的开发，出现了龙羊峡、李家峡水电城镇。随着农村经济和商品经济的快速发展，青海省的小城镇发展很快，新建了一大批小城镇，带动了区域经济的发展。

1978 年 12 月 13 日，邓小平在中共中央工作会议闭幕会上作了《解放思想，实事求是，团结一致向前看》的讲话，提出了中国区域经济发展的新战略。邓小平指出："在经济政策上，我认为要允许一部分地区、一部分企业、一部分工人农民，由于辛勤努力成绩大而收入多一些，生活先好起来。一部分人生活先好起来，就必然产生极大的示范力量，影响左邻右舍，带动其他地区、其他单位的人们向他们学习。这样，就会使整个国民经济不断地波浪式地向前发展，使全国各族人民都能比较快的富裕起来。"① "一部分地区有条件先发展起来，一部分地区发展慢点，先发展起来的地区带动后发展的地区，最终达到共同富裕。"② "沿海地区要加快对外开放，使这个拥有两亿人口的广大地区较快地先发展起来，从而带动内地更好地发展，这是一个事关大局的问题。内地要顾全这个大局。反过来，发展到一定的时候，又要求沿海拿出更多力量来帮助内地发展，这也是个大局。那时沿海也要服从这个大局。"③ 这一时期，中国的决策者在区域经济发展战略上成功地进行了从均衡发展战略向非均衡发展战略的转化。在非均衡发展战略的指导下，中国开始对资源配置和地区发展政策作了相应的调整，从强调地区的均衡发展转向着重整体的发展速度和宏观经济效益，在充分利用沿海地区的经济技术的基础上，按三大地带序列分阶段、有重点、求效率地展开了布局。

1988 年上半年，"沿海地区经济发展战略"开始在中国实施，东部沿海开放地区无论从财政、税收、信贷还是投资方面都得到了国家提供的优惠政策。以投资为例，"六五"以来，国家投资的重点即大幅度向沿海地区倾斜。"六五"期间沿海的基本建设投资（全民所有制）比重为 47.7%，比"五五"上升了 5.5%。1986 ~ 1989 年达 52.5%，1990 年为 50.9%，1991 年为 48.7%，1992 年又回升到了 50.2%。④ 同时，沿海地区在其他方面享有的优惠政策使自己投资渠道多元化，大大增强了自我发展的能力。

由于国家采取了非均衡发展战略，优先发展东部地区，国家对西部投资的比重下降到了历史最低点，对青海省的城镇化进程产生了较大影响。随着东部的迅

① 邓小平：解放思想，实事求是，团结一致向前看．三中全会以来重要文献选编（上）［M］．人民出版社，1982 年 8 月版，第 30 页．

② 邓小平．在武昌、深圳、珠海、上海等地的谈话要点．邓小平文选［M］．第 3 卷，第 374 页．

③ 邓小平．中央要有权威．邓小平文选［M］．第 3 卷，第 277 ~ 278 页．

④ 王少农主编：西部大开发．天津社会科学院出版社［M］．2004 年 4 月版，第 94 页．

速发展，东西部的差距越来越大，在比较经济利益的驱使下，西部的资金和人才大量、持续向沿海地区集中，客观上造成了西部建设资金和人才的严重不足，影响了西部地区的发展。地处内陆腹地的青海，由于恶劣的自然条件、落后的经济状况和国家对20世纪80年代以前形成的工业基地和“三线”企业实行调整、改造、内迁，人才、资金也持续大量外流，青海的城镇化进程受到了很大的影响。

第二阶段：快速发展时期（1999～2010年）。20世纪90年代末开始的西部大开发为青海的城镇化带来了第二次机遇。“加快西部开发，是全国发展的一个大战略、大思路。改革开放以来，沿海发达地区运用自身较好的经济基础，优越的地理位置和国家支持的政策，经济和社会发展已经积累了相当的实力。现在，加快中西部地区的时机已经到来。”“西部地域广大，自然资源丰富，有巨大的发展潜力，也是一个巨大的潜在市场。加快发展西部地区可以促进各种资源的合理配置和流动，为国民经济的发展提供广阔的空间和巨大的推动力量。”① 江泽民的这一讲话标志着中国加快西部开发的方针已由90年代初的政策调整转入实际操作阶段。1999年9月，江泽民在十五届四中全会上明确指出国家要实施西部大开发战略。西部大开发战略的实施，为西部各省提供了良好的发展机遇。青海省省委省政府抓住机遇，借助西部大开发，迅速推动了城镇化的进程。

西部大开发十年来，青海城镇化步伐加快，大量乡村人口由农村向城镇转移，城镇人口占总人口的比重逐年提高。2009年青海省的城镇总人口增加到199.2万人，设市城市增加到3个，小城镇（包括县城、建制镇和独立工矿区）增加到116个，城镇化水平达到41.9%，比1999年的34.6%上升7.3个百分点，年平均上升0.73个百分点。城镇总人口年平均增加5.7万人。随着城镇化和工业化进程的加快，城镇吸纳就业的能力不断增强，据青海省统计局统计年鉴的数据，2009年，城镇就业人员占全省的比重达到36.7%，比1999年的28.7%上升8个百分点。与此同时，城镇就业岗位的快速增加带动了乡村劳动力不断向城镇转移，使乡村就业人员占全部就业人员的比重由1999年的71.3%下降到2009年的63.3%。

城镇化步伐的加快，也带动了青海经济快速发展，综合实力大幅提高。从1999～2009年，地区生产总值由238.39亿元增加到超1000亿元。在此基础上，全省一般预算收入由23亿元增加到165亿元，增长6.2倍，年均增长24.5%；财政收入占地区生产总值的比重也由9.7%提高到14.7%，增长了5个百分点。加上国家的鼎力相助，全省财力总量由58亿元增加到580亿元，增长9倍，年均增长29.1%。工业增加值由1999年的70亿元增加到了2008年的441.85亿

① 江泽民：抓住世纪之交历史机遇加快西部地区开发步伐（1999年6月17日）［N］. 人民日报，1999年6月19日.

元，年均增长达到20%。2008年规模以上工业经济效益综合指数达331.55，比上年提高31.67个百分点，实现利润179.84亿元，比上年增长34.5%，产出性项目投资占全社会固定资产投资比重提高到50%，企业综合竞争能力显著提高。①

青海省政府把握生态经济、新能源经济和产业升级的新方向，轻金属新材料、光伏产业等成为新的开发热点；碳酸锂、硅材料、机织藏毯等一批新型产业正在形成，全面提升了工业发展的速度、质量和效益。新型服务业快速发展，金融、保险、物流、中介等新兴服务业加快发展，对经济发展的支撑能力进一步增强。旅游业引领作用开始显现，旅游总收入由1999年的4亿元增长到2008年的47.4亿元，增长了近11倍。柴达木经济循环实验区、西宁经济技术开发区等一批具有青海特色的工业园区在资源循环利用、产业循环组合、企业内循环生产等方面取得了重大突破，逐步形成了优势互补、资源共享、健康发展的新格局，成为带动青海特色产业发展的主战场。

随着国家实施积极的财政政策，基础设施建设的投资力度不断加大，青海城镇的基础设施、市政公用设施和城市生态有了较大的改善。信息通信、广播电视和科技教育、医疗卫生、文化娱乐、体育等公共事业得到了较快发展，城镇化质量大幅度的提高和城镇功能的逐步增强，使城镇的中心地位和辐射带动作用更加突出，总体布局日趋合理。城镇化进程的不断加快和城镇的快速健康发展，对青海扩大对外开放、城乡经济一体化、提高人民生活水平和文明程度、促进经济社会发展，发挥了十分重要的作用，为青海省城镇化的加速推进奠定了良好的基础。

第三阶段：调整提高时期（2011年至今）。2011年3月16日国家通过了《中华人民共和国国民经济和社会发展第十二个五年规划纲要》、2014年3月16日通过了《国家新型城镇化规划（2014～2020年）》。按照《国家新型城镇化规划（2014～2020年）》提出的培育发展中西部地区城市群、建立城市群发展协调机制、促进各类城市协调发展，走中国特色新型城镇化道路、全面提高城镇化质量的新要求，2014年5月23日青海省政府发布了《青海省新型城镇化规划（2014～2020年）》。《规划》提出，到2020年，青海省城镇化格局明显优化，规模结构更加合理，以1个大城市、4个区域性中心城市、8个左右新兴城市和80个重点城镇为主体的新型城镇化格局基本形成。根据规划，青海省将优化城镇化布局和形态，与丝绸之路经济带、国家三江源生态保护综合试验区、柴达木循环经济试验区、西宁—兰州城市群建设紧密结合，优化城镇化总体布局，加快建设

① http：//www.gov.cn/. 青海省人民政府网站．西部大开发十年来青海省经济社会发生巨大变化，2010年9月28日．

东部城市群，壮大区域性中心城市，培育新兴城市，打造重点城镇，推进城乡发展一体化。青海的城镇化进入到了以东部城市群建设为重点、以人为本推进新型城镇化的调整提高的发展时期。以东部城市群设想的提出与建设为标志，青海进入了城镇化建设的提高调整时期。

## 二、青海城镇化发展的特点

虽然改革开放 30 多年来，尤其是西部大开发推动的快速城镇化促进了青海经济和社会的快速发展，综合经济实力快速提高，社会各方面的发展也取得了显著成绩，但地处高寒的青藏高原，地广人稀，经济发展的自然和社会条件较差，是中国的资源大省人口小省的现实，使青海的城镇化进程呈现了与其他地区不同的特点。

第一，党的政策和国家大中型项目的建设是推动青海城镇化的主导力量。南京大学的博士生导师张鸿雁教授认为："中国的城镇化是一个政府行为，也是一个社会的系统行为。"① 综观青海的城镇化进程，由于经济发展的落后性，其城镇化带有浓厚的政府主导的特征。历史地看，青海解放后第一次快速的城镇化是中国政府实施"三线"建设的结果，随着"三线"建设中大量的沿海和内地企业的迁入，青海的人口数量和工业化水平快速提高，促进了城镇化的迅速发展。

第二，政府是城镇化动力机制的主体。改革开放以来，中国经济体制向市场经济转型，受经济全球化与综合国力竞争的影响，政府把城镇化作为经济社会发展的战略目标纳入国家现代化进程，不断推进城镇化的发展。首先，政府利用其所在地的行政中心职能，不断强化城市的经济功能和文化功能，使行政中心所在地的中心城市成为经济要素积聚的中心，自上而下构筑了政治中心和经济中心合而为一的城镇网络。青海省政府重点发展了省会西宁市，地级市政府集中力量发展了其政府所在地城市，县政府、乡镇政府把非农产业集中于政府所在地的周围，集中有限的生产要素，重点发展了政府所在地的城镇或非农产业集聚点。各级政府利用行政权力干预所在地的经济发展和城（市）镇建设，在行政中心区域内极力发展了较为完善的产业体系。其次，政府通过制定相应的政策和城（市）镇设置标准引导城（市）镇发展。政策因素对城镇化进程和发展方向有很强的制约和促进作用，政府可以根据某种社会经济目标，引导和推动城镇化进程，如 1978 年的改革开放政策和 1999 年以来西部大开发战略及"一带一路"战略的实施，对青海的城镇化进程的促进作用是非常显著的，使青海的城镇化进程得以快

---

① 张鸿雁．"合理性危机"：当代中国城市化进程中的社会问题［J］．中国城市评论（南京）．2005 年第 1 辑，第 52 页．

速推进。

第三，城镇体系框架初步形成，城镇空间分布不均，城市规模和布局不太合理，城镇化水平虽有明显提高，但质量不高。1998 年以后，在国家大力加快城镇化政策的指导下，青海省政府在 1999 年 9 月下发的《关于加快全省小城镇建设的决定》和《青海省“十二五”规划纲要》中提出加快推进以西宁市为中心的东部城市群建设，2014 年 5 月 23 日发布了《青海省新型城镇化规划（2014 ~ 2020 年）》。在省委省政府的领导下，青海的城镇建设发展很快，首批 14 个重点镇的建设已初见成效，东部城市群建设已现雏形。由大城市、小城市、县城、建制镇和一般乡镇构成的省域城市体系正在初步形成。但从城市规模和布局来看，青海省的城市体系尚不合理。根据 2014 年 10 月 29 日国发〔2014〕51 号《国务院关于调整城市规模划分标准的通知》，以城区常住人口为统计口径，将城市划分为五类七档。城区常住人口 50 万以下的城市为小城市，其中 20 万以上 50 万以下的城市为Ⅰ型小城市，20 万以下的城市为Ⅱ型小城市；城区常住人口 50 万以上 100 万以下的城市为中等城市；城区常住人口 100 万以上 500 万以下的城市为大城市，其中 300 万以上 500 万以下的城市为Ⅰ型大城市，100 万以上 300 万以下的城市为Ⅱ型大城市；城区常住人口 500 万以上 1000 万以下的城市为特大城市；城区常住人口 1000 万以上的城市为超大城市。根据这个标准，青海省只有西宁市进入了大城市的行列，海东市、玉树市、格尔木市和德令哈市只能列入小城市的行列。面对 72.1 万平方千米的土地，大城市带动辐射能力明显不足，广大牧区城镇稀少，东部地区虽然城镇数量较多，但以县城为主要城镇，规模偏小，城市之间经济联系不紧密，产业分工不明确。

至 2015 年底青海省城镇化水平虽已达到了 50.32%，逐步形成了以西宁市为中心、海东市、格尔木市为次中心、各州地政府所在地城镇为区域中心的大城市、小城市、州府所在地城镇、县城、建制镇不同规模等级的城镇体系，但从人均国民生产总值和城镇化水平的现状分析，除西宁市和格尔木市已进入了城镇化加速发展时期外，省内其他城镇还处于城镇化的起步阶段，有些甚至还远离工业文明。5 个设市城市、137 个建制镇中，有一多半集中在东部地区。由于青南等地区的工业化严重滞后于城镇化，导致这些地区的城镇基础设施薄弱，功能不完善，要素集聚、辐射和带动力不强，就业岗位缺乏，从而影响了小城镇在青海城镇化进程中作用的发挥。

第四，城镇化滞后于工业化与非农化，劳动力转移受阻，影响城镇化进程。从世界城镇化进程的规律来看，当城镇化水平进入 30% ~60% 的中期发展阶段时，普遍发生城镇化加速的现象。青海省统计局的统计数据显示，截至 2014 年末，青海省常住人口达到 583.42 万人，城镇人口达到 290.40 万人，城镇化率达到 49.78%，比 2013 年提高了 1.27 个百分点。城镇化已进入了高速发展时期，但由于城市少、规模小，特别是第二、第三产业发展滞后，不能满足农牧区人口向非农产业转移的需要，影响了全省的经济发展。城镇化与经济发展是一个相互作用的过程，城镇化的滞后会给社会经济发展带来一系列内在矛盾，一是阻碍农村劳动力的转移，使农牧民只能固守在有限的土地上，不利于农村规模经济的发展、农牧民收入的提高和新农村建设；二是不利于产业结构调整；三是不利于耕地保护和土地的合理使用；四是不利于城市文明的传播，国民素质的提高；五是不利于城乡统筹发展。

第五，结构和功能单一。青海省的城镇主要是基于行政需要、矿产资源开发、交通建设等原因以嵌入式的方式发展起来的，职能类型相对单一。彼此之间距离遥远，分布分散，各自为政，联系不紧密，孤立发展，对周边地区难以产生较大的辐射带动作用，更难以形成合理的城镇体系。

第六，城镇经济在青海省经济发展中占有极其重要的地位，但辐射功能不强。2014 年，西宁市、格尔木市、德令哈市、玉树市、海东市 5 个市的 GDP 占全省 GDP 的 32.48%，其中第二、第三产业增加值分别占全省的 30.53% 和 43.53%。而省会西宁市 2014 年的 GDP 之和占全省 GDP 的 23.48%，其中第二、第三产业增加值分别占到全省的 19.47% 和 34.57%。这五座城市的地方财政收入占全省的 39.51%，这充分说明了青海省城镇经济发展水平相对较高，但对广大腹地的带动能力不强，城乡二元结构特别突出。①

第七，根据《全国主体功能区规划》，青海省境内 90% 以上的土地为禁止和限制开发区，东部地区是青海的主要开发区域，以大力推进东部城市群的建设来引领青海经济发展是必然要求。而丝绸之路经济带建设也使东部城市群在经济地理空间布局上成为青海融入丝绸之路经济带建设的重要的战略支点，担负着青海向西开放，走向世界的桥头堡的重任。但正在建设中的东部城市群自身面临着产业结构调整、城镇间产业分工合作等众多发展中的问题，以东部城市群建设推动整个青海省的新型城镇化建设有如小马拉大车，任务十分艰巨。

## 第二节　青海城镇化与经济增长的相关性分析

### 一、城镇化与经济增长的一般关系

经济增长（economic growth）通常是指一定时期内，一国生产满足人民需要的商品和劳务的潜在生产能力的扩大，或者商品和劳务的实际产量的增加。

① 青海统计局．青海统计年鉴 2015［M］．中国统计出版社，2015（6）．

由于生产能力或者实际产量的增加主要取决于一国的人力资源、自然资源和资本积累的数量与质量以及技术水平的高低。因此，经济增长也就意味着这些因素的扩大和改进。经济增长通常以一个较长的时间跨度上，一个国家人均产出（或人均收入）水平的持续增加的真实国民总产值或人均真实国民总产值的增加或其增长率来衡量。经济增长是经济发展的基础，没有经济增长就不会有经济发展。

国内外学者对城镇化与经济增长之间的实证研究表明，城镇化水平与经济增长之间的相关度很高。虽然城镇化率的提高不能必然带来一个区域的经济增长，但城镇化与经济增长之间存在显著的正相关关系。其机制主要在于：城镇化通过对第一、第二、第三产业的影响来促进整个国民经济增长，经济增长带来需求的增加、技术的进步以及产业结构和就业结构的变化，反过来促进城镇化的进程。城镇化之所以能够带动现代化，其关键在于城镇化可以促进劳动分工，促进创新，促进交流和碰撞，从而能够从根本上转变绝大多数人的低效劳动，大幅度地提高劳动生产率。城市越大，分工越细，第三产业越发达，就业岗位越充足。

从产业发展来看，城镇化能够直接带动第二产业中的冶金、建材、建筑、装备制造、电子等产业的发展；从第三产业看，主要是带动房地产、现代物流、金融、批发零售、设计规划、咨询服务、家政服务等第三产业的发展。更重要的是城镇化是现代经济增长的主要引擎，是经济增长的长期动力。城市是消费的聚集区，城镇化是创造巨大需求的过程，人口向城镇转移的过程，是生活方式转变、消费升级的过程，也是为经济增长提供长期动力的过程。正如马克思所说："城市越大，搬进去越有利"。①

从全球来看，城镇化水平越高的国家，经济发展情况越好，财富积累越多，居民生活水平越高。城镇化水平很低的国家，这个国家的经济发展水平和国民收入水平也相应较低。城镇化水平与经济增长之间相辅相成，相互作用和影响，很少有例外。一个国家的经济快速增长的过程中伴随着快速的城镇化，这反映出城镇化跟经济增长呈现一个高度相关的关系。

总结200多年来世界各国快速发展的经验，城镇化是现代化的先决条件。世界的进步是与城镇化的推进相伴的。1800～1980年的180年中，世界人口增长了3.5倍，而城市人口却增长了35倍，城市人口增长比总人口增长高出10倍以上。这180年世界经济的快速发展与此直接相关。现实经济社会的发展证明，凡是发达的国家都是城镇化推进速度比较快和城镇化率较高的国家。

纵观国内外有关城镇化与经济增长关系的研究文献，学者从不同的角度证实

① 《马克思恩格斯全集》第2卷［M］. 人民出版社，1979年7月第1版，第301页.

了二者之间相辅相成，相互促进的关系。美国经济学家兰帕德（E·E·lampard）1955年在《经济发达地区城市发展历史》一文中指出：近百年来，美国城市发展与经济增长之间呈现出一种非常明显的正相关关系，经济发展程度与城镇化阶段之间有很大的一致性。① 迈克考斯基和考（McCoskey & Kao，1998）运用22个发达国家和30个发展中国家的面板数据对城镇化与人均产出、人均资本之间的关系进行了计量分析，结果是不能够拒绝他们之间存在的长期均衡关系。② 1965年美国地理学家布莱恩·贝利选用了95个国家的43个变量进行主成分分析，证明了城镇化与经济发展之间具有正相关关系。1979年诺沁（Northam）认为城镇化水平与人均收入水平之间存在着一种粗略的线性相关，即人均收入水平越高，城镇化水平也越高；反之亦然。1981年瑞诺（Renaud）根据对111个国家的资料进行分析，也得出一国的人均收入与城镇人口比重之间存在正相关。城市经济学家维农·亨德森（VernonHenderson）还计算出世界各国城镇化率与人均GDP（对数）之间的相关系数。加拿大学者J·U·马歇尔在《城市体系的结构》一书中将134个国家或地区的城镇化水平和国民生活水平用一个方框图表示出来，显示两者正相关非常密切，并非偶然现象。

国内学者大多用实证的方法对城镇化与经济增长的关系进行了研究。林玲（1995）结合发达资本主义国家经济发展史和城镇化进程，分析了经济发展与城镇化的关系，指出："城镇化的发展始终受制于总的经济发展状况"，"城镇化水平与经济发展水平之间的确存在着强烈的正相关关系，世界上绝大多数国家的城镇化是与其经济发展相伴而行的。"③ 吴斌（2009）采用浙江省11个城市1994~2007年的面板数据，运用固定效应模型分析得出城镇化与经济增长之间存在显著的相互促进关系。④ 简新华，黄琨（2010）通过国际比较发现中国的城镇化水平滞后于国内平均经济发展水平，并指出，中国城镇化速度基本合适，估计未来将保持较快发展趋势，到2020年预计达到60%左右。⑤ 朱孔来等（2011）通过分析全国和31个省市的城镇化率和国内生产总值的数据证明了我国城镇化与经济发展水平存在长期稳定的均衡关系。⑥ 卢方元，单可栋（2013）以河南省1978~2011年城镇化率和人均GDP时间序列数据为基础，结合河南省城镇化发展的阶段性

---

① ［美］兰帕德．经济发展和文化变迁［M］．上海：译文出版社，1956：56-63.

② McCoskey S，Kao C. A Residual-Based Test of the Null of Co integration in Panel Data［J］. Econometric Reviews，1998（6）.

③ 林玲．城市化与经济发展［M］．湖北人民出版社，1995（3）：47-48.

④ 吴斌．浙江省城镇化与经济增长实证研究［D］．上海：复旦大学，2009：31-32.

⑤ 简新华，黄琨．中国城镇化水平和速度的实证分析与前景预测［J］．北京：经济研究，2010（3）.

⑥ 朱孔来，李静静，乐菲菲．中国城镇化进程与经济增长关系的实证研究［J］．北京：统计研究，2011（9）.

对二者进行了协整分析，得出它们之间的量化关系。[①] 蒋冠，霍强（2014）通过对中国 1978 ~2012 年城镇化率和人均 GDP 的时间序列数据的计量分析得出二者之间存在稳定长期的均衡关系，并选取了 2008 ~2012 年省际面板数据测算全国和东、中、西部省份城镇化水平的泰尔指数，得出中国城镇化省际差异逐步缩小的结论。[②] 刘建华，周晓（2015）在对城镇化发展与经济增长相互影响机制进行分析的基础上，结合吉林省发展的实际，选用了 1978 ~2013 年的相关时间序列数据运用协整理论对二者的长期关系进行了实证分析，并通过建立向量自相关（VAR）模型以及脉冲响应函数，对二者的短期波动和未来（2014 ~2020 年）发展情况作出预测。提出城镇化是通过对第一、第二、第三产业的影响来促进整个国民经济增长的，而经济增长对城镇化的影响机制主要表现在需求的增加、技术的进步以及产业结构和就业结构的变化等方面。[③] 周一星（2010）对 1977 年世界 137 个国家或地区的资料进行分析，发现两种水平之间是一种十分明显的对数曲线关系，其相关系数为 0. 96，标准差为 9. 8。[④] 许学强（1988）根据 1981 年美国人口咨询局的资料，对 151 个国家进行分析，利用散点图选配对数曲线，绘制出了城镇化水平与人均 GNP 之间的对数曲线相关图，得出了城镇化水平与人均 GNP 之间同样存在着对数曲线相关关系的结论，并指出：城镇化水平随人均 GNP 的增长而提高，但提高的速度又随人均 GNP 的增长而趋缓。[⑤] 王维国（2002）认为，“我国人口城镇化水平区域差异是由于地区经济发展的不平衡，区域开发的历史基础不一致，以及自然环境、区位条件不同等多因素的综合作用而形成的。但总体而言，经济因素始终是制约地区城镇化发展的关键因素。”他从区域经济发展水平对区域城镇化的影响和区域城镇化对区域经济发展水平的影响两个方面推导出了城镇化水平与区域经济发展水平之间关系的数理模型，得出：人均收入每增加 100 元，使得城镇化水平提高 0. 04 个百分点，城镇化水平每增加一个百分点使得人均国内生产总值增加 425. 27 元。由此做出推论：推进落后地区的城镇化，将成为缩小它们与发达地区经济发展水平差距的必经路径。[⑥] 刘德军（2013）的研究指出，经济发展水平对于区域城镇化发展水平具有决定性

---

① 卢方元，单可栋．河南省城镇化与经济增长关系的实证研究［J］. 河南：河南科学，2013（6）.

② 蒋冠，霍强．中国城镇化与经济增长关系的理论与实证研究［J］. 长春：工业技术经济，2014（3）.

③ 刘建华，周晓．城镇化发展与经济增长的关系——基于吉林省经验数据的研究［J］. 中共中央党校学报，2015（1）.

④ 周一星．城市化与国民生产总值关系的规律性探讨．城市地理求索——周一星自选集［M］. 商务印书馆，2010. 5.

⑤ 许学强，周一星，宁越敏．城市地理学（第二版）［M］. 北京：高等教育出版社，2009（3）.

⑥ 王维国，于洪平．我国区域城市化水平的度量［J］. 财经问题研究，2002（8）.

影响，一般来讲，经济发展水平越高的地区其城镇化发展水平就越高。① 吴月（2011）的研究认为，经济增长是城市产生和发展的首要前提，是城市化的根本动力。② 万晓琼（2013）认为：经济发展促使劳动力和其他投入从农村产业部门向城市产业部门大量转移，这种转移正是城市化本身所固有的特征。大力推进工业化必然引起生产要素、人口和产业向城市聚集，因此经济增长导致城市化水平提高。③ 张优智（2016）运用协整分析与 Granger 因果关系检验方法来分析我国城市化和经济增长之间的动态关系后得出的结论是：我国城镇化和经济增长之间存在着密切的联系，且这种联系有一定的长期性。从长期来看，经济增长对于推动我国城镇化水平提高的正面效应影响时间较长，效率更高，而城镇化水平的提高对促进我国经济增长也有一定的作用，但效果不显著。④ 蔡昉（2016）指出："从城镇化率与人均国民总收入的关系进行国际比较，我们可以清晰地看到，城镇化率与经济发展水平密切相关，互为因果。根据 2015 年的数据，被世界银行划分在低收入组的国家（人均国民总收入低于 1035 美元）城镇化率平均为 31%，中等偏下收入国家（人均国民总收入在 1035 ~ 4086 美元）城镇化率平均为 39%，中等偏上收入国家（人均国民总收入在 4086 ~ 12616 美元）城镇化率平均为 64%，而高收入国家（人均国民总收入高于 12616 美元）平均城镇化率则高达 81%。可见，城镇化水平持续提高是经济社会发展的结果，具有历史必然性。同时，由于从较低收入水平向更高收入水平跨越是经济长期增长的结果，城镇化也必然是一个长期的历史过程。"⑤

从上述学者的分析可以看出，在城镇化与经济发展之间确实存在着正相关关系，这种关系不仅符合世界大部分国家的现实，而且也符合一个国家内各区域发展的现实。由此，我们认为，城镇化与区域经济增长是一种相互依存、相互促进的关系。经济增长推动了城镇化的进程，而城镇化进程又促进了社会经济的发展，二者相互作用、相互发展。区域经济的增长能促进城镇化步伐的加快；反过来，城镇化的发展又能促进区域经济的进一步增长。正如林玲（1995）所指出的那样，城镇化与经济发展是一个无限循环的发展进程（见图 3 - 1）。⑥

---

① 刘德军．山东新型城镇化发展路径研究［J］．经济研究参考 2013，2519（31）：33 - 48.

② 吴月．我国城市化与经济增长关系研究——基于联立方程模型为基础的实证分析［J］．经济视角，2011（2）.

③ 万晓琼．城市化与经济增长刍议［J］．河南社会科学，2013（7）.

④ 张优智．我国城市化与经济增长之间关系的实证研究［J］．武汉商学院学报，2016（2）.

⑤ 蔡昉．走出一条以人为核心的城镇化道路［J］．求是，2016（23）：23.

⑥ 林玲．城市化与经济发展［M］．湖北人民出版社，1995（3）：53.

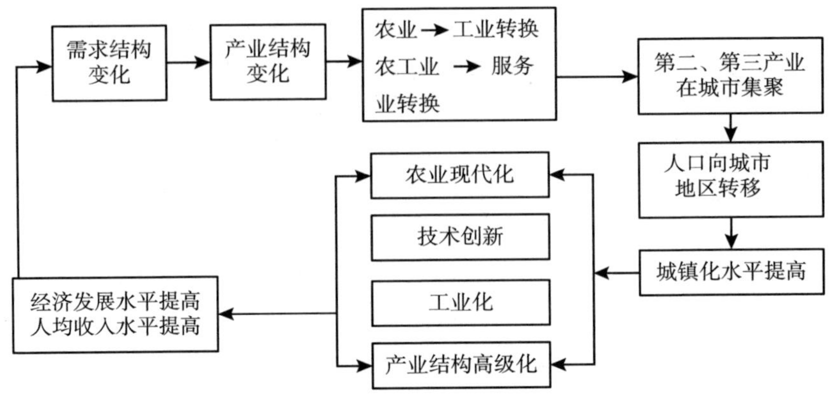


**图 3-1 城镇化与经济发展的关系**

## 二、青海的城镇化进程与经济增长的相关性分析

### (一) 青海的经济增长与城镇化的相关性

诺瑟姆认为，在所有影响城镇化水平的因素中，经济增长水平与城镇化水平呈正相关关系。经济增长与人均收入提高是城镇化演进的直接动力，人均收入水平的提高，对城镇化具有直接的推动作用。青海省的城镇化水平从 1978 年的 17.3% 上升到 2016 年的 51.63%，同期，青海人均 GDP（地区生产总值）由 226 元增加到 43531 元，二者的发展印证了二者之间的正相关关系，青海城镇化的进程推动了青海经济增长（见表 3-2）。

### (二) 经济增长对促进青海城镇化进程的贡献

青海城镇化与经济增长的相关性，具体表现在不同经济部门与城镇化的相互促进上。从产业结构演进对城镇化影响的作用来看，农业是城镇化的基础，工业推动着城市规模和城市的聚集效应，第三产业则是城镇化的后续动力。

**1. 农牧业的发展为城镇化提供了各种条件，是城镇化初期的重要推动力**

(1) 人口贡献。城镇化的基本表现是农牧区人口不断向城镇的转移，即农牧区为城镇的发展提供富余劳动力。其前提条件是工业化推动了农业现代化的进程，提升了农业生产效率，把劳动力从繁重的个体农业中解脱了出来，成为相对剩余的人口，从而使农牧业为城镇输送人口成为可能，成为推动城镇化进程的基础力量。正如马克思所指出的那样："城市的繁荣也把农业从中世纪的简陋状态中解脱了出来。"① 而二元经济结构导致的我国城乡之间的收入水平、

① 马克思 恩格斯．马克思恩格斯全集．第 7 卷［M］．人民出版社，1979 年 7 月第 1 版．第 387 页．

国民的受教育机会以及基础设施建设等方面的强烈差距，使城市对农民形成了巨大的吸引力，使农民产生了强烈的进城意愿。同时经济增长引起了产业结构变动，规模经济、聚集经济效应促使许多企业向城市聚集，提供的大量就业岗位为农牧民进入城镇提供了现实条件。在农牧业的推力与城镇吸力的综合作用下，形成了经济增长过程中引发的大量农村人口向城市转移，使得城镇化水平得到提高。

青海东部农村人均耕地 1995 年只有 0.72 亩，人地矛盾比较突出，农村存在着大量的剩余劳动力。这是城镇人力资源的巨大源泉，也是城镇化发展的重要推动因素。改革开放后，尤其自 20 世纪 80 年代起，部分农牧区剩余劳动力（以海东地区最为突出）采取"亦工亦农"和"离土不离乡"的就地转移模式进入乡镇企业从事生产，一部分农牧民进入中小城镇务工经商；还有一部分农牧民以流动人口形式进入沿海地区和大中城市就业。他们在这种地域转移和职业转换过程中，积累了从事非农产业生产的技能。一部分人在城市生活中，逐渐实现了职业、身份和居住地的转换，成为城镇人口，推动了城镇化水平的提高。

（2）市场贡献。根据刘易斯的劳动剩余模型，过多的人务农会导致额外劳动带来的边际产出可能低于平均收益甚至收益为零。因此，大量的农村剩余劳动力转变为城镇人口必然会提高其边际产出，增加社会总产量和购买力，在扩大生产的同时也扩大了消费，在我国现在内需不足的情况下，消费的扩大更有利于经济结构的调整，促进经济的增长。

（3）产品贡献，即农产品为城镇化提供充足的食物、工业生产原料。改革开放以来，青海农牧业的快速发展为城镇化提供了充足的农副产品和工业生产原材料，为城镇化的发展提供了生活、生产保障。

（4）消费贡献，即广大农村为城镇化提供了产品消费的广阔市场。"十二五"期间，青海农牧民收入年均增长 14.5%，增幅分别高于 GDP 和城镇居民收入 3.7 和 3.3 个百分点。根据全省商品零售价格指数变动情况分析，农民的消费基本呈上升趋势。

（5）要素贡献，即农村为城镇化提供各种生产要素。青海城镇的发展和扩张必然要求资源的不断增加和集聚，同时，城镇经济对资源的高效利用和提供的要素高价格，也诱导着农业劳动力、资本、土地等生产要素向非农部门的转移。

（6）外汇贡献，即农牧业的优势产品的出口为城镇化提供了外汇支持。通过农牧产品出口换取外汇，为工业发展换回所需的国外技术、设备提供了条件，从而也间接推进了城镇化的进程。

**2. 第二产业的发展带来的要素与经济活动的空间集聚成为青海城镇化的第一推动力**

产业发展是城镇化发展的基本动力来源，工业发展推动了城镇化进程。工业化对城镇化的推动主要表现在：通过经济活动与要素的空间集聚，降低了企业的交易费用与生产成本，吸引要素与经济活动在空间的进一步集聚。第二产业不仅推动城市规模，而且推动城市功能、城市辐射力和扩散效应的加强，是城镇化的根本动力。

改革开放以来，青海经济得到快速发展，尤其是进入 21 世纪以后，随着西部大开发战略的实施，经济发展速度加快，综合实力不断增强。与此同时，工业化进程明显加快，产业结构正在快速提升，形成了有利于城镇化加快发展的产业发展趋向。

2016 年全省全部工业增加值 901.68 亿元，按可比价格计算，比上年增长 7.4%。规模以上工业增加值比上年增长 7.5%。在规模以上工业中，按轻、重工业分，轻工业增长 13.6%，占规模以上工业增加值的 19.1%，比重比上年提高 1.7 个百分点；重工业增长 6.2%，占 80.9%。全年规模以上工业企业实现利润 76.94 亿元，比上年增长 8.1%。① 特别是以能源、有色金属及相关产业和农牧畜产品为代表的轻工业在全国都占有重要地位。其中高原中草药加工多年位居全国第一。工业之所以成为青海城镇化的第一推动力，主要是因为工业的发展对规模经济、聚集经济、区位经济的追求，带来了城市的快速扩张。如格尔木、德令哈等城市均与工业发展紧密相关。

**3. 第三产业成为青海城镇化的新动力**

青海旅游资源丰富，主要由高原自然景观、人文资源、名胜古迹及民族风情等组成。尤其是青海独特的地质构造造就了丰富多彩的自然景观，秀丽而壮美，主要有高原风光、现代冰川、原始森林、高原峡谷、江河湖泊等。奇异独特的自然景观与星罗棋布的历史、宗教遗迹及多彩的民族文化交融荟萃，构成了特色鲜明的旅游资源。

1999 年，受“环湖自行车赛”“郁金香节”成功举办的拉动，青海旅游业出现了跨越式发展。经过十几年来的发展，“旅游大省”已初见雏形。2016 年接待国内外游客 2876.92 万人次，比上年增长 24.3%。其中，国内游客 2869.91 万人次，增长 24.3%；入境游客 7.01 万人次，增长 6.8%。实现旅游总收入 310.30 亿元，增长 25.1%，其中，国内旅游收入 307.24 亿元，增长 25.1%；旅游外汇收入 4415.67 万美元，增长 13.9%。② 以旅游业为先导的第三产业在空间上的集聚为城镇化进程提供了条件。如图 3－2 所示。与青海省旅游业相关数据统计如表 3－1 所示。

①② 青海省 2016 年国民经济和社会发展统计公报［N］. 青海日报，2017 年 2 月 21 日.

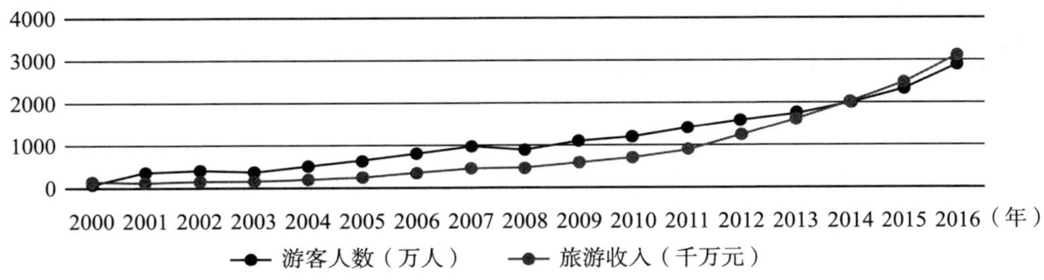


**图 3-2　青海省游客人数与旅游收入**

**表 3-1　　青海省旅游业相关数据统计**

| 年份 | 旅行社数（家） | 旅行社从业人数（人） | 星级饭店数（家） | 游客总数（万人） | 旅游总收入（亿元） |
|---|---|---|---|---|---|
| 2000 | 102 | 211 | — | 97.6 | 10.6 |
| 2001 | 104 | 406 | — | 379 | 13.5 |
| 2002 | 101 | 1700 | — | 427 | 15.2 |
| 2003 | 125 | 1418 | — | 396 | 14.6 |
| 2004 | 129 | 1263 | — | 512 | 20.2 |
| 2005 | 132 | 1490 | 84 | 637 | 26 |
| 2006 | 155 | 1730 | 96 | 815 | 36 |
| 2007 | 183 | 1880 | 106 | 1002 | 47 |
| 2008 | 198 | 1900 | 117 | 905 | 47.5 |
| 2009 | 198 | 1940 | 119 | 1109 | 60 |
| 2010 | 188 | 1551 | 122 | 1226 | 71 |
| 2011 | 217 | 2033 | 123 | 1412 | 92 |
| 2012 | 229 | 2391 | 134 | 1581 | 124 |
| 2013 | 245 | 2456 | 164 | 1780 | 159 |
| 2014 | 247 | 2480 | 219 | 2005.6 | 202 |
| 2015 | 238 | 2138 | 313 | 2315.4 | 248 |
| 2016 | 273 | 2057 | 332 | 2876.92 | 310.3 |

数据来源：青海省统计年鉴.

**4. 随着西部大开发进程的推进，青海基础设施得到快速改善**

近年来，在国家的大力支持下，一批国家和地方重点项目陆续开工建设，进展顺利。青藏铁路开通，公路建设取得历史性成就，2016 年末全省铁路营运里程 2274 千米，与上年末持平，其中高速铁路 218 千米；公路通车里程 78579 千米，比上年末增加 2986 千米；其中高速公路 3500 千米，增加 377 千米；民航通航里程 120057 千米，增加 27368 千米。[①] 供电、供水、供气及其他大型基础设施建设项目相继开工或建成，城市基础设施逐步改善，城市发展所必需的各种产品供给基本充足。

### （三）青海城镇化进程与青海经济增长相关性的量化分析

经济增长是指在一定时间内，一个国家或地区生产的物质产品和服务的持续增加，它意味着经济规模的扩大和生产能力的增强，可以反映一个国家或地区经济实力的增长。现在我国主要是用国内生产总值、国民生产总值来测量经济增长的。一般以本年度的 GDP 总量对比往年的 GDP 总量，而得出经济增长的百分比。城镇化是一种非常复杂的经济社会现象，而且经济增长的路径也是多元的，以单纯的 GDP 来测量城镇化显然是不够的，GDP 也不能完全反映一个地区的经济增长，但 GDP 作为衡量区域发展水平和增长速度的主要指标，从相关性上还是能够反映出经济增长与城镇化的对应关系的，因此，在量化分析中为了避免过于烦琐，我们采取了人均 GDP 与城镇化率的单一指标对比法来验证二者之间的对应关系及相互影响。

**1. 青海省城镇化率与人均 GDP 的相关性理论模型的建立**

首先通过人口城镇化率的公式计算出青海省近 15 年的人口城镇化率，从而反映了近 15 年青海省城镇化的水平（如表 3－2 所示）。

设定理论模型为：$Y = \frac{p_u}{P}$

式中：Y 为城镇化水平；$P_u$ 为居住在城镇的人口；P 为总人口数（城镇人口＋农村人口）。运用该模型，对 2002～2016 年居住在青海省的城镇人口进行计算。

**表 3－2　　2002～2016 年青海省人均 GDP 与城镇化率**

| 年份 | 人均 GDP（元） | 人口城镇化率% |
|---|---|---|
| 2002 | 6478 | 37.8 |
| 2003 | 7346 | 38.1 |
| 2004 | 8693 | 38.5 |
| 2005 | 10045 | 39.2 |
| 2006 | 11889 | 39.3 |
| 2007 | 14507 | 40.1 |
| 2008 | 18421 | 40.9 |

① 青海省 2016 年国民经济和社会发展统计公报［N］. 青海日报，2017 年 2 月 21 日 .

续表

| 年份 | 人均 GDP（元） | 人口城镇化率（%） |
|---|---|---|
| 2009 | 19454 | 41. 8 |
| 2010 | 24115 | 44. 7 |
| 2011 | 29522 | 46. 2 |
| 2012 | 33181 | 47. 4 |
| 2013 | 36510 | 48. 5 |
| 2014 | 39633 | 49. 78 |
| 2015 | 41252 | 50. 23 |
| 2016 | 43531 | 51. 63 |

数据来源：青海统计年鉴.

其中样本数为 N = 15。其次，以青海省近 15 年的人口城镇化水平（%）为自变量（x），近 15 年的人均 GDP（人民币）为因变量（Y）建立方程，函数关系可表示为：$Y = F(X) = a + \beta \times X$。分别对有关数据分阶段进行线性回归，回归结果如图 3 – 3 所示。

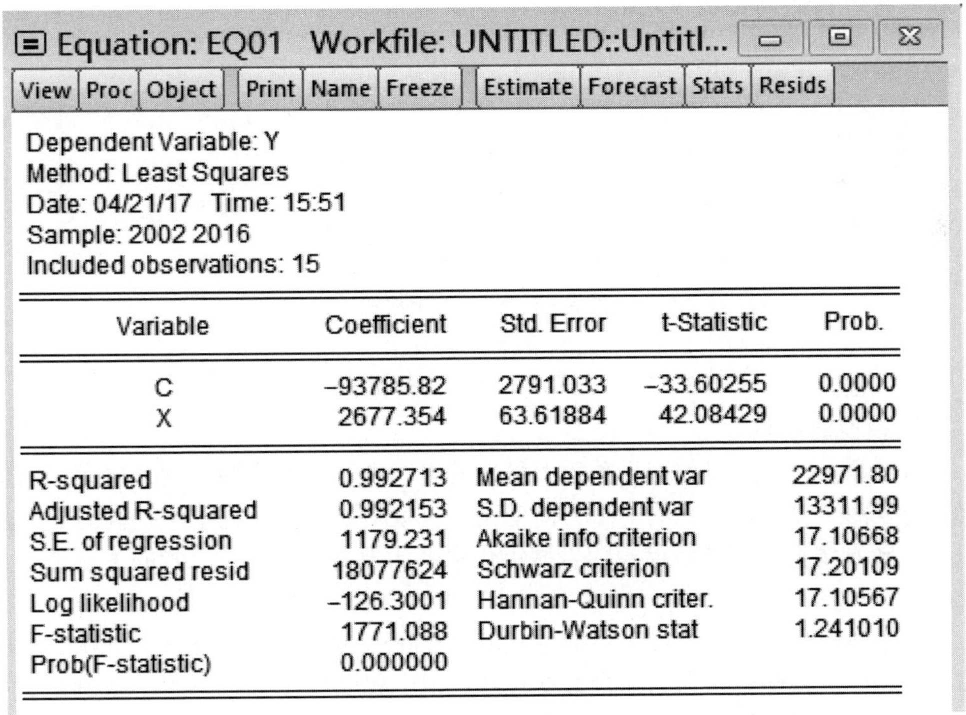

Equation: EQ01 Workfile: UNTITLED::Untitl...

View | Proc | Object | Print | Name | Freeze | Estimate | Forecast | Stats | Resids

Dependent Variable: Y
Method: Least Squares
Date: 04/21/17 Time: 15:51
Sample: 2002 2016
Included observations: 15

| Variable | Coefficient | Std. Error | t-Statistic | Prob. |
|---|---|---|---|---|
| C | −93785.82 | 2791.033 | −33.60255 | 0.0000 |
| X | 2677.354 | 63.61884 | 42.08429 | 0.0000 |

| | | | |
|---|---|---|---|
| R-squared | 0.992713 | Mean dependent var | 22971.80 |
| Adjusted R-squared | 0.992153 | S.D. dependent var | 13311.99 |
| S.E. of regression | 1179.231 | Akaike info criterion | 17.10668 |
| Sum squared resid | 18077624 | Schwarz criterion | 17.20109 |
| Log likelihood | −126.3001 | Hannan-Quinn criter. | 17.10567 |
| F-statistic | 1771.088 | Durbin-Watson stat | 1.241010 |
| Prob(F-statistic) | 0.000000 | | |

图 3 – 3　回归分析截图

其中，“c”为截距项，“resid”为剩余项，也就是说在上述建立的方程中 a = −93785.82，β = 2677.354，$R^2$ = 0.992713，F = 1771.088，N = 15。

对上述回归分析的结果表现如图 3 −4 所示。

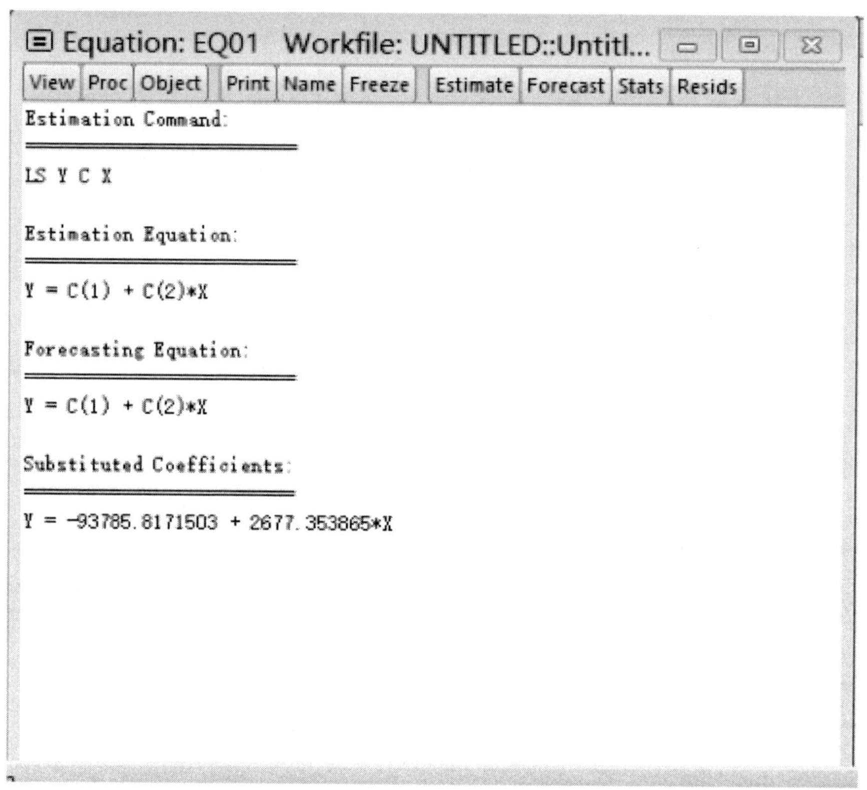


**图 3 −4 回归结果截图**

即方程为：Y = −93785.8171503 + 2677.353865 × X

**2. 模型的检验**

数据显示，在变量的因果关系上可以看出，内生变量能够影响外生变量的变化，而且两个变量趋于在同一个方向变化，也就是说当城镇化水平提高时，人均 GDP 也随着增长，即经济增长随着城镇化水平的提高而增长，二者的关系是正相关的。

通过回归分析，得到可决系数 R 为 0.992713，R 的值接近于 1，也就表明所建模型总体上对样本数据的拟合程度较好。拟合程度较好就是说明，城镇化水平作为解释变量对被解释变量人均 GDP 的绝大部分差异做出了解释，回归分析的结果还说明，青海省城镇化水平与人均 GDP 相关程度较高，是高度正相关。

回归系数 t 进行检验，针对原假设 H0：a = 0 和 H0：β = 0，从上述模型中可以看出 a 的标准误差和 t 值分别是 SE(a) = 2791.033，t(a) = −33.60255；β 的标准误差和 t 值分别是 SE(β) = 63.61884，t(β) = 42.08429。取 0.05 的显著水平（见附录 1：t 分布的百分点图），由 t 分布表可以查出自由度为 N − 2 = 15 − 2 = 13，对应概率为 0.0025 的临界值 t0.0025(13) = 2.160。因为 t(a) = −33.60225 < −t0.0025(13) = −2.160，所以拒绝原假设 H0：a = 0；同理，因为 t(β) = 42.08429 > t0.0025(13) = 2.160，所以应拒绝原假设 H0：β = 0。结果表明，青海省城镇化水平明显影响人均 GDP 的值，并且效果是显著的。

## （四）青海省城镇化进程与经济增长的关系分析

### 1. 青海省城镇化与经济增长的关系

以 2002 ~ 2016 年的时间段为横坐标，以每刻度 5000 为刻度单位建立纵坐标，分别以自变量城镇化水平（x）和因变量经济增长（y）为坐标点，建立二者在同一坐标系下的线性图。

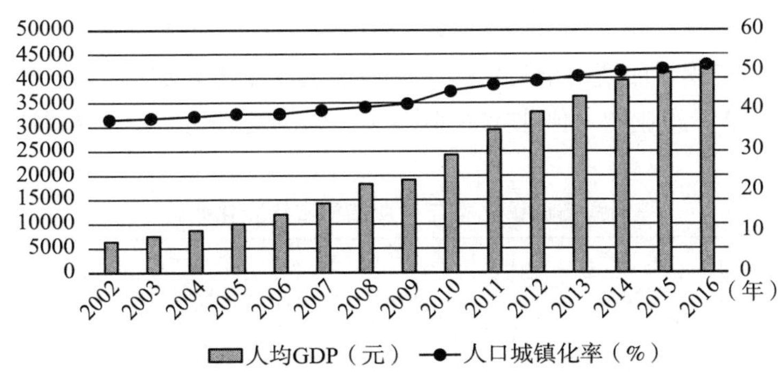


**图 3 − 5　青海省城镇化与经济增长的关系**

数据来源：青海省统计年鉴 2003 ~ 2017 年汇总。

由于青海省城镇化率持续提高，青海省的经济也出现了连续的增长，通过将二者建立在同一坐标系下，经过对比，不难看出城镇化进程的速度相对平缓，而经济增长的速度相对较快。通过在同一坐标系的比较，城镇化水平的提高较经济增长的速度相对迟缓，也就是说青海省人口城镇化的水平滞后于经济增长的速度（如图 3 − 5 所示）。

### 2. 青海省城镇化对产业结构的影响

按照相关的经济理论，在技术条件一定的情况下，一个固定的产业结构由于社会分工和劳动方式的改变，会在这一过程中形成，从一定意义上来讲，产业的结构又对经济增长方式起到决定的作用。经济增长主要是通过一国国民生产总值的增加来衡量的。1949 年库兹尼茨就开始研究国民生产的度量方法，他认为，只有从产业结构的角度出发，才能衡量出一个国家的国民生产总值，也就是说产业结构是度量经济水平的衡量方法。

在前工业化时期，产业结构是第一产业主导，第二、第三产业并不发达。随着工业化的推动，城市人口快速增加，城镇化率逐步提高后，随着工商业经济的发展，三大产业呈现了三二一的排列。城镇化进程快速改变了产业结构，这来源于工业化的需求以及需求所引导的投资的变化，城镇化对产业结构的这种变化起到了积极的推动作用。

外来务工人员对房屋、食品、娱乐等“衣食住行”各个方面均有强烈的刚性需求，这种需求拉动了工业制造业和服务产业的发展。在投资方面，城镇化进程中爆发的需求，引导政府、社会加大固定资产投资，进一步满足人们的需要。

西部大开发以来，青海省经济社会进入了一个全新的增长阶段，经济结构也发生了巨大的变化（如表 3 – 3 所示），第一产业所占比例持续下降、第二、第三产业占比不断提高。2014 年较 1978 年，第一产业占比下降了 14. 2 个百分点，第二和第三产业分别提升了 4 个百分点、10. 2 个百分点。2016 年较 1978 年，第一产业占比下降了 15 个百分点，第二和第三产业分别提升了 0. 4 个百分点、14. 6 个百分点。至 2016 年第一产业增加值占全省地区生产总值的比重为 8. 6%，第二产业增加值比重为 48. 6%，第三产业增加值比重为 42. 8%。人均地区生产总值 43531 元。①

**表 3 – 3　　青海省城镇化率与产业结构占比变化比较**　　单位：%

| 年份 | 第一产业 | 第二产业 | 第三产业 | 城镇化率 |
|---|---|---|---|---|
| 1978 | 23. 6 | 49. 6 | 26. 8 | 18. 6 |
| 1979 | 26. 1 | 49. 0 | 24. 9 | 19. 1 |
| 1980 | 28. 1 | 44. 0 | 27. 9 | 19. 8 |
| 1985 | 26. 2 | 40. 6 | 33. 2 | 33. 8 |
| 1990 | 25. 3 | 38. 4 | 36. 3 | 34. 2 |
| 1995 | 23. 6 | 38. 5 | 37. 9 | 33. 9 |
| 2000 | 15. 2 | 41. 3 | 43. 5 | 34. 8 |
| 2005 | 12. 0 | 48. 7 | 39. 3 | 39. 3 |
| 2006 | 10. 6 | 51. 8 | 37. 6 | 39. 2 |
| 2007 | 10. 6 | 53. 3 | 36. 1 | 39. 3 |
| 2008 | 10. 4 | 54. 7 | 34. 0 | 40. 1 |
| 2009 | 9. 9 | 53. 3 | 36. 8 | 40. 9 |

① 青海省 2016 年国民经济和社会发展统计公报［N］. 青海日报，2017 年 2 月 21 日 .

续表

| 年份 | 第一产业 | 第二产业 | 第三产业 | 城镇化率 |
| --- | --- | --- | --- | --- |
| 2010 | 10.0 | 55.1 | 34.9 | 41.8 |
| 2011 | 9.5 | 57.5 | 33.0 | 44.7 |
| 2012 | 9.4 | 57.9 | 32.7 | 46.2 |
| 2013 | 9.9 | 57.3 | 32.8 | 47.4 |
| 2014 | 9.4 | 53.6 | 37 | 48.5 |
| 2015 | 8.6 | 50.0 | 41.4 | 50.23 |
| 2016 | 8.6 | 48.6 | 42.8 | 51.63 |

数据来源：青海统计信息网.

青海省地处中国的大西北，位于青藏高原的东部，是中国母亲河的发源地。青海省以日月山为地域地形的分界线，东部地区湟水与黄河交叉围绕形成的区域为黄土高原西缘，是青海主要的农业区，主要种植马铃薯、油菜、春小麦、青稞、蚕豌豆等作物；日月山西部、南部则为青藏高原，经济产业主要为农牧业，传统中藏药、球根、球径类花卉等喜凉型经济作物和养殖冷水鱼类分布广泛。

从2013年的数据来看，全省农作物播种面积达到555.77千公顷，比上一年度增加了1.56千公顷，增长0.3%。粮食作物种植面积达到279.97千公顷，较上年减少0.21千公顷，下降0.1%，其中小麦95.42千公顷，增加1.22千公顷；马铃薯93.69千公顷，增加了10.01千公顷；玉米23.29千公顷，增加了0.39千公顷；豆类27.14千公顷，减少5.96千公顷。经济作物播种面积181.42千公顷，比上年减少了4.23千公顷，下降2.3%。2008年以来，青海省粮食产量连续六年超过百万吨。从牧业发展情况来看，青海省畜牧业继续保持快速发展，肉类产品和禽蛋类产品环比增幅较大（如表3－4所示）。以肉类为例，2013年较上年环比增长5%。牛肉产量达到10.28万吨，环比增长了7.5%。鸡蛋产量达到2.26万吨，环比增长了12.8%。2014年达到33.4万吨，较上年环比增长了4.4%。2015年的产量为34.14万吨，较上年环比增长了4.1%。至2016年全年农作物总播种面积561.33千公顷，比上年增加2.94千公顷。粮食作物播种面积281.05千公顷，比上年增加3.99千公顷。其中，小麦86.27千公顷，减少1.94千公顷；青稞45.43千公顷，增加2.23千公顷；玉米26.62千公顷，减少0.88千公顷；豆类28.50千公顷，增加1.70千公顷；马铃薯93.11千公顷，增加2.99千公顷。经济作物播种面积177.40千公顷，比上年增加0.38千公顷。其中，油料142.61千公顷，减少2.26千公顷；枸杞31.90千公顷，增加2.31千公顷。蔬菜及食用菌播种面积50.36千公顷，比上年增加0.71千公顷。全年粮食产量103.45万吨，比上年增长0.7%。2016年末全省牛存栏483.68万头，比上年末增长 6.2%；羊存栏 1390.69 万只，下降 3.1%；猪存栏 123.60 万头，增长 4.4%；家禽存栏 299.85 万只，增长 7.6%。全年全省牛出栏 125.23 万头，比上年增长 8.4%；羊出栏 676.22 万只，增长 3.0%；猪出栏 138.34 万头，增长 0.6%；家禽出栏 463.33 万只，增长 7.8%。全年全省猪牛羊肉产量 34.67 万吨，增长 3.9%。①

表 3 - 4　　2013 ~ 2016 年主要畜产品产量及增长率

| 指标名称 | 2013 年产量（万吨） | 2014 年产量（万吨） | 2015 年产量（万吨） | 2016 年产量（万吨） | 2013 年比上年增长（%） | 2014 年比上年增长（%） | 2015 年比上年增长（%） | 2016 年比上年增长（%） |
|---|---|---|---|---|---|---|---|---|
| 肉类 | 31.98 | 33.4 | 34.14 | 34.67 | 5.0 | 4.44 | 4.1 | 3.9 |
| 猪肉 | 9.9 | 10.5 | 10.32 | 10.51 | 4.90 | 6.06 | -2.0 | 1.8 |
| 牛肉 | 10.28 | 10.6 | 11.49 | 12.18 | 7.50 | 3.1 | 8.3 | 6.0 |
| 羊肉 | 10.53 | 10.9 | 11.56 | 11.98 | 1.40 | 3.51 | 5.9 | 3.6 |
| 禽肉 | 0.72 | 0.72 | 0.77 | — | 1.40 | 持平 | 4.1 | — |
| 牛奶 | 27.55 | 30.5 | 31.50 | 33 | 持平 | 10.7 | 3.3 | 4.8 |
| 鸡蛋 | 2.26 | 2.18 | 2.26 | — | 12.80 | -3.5 | 3.7 | — |

数据来源：青海统计信息网．

近年来，青海省充分发挥自身产业优势，构建了基于矿产、高原特色农牧业加工的第二工业体系。从工业生产全年运行态势看，增速稳中有进。根据青海省 2014 年的统计数据，2014 年规模以上工业增加值比上年增长了 9.1%，高于全国平均增速 0.8 个百分点。从行业看，七成以上行业保持了增长。全省规模以上工业 36 个大类中 26 个行业增加值比上年增长，增长面为 72.2%。全省的固定投资持续保持快速增长（如表 3 - 6 所示），全省全社会固定资产投资达到 2908.71 亿元，同比增长 21%。分产业看，1 ~ 12 月份，第一产业投资 139.46 亿元，同比增长 27.6%；第二产业投资 1283.56 亿元，同比增长 10.4%；第三产业投资 1485.69 亿元，同比增长 31.3%。从社会消费来看，2014 年全省实现社会消费品零售总额 614.6 亿元，比上年增长 13.0%。从规模看，限额以上企业零售额 267.4 亿元，增长 8.3%；限额以下单位（个体户）实现零售额 347.2 亿元，增长 16.8%。2015 年全省完成固定资产投资 3266.64 亿元，比上年增长 12.3%；第一产业完成固定投资 157.92 亿元，比上年增长 13.2%，第二产业完成固定资

① 青海省 2016 年国民经济和社会发展统计公报［N］. 青海日报，2017 年 2 月 21 日．

产投资 1467.45 亿元，增长 14.3%，第三产业完成固定资产投资 1641.27 亿元，增长 10.05%。规模以上工业增加值比上年增加了 7.6%，增速比全国平均水平高出 1.5 个百分点，36 个大类行业中，25 个行业增加值比上年增长。

2015 年全省实现社会消费品零售总额 690.98 亿元，比上年增长 11.3%，增速比全国平均水平高出 0.6 个百分点（如表 3－5 所示）。从规模上看，限额以上企业零售额 311.41 亿元，增长 7.9%，限额以下单位实现零售额 379.57 亿元，增长 14.3%。2016 年全年全省社会消费品零售总额 767.30 亿元，比上年增长 11.0%。按经营地分，城镇消费品零售额 666.31 亿元，增长 11.0%；乡村消费品零售额 100.99 亿元，增长 11.3%。按消费形态分，商品零售 705.34 亿元，增长 11.1%；餐饮收入 61.96 亿元，增长 9.9%。在限额以上批发零售企业商品零售额中，粮油、食品类零售额比上年增长 14.5%，汽车类增长 20.7%，饮料类增长 18.7%，石油及制品类增长 9.2%，化妆品类增长 8.2%，服装、鞋帽、针纺织品类增长 6.9%，烟酒类增长 6.1%，日用品类增长 6.2%，家用电器和音像器材类下降 0.3%，金银珠宝类下降 9.7%，中西药品类下降 18.1%。[①]

**表 3－5　　青海省社会消费品零售总额及增长率**

| 指　　标 | 2014 年 | | 2015 年 | |
|---|---|---|---|---|
| | 绝对量（亿元） | 比上年同期增长（%） | 绝对量（亿元） | 比上年同期增长（%） |
| 社会消费品零售总额 | 614.6 | 13.0 | 690.98 | 11.3 |
| 其中：限额以上消费品零售额 | 267.4 | 8.3 | 311.41 | 7.9 |
| 限额以下消费品零售额 | 347.2 | 16.8 | 379.57 | 14.3 |

数据来源：青海统计信息网.

旺盛的消费减少了企业库存，提高了商品的周转率，为企业扩充产能提供了稳定且不断增长的消费市场。由此可以看出，投资对经济发展起着直接的拉动作用，而消费则成为这种拉动作用的放大器。消费对企业投资有着正向的激励作用。基于未来不断提高的消费预期，它让企业更加积极主动地扩大既有的投资规模，进而推动了经济更加良性的增长。

根据经济学国民经济收入流量循环理论，商品市场和要素市场通过两个循环实现经济增长持续的运行。对于商品市场，借助家庭部门的购买需求，让企业部门获得了销售收入；对于要素市场，借助企业部门的要素支出，为家庭部门创造了收入。通过收入流量的循环，实现经济的稳定运营。任何一方市场需求的增加

① 青海省 2016 年国民经济和社会发展统计公报［N］. 青海日报，2017 年 2 月 21 日.

都会引发整体循环的跟进升级。当商品市场销售的商品增加时，企业部门销售所得的收入就会增加，企业部门销售的增加就会在要素市场购买更多的生产要素，要素市场会雇佣更多的人以及追加付出要素收入，要素收入的增加同时会激发人们更强的购买欲，商品市场联动将更加繁荣。

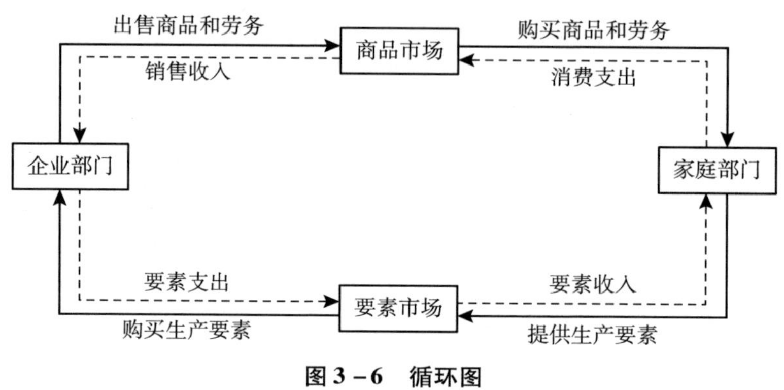


**图 3－6 循环图**

根据上述的经济学理论，投资的大量增加也会在商品市场创造需求，商品市场需求的增加继而启动了整个循环。从逆向循环来看，投资的增长也会让家庭部门有机会为企业市场投入更多的生产要素，让企业部门生产更多更低廉的产品，进而繁荣商品市场，家庭部门通过购买进一步拉动商品市场，启动另一个循环。从三项产业分别投资的情况来看，投资金额均呈现较快程度的增长，拉动了各类产业的蓬勃发展。

**表 3－6 青海省 2014、2015 年全社会固定资产投资主要数据比较**

| 指标名称 | 2014 年 | | 2015 年 | |
|---|---|---|---|---|
| | 本年累计完成（亿元） | 比上年同期增长（%） | 本年累计完成（亿元） | 比上年同期增长（%） |
| 全社会固定资产投资完成情况 | 2908.71 | 21.0 | 3266.64 | 12.3 |
| 一、按报送渠道划分 | | | | |
| 项目投资 | 2528.13 | 21.5 | | |
| 房地产开发与投资 | 308.27 | 24.5 | 336 | 9 |
| 农户投资 | 72.32 | -4.6 | | |
| 二、按投资类型分 | | | | |
| 国有及国有控股投资 | 1639.93 | 21.5 | 2067.60 | 26.1 |
| 民间投资 | 1240.12 | 21.5 | 1180.36 | -4.8 |
| 港澳台及外商投资 | 28.67 | -12.2 | 18.68 | -34.8 |

续表

| 指标名称 | 2014 年 | | 2015 年 | |
|---|---|---|---|---|
| | 本年累计完成（亿元） | 比上年同期增长（%） | 本年累计完成（亿元） | 比上年同期增长（%） |
| 三、按产业分 | | | | |
| 第一产业 | 139.46 | 27.6 | 157.92 | 13.2 |
| 第二产业 | 1283.56 | 10.4 | 1467.45 | 14.3 |
| 其中：工业 | 1205.3 | 12.0 | 1305.45 | 8.3 |
| 第三产业 | 1485.69 | 31.3 | 1641.27 | 10.5 |

数据来源：青海统计信息网.

## 三、基于实证分析的结论

从以上的实证分析中我们得出的结论是：城镇化与经济增长呈正相关关系。城镇化推动了经济增长，经济增长带动了城镇化进程，具体表现在：

（1）青海省的城镇化进程推动了产业结构的优化，吸引了大量农牧民人口向城镇转移，提高了城镇化率。到 2016 年底，青海省的城镇化率达到 51.63%。实现了过半人口进入城镇居住生活。

（2）青海省城镇化拉动了内需的增长。城镇化丰富了人们消费的类型，促进了各行各业的发展。农村人口在进入城市前，消费类型较为单一，消费能力不足，其消费不能很好地满足产业的发展。而当农村人口进入城镇后，由于所处环境的改变及收入来源的多样化，其消费能力和消费结构均发生了巨大的改变。体现在居民的消费上，农民工进城后租赁房屋、购买食品、享受城市的各类服务，这些多元化的消费成为城市经济增长的原动力之一。与此同时，由于居民收入水平不断提高、城乡居民消费的层次逐渐提高，人们已不满足于吃、穿、用等基本消费的改善，更加注重需要提高生活质量的各种服务，对于发展型、享受型消费呈现出爆发式需求。这种消费具体表现为汽车、家庭市场、家电市场、房地产装修等领域。消费的快速增长，为企业的规模扩张提供了原动力，促使企业不断追加投资，实现经济的稳步增长。根据全国 2014 年消费数据，2014 年国内消费继续保持旺盛态势，全年社会消费品零售总额已经达到 26.2 万亿元，同比增长 12.0%。居民消费拉动了 GDP 的增幅至 51.2% 以上，比上年提高 3 个百分点，成为拉动经济增长的“主引擎”。

（3）青海省城镇化拉动了对外出口的增长。就青海省而言，青海省是沟通中西部省份的通道，具有显著的区位优势。随着青海省人口城镇化进程的加快，一些特色产业向集群化迈进，大量青海的农牧业产品、工业制成品开始销往全国乃至世界各地，让各类资源不断涌入青海，拉动青海经济的快速增长。根据青海海关2014年统计数据，青海省全年进出口总额达到17.2亿美元，其中出口11.3亿美元，出口总额累计增速达到33.2%，近两年虽然受国际大环境的影响，青海的进出口值有所下降，但进出口贸易的发展，对青海经济的发展仍然影响巨大（如表3－7所示）。

表3－7　**2014～2016年青海省进出口值**　单位：万美元、%

| 指标 | 2014年 | | 2015年 | | 2016年 | |
|---|---|---|---|---|---|---|
| | 总值 | 累计增速 | 总值 | 累计增速 | 总值 | 累计增速 |
| 海关进出口总值 | 171896 | 22.50 | 193447 | 13.6 | 10078 | －15.9 |
| 出口总值 | 112833 | 33.20 | 164197 | 46.8 | 9029 | －11.2 |
| 进口总值 | 59063 | 6.30 | 29250 | －50 | 1049 | －42.1 |

数据来源：青海省统计信息网青海省统计年鉴2015、2016.

值得注意的是，由于青海省气候、土地等自然环境限制，青海省许多重要的资源均需要从外省购入，例如部分粮食、蔬菜、众多工业制成品均需通过物流运送至全省各地。通过城镇化进程，加速了人口向城镇的聚集，物资运输的成本大大降低，进一步降低了青海省CPI指数，对于拉动内需具有重要作用。

（4）青海省城镇化带动了政府投资的增长。从世界上许多国家的经济发展经验来看，在假定其他因素不变的情况下，一个国家的投资率越高，发展速度一般也越快。美国高速发展时期及亚洲“四小龙”等东亚国家和地区的高速发展，高投资率是经济发展的重要原因。投资可以显著拉动经济的增长，一是直接拉动，投资意味着工程的出现；二是带动房地产行业的发展；三是企业可以扩大生产能力；四是基础设施建设带来整体城市环境的改变；五是以服务业为代表的第三产业的蓬勃发展；六是带动劳务市场繁荣，增加就业岗位。就当前的发展阶段而论，房地产、基础设施建设投资、企业扩大再生产最能拉动经济的增长。

而青海省城镇化进程将带动多元化投资的增长，吸引政府乃至民间大量的投资。首先体现在城镇化所带来的政府投资上。一个农村居民进入城市，是要产生刚性成本的，政府首先需要投入大量资金到道路、房屋等基础设施以及水利、交通、医疗等公共服务上。2013年中国社科院城市发展与环境研究所、社科文献出版社联合发布的《中国城市发展报告》显示，目前我国农业转移人口市民化的人均公共成本约13万元，预计2030年前我国有3.9亿农民需要市民化。以此粗略计算，市民化所需公共成本约51万亿元。① 通过在市政设施的投资，政府将拉

① 社科院：农民转为市民人均公共成本约13万元［N］. 新京报，2013年7月31日.

动建筑、能源等关联产业的快速发展。城镇化也促使政府投资的不断增加。政府在医疗、教育、道路及其他市政设施的投资，在创造工作机会的同时也为人口向城市创造了良好的市政条件。同时，关联产业的快速发展，创造了更多的就业机会，繁荣了城市的人力市场，进一步推动了城镇化进程。

最后，反映在城镇化所带来的企业投资上，城镇化进程的不断加速，对企业产品带来大量的订单需求，企业追加生产投资，不断扩充生产能力，这些增加的投资和产能根据人们的需求充分体现在“衣食住行”的各个方面。由于人的衣食住行无时不在创造着需求，这些需求都会成为企业的商机。人口多元化的需求，促使民间资本挖掘到流通的入口，资本创造了各类产业的蓬勃发展，资本的狂欢拉动经济的不断增长。人口向城镇的不断涌入，衍生出了许许多多的细分行业，这些新兴的行业为城镇创造了就业岗位，为经济增长打下了基础。

## 本章小结：

本章通过对青海城镇化的历程和经济增长的对应关系的实证分析，认为工业化带来的经济增长是城镇化演进的主要动力，经济增长带动了城镇化进程，城镇化推动了经济增长，虽然城镇化未必一定会带来经济增长，但在进城人口参与了工业化，有就业支撑的、正常的城镇化进程中，二者是呈正相关变化的。从短期中国城镇化快速发展的趋势来看，在城镇化水平较低的阶段，城镇化作为经济增长的重要动力之一，能够有效促进经济增长，特别是对促进西部欠发达地区的经济增长有显著的效果。但就长期而言，城镇化水平在不同的阶段对经济增长会产生不同的作用。一般情况下，城镇化水平较低和适度的阶段，城镇化对经济增长能起到促进作用，而在城镇化水平较高或过度城镇化阶段，城镇化会抑制经济增长，对经济增长产生阻碍作用，但经济增长不能反过来决定城镇化的水平。

由于人口和资源的空间集聚产生了规模收益递增的效应，中国城镇化水平与单位资本 GDP 间的相关系数高达 0.85，对于工业化的城市，聚集效应更明显。中国目前的城镇化进程正在加速发展，它将与不断现代化的工业一起成为支撑中国经济的支柱。[①] 据国家统计局专家估计，在现有发展水平上，城镇化比重每增加一个百分点，直接消费可拉动 GDP 增幅增加 0.5 个百分点。迅速推进城镇化构成中国经济发展的重要推动力，是确保我国经济发展继续保持较高增长率的战略性选择。因此，我们得出结论是：城镇化与经济增长之间虽然没有直接的因果关系，但二者密切相关，推进新型城镇化能带动青海经济持续增长。

---

① 张平，刘霞辉主编．中国经济增长报告：2009～2010：城市化与经济增长［M］．社会科学文献出版社，2010 年 3 月 1 日．

# 第四章

# 青海推进新型城镇化的战略选择

"十三五"时期，是青海经济结构、社会结构、发展方式转型升级的关键时期，借助丝绸之路经济带建设等新的历史机遇，选择一条适合青海推进新型城镇化的路径，"深入实施城镇化带动战略，坚持以人的城镇化为核心，以提高质量为关键，以体制机制改革为动力，牢牢守住发展和生态两条底线，加快转变城镇化发展方式，走以人为本、科学布局、城乡统筹、生态文明、文化传承的具有青海特色的新型城镇化道路，充分释放新型城镇化蕴藏的巨大内需潜力，为全省经济社会发展提供强劲动力。"① 以新型城镇化带动农牧业现代化，拓展经济发展新空间，挖掘就业潜力，转移农牧业人口进入城镇就业落户，加快人口集聚，实现统筹城乡发展；以新型工业化和信息化促进不同生态功能区的经济发展、提升资源环境承载能力；努力形成资源节约、环境友好、经济高效、社会和谐的城镇发展新格局，实现新型工业化、信息化、城镇化、农业现代化同步发展。

## 第一节　青海推进新型城镇化的机遇与挑战

### 一、青海推进新型城镇化面临的机遇

#### （一）经济发展带来的机遇

**1. 中国经济进入"新常态"**

作为近年来重要的经济术语，"新常态"这一概念最先由美国太平洋基金管理公司总裁埃里安（Mohamed El-Erian）提出。在埃里安提出"新常态"概念后，不同领域的人士在金融、商业和宏观经济等领域给出过不同的含义。在2010

① 青海省人民政府．关于深入推进青海省新型城镇化建设的实施意见．青政〔2016〕76号．

年举行的第40届达沃斯论坛上，有嘉宾提出，世界也许再也无法回到金融和经济危机前稳定的“正常”状态，它将面临一个全新的“正常”状态。尽管在不同领域有不同含义，但“新常态”在宏观经济领域被西方舆论普遍形容为危机之后经济恢复的缓慢而痛苦的过程。

2014年5月，习近平总书记在河南考察时指出，“我国发展仍处于重要战略机遇期，我们要增强信心，从当前我国经济发展的阶段性特征出发，适应‘新常态’，保持战略上的平常心态。”[①] 在2014年11月9日，习近平总书记在亚太经合组织（APEC）工商领导人峰会上首次系统阐述了“新常态”。在题为《谋求持久发展　共筑亚太梦想》的主旨演讲中，习近平总书记向包括130多家跨国公司领导人在内的世界工商界领袖们，阐述了什么是经济“新常态”、“新常态”的新机遇、怎么适应“新常态”等关键点。习近平总书记说：中国经济呈现出“新常态”的主要特点是：速度——“从高速增长转为中高速增长”，结构——“经济结构不断优化升级”，动力——“从要素驱动、投资驱动转向创新驱动”。他表示：“‘新常态’将给中国带来新的发展机遇。”[②] 新一代中央领导首次以“新常态”描述新周期中的中国经济，以“新常态”来判断当前中国经济的特征，并将之上升到战略高度，表明中央对当前中国经济增长阶段变化规律的认识更加深刻，正在对宏观政策的选择、行业企业的转型升级产生方向性、决定性的重大影响。

2013年5月，中国社科院副院长李扬在《中国经济发展的新阶段》的文章中提到，全球危机步入“新常态”，传统上，经济危机可能表现为连续若干年的负增长，但是，由于大剂量的调控政策被强力推出，现阶段的危机并不表现为负增长，而是表现为经济增长在低水平上波动、全球流动性过剩、大宗产品价格和资产价格变动不居、贸易保护主义升温、地缘政治紧张等。国务院发展研究中心发展战略和区域经济研究部副部长刘培林指出，考虑到中国技术水平与前沿国家的差距，与过去的常态相比，“新常态”可能会有几方面的特点：增长速度可能会比过去10多年有所降低，但与全球范围其他经济体特别是发达经济体相比，仍然有望保持较高水平；推动增长的主要力量，将转向主要依靠转型升级、生产率提升和多元的创新；经济结构也将会发生新的变化，比如，服务业的比重超过第二产业，投资的比重会达到峰值并缓慢降低。“新常态”的基本特点，主要是由与前沿国家的技术差距决定的，是由经济基本面因素变化决定的。申银万国首席宏观分析师李慧勇则指出，在“新常态”下，一是中国经济从高速增长放缓到

---

① 论中国经济发展“新常态”－中新网．http：//finance.chinanews.com/cj/2014/08－08/6475570.shtml.

② 习近平首次系统阐述“新常态”．http：//news.xinhuanet.com/world/2014－11/09/c_1113175964.htm.

中高速增长，二是中国的经济增长模式从粗放式增长变成创新和消费驱动增长，三是同一般经济增长时期相比，这个时期要把防风险放到更为重要的位置，要充分认识改革的困难，充分估计风险释放的压力。

2015 年 1 月，国家发展改革委秘书长王一鸣表示，“新常态”下的挑战主要集中在四点：第一，产能过剩矛盾趋于突出；第二，生产要素成本加快上升；第三，企业创新能力不足的问题日益显现；第四，财政金融风险有可能增大。综合国际经验和我国现实情况看，在增长阶段转换时期，经济的最大特点是速度“下台阶”、效益“上台阶”；“新常态”下的明显特征是增长动力实现转换，经济结构实现再平衡。突出表现为：（1）生产结构中的农业和制造业比重明显下降，服务业比重明显上升，服务业取代工业成为经济增长主要动力；（2）需求结构中的投资率明显下降，消费率明显上升，消费成为需求增长的主体；（3）收入结构中的企业收入占比明显下降，居民收入占比明显上升；（4）动力结构中的人力、资源粗放投入明显下降，技术进步和创新成为决定成败的“胜负手”。在这些升升降降之中，先进生产力将不断产生和扩张，落后生产力将不断萎缩和退出，既能涌现一系列新的增长点，形成新的增长动力，也要使一些行业付出代价、伤筋动骨。①

综上所述，中国经济进入“新常态”，意味着中国经济的发展将回到正常的速度，推动经济发展的动力和方式也将发生改变，经济结构需要实现再平衡。因此，经济“新常态”给青海推进新型城镇化带来了如下的新机遇：一是适应“新常态”，要求扩大内需，培育新增长点。青海省城镇化滞后于全国平均水平，新区建设、旧城改造、小城镇建设以及地上地下设施配套、功能完善等，这些都给新型城镇化带来了巨大的发展空间。二是适应“新常态”，要求加大结构调整力度，推动产业结构优化和转型升级。青海省传统产业比例较大，新兴产业规模较小，产业结构优化任重道远。加快发展优势产业、新兴产业、生态产业和服务业，必将为新型城镇化开拓更加广阔的产业基础。三是适应“新常态”，要求增长动力由要素驱动向创新驱动转换。实施创新驱动发展战略，推动城镇建设管理体制机制创新、技术创新和治理创新，必将为加快建设创新型城市尤其是智慧型城市、海绵城市提供崭新机遇。四是适应“新常态”，要求生态文明，绿色发展。这给推动形成绿色低碳的生产生活方式和城市建设运营模式带来新机遇。新型城镇化作为我国经济最大的潜力与动力之所在，是继续保持中国经济健康发展的重要支撑点。深刻把握这些机遇，青海的新型城镇化将面临广阔的发展空间。

**2. 中国城镇化发展进入新阶段**

随着中国各地区尤其是东部沿海各省市经济发展水平的提高，中国城镇化发展整体上已经逐步走向内涵式、持续性的新型城镇化发展道路，结构转换型城镇

---

① 论中国经济发展“新常态” - 中新网 . http：//finance. chinanews. com/cj/2014/08 - 08/6475570. shtm.

化模式已成为全国城镇化发展道路的必然趋向。

改革开放30多年来，中国的城镇化战略经历了以小城镇为主、以中小城市为主、以城市群为主的发展历程。20世纪80年代上半期，基于当时国情，中国城镇化战略提倡小城镇优先发展。进入20世纪90年代中后期，小城镇过度分散发展导致的环境问题和低效率问题日渐突出，同时，伴随着城市改革逐步深化，城市工业化快速推进，城镇化进入以中小城市为主的时期。

进入21世纪以来，全社会对城镇化发展规律的认识不断深化，充分意识到“聚集”是城市区别于农村最本质的空间特性，城镇化的聚集效应不仅表现为单一城市的聚集，还表现为多城市在空间上的有序分布。2006年颁布的《“十一五”规划纲要》明确提出“要把城市群作为推进城镇化的主体形态。”2011年颁布的《“十二五”规划纲要》也提出要“逐步形成辐射作用大的城市群。”可见，十八大之前的城镇化宏观政策主要着眼于城镇规模与城镇体系结构，并逐步过渡到城市群这一内涵更为丰富的表述，开始涉及城市体系的组织模式与机制。

2012年11月，中共十八大报告将中国特色的城镇化道路纳入到改革开放的总布局中加以部署，逐步明晰了以转变经济发展方式为主线，以调结构为着力点，增强发展的活力和内生动力的改革思路，形成了通过结构性改革释放新型城镇化内需潜力的发展思路。新型城镇化的重要工作就是实现城镇化动力结构的调整，更大范围发挥市场配置城乡资源的决定性作用，政府职能实现归位，转向提供（或管理）目前供给总量不足、结构不均衡的教育、医疗、公共文化等公共产品和服务。

2014年3月发布的《国家新型城镇化规划（2014~2020年）》提出，要求有序推进农业转移人口市民化，2020年常住人口城镇化率要达到60%左右，户籍人口城镇化率达到45%左右，并提出保障随迁子女平等享有受教育权利、扩大社会保障覆盖面、拓宽住房保障渠道、推进符合条件农业转移人口落户城镇等一系列举措。将“有序推进农业转移人口市民化”作为首要内容，将流动人口问题纳入到全国城镇化乃至现代化的战略中进行审视和安排，也将流动人口作为一个独立的社会群体进行制度设计。2014年6月，中央全面深化改革领导小组第三次会议也强调，推进人的城镇化，重要的环节在户籍制度。总的政策要求是全面放开建制镇和小城市落户限制，有序放开中等城市落户限制，合理确定大城市落户条件，促进有能力在城镇稳定就业和生活的常住人口有序实现市民化，稳步推进城镇基本公共服务常住人口全覆盖。① 2017年1月25日国务院印发的《国家人口发展规划（2016~2030年）》提出，未来一段时期人口流动仍然活跃，城镇

① 参见：焦永利，郇雷．中西部新型城镇化的战略方向及西藏城镇化的政策建议［J］．西藏研究，2014（6）．

化水平会持续提高，预计2016～2030年农村向城镇累计转移人口约2亿人。要推动城乡人口协调发展，完善以城市群为主体形态的人口空间布局，促进人口分布与国家区域发展战略相适应，引导人口有序流动和合理分布，实现人口与资源环境永续共生。①

## （二）政策带来的机遇

**1. 新型城镇化战略**

随着《国家新型城镇化规划（2014～2020年）》的颁布，推进新型城镇化成为国家战略。根据《规划》的要求，推进西部城镇化是国家优化区域格局、实现区域统筹的战略需要，担负着国家新一轮西部大开发的历史使命。充分利用国家政策支持，集中优势资源，实现青海省城镇化的快速发展，对青海省新型城镇化实现赶超式发展具有重大的战略意义。

**2. 《全国主体功能区规划》中的定位**

2011年6月8日，中国政府网全文刊载了中国首个全国性国土空间开发规划《全国主体功能区规划》。《规划》按开发方式将国土空间划分为优化开发区域、重点开发区域、限制开发区域和禁止开发区域。这种划分对于像青海这样的欠发达地区立足于自身的实际，摆脱GDP依赖，形成自己的特色的经济发展方式，推进形成人口、经济和资源环境相协调的国土空间开发格局，加快转变经济发展方式，促进经济长期平稳较快发展和社会和谐稳定，实现全面建设小康社会目标和社会主义现代化建设长远目标，具有重要战略意义。

**3. 《关于引导农村土地经营权有序流转发展农业适度规模经营的意见》带来的机遇**

2014年11月份中共中央办公厅、国务院办公厅印发了《关于引导农村土地经营权有序流转发展农业适度规模经营的意见》，并发出通知，要求各地区各部门结合实际认真贯彻执行。《意见》指出："伴随我国工业化、信息化、城镇化和农业现代化进程，农村劳动力大量转移，农业物质技术装备水平不断提高，农户承包土地的经营权流转明显加快，发展适度规模经营已成为必然趋势。"要"重点培育以家庭成员为主要劳动力、以农业为主要收入来源，从事专业化、集约化农业生产的家庭农场，使之成为引领适度规模经营、发展现代农业的有生力量。"随着农村土地流转和农业适度规模经营的发展，对推进青海城镇化带来了非常好的一个机遇。它不但能更加有序地引导农村人口向城镇集聚，壮大城镇的人口，而且可以通过"培育新型农业经营主体"和"建立健全农业社会化服务体系"来发展为农服务的第三产业，促进城镇第三产业的发展，特别是为以县镇

① 国务院．国家人口发展规划（2016～2030年）．2016年12月30日．http：//www.gov.cn/xinwen/.

为依托的为农服务的第三产业的发展带来机遇，为壮大县镇，进而为壮大县域经济提供了强有力的动力。

**4.《国家人口发展规划（2016～2030 年）》带来的新变化**

2017 年 1 月 25 日国务院印发的《国家人口发展规划（2016～2030 年）》提出，以城市群为主体形态促进大中小城市和小城镇协调发展，优化提升东部地区城市群，培育发展中西部地区城市群，推动人口合理集聚。这为青海东部城市群的进一步发展与完善、为青海以格尔木市、德令哈市为重心的西部城市群的筹建带来了良好的机遇。

### （三）"一带一路"建设带来的机遇

**1. "一带一路"的宏大战略**

2013 年 9 月和 10 月，中国国家主席习近平在出访中亚和东南亚国家期间，先后提出共建"丝绸之路经济带"和"21 世纪海上丝绸之路"（以下简称"一带一路"）的重大倡议，得到国际社会高度关注。中国国务院总理李克强参加 2013 年中国—东盟博览会时强调，铺就面向东盟的海上丝绸之路，打造带动腹地发展的战略支点。加快"一带一路"建设，有利于促进沿线各国经济繁荣与区域经济合作，加强不同文明交流互鉴，促进世界和平发展，是一项造福世界各国人民的伟大事业。"一带一路"战略的提出，是中国适应经济全球化新形势、扩大同各国各地区利益汇合点的重大战略，是构建开放型经济新体制的重要举措，有利于中国与相关国家和地区实现共享机遇、共同发展、共同繁荣。"一带一路"战略谋划世界中的中国，更在重塑中国面向的世界。"一带一路"战略聚焦国内全域格局发展，试图建构"一带一路"战略下我国的整体空间框架，通过提出各区域的战略举措，促进国内空间战略调整、自贸试验区建设，构筑中国自主的全球贸易体系。对于沿线城市来说，谁在丝绸之路经济带规划成熟前抢占战略地位，谁就可能在规划中成为节点性城市，享受政策扶持，继而为本省产业升级和对外贸易谋取利益。

**2.《推动共建丝绸之路经济带和 21 世纪海上丝绸之路的愿景与行动》给青海的定位**

2015 年 3 月 28 日国家发展改革委、外交部、商务部联合发布了《推动共建丝绸之路经济带和 21 世纪海上丝绸之路的愿景与行动》（以下简称《愿景与行动》）。《愿景与行动》的公布，标志着"一带一路"战略进入了实际操作阶段。《愿景与行动》明确定位了各涉路省份的定位，指出要"发挥陕西、甘肃综合经济文化和宁夏、青海民族人文优势，打造西安内陆型改革开放新高地，加快兰州、西宁开发开放，推进宁夏内陆开放型经济试验区建设，形成面向中亚、南亚、西亚国家的通道、商贸物流枢纽、重要产业和人文交流基地。"青海据此定位了自己的发展目标：青海要打造丝绸之路经济带的战略通道、重要支点和人文交流中心，使丝绸之路经济带成为青海向西开放的主阵地和推动全省经济发展的新增长极。设定重要节点城市为西宁市、海东市、格尔木市。2015 年青海省的政府工作报告提出，打造与丝绸之路沿线国家和周边省区航空、铁路、公路有效对接的现代交通网络，与沿海沿江地区加强区域通关一体化合作，建成曹家堡保税物流中心。继 2014 年 12 月开放西宁国际航空港，并陆续开通西宁—曼谷、西宁—首尔、西宁—台北三条航线后，国际商城、保税仓库、循化穆斯林产业园等 41 个项目正在抓紧实施。明晰的定位和良好的发展态势必将大力推进青海新型城镇化的进程。

### （四）习近平总书记考察青海带来的机遇

习近平总书记在青海考察时强调：尊重自然、顺应自然、保护自然，坚决筑牢国家生态安全屏障，提出实现经济效益、社会效益、生态效益相统一的目标，不仅对青海加强生态环境保护、筑牢国家生态安全屏障作出了明确部署，也为青海推进绿色发展、建设生态文明指明了机遇和行动的方向，具有很强的现实针对性和实践指导性。首先，围绕生态保护的全面发展，是青海发展的重大机遇。通过生态保护形成的“倒逼机制”传导到产业结构调整和经济转型上来，将会全面促进青海产业结构优化和生产技术升级，促进发展方式转变，催生生态经济，形成新经济增长动力，推动青海走上生产发展、生活富裕、生态良好的文明发展道路。其次，强调在保护生态环境的前提下搞好开发利用，可以积极培育新能源、新材料、高端装备制造等战略性新兴产业，改造提升传统支柱产业，加快节能减排和淘汰落后产能，推进资源精深加工，加快产业链的纵向延伸和横向扩展，不断优化循环型产业结构和产业体系。最后，强调构建新型农牧业经营体系，创新农牧业生产经营机制，实现农牧业生产与生态保护有机统一、相互促进。可以推动农业资源利用节约化、生产过程清洁化、产业链接循环化、废物处理资源化发展，加快推进传统农牧业转型升级。大力发展生态农业、生态畜牧业、生态文化等产业，将生态优势转化为发展优势，使生态产业成为青海省的“朝阳产业”。这些都为青海带来了良好的发展机遇。

## 二、青海推进新型城镇化面临的挑战

### （一）青海城镇化的基本态势

从城镇数量及发展水平来看：截至 2016 年，青海共有各类城镇 142 个，其地级市 2 个、县级市 3 个、建制镇 137 个，常住人口为 593.46 万人，城镇化率

51.63%，与同期全国平均城镇化率57.35%相差5.72个百分点。受经济发展滞后的影响，城镇化水平提高比较缓慢。分析“十五”以来城镇化水平，青海从2000年的34.76%到2016年的51.63%，16年提高了16.87个百分点，年均提高1.05个百分点，从增幅来看，有逐年下降的趋势。而全国从2000年的36.2%到2016年的57.35%，提高了21.15个百分点，年均提高1.32个百分点，且增幅比较稳定。

从城镇布局来看：一是青海城镇总量少，设市数目较少，城镇规模小，人口聚集度低。全省设市城市仅有西宁市、海东市、玉树市、格尔木市和德令哈市5个城市。其中地级市西宁市常住人口为229.07万人，其中市区人口125.04万人，三县人口104.03万人。人口城镇化率为68.60%。海东市的人口约为140万。其余3个县级市的人口在10万~20万，其中格尔木市人口约为20万，德令哈市不足10万，玉树市约为10万人。二是城镇布局东密西疏，城镇主要集中在东部地区，西部广大的牧区城镇稀少，密度较低，平均每万平方不到1个城镇。三是城镇体系不完整，城市规模的中间梯度不匹配，布局层次不明显，优化程度低。西宁市在青海城市中的首位度高达1.58。从城镇人口结构及密度来看：人口规模较大、综合功能的城镇主要分布在省内东部地区、黄河流域和青藏铁路沿线。由于全省绝对人口少，人口又主要集中在城镇较密集的东部，区域城镇化率反而比东部一些省份要高，这是青海城镇体系地域发育不均衡的显著特征。西宁市和海东地区土地面积仅占全省面积的2.8%，人口却占全省总人口的67.5%。海西自治州与海东地区城镇化率相差近50个百分点，十分悬殊。①

**表4-1　青藏高原和全国城镇密度对比（2011年）**

| | 面积（万平方千米） | 城市（个） | 建制镇（个） | 城市密度（个/平方千米） | 建制镇密度（个/平方千米） |
|---|---|---|---|---|---|
| 青藏高原 | 195 | 5 | 277 | 0.03 | 1.42 |
| 青海 | 72 | 3 | 137 | 0.04 | 1.9 |
| 西藏 | 123 | 2 | 140 | 0.02 | 1.14 |
| 全国 | 960 | 657 | 196830 | 0.68 | 20.5 |

来源：2012年中国统计年鉴、2012年青海统计年鉴、2012年西藏统计年鉴。

从城镇发展实力来看：由于产业支撑能力不足，致使青海城镇发展实力总体不强。在全省5个城市、37个县城及茫崖、大柴旦、冷湖3个行委共45个城镇中，第二产业比重在40%以上的只有6个城镇，在25%~40%的有14个城镇，

① 青海省2016年国民经济和社会发展统计公报［N］. 青海日报，2017-02-27.

在 25% 以下的有 23 个城镇；工业总产值在 5 亿元以上的有 9 个城镇，在 5000 万元到 5 亿元之间的有 13 个城镇，在 5000 万元以下的有 21 个城镇，其中 10 个城镇的工业总产值不足 1000 万元。城镇支柱型产业的缺失、工业化的滞后，使城镇化进程缺少发展动力。

从城镇社会发展来看：青海社会发育水平较低，社会发展落后于经济发展水平。西宁市人口增长率为 7.6‰，比全国和东部平均水平分别高出 1.3 和 2.8 个千分点，而县级以下城镇的人口自然增长率则普遍较高；青海城镇职工平均工资水平远低于全国平均水平；西宁市科技支出占地方财政预算支出的 0.8%，远低于全国 2.3% 和东部 2.9% 的水平，投入较少，产业发展多处于劳动密集型或低附加值状态，城镇带动力和辐射力不显著。

从城镇建设来看：青海城镇建设功能不完善，尤其是县城及其以下的建制镇和一般乡镇，基础设施建设水平很低，城镇道路网络不完整、道路等级低、路面质量差，城镇给排水系统不完善，缺少污水处理、垃圾收集和处理设施，建筑物等级低、质量差、布局混乱、景观环境差、居民出行不便，直接影响到城镇发展及居民生活。

从城市群发展来看，2010 年 12 月青海启动的以西宁为中心的青海东部城市群建设，集聚了青海省大多数经济、人口和社会资源，是青海发展时间最长、基础最好的区域。区域内不仅有青藏铁路和兰青铁路横穿全区，且农牧业基础条件好。但随着城市群建设的不断深入，城市群内城市分工不明确、市政建设不配套、产业支撑能力不足、产业发展同质化等问题也日渐凸显。

总的来看，青海的城镇与东部城镇相比存在着较大的差距，人口少、距离远、互动性弱、辐射能力差、呈孤岛型分布，没有形成完整的城镇体系。大城市一枝独秀、中小城市发育不足，小城镇众多，功能不完善。城市经济的总体水平低，综合效益差，城市的集聚和辐射作用不强，缺乏带动整个区域发展的中心城市；城市基础设施水平低，环境质量差；城市管理落后。由于自然地理条件的制约，青海省 72.1 万平方千米的土地有 40% 以上的地区不适宜人类生存，人口主要集聚在河湟流域，城镇也相对集中在平原、河谷、盆地和条件较好的东部地区，这是城镇在漫长而曲折的演化历程中对自然环境和生产布局积极响应的结果。总体而言，青海现有城镇的经济功能不强，大部分区域经济仍然处于传统的一家一户的家庭农牧业生产状态，工业化程度低，现代经济所占比重小，自然经济的特征十分明显。

## （二）青海推进新型城镇化面临的挑战与发展思路

### 1. 青海推进新型城镇化面临的挑战

从以上青海城镇化的态势来看，青海推进新型城镇化虽然遇到了丝绸之路经济带建设等千年一遇的大好机遇，但面临的挑战也很多。其一，从地理区位来看，虽然青海是古丝绸之路和唐蕃古道的必经之地，是中原地区通往西域和西藏及南亚地区的主要通道，也是丝绸之路这条中西交流大通道上的重要节点和主要枢纽。西部大开发以来，青海经济社会发展取得了长足进步，但经济结构不合理的状况仍未得到根本改变，开放型经济发展水平一直在低层次徘徊。外向扩张能力弱、各种对外合作交流活动少、外商投资规模小、技术含量低、资金到位差、区域经济合作范围比较狭窄、与其他省市的经济关联度较低，与西北五省区相比较，青海年货物进出口总额和外商直接投资合同金额居西北五省区之末。因此，要有效地把握机遇，跟上丝绸之路经济带发展的步伐尚需做出艰苦的努力。其二，就城镇化来看，青海省面临着地理环境与生态的极大约束。青海是中国大江大河的发源区和气候变化的天然屏障区，地形复杂，地势高耸，高寒缺氧，灾害频繁，自然地理和生态环境使青海城镇因缺少人口集聚条件无法自我扩张，也很难形成密集且相互呼应的城镇群，城镇化进程面临着自然环境的先天制约。其三，青海地处青藏高原地区，大部分地区为高寒地带，高山峡谷和茫茫大漠中基础设施建设难度大、成本高、见效慢，加之当地经济发展严重滞后，使青海不论基础设施的硬件建设还是软件管理都十分滞后，严重制约着城镇经济社会的发展。目前城镇少、大城市规模小、小城镇功能单一、城镇体系不完善的现实仍未得到根本的改观，建设中的东部城市群在丝绸之路经济带中的作用尚不明显，能否成为丝绸之路经济带中的重要支撑力量尚待观察。其四，青海是多民族地区，多数区域地处偏远，生产生活较封闭，社会发育程度较低。社会文明程度深刻影响着就业结构、劳动组织结构和物质空间结构，进而影响着城镇化进程，城镇化发展难度大于其他地区。其五，青海地处青藏高原的高寒地区，由于自然环境的制约，农牧业生产力发展水平较低，农牧业在产业结构中占较大比重，且农牧业生产方式落后，基础薄弱，规模小，结构单一，农牧业商品率低，以手工生产为主，现代农牧业发展面临着极大的困难。其六，青海的工业以国家政策调整下的外嵌型企业为主，地方工业薄弱，工业化带动经济发展能力有限。工业化进程中地区工业布局在外力作用下纵向推入，战线长、布局分散，工业集中点间的联系不强，诸多工业相对集中的核心区被周边经济落后的农村分割、包围，致使经济空间发展水平起伏大、反差强烈，资源配置和开发的聚集经济效益、规模经济效益受到制约，以城镇为载体的工业发展与传统农业经济的各自封闭发展，阻碍了工业发展对农业、农村经济社会等综合带动效应的发挥。其七，由于城镇化进程缓慢，人口集聚度低，第三产业发展滞后。青海第三产业目前仍处于“爬坡”起步阶段，传统第三产业的潜力没有得到充分挖掘，具有外向辐射功能的新兴服务行业刚刚起步，使青海城镇化发展缺乏内在潜质和后劲。其八，市场发育迟缓，市场对“四化”同步发展的带动能力不足。青海地处中国内陆腹地，优势产业多集中在农牧业、矿产、能源等基础产业，市场机制发挥作用有限。远离全国主要市场半径，交易成本高，市场发育程度较低，在国家对外开放格局中始终处于末端，在全国大市场中处于边缘位置。

**2. 青海推进新型城镇化的思路**

面对以上的这些挑战，青海推进新型城镇化的出路必须是积极抓住丝绸之路经济带建设等千载难逢的历史机遇，立足青海基本省情，深入贯彻党的十八大精神和省十二次党代会战略部署，充分吸纳和延展了全省“四区两带一线”规划、主体功能区规划、“十二五”规划以及城乡一体化规划、城镇体系规划、土地利用总体规划等规划成果，注重研判新形势下青海省城镇化发展的基本态势，设计有利于体现青海特色、符合青海实际的城镇化发展指标体系，研究全省不同区域城镇化形态和路径，力求突出重点、分类指导，促进全省城镇化健康有序协调发展，进一步提升青海省新型城镇化发展在全国大局中的地位，争取实现跨越式发展，推动青海开放取得新突破。

## 第二节　青海推进新型城镇化的战略选择

### 一、青海推进新型城镇化的战略选择

#### （一）青海省在“新常态”下的自我定位

**1.《青海省主体功能区规划》中青海城镇化的定位**

根据《国务院关于编制全国主体功能区规划的意见》、《全国主体功能区规划》和《青海省人民政府办公厅转发省发改委关于青海省主体功能区规划编制工作方案的通知》的精神，2014 年 3 月 31 日青海省人民政府颁布的《青海省主体功能区规划》明确指出：“未来一个时期，是我省经济加快转型、城镇化全面推进的关键时期，更是建成全面小康社会的关键时期，国土空间开发必须进一步突出我省重要的生态地位，强化生态功能，必须顺应全省各族人民过上美好生活新期待，顺应新型工业化、信息化、城镇化和农牧业现代化的发展趋势，促进人口经济与资源环境的空间协调。”“随着城镇化步伐加快和城镇功能的进一步完善，特别是东部城市群的建设，农村人口进入城市就业定居以及生态移民的安置，需要继续扩大城镇建设空间，也带来了农村居住空间闲置等问题，优化城乡空间结构面临许多新课题。”“重点开发区域，包括以西宁为中心的东部重点开发区域和以格尔木市、德令哈市为重心的柴达木重点开发区域，是国家级兰州—西宁重点开发区域的重要组成部分。”通过重点区域的开发，要构建“一轴两群（区）”

为主体的城市化工业化战略格局。以兰青、青藏铁路线为主轴，以轴线上的主要城市（镇）为支撑点，推进形成以西宁为中心、以海东为重要组成的东部城市群，以格尔木市、德令哈市为重心的柴达木城乡一体化地区，以玉树、共和、同仁、海晏、玛沁等城镇为重要节点的城市化战略格局。

构建以柴达木为中心的国家循环经济试验区、西宁（国家级）经济技术开发区、海东工业园区为主体的现代工业体系，在海北、海南等地区，依托自身优势和条件，建设以优势资源加工为主、各具特色的工业集中区。以工业化支撑城市发展，以城镇化推进工业转型升级，以工业化和城镇化支持生态保护。要“适度扩大城市规模。把城镇群作为推进新型城镇化的主体形态，积极推进以西宁为中心的东部城市群和以格尔木市、德令哈市为重心的柴达木地区城乡一体化建设。进一步发展壮大现有城市，强化中心城市的综合实力和辐射带动能力，培育次中心城市和新兴城市，积极发展重点特色城镇，基本形成布局合理、要素集聚能力强、优势互补、集约高效的城镇体系。实施积极的人口迁入政策，增加吸纳农牧业转移人口和生态移民空间，增强人口聚集承载能力。”

“基本形成‘一核一带一圈’空间布局的东部城市群，打造西宁中国夏都、青藏高原区域性现代化中心城市和海东高原现代农业示范区两大区域品牌，成为聚集经济和人口的重要地区，成为丝绸之路经济带交通枢纽、重要支撑和人文交流中心，成为全省全方位对外开放的主要窗口，在全省率先实现新型工业化、信息化、城镇化和农业现代化。”“全力推进城镇化进程。加快推进以西宁市为中心的东部城市群建设，强化西宁‘核心’城市的聚集辐射带动作用，加快推进海东市乐都、平安核心区建设，加快共和、同仁、大通、湟中、贵德等城镇化进程，积极培育一批新兴城市或新城区，着力提升西宁 1 小时‘圈’的城市功能。加大区域城乡统筹，加强区域统规共建，促进区域发展空间集约利用，生产要素有序流动，公共资源均衡配置，强化科技、金融、物流、商贸等功能，辐射带动区域经济发展，全面提高东部地区发展能力和水平。”

**2. 青海城镇化在丝绸之路经济带建设中的定位**

2015 年 3 月 28 日国家发展改革委、外交部、商务部联合发布了《推动共建丝绸之路经济带和 21 世纪海上丝绸之路的愿景与行动》。《愿景与行动》给青海在丝绸之路经济带建设中的定位是：发挥青海民族人文优势，加快西宁开发开放，形成面向中亚、南亚、西亚国家的通道、商贸物流枢纽、重要产业和人文交流基地。① 也就是立足青海民族人文优势，推进交通、产业的发展，加快城镇化建设，把西宁等城市打造成丝绸之路经济带的商贸物流枢纽及走向中亚、南亚、

① 推动共建丝绸之路经济带和 21 世纪海上丝绸之路的愿景与行动．网易财经．http：//money.163.com/15/0330/10/ALURU8TT00253B0H.html.

西亚国家的重要战略支点。

**3.《青海省新型城镇化规划（2014～2020年）》中的定位**

目前，东部地区城镇化率已经达到62%，中部和西部地区分别为48%和44.5%。按照诺瑟姆曲线揭示的规律，东部已经进入高速城镇化的下半阶段，加速度转为负值，中西部地区还处于加速度为正的阶段，青海省处于城镇化率30%～70%的快速发展区间，今后一个时期，随着新型工业化和信息化加速推进，农业现代化水平不断提高，人口城镇化将加速推进，迫切要求各类城镇进一步增强吸纳承载能力。青海省应抓紧机遇，在这一时期同步构建基于常住人口的公共财政与转移支付制度，逐步放开城市的户籍限制，促进流动人口的市民化。这也是中西部地区在城镇化质量和深化改革领域对东部传统道路的超越与升华。据此，2014年5月22日青海省政府发布了《青海省新型城镇化规划（2014～2020年）》。《规划》指出："2000年以来，伴随着经济社会持续快速发展和基础设施条件显著改善，全省城镇化步伐明显加快。""当前，我省城镇化已进入加快发展、加快转型的新阶段，必须深刻认识未来城镇化的新趋势新特点，妥善应对城镇化面临的风险挑战，积极稳妥地走具有青海特色的新型城镇化道路。"《规划》提出，到2020年，青海省城镇化格局明显优化，规模结构更加合理，以1个大城市、4个区域性中心城市、8个左右新兴城市和80个重点城镇为主体的新型城镇化格局基本形成。根据规划，青海省将优化城镇化布局和形态，与丝绸之路经济带、国家三江源生态保护综合试验区、柴达木循环经济试验区、西宁—兰州城市群建设紧密结合，优化城镇化总体布局，加快建设东部城市群，壮大区域性中心城市，培育新兴城市，打造重点城镇，推进城乡发展一体化。

《规划》提出，加快构建与"四区两带一线"区域发展总体布局相适应的新型城镇化发展格局。"四区两带一线"即东部地区、柴达木地区、环青海湖地区、三江源地区及兰青、青藏铁路沿线城镇发展带、黄河干流沿岸城镇带等。规划提出，加强区域经济合作互动，推进兰西经济区建设，与成渝经济区、关中经济区成为鼎足之势，打造中国西部的新"西三角"。把西宁市建设成为中国西部现代化中心城市、丝绸之路经济带上重要支撑城市。青海将结合15个重大产业基地建设，进一步调整优化产业布局和结构。根据城镇资源禀赋和比较优势，依托现有产业基础，培育发展各具特色的城镇产业体系。以产业园区为平台，加快产业集聚，提高产业支撑能力，促进城镇化提档增速。

**4. 青海省在国家经济社会发展中的定位**

2012年12月16日召开的中央经济工作会议指出："要按照人口资源环境相均衡、经济社会生态效益相统一的原则，控制开发强度，调整空间结构，促进生产空间集约高效、生活空间宜居适度、生态空间山清水秀，给自然留下更多修复空间，给农业留下更多良田，给子孙后代留下天蓝、地绿、水净的美好家园。加快实施主体功能区战略，推动各地区严格按照主体功能定位发展，构建科学合理的城市化格局。”2016 年 8 月 22 日至 24 日，习近平总书记在青海调研考察期间强调，“生态环境保护和生态文明建设，是我国持续发展最为重要的基础。青海最大的价值在生态、最大的责任在生态、最大的潜力也在生态，必须把生态文明建设放在突出位置来抓，尊重自然、顺应自然、保护自然，筑牢国家生态安全屏障，实现经济效益、社会效益、生态效益相统一。”确保“一江清水向东流”。[①]

### （二）基于以上定位的青海新型城镇化战略选择

城镇化作为社会进步的一个标志，是欠发达地区谋求发展的必要条件、促进经济增长的必要进程和有效手段。从推进新型城镇化的视角来看，城镇化是拉动中国经济发展和现代化的“火车头”，也是拉动青海经济发展和现代化的“火车头”。城镇化不仅是青海提高人口集聚程度，优化产业结构、空间结构、资源配置以及改善基础设施条件的过程，也是培育新的经济增长点、有效提高区域人均收入、解决就业问题及其国家生态安全的过程。我们认为，青海目前正处于工业化和城镇化初期向高速发展的中期过渡时期，即将进入城镇化的高速发展阶段。选择正确的城镇化发展战略，努力推进城镇化进程，提升城镇化质量对青海全面发展具有非常重要的战略意义。

**1. 确立生态型新型城镇化战略**

青海从保障国家和全球生态安全的前提出发，立足生态保护，构建适宜青藏高原区域生态保护和生态承载力的生态型城镇化发展战略，是由于青海的生态与可持续发展问题从本质上来说并非青海局部的区域问题，其局部的发展关乎着全中国乃至全球的生态平衡问题，具有全局性的意义。青藏高原作为地球的“第三极”耸立在亚洲，俯视着太平洋和印度洋，它的开发过程引起的生态环境演化对毗邻地区的生态环境会产生极为深刻的影响，会影响下游地区乃至全球生态环境的变化。因此，超越青海的局部利益，从国家战略乃至全球的高度来探讨青海的城镇化发展战略问题，在推进青海新型城镇化进程中，维护好青藏高原日益恶化的生态环境，将更有利于青海自身及与其他区域的协调发展。

青藏高原的气候条件以高寒、干旱为主，多大风、雷暴和冰雹，海拔 4500 米以上的高原腹地年平均气温在 0℃以下，最暖月平均气温低于 10℃；高原生态系统的生产力低且十分脆弱，土壤年轻，土层瘠薄，植被生长缓慢，森林覆盖率低。恶劣的自然条件和脆弱的生态系统，决定青藏高原大部分地区不利于人口的聚集和城镇的形成。再加上这里人口规模小、密度低、分布分散，青藏高原不能走以增加城市和城镇数量为重点的外延型城镇化道路，只能走立足生态保护、提

---

① 罗藏．深情牵挂青海各族人民——习近平总书记在青海考察纪实［N］．青海日报，2016 年 8 月 29 日．

升现有城镇质量的生态型城镇化道路。生态型城镇化发展战略下的新型城镇化，其主要特点是依靠发挥和增强现有城市和城镇的功能，增强城镇聚集人口的能力吸纳生态脆弱区人口的转移。因此，生态型城镇化发展战略是以现有城市人口集聚规模的扩大来促进大城市的发展，实现城镇化水平和质量的提高，以紧凑型的中等城市经济的发展来带动区域经济的发展，以完善现有的小城镇的功能来促进农牧业的产业化来实现生态保护的目标。

**2. 走具有青海特色的“抓大扩中完小”新型城镇化道路**

根据青海省在国家发展中的定位，走青海特色新型城镇化道路，应以保护青藏高原区域生态环境为出发点，以有利于青藏高原区域发展，符合中国乃至国际生态保护的需要和利益为前提，走提升大城市（城市群）质量、扩大中等城市的数量、完善小城镇的功能的新型城镇化之路。注重城镇化与工业化和经济发展适度同步，注重城乡协调发展，实行城市反哺农村，集中型城镇化与分散型城镇化相结合，据点式城镇化与网络式城镇化相结合，大中小城市和小城镇协调发展，城市功能合理有效发挥，政府导向，市场推动，政府发动型城镇化与民间发动型城镇化相结合，自上而下型城镇化与自下而上型城镇化相结合，城市发展方式多样化和合理化，以内涵式发展为主的路子。这对进一步深化区域对外开放、发展地缘经济、搞好青藏高原区域国际合作，乃至建立青藏高原区域国际经济开发区都具有非常重要的现实意义。

**3. 探索青海特色城镇化模式**

根据青海生态环境特点、经济发展和城镇化阶段，以及西部大开发“十三五”规划的战略目标，青海今后应该选择走在政府主导下的自上而下的“抓大扩中完小”的城镇化模式。把推进城镇化的重点放在以提升中心城市质量为重点的城市群建设和培育新的区域中心城市上，同时大力发展和完善小城镇的功能，推进城乡一体化。要改造、完善和扩大现有的中等城市，依托中等城市，培育和增强二级中心城市功能。选择基础条件好、交通便利的城市重点突破、集中开发，逐步建成一批具有一定辐射能力的中等中心城市，并将一些条件具备的中型城市建设成为区域二级中心城市，逐步形成开放协调的城镇体系。

青海人口相对稠密区主要分布在省会西宁、海东地区、格尔木市、各州府所在地以及青藏铁路沿线，这些地区是青海主要的城镇群和重要的经济发展功能区，也是全省城市经济发展的核心区域。这些人口稠密区中只有 1 座 100 万 ~ 200 万人口的大城市即西宁市，在首位城市之下缺乏一定数量的中型城市作为衔接而更多地直接过渡到人口在 20 万以下的小城市。基于上述特点，青海人口稠密的东部地区的新型城镇化建设应选择以强化大中城市为主体的中心城市辐射带动模式。通过发挥西宁市区域中心城市的地位，带动和完善东部城市群内部的交通设施功能，推动东部城市群成为丝绸之路经济带重要节点，融入丝绸之路经济带的发展。在人口稀疏的牧区，发挥格尔木市和德令哈市中心城市的地位，要筹备发展以格尔木、德令哈为重心的西部城市群，带动和完善小城镇的功能，通过“抓大扩中完小”来带动牧区新型城镇化的建设，可以采取城镇圈、发展轴两种空间格局，促进新型城镇化发展。

**4. 健全青海城乡发展一体化发展机制**

十八届三中全会提出，必须健全体制机制，形成以工促农、以城带乡、工农互惠、城乡一体的新型工农城乡关系，让广大农民平等参与现代化进程、共同分享现代化成果。这是对城乡一体化发展体制机制作出的顶层设计，为当前和今后一个时期推进城乡发展一体化确立了指导思想和行动指南。城镇化带来的产业聚集和人口聚集，为即将改变生活方式的农民提供了进城创业、就业、提高生活质量、享受均等的公共服务设施资源的平台。为农业规模化、集约化经营及农业现代化提供了发展空间，推动了城乡发展一体化。城乡发展一体化，关键是城乡建设和管理一体化。十八届三中全会提出要走中国特色新型城镇化道路，推进以人为核心的城镇化，推动大中小城市和小城镇协调发展，产业和城镇融合发展，促进城镇化和新农村建设协调推进；优化城市空间结构和管理格局，增强城市综合承载能力。我们要正视和化解“城市病”，通过积极稳妥推进新型城镇化，释放城镇化的巨大潜力，提供就业机会，在转移农村大量人口进城的同时，推进农牧业转移人口市民化，逐步把符合条件的农牧业转移人口转为城镇居民。以推进城镇化来同步带动农牧业现代化和新农村建设，从而实现城乡协调发展，实现城乡一体化。

### （三）确立生态型城镇化战略走“抓大扩中完小”新型城镇化道路的意义

**1. 抓好大城市（城市群）建设对推进青海新型城镇化的意义**

（1）大城市（城市群）在区域发展中的优势地位。大城市超先增长规律（城镇人口占总人口比重达30%～70%后发生）是世界城镇化进程中适应不同地区、不同类型国家城镇化的普遍规律，又是城镇化过程中加速发展阶段性规律。主要原因是大城市在资金、人才、信息、交通、市场、管理和效率等方面，比中小城市具有更大的优势。据王建等人的研究，2009 年中国百万人口以上的大城市的人均占地是中小城市的1/6，单位土地产出率却是中小城市的40 倍。人口高度集中的大城市，便于集中供水供电、提供教育、医疗、信息的交流、基础教育的普及，也使第三产业的服务对象相对集中，使第三产业发展空间更大，且成本更低。如果人口散布在广大空间，要达到现代化目标，成本会非常高。

从世界发达国家的历史经验来看，很多国家都是在人口高度集中的情况下实现现代化的。美国和日本，都走了以大城市为主导的城镇化道路。日本 70% 以上人口集中在东京到大阪的一个狭长地带。美国人口高度集中于三大块：从华盛顿到波士顿，中间的纽约临大西洋；五大湖流域有底特律、芝加哥、克里夫兰等大城市；从圣地亚哥到旧金山的太平洋沿岸，中间有洛杉矶。

大城市可以极大地节省资源主要体现在大城市的“集聚效应”方面：一是城市规模越大，土地、基础设施的利用效率就越高。城市基础设施的一次投入很大，但它一旦建成，使用的边际成本很小，就是说，一条道路、一条通信线路一旦建成，使用的人越多，成本越低，最后一个使用者总比前一个使用者的成本低，这就是“边际成本递减”。二是城市会形成产业链。一个农牧产品加工厂，上游需要设备、原料，下游需要包装、销售，自然就促进了农牧业、加工业、商业的发展，这些行业也会带动其他相关产业的兴起，于是就业增加，消费增多。城市里的企业增多，为抢占市场、增加利润，它们之间相互竞争，迫使企业加强管理，改进技术。由于人口集中，经济主体间的交换多，资金流量大，就会促进包括居民生活服务业、金融保险业等第三产业的发展，各大行业间的互动性，使城市的经济总量和就业总量像滚雪球般地增长。从人口规模来说：一个城市只有在市区人口达到 30 万规模的条件下，才能显示出规模效应，而城市市区人口规模达到 50 万以上时，基础设施建设才会发挥出最大效益。

佩鲁在《略论增长极概念》（1955）一文中指出，“增长并非同时出现在所有地区，而是以不同的强度出现在增长点或增长极，然后通过不同的渠道扩散，对整个经济具有不同的终极影响。”大城市在整个区域的国民经济和社会发展中占据核心地位、发挥主导作用，它实际上就是增长极理论中的增长极。佩鲁从技术创新、资本的集中和输出以及聚集经济三个方面分析了增长极对区域经济增长产生的重要作用。大城市与腹地之间借助物质和智力交往而相互联系，进而会使增长极所在地的整个经济状况改观。大城市，尤其是中心城市作为所属区域的经济中心，与一般城市相比，具有极大的聚集功能、扩散功能和创新功能，是区域经济发展的龙头和窗口，能够促进整个区域的经济协调发展和共同繁荣。大城市可以带来更多的人口集聚，只有通过足够多的人口集聚，才能形成产业发展所需的人口规模，才能发挥大城市的相关功能。大城市凭借各种优势发展成为区域中的增长极，并通过发挥强大的功能和作用，在区域和国家经济发展中占据重要的地位。在区域发展当中，由于不平衡增长模式的存在，集中投资可以产生高的投资效果，促进各类产业迅速发展。把投资集中在一个中心城市，可以促进城市的快速增长，使中心城市成为区域经济发展的一个重要的、最具活力的增长点和聚集地，进而通过中心城市的聚集和辐射作用，影响和带动整个区域经济的振兴和发展。

（2）大城市作为区域的经济中心，具有以下显著的特征。

其一，经济规模大、聚集程度高。大城市的经济规模在所属区域内占据较大的份额，人均国民生产总值高于区域平均水平。城市居民的消费能力大，带动区域内消费产业的发展能力也大。这是大城市的最基本特征，它影响着在城市其他功能的发挥和未来的发展潜力。聚集是城市的一个核心特征。聚集不仅可使城市本身成为资源要素的采集地，成为一个区城经济活动的中心，而且可以使城市带动整个区域的发展，实现程度更高、规模更大的聚集，从而形成城市聚集经济及其效应。城市作为聚集的中心，在资本、技术、人才、信息、基础设施、交通运输、市场容量、文化活动以及居住条件等方面，比周边地区拥有更多的优势，使得各种资源、生产要素和生产活动不断向城市聚集，从而产生聚集的规模效应和经济效益，使城市成为区域经济发展的增长点。因此，大城市的聚集功能较区域内的其他城市更为突出。由于聚集程度高，大城市可以提供较多的就业机会和较高的工资收入吸引周边地区的大量人口进入，成为区域内的人口聚集地，大城市优越的投资环境能吸引大批竞争力很强的企业群体，从而成为区域内的资本聚集地。企业的集中有效地促进了大城市生产能力的提高和市场规模的扩大。同时，在客观上刺激了第三产业的发展。大城市经济活动聚集的特征，决定了城市经济运行的高效率，有利于市场体系的完善，实现城市发展的规模化、专业化和国际化。

其二，城市产业结构优化。城市的产业结构状况决定了城市的发展空间和竞争能力。大城市产业结构优化主要表现在：①第三产业在城市国民经济中的比重较大。由于第一、第二产业劳动生产率的极大提高，对产前产后服务提出了更高的要求，同时还改变了竞争格局，使原来对商品的竞争转向包括商品和服务在内的“一揽子”竞争或者完全是服务的竞争。②有产业结构的自升级能力。大城市产业结构的自升级能力来源于城市中产业技术和组织的创新。大城市“与其腹地之间通过创新—转移—扩散—再创新的循环往复过程推动产业结构不断升级。”扩散是城市的另一个显著特性。主观上，城市作为一个确定的利益主体，它总会不断地以自己所具有的实力拓展自己的腹地空间，为自己的产品、服务寻求足够大的市场，客观上，城市以其技术、资金、管理、观念、生产体系等优势提高和带动腹地的经济发展，从而进一步确立对腹地的主导性作用。然而，规模效益并不是要求城市经济规模无限扩大，过分的城市集聚往往会导致集聚不经济，如资源短缺、环境恶化和诸多的社会政治问题。

在市场经济条件下，城市经济系统受利润和价值规律的支配，本质上有一种与其他经济系统在技术上、经济上、组织上以及再生产过程中相互渗透、融合的趋势。这种趋势包含了四个方面：一是工业内部各行业的渗透；二是产业间的相互渗透；三是城乡之间的相互渗透；四是城市与区域之间的相互渗透。它们的共同组合形成城市的扩散效益。这种扩散趋势的存在保证了集聚在一个合适的度内进行，从而保证了集聚的效益。另外，扩散是为了进一步增强集聚的能力。城市的产品与服务最终必须在市场上才能实现，但城市本身的市场是有限的，因此，城市必须向农牧区、向其他城市扩散。通过这个扩散过程，城市的实力进一步增强，集聚力进一步增加。

其三，基础设施完善，科技实力强。完善的基础设施是大城市的基本特征之一，它保障了大城市高效、畅通、有序地运转，并为居民生产、生活提供了良好的条件。便捷的交通运输系统、先进的通讯网络和优良的人居环境不仅可以满足居民生活和城市经济发展的需要，还提供了与周边地区联系的高效率的通畅渠道，为大城市功能的发挥创造了条件。先进的科学技术、雄厚的科技实力是大城市的一个重要标志，它主要表现在智力资源的密集和良好的文化氛围。大城市是区域内人才技术、科研和设备的聚集地，拥有较高水平的高等院校和科研机构，有相当数量的科技工作者和专业技术人员，有充足稳定的科研投入和发育良好的科技市场。大城市拥有完善、先进的文化设施，有全面、系统的教育体系，为城市培养人才、开发智力资源奠定了基础。

其四，对外开放程度高。大城市作为所属区域甚至整个国家的发展中心，是区域或国家对外交流的窗口，是对外开放程度最高的城市，主要表现在外贸依存度和投资依存度较高。大城市的政策与国际惯例接轨，进出口贸易繁荣、能够充分利用外资，城市的对外开放领域比较广阔，参与国际分工和国际合作的层次较高。

其五，大城市在区域发展中起着龙头带动作用。大城市凭借各种优势，吸引区域内的资源、资金、人才、信息、产业等生产要素向该城市聚集，从而产生规模聚集效益，提高城市经济效率，使得城市成为所属区域中经济发展的龙头。首先，大城市对周边地区具有示范效应。大城市作为区域中的龙头，在经济发展、科技进步、生活方式的改变等各个方面都走在周边地区的前面，对周边地区具有很强的示范效应。其次，大城市发挥调节功能促进区域经济协调发展。大城市通过发挥聚集功能和扩散功能，能够对区域内部发展横向经济实行有效的控制和引导；通过在对外联系中建立和发展区域性生产协作网络，大城市能够调节区域内的社会再生产系统，并控制、协调、监督其运行；通过统筹运用经济杠杆，大城市能够加强区域经济的综合平衡。

（3）从经济学意义来讲，城镇化的实质是生产方式和经济制度的转型。生产的社会化分工、需求的扩大、交换关系的扩展等，这些都是促进城镇化发展的根本性要素。一方面，现代社会的城镇化是由于生产发展和技术进步所引起的必然趋势；另一方面，城镇化又是推进经济发展的重要途径。生态型城镇化强调通过加快推进城镇化进程，促进青藏高原经济的发展，以城镇化缓解二元结构。青藏高原是我国经济发展水平最低的区域，由于二元结构引起的农牧区和农牧民的贫困问题十分突出，要彻底解决二元经济结构的矛盾，根本出路在于通过发挥城镇化的人口聚集功能，实现人口转移，缓解农牧区的人地矛盾。从表面上看，青藏高原人口规模小，面积大，自然资源丰富，是我国人口密度最低的区域，但由于特殊的地理位置，人口与资源、经济匹配不当，农区人地矛盾突出，牧区草原载畜量无法支撑牧民增收的需要，农牧业资源承载力十分有限，造成大量相对过剩人口，构成青藏高原持续发展的巨大负担。要解决这一问题，根本点是在发展农牧区经济的同时，通过加快城镇化进程，实现人口转移。以城镇化促进工业化进程，以城镇化培育经济中心和经济发展极。随着城镇化的发展，人口、资源和生产的集聚，城市逐渐成为区域的经济中心，成为带动区域经济的发展极。城市通过资金流、物资流、人才流、技术流和信息流把周边地区的经济网络成一个有机整体，通过自己拥有的经济总量、举足轻重的地位带动周边地区经济的发展。城市还通过高科技的研究、开发潜能的不断释放和以高科技为基础的知识密集型产业的不断成长，使城市经济成为所在区域和周边农村经济发展的首要和持续推动力。当前，青藏高原区域最缺的就是这种经济中心和发展极，进一步做大做强现有的区域中心城市，是带动青藏高原区域全面发展最佳的路径选择。

（4）根据青海地广人稀、交通不便、生态脆弱、高寒缺氧、工业化不足、受生态环境制约的特点，要实行“人口集中、投资集聚、资源集约、产业集群”战略，适当集中人口，优先发展大城市、城市群，以留出大面积的生态保护区，着力于生态环境的保护和建设。通过大力发展大城市、城市群作为实现西部大开发目标的立足点和基点，为产业集群的形成和降低企业的生产成本提供条件；这样就可以节约基础设施投资，加快城镇化进程。如果大量人口仍然被限制在生态环境脆弱、地理条件不利的地方，当地政府在追求招商引资、GDP 增长、解决就业及在对政绩的追求中，一定会降低对环境保护的要求，从而不利于生态环境的保护。城市规模大，人口密集度高的城市才成本更低，更有利于发挥规模效应，更有利于降低企业的生产成本和产业集群的形成。同时，我们也注意到，20 世纪 80 年代以来，随着经济全球化、国际化进程的加快，不论是国际还是国内，竞争越来越集中于大城市、城市群。大城市乃至城市群的发展越来越受到重视，并在区域经济、世界经济的发展中发挥着越来越大的作用，缺乏大城市（城市群）引领的区域被越来越边缘化。因此，着力发展大城市、城市群是城镇化的一个世界性趋势。

**2. 扩展中等城市对青海区域均衡发展的意义**

青海地广人稀，城镇稀少，腹地广大，且城市之间距离遥远，单靠几个大城市很难带动广大农牧区的均衡发展，而小城镇则带动能力有限，不足以成为带动区域发展的核心力量，但建设大城市又受限于人口和生态承载力的制约，很难构建起一定数量的区域大城市。因此，要实现省内区域均衡发展，缩小区域差距，必须要扶持一批中等城市带动县域经济发展。青海省的中等城镇大都为州县政府所在地，人口多在几千至数万之间，经济规模偏小，辐射带动能力不强。扶持各州县政府所在地的城镇，扩大城镇规模、壮大城市产业、发展城市文化，“增强中小城市和小城镇产业发展、公共服务、吸纳就业、人口集聚功能。”① 使其发展成为中等规模的城市，强化对周边农牧业人口的吸纳能力和对经济的拉动能力，成为州县区域中心城市，对青海州县区域的发展具有强大的区域带动能力。

**3. 发展和完善小城镇功能对青海高原农牧业产业化的重要作用**

我们所称的“小城镇”，是指非农业产业，非农业人口聚居的、物质形态上小于城市，一般来说比较接近农村的那么一种社区，小城镇是农村政治、经济、文化的中心。小城镇处于城市经济与农村经济的结合部，是加强城乡联系的“中转站”。它一头联系城市，是大中城市辐射功能的“接收器”和“差转台”。另一头联系农村，作为小区域的政治、经济、文化中心，起着本区域内发展各产业的协调和指导作用。并通过发挥自身的辐射功能来带动周围乡村发展，把大量的生活资料和工业原料聚集在一起，将城市的技术、信息和生产资料送到农村，为农牧业生产和农牧民生活提供服务。同时，小城镇也是实现农村工业化和农牧业产业化的载体。其表现为：①通过小城镇将个体私营企业主、第三产业经营者和小企业逐步聚集、壮大，有利于市场主体的形式和经济增长方式的根本转变。②通过比较完备的市场体系，顺利地进行商品交换，又使农村牧区的市场体系得到进一步的发育，进而带动整个农牧区的商品生产更快地发展。③通过小城镇比较齐全的市场设施和比较灵敏、快速、准确的商品供求信息，有利于市场机制的建立和健全。④可以促进农牧业产业化发展。可以依托城镇吸纳人、财、物的功能，带动农牧业产业向高效的农场经济发展，也可依托小城镇的辐射功能，带动农牧业产业化向外向型经济发展。

完善现有以县城为主的小城镇的各项功能，使之发展成为既具有相应人口规模和经济实力，又具有各自风貌和特色的功能健全、设施配套、环境整洁，具有较强辐射能力的新型小城镇。由于青藏高原农牧区、特别是牧区，地域广大、人口稀少、环境恶劣，缺乏建设大中型城市的条件，小城镇的建设应该成为支撑广大农牧区发展的基地。要大力发展一批基础条件好、发展潜力大、吸纳人口能力强的中心镇，适当扩大人口规模和容量，因地制宜推动小城镇整合。以特色产业为依托，建设好一批交通节点型、旅游度假型、加工制造型、资源开发型、社会服务型、商贸流通型等特色鲜明的小城镇，形成层次分明、结构合理、互动并进的城镇化发展格局。加大投入力度，加强县城和中心镇基础设施建设。积极稳妥推进户籍管理制度改革，支持符合条件的农牧业转移人口在城镇落户。要提升小

① 胡锦涛．坚定不移沿着中国特色社会主义道路前进为全面建成小康社会而奋斗——在中国共产党第十八次全国代表大会上的报告（2012 年 11 月 8 日）十八大报告辅导读本［M］．人民出版社，2012（11）．

城镇的综合承载能力，加快供排水、供暖、供气、道路、污水处理、垃圾集中处理等公用设施建设，注重文化传承与保护，改善生活和人文环境。通过完善以县城为主的小城镇的各项功能，可以为面积广大的农牧区腹地提供服务，为农牧业及农牧产品的深加工和生产现代化提供条件，为提升农牧业的发展水平和农牧民的生活水平提供基地，保障农牧区的持续发展。

青海的大部分小城镇属于以地方政府所在地为主的“服务基地型”城镇。这种模式，主要是以为农牧业服务为主的小城镇，多建有饲料生产、良种繁育、兽医防疫、农牧业产品贮藏、加工和运输、生产资料供应和农副产品销售，以及金融、信贷、科技咨询、社会保险等多种服务设施。充分完善这些设施，提高它们服务农牧业的能力，可以有效地促进农牧业产业化、现代化，促进农牧地流转，实现大农（牧）场运作，提高农牧业生产的效率。以大农（牧）场为主的农牧业现代产业化生产，在以各项服务功能完善的小城镇的保障下，其生产效率、对生态的保护能力会大大增强，会高于一家一户的自然经济形态的农牧业生产，更有利于生态的保护和农牧区经济的发展。

### （四）“抓大扩中完小”新型城镇化战略构想的区域适用性

城镇化是社会经济发展到一定程度上的阶段性产物，其标志是分散的农村工业化和农村非农经济成分的发展壮大。如果忽略经济发展水平的制约而强制性地超前向城镇化过渡，不仅不能拉动经济、刺激消费，相反会出现硬件规模浪费、土地闲置，楼宇守空，失去可持续发展的动力因素。对于青海来说，实施政府主导下的自上而下的“抓大扩中完小”的新型城镇化发展战略有其特殊的区域适用性。

首先，青海推进新型城镇化应基于对全球和国家生态安全的关注，基于对青藏高原特殊生态安全保障功能的关注，从青藏高原的生态战略地位出发，通过实施能够切实保护和改善青藏高原生态环境的城镇化战略，保护青藏高原对中华民族生存并持续发展所必需的资源和环境，避免因这一区域的自然衰竭、资源生产率下降、环境污染和退化而给本区域乃至全球造成短期灾害和长期不利影响。其次，环境问题一方面是由经济落后造成的，其原因是生产力水平的相对低下，人口压力过大造成的生态环境退化；另一方面是由发展带来的，主要是现代工业部门的发展，造成了空气、水、土壤的污染。相比较而言，由落后所带来的生态环境恶化却更为严峻。据中科院兰州沙漠研究所提供的资料，造成沙漠化面积不断扩展的原因中草原过度农垦占25.4%，过度放牧占25.3%，过度采樵占31.8%，水资源利用不当占9%，其他原因占8.5%。① 从上述数字可以看出这样一个基本

① 涂元季．钱学森和沙产业［N］．光明日报（时代周刊），1996年11月11日．

事实：落后地区生态环境问题的主要矛盾是由落后而不是由发展造成的，生态环境破坏在空间地域上主要是农村而不是城市，主要的破坏活动是农牧业活动而不是工业活动，活动主体是农村人口而不是城市人口。新型城镇化战略应从这一现状出发，强调通过加快城镇化进程，从根本上解决贫困问题，通过区域经济社会的发展来遏制青藏高原地区因“发展不足”造成的生态危机，并通过把工业化、城镇化建立在“生态安全”的基础之上，真正做到在发展中保护，在保护中发展，遏制因“发展加快”引起的生态危机，实现区域生态功能强化与经济社会发展的紧密衔接。最后，完善小城镇功能是推动农牧业产业化的重要支点。农牧业现代化、农场化需要社会化服务业的强力支撑，社会化的服务业需要城镇作为基地，才能为农牧业现代化的持续发展提供强有力的产业保障。完善现有的小城镇的功能，对促进农牧区的土地流转，尽快实现以家庭农（牧）场为主要形式的现代农牧业生产能起到重要的支撑作用。

## 二、青海推进新型城镇化战略的路径与动力机制

### （一）青海推进新型城镇化战略的路径选择

青海省虽然地域辽阔，但自然条件差、人文科技素质不高、工业基础薄弱、市场机制动力不足，缺乏城镇化发展的先天性自然与社会条件，缺乏自下而上的城镇化动力。省内区域自然生态环境、区位条件、区域经济社会政策及发展水平、区域历史文化等诸多方面存在较大差异，自东向西，城镇化发展水平存在着明显的区域差异，东部地区高于西部地区。所以，如果单靠自身积累而缺乏政府扶持，其城镇化发展是不可想象的。因此，青海省推进新型城镇化发展的战略路径选择要打破传统城镇化固有的路径依赖，要走一条符合青海特色的新型城镇化之路。其推进新型城镇化的路径应该是：立足于生态保护，重点解决城镇化率与工业化水平不相适应的阶段性矛盾；现有城镇体系与统筹城乡发展的基础性矛盾；城镇综合承载能力较低与可持续发展的突出矛盾；粗放的城镇建设与以人为本新型城镇化发展的突出矛盾。按照“政府引导、市场动作、多元投资、共同开发”的原则，以提升城镇化质量、大力推进人的城镇化为前提，以中心城市和城市群建设为动力，以大交通建设和市政基础设施建设的市场化改革为重点，以中等城市为区域中心，以农村土地流转带动县域小城镇建设为基础，以政府投资为主带动和利用社会资本来推进青海的新型城镇化发展，创造性地走出一条契合青海特点、民族、生态、资源实际的新型城镇化道路。

### （二）青海推进新型城镇化的动力机制

研究新型城镇化的动力机制，就是要搞清楚新型城镇化发展是由政府单一力

量推动的，还是由市场力量推动的，抑或是由政府、市场、农民（社会）等多重力量来协同推进的？从中国城镇化的实践来看，中国的城镇化进程是在政府主导下，由政府、市场和农民转移人口合力推动的结果。

中国的城镇化是一种政府主导的自上而下城镇化，政府是中国城镇化的主导动力。中国的城镇化建设没有经历传统城市的自然发育和成长过程，不是市场经济自然发育的结果，而是政府在特定状态下人为推动的结果。在中国的城镇化进程中，政府的推进作用集中体现在三个方面：一是确定优先发展小城镇的城镇化战略，全面推进城镇化；二是政府供给城镇化制度、规划城镇布局、确定城镇建制；三是各级政府作为主体从事城镇建设。① 此外，市场和农牧民流动人口的转移也是推动中国城镇化进程的重要动力。

改革开放 30 多年，市场化改革改变了政府大一统的管理模式，基层社会自下而上的发展模式在城镇化的发展中显示出重要的作用，并成为中国城镇化加速发展的强劲动力。首先，体制转轨所释放的空间为城镇化发展提供了契机，并激发出了无穷的活力。由传统计划经济体制向市场经济体制转轨所带来的一个显著变化，就是体制选择权的分散化。以政府为主体的超大型科层组织，分解为包括企业、市场、中间性组织和政府在内的多元组织形式，企业和个人成为城镇化的重要推动者。其次，1994 年分税制改革改变了中央与地方的关系，使配置性资源的导向发生了很大的改变，市场机制使各级地方政府自身的利益倾向日益明显。如地方政府财政收入最大化，地方政府对资源配置的权力扩大化，保护在原有体制下的既得利益，争取本地人民的政治支持等。在这种情况下，由权力中心确定的自上而下的城镇化发展模式，难以通过各级地方政府而顺利实施。各级地方政府出于发展地方经济的需要，大力推行自下而上的城镇化。② 最后，市场机制通过生产要素的合理配置，推动城镇化有序发展。在城镇化的推进过程中，最本质的问题是生产要素在城乡之间的流动与重新配置，使得城市集聚经济蓬勃发展，发展到一定阶段，各规模等级城镇在各自科学合理的规模下协调发展，从而实现生产要素的优化配置与动态均衡。③ 而农民对新型城镇化的助推作用，来源于农民的生存理性和计算理性。中国传统农民的勤劳、节俭、互惠等特质，嵌入到制度变迁的进程中，构成了新型城镇化建设的巨大动力。一方面，在人地矛盾紧张的背景下，诱致型的制度变迁使传统农民进入到一个空前开放的社会分工体系中，并释放出强大的适应能力和创造能力。农民可以自由跨越经济结构，向非

---

① 赵晓谛．城镇化：从政府推进到市场选择［J］．中共南京市委党校、南京市行政学院学报，2002（2）．

② 辜胜阻，李正友．中国自下而上城镇化的制度分析［J］．中国社会科学，1998（2）．

③ 刘振宇，魏旭红．我国城镇化动力机制研究进展：基于结构视角的文献综述［J］．区域经济评论，2013（3）．

农领域流动，并按照其在农业社会中形成的理性行事。农民理性的优质因素与现代工商业社会的优质因素有机结合，释放出传统农业社会和现代工商业社会都未有的巨大能量，从而产生强大的“叠加优势”。[①] 20 世纪 80 年代全国乡镇企业的异军突起，就是农民主动适应市场经济并取得巨大成就的最好例证。另一方面，市场经济的发展使农民在就业选择上拥有了更多的自主权，农民的就业结构发生了重大变化。新型城镇化带动了巨大的消费和投资需求，创造了更多的就业机会。改革开放以来，两亿多农民从耕地上解脱出来，转到了第二、第三产业中去就业，给农村逐步推进规模经营创造了条件。同时，大量的农民到城镇务工经商，获得了增收的机会。2012 年中国农民人均纯收入为 7913 元，其中 44.5% 来自于工资性收入。更重要的是，三次农民工潮对中国的工业化、城镇化以及城市化建设作出了重大贡献，对中国的社会结构转型产生了革命性的影响。[②]

作为欠发达的青海，城镇化推进的动力从政府、市场、社会（人口）三方面来看，青海的市场不发达且狭小，拉动作用有限，而作为一个不到 600 万人口的小省，以农牧民人口的转移来拉动城镇化的作用也非常有限，唯以政府自上而下的推动是根本动力。明确青海省的城镇化战略，依靠政府供给城镇化制度、规划城镇布局、确定城镇建制，在争取中央政府的强有力支持下，以各级政府作为主体，结合市场、社会的力量来构建青海省城镇化的动力机制，是推动青海城镇化动力机制的唯一选择。

## 三、实施青海新型城镇化战略的对策

### （一）以政府主导自上而下的新型城镇化战略带动青海全面发展

目前，在青海实施的城镇化战略，是以新城区建设和城市改造中心外移为特征的城市规模扩张建设，青海东部城市群建设在加速进行，城镇化发展趋势具有明显的资源集聚特点，不仅基础设施投入呈现出向城市集中，而且新兴产业也在向城市集中，中心城市和城市群的功能在逐步显现。我们在青海的建设中应抓住《西部大开发“十三五”规划》给我们提供的历史机遇，在政府主导下，进一步解放思想，大胆创新，在遵循城镇化发展规律的前提下，通过“抓大扩中完小”的城镇化战略，进一步强化核心城市的地位，完善核心城市集聚辐射的带动作用，积极稳妥地推进中心城市带动战略，加快县城的建设，强化分工明确、功能完善、组合有序的东部城市群建设，以城市群建设带动青海新一轮产业结构布局的调整和优化升级，以城镇化建设带领青海经济增长方式的转变。同时要考虑到

---

① 徐勇．农民理性的扩张：“中国奇迹”的创造主体分析［J］．中国社会科学，2010（1）.

② 杨发祥，茹婧．新型城镇化的动力机制及其协同策略［J］．山东社会科学，2014（1）.

青海人口总量少和生态承载力不足的现实，应进一步依托城镇化建设，在有序地转移生态脆弱区的人口向大城市集聚的基础上，通过解决户口、社保等途径解决人的城镇化问题。在注重人才培育和引进，解决农牧民市民化的过程中，依赖城市为企业培养和提供持续的、合格的劳动力供给，以防因劳动力短缺而降低企业竞争力。要依靠人的科技化改变过去那种对当地资源高度依赖的状况，从资源导向型战略逐步转变为市场导向型战略，提升企业的竞争优势。

青海应当做好地区自身发展与国家大开发政策的衔接工作，积极争取中央财政性建设资金、国家政策性银行贷款、国际金融组织和外国政府优惠贷款，建立青藏高原区域开发促进基金和专项开发基金。优先发展水利、交通、能源和环保等基础设施，促进优势资源的开发与利用以及有特色的高新技术项目的建设，尤其是选择最有发展前途的、最能带动整个青海区域经济发展的特色项目，争取国家有关政策的支持。把握好政府管理与市场配置的关系，明确政府在社会公益事业和公共设施建设等方面的责任，提供好服务，创造好投资环境。深化科技体制改革，努力营造科技创新的社会环境和氛围，推进技术创新，加快培养和提高自主创新能力，建立和完善企业的技术支持与服务体系。制定有利于青海吸引人才、留住人才、鼓励人才创业的政策。大力培养少数民族各类人才，提高民族地区转化科技成果和科技创新能力，积极促进科技成果向民族地区转移。把优秀人才集聚到高新技术产业的优势企业，推进科技力量进入市场创新创业、转化科技成果。

### （二）以大城市（城市群）建设促进青藏高原区域城镇化与新型工业化协调发展

#### 1. 加快青海区域新型工业化建设促进产业结构调整

工业化与城镇化是同步的，这是城镇化发展的一般规律。“工业化是城市化的经济内涵，城市化是工业化的空间表现形式；工业化是因，城市化是果。如果没有体制、政策等方面的强制约束，工业化必然带来城市化。”① 生态城镇化模式下的工业化，意味着要走一条既促进经济与社会发展，又保持生态系统平衡的新型工业化道路。新型工业化道路所追求的工业化，不是只讲工业增加值，而是要做到“科技含量高、经济效益好、资源消耗低、环境污染少、人力资源优势得到充分发挥”，并实现这几方面的兼顾和统一。这是新型工业化道路的基本标志和落脚点。

从青藏高原区域生态保护的前提出发，青海区域的新型工业必须是建立在绿色可持续发展理论之上的循环工业和生态型工业。要通过调整产业结构消除传统

① 叶裕民．中国城市化之路——经济支持与制度创新［M］．北京：商务印书馆，2001：47.

工业带来的高污染、高耗能，鼓励绿色、环保、有特色的循环工业的发展。由于历史、区位、资源的丰富度等原因，青海的产业结构一直呈现出以落后、具有典型初级性特征的农牧业经济为主，现代工业发展严重滞后的特征，资源密集型产业比重过大。而且人力资本积累、综合知识能力也处于绝对劣势，以高科技产业和知识密集型产业来推动城镇化的可能性不大。如果以城镇为依托，以现有畜牧业为特色主导产业来推动城镇化进程，是比较可行的途径。通过聚集畜草产品的初加工、深加工的完整产业链条，实现县域产业的多元化，就会逐步优化青藏高原区域的整个社会经济结构，扩大畜牧业产业化链条，把依靠草地资源初级利用的牧业人口转移至整个产、销、服务为一体的畜牧业产业化链条中，从根本上解决牧区牧民就业的问题。从交易费用的角度来看，以城镇为依托，聚集产业，可以通过共同利用基础设施、能源以及市场渠道、信息资源，进行产业协作，做到降低交易费用的目的。最后，牧区城镇产业聚集可以促进牧区交通运输业、商业、服务业等第三产业的发展，可以促进牧业产业化，可以扩大不同年龄和不同知识水平的牧民就业。总体来说，随着牧区经济的发展，产业聚集、发展与牧区城镇化互动效应会越来越强，最终形成良性循环。

**2. 大力发展特色产业构建青海的产业基础**

基于生态保护为前提的青海特色产业的发展，应以市场需求为导向，以提高竞争力为核心，立足资源优势，充分利用青海高原独特的自然环境提供的特色资源，以推进资源精深加工为启动点，以先进适用技术为动力，推进产业化为突破口，集中引进技术和人才，深度开发独特资源，迅速形成优势产业，发展专业化、规模化、可循环、可持续、绿色的特色经济，培育新的经济增长点，最终形成全国的盐化工及综合利用基地、高原生态畜牧业、中藏药基地及水电—高耗能有色金属工业基地、石油天然气工业基地，成为促进和带动青藏高原区域经济发展的支柱，为青海区域经济发展奠定坚实基础。依靠以西宁市、格尔木市、玉树市等中心城市，以青藏铁路、青藏公路为依托，以交通便利，发展迅速的小城镇为支点，形成青海区域的主要工业产业带、民族商贸中心带和民族传统风情为特点的文化资源旅游带。以特色经济的发展，带动青海区域城市的壮大和小城镇的发展，促使农牧区人口向城镇转移，推动牧区城镇化进程。

**3. 协调各方利益促进共同发展**

加快形成新的开放格局，在开放政策上要实行几个新的转变：青海与内地的关系由单纯受援向互惠合作转变；单向开放向双向开放转变；单方面开放向全方位开放转变；使青海的区域开放由单纯的政策吸引向优化整体投资环境转变；使青海的区域开放格局由重在对内开放向对内、对外开放并重转变。在重点对内开放的同时加强对外开放，充分利用地缘优势，积极开展邻国贸易，融入国际市场，优先放宽青藏高原区域在一些领域对外商投资的限制，积极吸引外商参与青海的区域基础设施建设、特色农业和生态工程建设以及国有企业嫁接改造等方面的工作。

在环境保护方面可以引进非政府环保组织，通过教育宣传影响公众的环保意识及行为，倡导并推广环保的生活方式，开展各种形式的环境保护、生态保护、动物保护、绿化植树等活动，抵制污染企业，监督地方政府，影响政府决策，援助环境受害者、资助基层组织开展活动等加强环境保护的公益性建设力度，倡导全民共建。

**4. 加快人口城镇化步伐 提升大城市（城市群）的质量**

青海新型城镇化战略下的人口城镇化与其他地区不同，其人口转移的主要部分是以减轻环境压力，改善区域生态环境质量为目标的生态移民，这部分人口的转移带有明显的公共性和外部性。这些人口的城镇化转移主要不是通过城市和乡村的经济发展来带动的，而是以追求区域乃至全球的生态保护和可持续发展为目标，以非经济的公益因素来促进人口转移的。在人口转移的方式上，主要通过政府主导的方式实现，即通过政府的引导和鼓励，实现环境恶劣、生态脆弱而敏感地区人口向城镇移民，这里的城镇化进程主要是为了保护和改善生态环境的需要，以城镇化为契机实现人口的转移。也正是由于这一特殊性，新型城镇化战略的生态意义、社会意义远远大于其经济意义。此外，人口聚集还可以缩小青海在区位条件上的劣势以及降低交通建设成本。从青海的区域特殊性研究来看，人口分散是制约青海区域产业发展的重要因素。青海的区域城镇只有完成足够的人口聚集，才能减小自然地理的限制因素，形成产业发展所需的人口规模，发挥区域城镇的相关功能以及对整个区域经济的带动作用。从人口聚集产生的作用来看，人口聚集将会改变牧区半自给自足的生产生活方式，有利于扩大牧区整体牧民的消费水平。[①] 从人口转移的目的地来看，应主要通过提升大城市的质量和规模来吸引人口的入住，以规模效益提升经济效益、以集聚效益减少分散的人口对生态环境的压力，为生态的自我修复提供空间。

### （三）以扩大中等城市的数量带动县域经济发展，缩小省内区域发展的差距

中等城市发展主要受到三大动力的影响：产业、人口与行政中心。青海省的中小城市发展对行政中心的依赖度很大，在行政布局比较分散的情况下，往往形成很多个产业不发达、城市功能分工不清晰、人口聚集缓慢、资源利用得不到优化配置的小区域中心，城镇难以做大做强，缺少成长为中等城市的生成机制。要

---

① 戴正，闽文义．对青藏高原牧区城镇化特殊性和政策取向的研究［J］．中国藏学，2008（1）（总第81期）．

使青海规模较大的州府、县城发展成为中等城市，必须降低城市发展对行政中心的依赖度，依靠产业发展带动城市发展。给予小城市更大的发展自主权，提升小城市管理权限，提高小城市对资源的调度、配置能力和自我发展空间。为了加快中等城市发展，可以在城市构建上考虑实行东部城市群“一市多区”式的发展模式。

青海省政府对发展中等城市有着切实的规划，在青海省人民政府《关于深入推进青海省新型城镇化建设的实施意见》中做了具体的部署，提出“实施培育新兴城市重点县县城建设三年攻坚行动，按照同等城市市政设施标准，着力完善服务功能，提升城市品质，提高新兴城市综合承载能力。坚持分类指导、典型引路，着力培育一批基础设施较好、发展潜力较大的县，积极推进撤县设市、撤县设区申报工作，重点支持共和、同仁、贵德、海晏、玛沁、门源、民和、互助等具有先行优势的县积极发展成为新兴城市，推进海西西部三行委行政区划管理体制改革，补足青海省中小城市数量偏少短板。”① 中等城市的数量的增加将对带动县域经济发展，缩小省内区域发展的差距，进而为提升青海省经济社会的整体水平起到积极的促进作用。

## （四）以完善小城镇功能建设带动牧业产业化发展

青海地区的大部分小城镇属于以地方政府所在地为主的“服务基地型”城镇。这种模式，主要是以为农牧业服务为主的小城镇，多建有饲料生产、良种繁育、兽医防疫、农牧业产品贮藏、加工和运输、生产资料供应和农副产品销售，以及金融、信贷、科技咨询、社会保险等多种服务设施。充分完善这些设施，提高它们服务农牧业的能力，可以有效地促进农牧业产业化、现代化，促进农牧地流转，实现以家庭农牧场为主要形式的农牧业现代化运作，提高农牧业生产的效率。以家庭农牧场为主的农牧业现代产业化生产，在以各项服务功能完善的小城镇的保障下，其生产效率、对生态的保护能力会大大增强，会高于一家一户的自然经济形态的农牧业生产，更有利于生态的保护和农牧区经济的发展。

## （五）加强国际合作，努力发展地缘经济，提升青海城镇化的质量

人类在地球上活动多少都会受到地理条件的限制。地缘经济是以地理因素为其基本要素，研究一个国家或区域的地理区位、自然资源对国家或地区的发展、经济行为产生的重要影响。在国家或地区的经济活动中，基于一定的目的，总会选择临近地区进行合作，这种合作关系通常表现为联合或合作即经济

① 青海省人民政府．关于深入推进青海省新型城镇化建设的实施意见．青政〔2016〕76 号．

集团化。青藏高原区域的生态问题直接涉及中国的邻国不丹、尼泊尔、印度、巴基斯坦、阿富汗、塔吉克斯坦、吉尔吉斯斯坦的一部分，中国作为一个地区大国，以区域生态保护为主题与这些发展中国家加强多方面的国际合作，可以强化区域经济交往，建立区域环保组织或经济合作组织，以此可以强化青藏高原区域大城市之间的合作与交往，这些合作与交往必将促进城镇化的建设与质量的提升。

### （六）实施积极的区域政策，加快多国合作的青藏高原区域生态经济圈建设

中国青藏高原研究会副理事长洛桑·灵智多杰指出："青藏高原不仅是长江、黄河的发源地，而且南亚的许多著名河流发源于此地，维护青藏高原良好的生态环境不仅符合本地区居民的利益，也将惠及其他地区的居民乃至全人类。因此，对青藏高原生态价值的认识必须超越青藏高原局部利益的整体观，必须要看到其生态效益远远大于其经济效益。"① 青藏高原作为地球地势最高的一级，其降水、冰雪、气候、植被，及资源开发过程中的生态环境演化状态，必然影响到相关区域，引起区域乃至全球生态环境的变化，青藏高原的生态环境保护问题不仅影响着当地社会经济发展的自然基础，影响着当地社会发展和居民的生活质量，而且也导致毗邻地区乃至更广泛地区的生态环境的变化，影响这些地区的经济社会的发展。维护好青藏高原良好的生态环境，既符合中国的利益，也符合周边地区各国的利益，而且也将惠及全球其他地区。因此，确立超越青藏高原局部利益的整体观，实施积极的区域政策，加快与青藏高原毗邻各国合作的青藏高原区域生态经济圈建设，有其现实的合作基础。

与青藏高原毗邻的这些国家都是发展中国家，都面临着迫切的经济发展任务。中国作为发展中国家的大国，经过近 40 年的改革开放，有能力也有责任与这些国家加强合作，构筑青藏高原区域生态经济圈，打造青藏高原区域生态经济区，通过合作发展生态经济，推动青藏高原各国共同发展，提升区域的发展水平，促进区域经济一体化进程。

## 本章小结：

随着中国经济进入"新常态"，中国经济从高速增长转为中高速增长，经济结构开始优化升级，经济发展从要素驱动、投资驱动转向创新驱动。"'新常态'将给中国带来新的发展机遇。"随着《国家新型城镇化规划（2014～2020 年）》

① 洛桑·灵智多杰主编．青藏高原环境与发展概论［M］．中国藏学出版社，1996（5）．

的颁布，推进新型城镇化成为国家战略。《全国主体功能区规划》和《关于引导农村土地经营权有序流转发展农业适度规模经营的意见》的发布及“一带一路”的宏大战略的提出为推进青海新型城镇化提供了良好的机遇。青海应立足于生态保护，根据《规划》的要求，积极探索青海特色城镇化模式、健全青海城乡发展一体化发展机制、明确青海省的城镇化战略，在争取中央政府的强有力支持下，以各级政府为主体，结合市场、社会的力量，集中优势资源，来推动青海新型城镇化的进程。

# 第五章

# 青海推进城市群发展的机遇与对策

城市群是现代社会工业化和城镇化快速发展的产物，是辐射和带动区域发展、促进城镇化水平进一步提高的重要依托，是加快工业化和城镇化进程中的重要战略支点。随着经济全球化进程加快，城市群之间的竞争已成为区域经济竞争的主要形式之一。为了应对这种挑战，进一步加快城市群的发展已经成为区域经济发展的必然选择。根据《青海省主体功能区规划》（青政〔2014〕22 号）青海的重点开发区为以西宁为中心的东部重点开发区和以格尔木、德令哈为重心的柴达木重点开发区。青海应在借鉴国内外城市群发展的成功经验基础上，利用国家推进兰西经济区和丝绸之路经济带建设等政策方面的有利契机，在发挥青海东部城市群在青藏高原上的区位优势，积极推进东部城市群建设的同时，应积极筹建以格尔木市、德令哈市为重心的青海西部城市群，以带动柴达木盆地为核心的青海西部地区的发展，最终实现青海东西部区域的均衡发展。要通过增强西宁市、海东市、格尔木市、德令哈市等中心城市核心竞争力，把青海东、西部城市群打造成青海融入丝绸之路经济带的重要战略支点，这应是目前青海省推进新型城镇化战略的首要任务。

## 第一节　青海东部城市群的建设与发展

### 一、城市群的概念

随着经济全球化和区域经济一体化进程的演进，在一个区域内，资本、信息、资源、技术等逐渐形成一个相互依赖、相互作用的网络，城市便是支撑这个网络系统的关键节点。城市是区域经济发展的增长极，集中了区域的大量人口、信息、技术、资金等资源，且这种集中程度会随着城市之间交流能力的增强而提高。城市在不断发展壮大中其功能外溢并与其他城市产生紧密的经贸联系时，城市群便开始产生。

城市群是一种以其高密度的城市和一定规模的人口及合理的城市体系组成的空间组织。作为一种重要的空间组织形式，城市群的出现有利于解决行政区划分割造成的区域经济联系松散、产业分工不合理、生态环境治理缺乏整体性等问题。其特点是在特定的地域范围内具有相当数量的不同性质、类型和等级规模的城市，依托一定的地理环境条件，以一个或两个特大或大城市作为地区经济的核心，借助于现代化的交通工具和综合运输网的通达性以及高度发达的信息网络，在城市之间进行频繁的经济活动，发生与发展着城市个体之间的内在联系，共同形成一个相对完整的城市"集合体"。当功能互补的城市借助经济网络连接到一起，共享信息、生产要素、基础设施、市场形成城市群时，每个城市都能在这种与其他城市的交互增长中获利。城市群所占国土面积虽然很小，却集聚了大量的人口和产业集群，拥有很强的竞争力和丰富的人力资源。伴随经济全球化，区域经济一体化的快速发展，城市群作为一个区域和国家参与全球竞争与分工的基本单元，它的发展深刻影响着一个区域、国家的竞争力和城镇化水平，对区域和国家的经济持续稳定发展具有重大意义。

从经济学的角度来研究城市群发展，城市群的概念被赋予了经济学内涵，城市群由地理区域的概念转变为经济区域的概念。从经济学的角度研究城市群，注重的是城市群内空间组织和资源要素的配置、城市与区域之间聚集机制与扩散机制及社会经济一体化的发展。城市群的出现是城市在区域内综合功能的溢出、区域内城市与城市交互影响的区域现象。现如今区域经济发展格局正由先前的省会经济向现在的县域经济和产业集群经济转变，其中县域经济和产业集群经济在区域中的扎堆现象促成了区域内城市与城市之间的交流，从而形成了城市群经济的出现，这种特有的空间经济正成为中国区域经济竞争力的核心。如今，城市群更充当着提高区域经济发展和带动周边地区城镇化的重任，因此发展城市群经济已经成为中国各区域经济发展的主流。

城市群在城镇化进程中，由于聚集效应的影响，会使大量人口、产业以及各种资源要素向城市空间聚集，促进中心城市社会经济快速发展，城市数量增加，推进城市的空间地域扩张。当今的交通技术以及通信技术的日新月异，大大地降低了运输和时间成本，改变了城市、区域之间物质以及非物质流态的速度、方向与频率，促使经济活动的空间运行方式从根本上得到了改变，也极大地提升了城市的辐射、扩散功能，使得城市区域之间的空间相互作用不断得到加强，社会与经济联系也更加紧密，空间结构由极核型、离散型向网络型、点轴型转变。所以，当今意义上的城市群，实际上已经演变成为一个城市经济区，即一个或多个不同等级规模的城市群体与周边的乡村共同组成的经济区域。

## 二、城市群的特征

从日本城市群发展的经验来看，城市群具有以下特征。

（1）由1～3个人口在200万人以上规模较大、经济发达和辐射功能较强的特大城市作为中心城市，是城市群的中心和增长极。中心城市的国内生产总值一般可占到城市群内的1/3到一半以上，是整个城市体系的中心与枢纽。

（2）城市群的空间形态围绕中心城市呈现出明显的等级结构，环绕中心城市，城市群内的城市基本呈圈层状结构布局，并且等级规模体系相对合理。在大城市的周边分布了大小不等的二级城市和三级城市，并穿插了众多小城镇。还有相当大面积的农业地区和农村。

（3）城市群与城市群之间的经济发展具有相对独立性，但城市群内各城市之间的分工与合作非常密切，并且城市群内的产业结构是综合的、多元的和开放的，具有较强的创新能力及国际市场竞争能力。

（4）城市群内具有密集的基础设施网络，且以中心城市为核心，向外延伸。城市群雏形一般沿综合交通走廊展开，并随着交通等基础设施的改善而不断扩大。城市群拥有由高速公路、高速铁路、航道、通信干线、运输管道、电力输送网和给排水管网体系所组成的区域性基础设施网络。发达的交通运输、信息等网络构成城市群空间结构的骨架，将大中小城市串联成一体，因此，区域性基础设施建设与城镇空间结构能相互协调。以不同等级、规模、性质的城市为节点，每个城市都具有一定的集聚和辐射范围，它们相互嵌套，有机结合，共同形成千丝万缕的节点网络城市格局。以往离散型、极核型的城市空间布局向点轴型、网络型演变，日益显示出城市群从线性联系到网络联系的巨系统特征。

（5）城乡逐步一体化。由于城市功能各异，具有较强的互补性，使得中心城市与周边城市、各城市之间以及城市、城镇与农村之间存在紧密的经济联系，特别是现代交换手段与频率的不断翻新，在城市群各个层次上，表现为人流、物流、资金流、信息流等多种流态的集聚与辐射形式，又进一步增强了区域内部的互动能力。中心城市的作用呈现逐级传递特征，即中心城市对区域内其他城市辐射，其他城市再对区域内其他地区辐射，有力地推动了城乡协调发展。中心城市、中小城市、小城镇和农村互促互进，城乡各种要素统筹配置，公共产品共享，人口自由流动，城乡界限模糊，城镇化进程加快。

（6）城市群内部有完整、合理的产业分工。城市群的发展使区域经济的组织与创新能力加强，产业结构与空间布局不断优化。作为有机整体，城市群内部存在着密切的联系，包括资源、金融、市场、信息以及一些集团公司控制的更紧密联系在内的要素流动，按照市场经济规律合理配置，形成城市间日趋合理的职能分工。受规模经济内在要求的驱动，大量不同等级规模的企业或一系列配套产业及相应的上下游产业等集中连片分布，形成有特色的分工与合作网络，使各城市优势互补，以实现资源的集约利用与效益的最大化。

（7）城市群是一个动态化发展的一体化空间。城市群不是封闭和孤立的，而是一个开放系统，对内对外都保持着经济、社会、文化和技术等的广泛交流。随着生产力发展和市场化水平的提高，不同层次、不同类型的区际联系强度越来越大，导致城市群的范围、结构、性质等发生改变，不断向其高级形态进化。城市群的发展是渐进的连续的过程，既包括区域内多维连续与协调发展，又要考虑与相邻区域互动互进的联合与协作，甚至发挥对更大区域范围的影响和联动效应。城市群的形成和发展始终处于动态变化之中，从简单到复杂，从低级到高级，当其范围、功能、结构、对外联系或其他相关要素发生变化，都会导致城市群内部的连锁反应乃至城市群范围的改变。

## 三、国内外城市群研究综述

### 1. 国外关于城市群的研究

城市群这个概念首先是由法国地理学家戈特曼提出的，在英文中城市群通常是单词 Megalopolis，当这个单词出现的时候，这个单词被众多的地理学者和城市规划学者所使用，戈特曼是对城市群的研究做出巨大贡献的地理学者。他先后对城市的建成区以及城市的蔓延地区进行了深入仔细的研究，并于 1961 年出版了专著《城市群：城市化的美国东北海岸》一书，书中将英文单词 Megalopolis 作为一个区域中城市绵延带以及大中小城市群在一个区域中扎堆现象的名称。戈特曼认为，一个区域中称为 Megalopolis 的地方通常包含以下三个方面的条件：第一，在这个特定的区域中要有众多的城市，区域内的大部分城市都形成了这座城市自己的城市区，并且这些城市区相对比较独立，城市与其周边地区辐射明显并且有较密切的经济关系；第二，区域内有较多的人口，并且人口要有一定的规模，具体是指整个区域内的总人口在 2500 万人以上，人口密度应达到每平方千米 250 人，作为区域的中心城市或者中心地区，他们所包含的人口密度要更高；第三，在这个区域中要有好的传播载体，传播载体是指物质流、信息流的传播媒介，主要是指一个区域中要有好的基础网路设施和交通设施，并且该区域要是国家的核心区域。①

城市群这个概念提出来之后，众多地理学、区域经济领域、城市经济领域的

① Gottman, J. Since Megalopolis, London [M]. The John Hopkins University Press, 1999.

专家学者们纷纷将经济学与地理学相结合来探讨城市群的发展。英国的弗里德曼（1973）通过将经济发展理论与增长极理论引用到城市群的经济发展中，构建了带有技术进步的空间组织演化模型，较详细的演化了城市群的空间发展模式。①

加拿大地理学家麦吉（1991）通过研究东南亚地区的城市密集地带，首次引入了“城乡融合区”的概念，从中得出结论认为在西方发达国家出现的城市区域化现象同样在东南亚的这些密集城市地区出现了。① 麦克尔劳林（1998）则坚持城市群空间的持续平衡发展要通过约束的规划来实现，而不是漫无目的城市蔓延。②

20世纪90年代以来，国外研究从单纯的城市群现象的描述转向关注城市群的协调发展。戈特曼（1990）在其出版的著作《Since Megalopolis》中，通过从多方面的维度来考察城市群的协调发展，书中从社会、文化、生态的角度探讨了城市群的协调发展的意义，这些讨论增大了城市群的固有内涵。③ 自从戈特曼加入社会、文化、生态以后，国外学者从更广的维度探讨城市群的协调发展。包括经济、社会、文化、信息、制度等维度，这些从不同的角度进行的研究从更广的意义上明确了城市群协调发展的内涵，以及城市群协调发展所要努力的方向。其中从资源以及生态环境和经济一体化的角度尤其受到重视，韦克马吉尔（M. Wackemagel，1992）将城市空间当作一个资源看待，并用“生态足迹”（ecological footprint）的概念阐述城市空间利用的节约性问题。④

综上所述，国外学者的研究从起初城市群概念的界定，到后来的研究转向城市群的内部空间结构的协调发展。可以看出，城市群的发展在国外已经达到了比较成熟的阶段，而成熟的城市群往往表现出比较好的空间组织结构，因此从20世纪90年代以后国外有关城市群的研究大多通过维度增扩的方式来探讨城市群的发展，认为城市群是一个复杂的系统，而不是单一的结构概念。因此国外从以前单一的空间结构来探讨城市群发展到后来多维度探讨城市群的发展，对中国城市群的发展具有一定的借鉴作用。

**2. 国内关于城市群的研究**

中国对城市群的研究起步较晚，起先国内学者关注的主要是城市群概念的界定以及城市群的内涵。对于概念的界定，有重大影响的研究成果出自我国的地理研究者们，周一星（1991）通过阐述区域内城市与城市之间，城市与乡村之间的交流与合作来阐述都市连绵区的概念。并且城市与城市以及乡村之间的交互作用主要依据经济和社会来联系，城市与城市通过彼此的联系并且依据交通主干道而

---

① Mcgee，TG. TheEmergenceofDesakakota Regions in Asia：Expennding a Hyothesis [M]. Honolulu University of Hawail press，1991.

② Michel，B. Space and competition [M]. Edward Elgar Publicing Inc，1998.

③ Gottman，J. Since Megalopis [M]. The Johns Hopkins University Press，1990.

④ Wackernagel，M. How Big Is Our Ecological Foot Print [M]. UBC，1992.

进行分布，这样的巨型一体化现象被称为都市连绵区的概念。[①] 姚士谋（2000）在《中国城市群》一书中系统地研究了城市群的相关问题，从城市的空间结构出发，给城市群做了到后来都影响重大的定义，即城市群是由一定空间结构的城市等级体系在空间上的分布形式。[②] 肖枫和张俊江（1990）将城市群看作一个生物有机体，认为城市群是一个多种系统互相交织的网络有机体。[③]

其次，国内学者们对城市群的类型以及城市群的形成机制进行了研究。其中在对城市群的类型划分中，国内学者都是以规模大小和经济发展水平作为划分城市群类型的依据，其中通过规模大小来作为划分依据的有姚士谋（2000）的《中国城市群》、[④] 倪鹏飞（2006）的《中国城市竞争力报告》；[⑤] 通过经济发展水平来作为城市群的类型划分依据的有景哲（2005）的《关中城市群发展模式研究》。[⑥] 城市群的类型划分对于城市群的研究具有一定的现实意义，而对城市群的形成机理的研究为城市群现象的解释提供了坚实的理论依据，学者们分别从内生和外生两个角度阐明了中国城市群的形成机制，学者们也在一定的程度上达成了共识，就是在城市群的形成的内生机制中，作为更微观实体的产业关联，以及区域内的协调机制是城市群产生的重要内生机理，这方面的研究包括顾朝林（2000）的《长江三角洲城市连绵区发展战略研究》、[⑦] 苏雪串（2004）的《城市化进程中的要素集聚、产业集聚和城市群发展》[⑧] 等。外生机制则主要是认为国际环境以及国家的政策干预所导致，主要研究有熊世伟（1999）的《经济全球化/跨国公司以及对上海城市发展的影响》[⑨]、刘增荣（2003）的《城镇密集区发展演化机制与整合》[⑩] 等。

最后，国内学者近年来关注的焦点是城市群的协调发展问题以及城市群的指标评价问题。由于随着数据可得性变的相对容易，城市群的研究越来越从理论走向了带有模型评价的实证分析。这种研究方式的转变主要是由于城市群从建设以来内部协调发展的问题越来越突出，吸引了很大一部分学者去研究如何正确评价和解决城市群内部的协调发展问题。实证方面，中国社科院的倪鹏飞（2006）对城市群的发展阶段进行了评价。还有学者从城市群协调的系统概念出发，对城市群的各子系统通过建立相应

---

① 周一星．中国的城市体系和区域倾斜战略探讨［M］．哈尔滨：黑龙江人民出版社，1991.

② 姚士谋．中国城市群［M］．北京：中国科学技术大学出版社，2000.

③ 肖枫，张俊江．城市群经济运行模式［J］．城市问题，1990（4）.

④ 姚士谋．关于中国城市群的新认识［J］．现代城市研究，1998（6）.

⑤ 倪鹏飞．中国城市竞争力报告［M］．北京：社会科学文献出版社，2006.

⑥ 景哲．关中城市群发展模式研究（硕士学位论文）［D］．西安市：西安理工大学经济学系，2005.

⑦ 顾朝林，张敏．长江三角洲城市连绵区发展战略研究［J］．城市问题，2000（1）.

⑧ 苏雪串．城市化进程中的要素集聚、产业集聚和城市群发展［J］．中央财经大学学报，2004（1）.

⑨ 熊世伟．经济全球化/跨国公司以及对上海城市发展的影响［J］．城市规划汇刊，1999（2）.

⑩ 刘增荣．城镇密集区发展演化机制与整合［M］．北京：经济科学出版社，2003.

的指标来评价城市群协调发展的程度，如车冰清（2012）① 等。当然近年来也有从理论方面来考察城市群协调发展的，这些学者们又开始重新关注协调发展的概念以及相关内涵问题，包括贾成林（2010）的《城市群协调发展：内涵、概念模型与实现路径》②、程玉鸿（2013）的《城市群协调发展研究述评》③ 等。

综上所述，国内对城市群的研究比较具体，从概念到相关城市群的协调发展问题等都有涉及，大部分研究集中在东部发达地区城市群及其协调发展等问题上。随着中部的崛起，关注中部城市群的研究也逐步在增多，但对西部地区城市群的研究目前还比较少，而西部落后地区作为中国城市群的整体形态的重要组成部分，对于发展西部地区的经济做出了重大的贡献，因此如何根据西部地区特有的经济形势和环境基础来研究西部城市群的协调发展问题意义重大。青海东部城市群作为西部欠发达地区的典型代表，其内部同样面临着如何协调发展的问题。

**3. 青海学者对东部城市群的研究**

许光中（2007）提出了“一带三心”的青海城市群发展模式，提出以西宁市和兰州市为龙头，建设兰西经济带，在兰西经济带上建设以西宁市为核心城市的东部城市群和建设以格尔木市和德令哈市为核心的青海西部城市群的设想。④ 薛成有（2011）以青海东部城市群建设为例，探讨了新一轮西部大开发中民生保障的法律问题，认为推进新一轮西部大开发，青海省着力打造以西宁为中心的东部城市群建设，已有实质性进展。⑤ 以李勇为负责人的课题组（2013）研究了青海省处于青藏高原地区的特殊性，生态环境的脆弱性，通过联系青海实际，选用生态足迹的方法对东部地区、环湖地区、柴达木地区和三江源地区的生态环境承载力进行了分阶段的评价和预测，认为东部地区在 2015 年人口将达到 397 万人，2020 年将达到 416 万人，城镇化率将达到 53%，到 2020 年将达到 58%。⑥

本章在上述学者研究成果的基础上，综合运用城市经济学、区域经济学和发展经济学等相关理论，深入分析青海东部城市群内部城市协调发展问题，并在探索适合青海东部城市群的协调发展模式、构建辅助协调发展动力机制的基础上，分析当下进一步推进青海东部城市群发展的机遇与问题，为积极推进青海城市群建设提出对策建议。

---

① 车冰清，朱传耿，孟召宜，等．江苏经济社会协调发展过程、格局及机［J］．地理研究，2012（03）．

② 贾成林，周姣．城市群协调发展：内涵、概念模型与实现路径［J］．城市发展研究，2010（12）．

③ 程玉鸿，罗金济．城市群协调发展研究述评［J］．城市问题，2013（1）．

④ 许光中．青海城市化问题研究［M］．西宁：青海人民出版社，2007（12）．

⑤ 薛成有．西部大开中的民生法律保障研究——以青海东部城市群建设为例［J］．青海社会科学，2011（6）．

⑥ 课题组．青海城镇化中人口与资源环境承载能力研究［J］．攀登，2013，32（2）．

**4. 青海东部城市群的产生与发展**

《国家“十一五”规划纲要》提出：“要把城市群作为推进城镇化的主体形态；”在“具备城市群发展条件的区域，要加强统筹规划，以特大城市和大城市为龙头，发挥中心城市作用，形成若干用地少、就业多、要素集聚能力强、人口分布合理的新城市群。”这是我国促进城镇化进程和区域发展的一个重要战略决策。2006 年 11 月 6 日贺有利教授在《兰州日报》的《西部论坛》发表了《析兰州—西宁经济带》一文，提出了以兰州、西宁为“两点”，以“一河（黄河）”为轴线的兰州—西宁经济带建设设想。2009 年 7 月 9 日向国家发展改革委提交了《设立兰州—西宁经济区的建议》。建议国家应争取建设兰州—西宁经济区，形成一个新的经济区（城市群），从而加快甘肃省中部地区和青海东部地区的发展。2010 年，由中科院地理科学与资源研究所发布的《2010 中国城市群发展报告》指出，西部地区拥有 10 个潜力城市群，兰白西是其中之一。2010 年 7 月国家提出构建兰州—西宁—格尔木经济区。贺有利教授经过认真研究后认为，地处西北地区中部的甘肃、青海两省应分别构建兰州—西宁经济区和格尔木循环经济区，而不是兰州—西宁—格尔木经济区。遂于 2010 年 7 月 15 日将《构建兰州—西宁经济区和格尔木循环经济区的建议》呈送给了国家发展改革委。[①] 2010 年 7 月 16 日国家发展改革委经过认真研究，在 2011 年 3 月 16 日通过的《中华人民共和国国民经济和社会发展第十二个五年规划纲要》中提出：坚持以线串点、以点带面，推进兰州—西宁经济区加快发展，培育新的经济增长极。随后青海省快速反应，于 2011 年 3 月 28 日启动了《东部城市群交通发展规划》《基础设施建设发展规划》《公共服务业发展规划》等三大规划编制工作。[②] 同时，青海省住房城乡建设厅按照青海省委省政府加快推进以西宁为中心的东部城市群建设的要求，委托南京大学城市规划设计研究院编制了《青海省东部城市群城镇体系规划》，并组织东部城市群中各城镇进行城市总体规划修编工作。《规划》提出按照集中、集群、集约和一体化发展的思路，推进东部城市群建设，进一步做强做大西宁，服务全省；培育副中心城市，构建合理城镇等级结构；以县城建设为重点，加快城乡统筹步伐，全面带动青海东部乃至全省的发展。[③] 2011 年 6 月 11 日，青海省根据国家《“十二五”规划纲要》中提出的“推进新一轮西部大开发战略”的要求制定的《青海“十二五”规划纲要》中制定了打造“以西宁为中心的东部城市群”的建设发展规划，提出了以东部城市群的建设推进青海省经济的更大发展，培育新的经济增长极，促进青海省整体协调发展。通过大力推进青海省东部城市群

---

① 贺有利．构建兰州—西宁经济区和格尔木循环经济区的建议［N］．甘肃经济日报，2010 年 7 月 15 日．

② 啸宇．青海启动三大规划编制工作［N］．西宁晚报，2011 年 03 月 28 日．

③ 利锋．青海省东部城市群城镇体系规划［N］．青海日报，2011 年 9 月 13 日．

的基础设施建设，使各项产业分工布局更加合理。优化东部整体空间，提升城市功能，改善人居环境，凸显整体优势，增强整体竞争力，辐射力和发展活力。使“以西宁为中心的东部城市群”的综合实力得到明显的提升，让人民群众从中得到真正的实惠。让整个东部城市群都能真正向“生活之城和幸福之城”的目标迈进。2012年4月26日下午，青海省2012年推进东部城市群建设启动专题会召开，就东部城市群建设工作进行专题安排部署，正式吹响了东部城市群建设的进军号。

2012年6月11日发布的《青海省国民经济和社会发展第十二个五年规划纲要》提出要“加快推进以西宁为中心的东部城市群建设，按照‘一核一带一圈’空间布局，强化西宁‘核心’城市的聚集辐射带动作用，加快推进平安、乐都、民和、互助沿湟‘带’城镇化进程，着力提升大通、湟中、湟源等1小时‘圈’的城市功能。”“到2015年，东部城市群地区生产总值达到1400亿元，城镇化率达到52%，其中西宁市城镇化率达到67%。”2012年10月25日，青海省委常委、常务副省长徐福顺主持召开推进以西宁为中心的东部城市群建设工作领导小组扩大会议，对2012年东部城市群建设情况进行总结。在会上徐福顺强调，深入推进以西宁为中心的东部城市群建设，是省委、省政府安排部署的一项全局性、前瞻性战略举措，是加快构建“四区两带一线”发展格局的重要抓手。相关地区和部门要坚定不移地把推进东部城市群建设作为全省实现跨越发展的重要引擎，围绕重大产业支撑、城市新区规划建设、推进乐都平安核心区建设、独立工矿区棚户区改造、西宁市城市总体规划修编工作、重点城镇基础设施建设、西宁市与海东地区统筹发展等重点工作，深入研究，科学谋划，不断完善政策措施，加大投入力度，加快推进东部城市群建设步伐。①

2013年9月青海省完成了撤销海东地区建立海东市的工作。撤地建市后，2013年底，青海省人民政府通过了海东市核心区总体规划，要求把海东打造成“青海功能优化的重要城市、兰西经济区的产业基地、高原现代农业的示范地区、东部城市群的重要支撑、全省科学发展的新增长极。”海东市相应地积极调整产业结构，根据海东市统计局发布的海东市2014年国民经济和社会发展统计公报的数据，海东地区的三个产业比例由2012年16.16∶49.54∶34.29，调整到2014年的14.1∶53.3∶32.6。2013年底，海东全市生产总值突破300亿元大关，达到333亿元，增长18%。其中第一产业增长5.5%，第二产业增长27.5%，第三产业增长11.9%。2014年底，海东全市生产总值达到377.7亿元，核心城市的作用初步显现。

青海省政府在推进东部城市群建设中特别重视基础设施建设，大力推进了东

① 王颖．青海省委常委、常务副省长徐福顺主持召开推进以西宁为中心的东部城市群建设工作领导小组扩大会议［N］．青海日报，2012年10月26日．

部城市群基础设施的一体化建设，促进了城市群内部的交通通达性，强化了城市群内部的商贸交流，加快了城市群一体化的形成。在东部城市群建设中，省政府系统地研究了与布局东部城市群有关城镇发展的目标定位、产业布局调整的问题。积极协调处理好与西宁市的关系，促进了西宁地区与海东地区的区域合作发展，解决了一批西宁无法容纳的项目，西宁不应该再摆的项目，解决了一批同等条件下应该在海东地区布局的项目；解决了一批海南、海北、海西、三江源地区转移的项目在海东落地问题；积极推进产业园区建设，解决了承接中国东中部地区产业转移项目的落地问题；推进了基本公共服务均等化，强调要以城带乡实现城乡一体化；在城市群建设中要特别重视生态环境的保护，在城市建设中力保青山绿水不被影响。在省政府的大力推进下，东部城市群目前已初步成型，在青海省经济发展中承担起了“火车头”的作用，引领着青海省经济快速发展，尤其在推进青海省新型城镇化中发挥着非常显著的作用。

**5. 青海东部城市群的范围与定位**

青海东部是指位于青海省东部的西宁市区、市辖县以及海东市所属地域。青海东部城市群由西宁市及其下辖大通县、湟中县、湟源县以及海东市所辖的平安区、乐都区、民和县、互助县二市七县（区）所组成。土地总面积为 1. 6336 万平方千米，人口 328. 8839 万人，分别占全省的 2. 26%、56. 69%。① 东部地区素有“海藏咽喉”之称，是青海省乃至青藏高原经济发展的核心地区，其经济带动作用和战略地位不可替代。青海东部地区城镇密集，资源、人口、经济、社会的总体发展水平较高，具备了区域城市群发展的基础，成为青海开放程度高、发展活力强、具有核心竞争力的增长极。

按照国内外城市群的各项标准和指标数据来比较，青海东部城市群的发育从世界城市群的发展来看，群内城市等级、规模、结构等都不完整，不具有典型性。但位于青藏高原这一多民族地区的特殊性以及城市群的建设对于青海省乃至整个青藏高原的社会稳定、经济繁荣所带来的作用的视角来看，青海东部城市群的建设具有非常重要的现实价值。

青海省《国民经济和社会发展第十二个五年规划纲要》对东部城市群的定位是：加快推进以西宁为中心的东部城市群建设，按照“一核一带一圈”空间布局，强化西宁“核心”城市的聚集辐射带动作用，加快推进平安、乐都、民和、互助沿湟“带”城镇化进程，着力提升大通、湟中、湟源等 1 小时“圈”的城市功能。以中心城市、次中心城市、县城和中心镇为节点，以交通、信息、市政公用设施等为网络，以要素和功能各具特色、有机联系、优势互补为纽带，以城镇融合、共兴共赢为目标，多主体互动、多空间扩展，加大区域城乡统筹，加强

① 青海省统计局. 青海统计年鉴 2015. 中国统计出版社，2015（7）.

区域统规共建，促进区域发展空间集约利用，生产要素有序流动，公共资源配置均衡。大力推进城市群产业合理分工布局，打造西宁夏都、青藏高原区域性现代化中心城市和海东高原现代农业示范区两大区域品牌，加速人口和产业集聚，不断提高民生水平，使其成为欠发达地区践行科学发展观的示范区、引领全省经济社会发展的综合经济区和促进全省协调发展的先导区，最具特色魅力、适宜人居创业的和谐区，承接国内外产业转移、参与国内外市场竞争的重要平台。

## 第二节　青海东部城市群发展的SWOT分析

### 一、青海东部城市群发展的优势（strength）分析

#### （一）区位优势较好，具有承担城市群发展的地理优势

青海东部城市群东接中原腹地，西出亚欧大陆，南连大西南地区，地处青藏高原与黄土高原过渡地带，处于毗邻边疆、连接内陆，承东启西、连通南北的战略要地。这里是我国黄河上游多民族经济开发的核心地带、西北内陆腹地及青藏高原资源开发的重点区域、国家重要的能源化工基地和重要的进出口通道。该城市群地处黄河一级支流湟水两岸，是西部地区少有的具有流域特点且相对完整的地理单元，地理生态环境相对良好，水和土地等资源具备一定承载能力。东部地区平均海拔2100米，年降水量450～500毫米，年平均气温6.5摄氏度，湟水河贯穿并入黄河，较省内其他地区风景秀丽，气候宜人，是青海省主要宜居地区。按目前勘查掌握的资料，该区域水资源总量为32亿吨，辅以水利工程措施，可以支撑城市群发展。随着城乡产业布局的日趋合理，百万亩土地整治工程的加速推进，城市群区域内非基本农田，未利用土地以及农村居民点等土地的优化利用，可以达到土地占补平衡，能为城市群建设提供较大发展空间。同时，城市群毗邻西北第二大城市——兰州市。兰州与西宁是我国距离最近的两个省会城市，仅距228千米，区内民和县直接与兰州市红古区区政府所在地海石湾接壤。基于地理临近效应，青海东部城市群独特的区位优势为城市群的进一步发展带来了巨大的发展潜力。2014年西宁市地区生产总值为1065.78亿元，海东市365.69亿元，二市之和占青海省生产总值的71.91%。东部地区仅用占青海省2.61%的土地面积创造出了青海省62.15%的生产总值，是青海最具有发展活力的重点区域。[①]

① 青海省统计局．青海统计年鉴2015［M］．北京：中国统计出版社，2015（7）．

### （二）已形成较好的经济社会发展基础

这一区域经济地理位置突出，资源优势明显，工农业发展基础较好，社会事业相对发达，城镇布局较为紧凑，经济联系比较紧密，总体发展水平较高，具备了区域城市群发展的基础。尤其是西宁市在国家“二横三纵”城镇化战略布局中具有重要地位，已逐步从一个西部交通通道的末端城市发展为区域枢纽城市，辐射带动作用日益增强。东部地区资源、人口、经济、社会的总体发展水平在青海省经济发展中占有重要地位。

自从 1999 年国家实施西部大开发战略以来，青海东部城市群内各市县的发展速度明显加快，加之青海省“十二五”规划中明确提出构建青海东部城市群，这些举措表明国家和青海省政府对该地区的重视度不断提高，一个重要的事件就是国家批准 2013 年海东撤地建市。国家和政府通过招商引资政策的优惠倾斜，使得整个青海东部城市群得到了快速的发展。根据青海省统计局的数据，青海东部城市群最大的城市西宁市（含三县）GDP 在 2000 年为 90.96 亿元，截止到 2013 年西宁市（含三县）实现地区生产总值 957.32 亿元，这个数字是 2000 年的 10.5 倍，翻了 4 番。同时，截至 2013 年西宁市社会消费品总额 292.6 亿元，海东市达到 12.67 亿元。社会消费品总额的提升代表着青海东部城市群内主要城市的市场需求在增大，经济发展水平良好。其中关乎经济比较重要的房地产经济也有较大幅度的提高，截至 2013 年西宁的房地产开发投资达到 193.94 亿元，海东市达到了 90.80 亿元。这些数据表明青海东部城市群的固定资产投资开发有了较大的发展。

三次产业结构以及结构优化进程明显。区内三次产业结构产值比重已经由 2010 年的 7.16∶49.56∶43.28 调整到 2013 年的 6.44∶47.26∶46.30。产业结构比重的变化表明青海东部城市群的农业占比在不断地下降，服务业的比重在不断地提升。在青海东部城市群所包含的相应地区中，西宁市区、大通、湟中以及乐都平安和民和的第一产业比重均下降至 20% 以下，只有湟源和互助的第一产业比重超过了 20%。其中西宁市（不含三县）呈现出三 > 二 > 一型结构，其他各县都呈现出二 > 三 > 一型产业结构特征。

湟源、互助农业比重过大，工业比重不足（见表 5－1），造成三次产业产值结构中第三产业虚高的现象。同时，由于青海东部城市群地区的农业条件优越，农业从业人口在三次产业劳动力比重中偏高，除西宁市外各县区均高于青海省 44.5% 的平均水平，但是，随着青海东部城市群的建设，一大批与工业有关的重大投资正在改变着这种格局。

表 5-1 青海东部城市群相关地区产业分布

| 城市 | 第一产业产值（亿元） | 第二产业产值（亿元） | 第三产业产值（亿元） | 三产之比（%） |
|---|---|---|---|---|
| 西宁 | 2.87 | 295.61 | 389.58 | 0.42∶42.97∶56.61 |
| 大通 | 13.09 | 79.83 | 16.24 | 11.99∶73.13∶14.88 |
| 湟中 | 15.61 | 129.172 | 15.31 | 9.75∶80.69∶9.56 |
| 湟源 | 4.52 | 9.89 | 6.80 | 21.31∶46.63∶32.06 |
| 乐都 | 11.12 | 33.08 | 23.89 | 16.33∶48.58∶35.09 |
| 平安 | 4.01 | 26.97 | 20.19 | 7.84∶52.71∶39.45 |
| 民和 | 9.61 | 34.44 | 18.84 | 15.28∶54.76∶29.96 |
| 互助 | 17.41 | 41.30 | 26.97 | 20.32∶48.20∶31.48 |

数据来源：青海统计年鉴（2014）.

### （三）西宁周边城镇发展迅速

西宁周边区域共有53个城镇，其中有5万人以上城镇8个，3~5万人城镇9个，3万人以下小城镇有36个，共有城镇人口155.38万人，城镇化率45.51%。特别是大通，湟源，平安，互助的城镇人口快速增长，城镇基础设施建设迅速，发展成为小城市的条件日益成熟。从青海东部城市群的建设来看，在这一区域，目前已形成了以西宁为中心、包括大通、湟中、湟源、平安、乐都、民和、互助等县城（区）在内的沿湟水轴线型城镇密集区。

### （四）交通等基础设施网络初具规模

铁路、109国道、高速公路、空中航线、输气管道的快速发展已构成立体快速的交通运输体系。兰西（G6），西倒，平阿高速公路，增建的兰青铁路二线，青藏铁路西格复线，兰新铁路客运专线等一大批重大交通基础设施建设，基本形成了覆盖主要轴线城镇和产业集聚区的城市群交通骨架网络。由西宁市曹家堡机场承担的航空运输线，目前已有国航、东航、南航、川航、深航、海航等航空公司参与青海航空市场运营，开辟了通往全国20多个城市的33条航线，周高峰航班量达到460架次，旅客吞吐量突破165万人次。城市群通信已与兰西拉国家光缆主干线相连，通信网络覆盖全境，通信畅通。随着兰西经济区建设的推进，西宁市区、海东市区及各县城给排水，供电，供热管网，环境设施得到了进一步的完善。

## 二、青海东部城市群发展的劣势（weakness）分析

青海东部城市群开始建设以来，虽然取得了巨大的成绩，建立了区域中心城

市海东市，但仍然面临着诸多发展中的问题。

## （一）城市群内部各城市定位不清，功能不明，城市体系规模结构不合理，缺乏深度的分工合作

城市群不是几个大城市的简单相加，也不是城区面积的简单扩大，而是城市之间的深度联合，是城市功能的重新定位，是城市资源的重新整合，是城市要素的相互补充，是城市之间的优势互补和清晰的产业分工合作。要想共谋发展，就必须要实现群内城市之间的真正融合，这样才有可能实现多赢的局面。从东部城市群的现状来看，城市群内的城市都是各县的县城，相互之间在发展中联系不紧，各自为政。作为县城，城市发展的目标大体相似，产业结构雷同，彼此间没有在市场经济的发展中形成合理的城市产业分工。各城市之间的竞争明显大于联合，摩擦高于融合，无形之间削弱了城市群的繁荣和发展。此外，各城市定位相近，发展目标趋同，造成重复建设、资源无法整合，联合、合作落不到实处。

《现代地理学辞典》认为，城市体系是一定地域范围内，相互联系、起各种职能作用的不同等级城镇的空间布局总况。而城市体系规模结构是指城市体系中不同的城市人口、腹地空间、经济总量等指标的相对次序。地理学家贝利认为，城市体系规模结构一般存在序位分布、首位分布和过渡分布三种类型。一般认为在一个城市群内，要有比较好的城市体系规模结构，群内的大中小城市的数量要合理，不应该存在大城市偏小或者中小城市数量偏少的结构。但是青海东部城市群就目前来看，存在着西宁市一城独大，中小城镇规模小及数量偏少的不合理结构。

首先，在青海东部城市群中，大城市与其他中小城市规模大小有明显的落差。根据2014年10月29日国发〔2014〕51号《国务院关于调整城市规模划分标准的通知》（以下简称《通知》），以城区常住人口为统计口径，将城市划分为五类七档。城区常住人口50万人以下的城市为小城市，其中20万人以上50万人以下的城市为Ⅰ型小城市，20万人以下的城市为Ⅱ型小城市；城区常住人口50万人以上100万人以下的城市为中等城市；城区常住人口100万人以上500万人以下的城市为大城市，其中300万人以上500万人以下的城市为Ⅰ型大城市，100万人以上300万人以下的城市为Ⅱ型大城市；城区常住人口500万人以上1000万人以下的城市为特大城市；城区常住人口1000万人以上的城市为超大城市。依据此《通知》的标准，青海东部城市群特大城市、大城市、中等城市及小城市的比例为0∶1∶1∶6，呈现出了小城市较多，大城市、中等城市偏少的倒“T”字形城市结构（见表5－2）。从青海东部城市群的城市数量来看，有地级市2个，共辖6个区，5个县，与传统意义上的城市群相比较，青海东部城市群的城镇数量相当有限，且以中小城市为主，没有形成一定的规模，从而缺乏

相应的经济效率，集聚经济不明显，群内的经济协调程度不高。这种低密度的层级结构，必然会限制整个青海东部城市群的经济空间和发展空间。

表 5-2　　青海东部城市群城市等级类别（城镇户籍人口）

| 城市 | 人口（万人） | 城市等级类别 |
|---|---|---|
| 西宁市 | 146.55 | 大城市 |
| 海东市 | 49.36 | 中等城市 |
| 大通县 | 46.46 | 小城市 |
| 湟中县 | 48.66 | 小城市 |
| 湟源县 | 13.47 | 小城市 |
| 乐都区 | 29.38 | 小城市 |
| 平安区 | 12.88 | 小城市 |
| 民和县 | 44.07 | 小城市 |
| 互助县 | 40.00 | 小城市 |

数据来源：青海统计年鉴（2015）.

其次，在青海东部城市群中各城市之间的关联度较小。经济的关联度从本质上讲就是区域间各活动主体的空间相互作用（Spatial Interaction）。而与空间相互作用相关的就是距离衰减原理和引力模型。陶普勒（Tobler，1970）认为各种经济现象之间存在这种相互作用，其作用的强度将伴随距离的增加而减低，这就是所谓的“地理学第一法则”。虽然这是地理学家提出的法则，但是其在经济学中也有了渗透，同时也是引力模型的基础。引力模型起源于 19 世纪，但是在过去的 50 年中，引力模型被不断的细化并且运用到各个学科中去，在 20 世纪 90 年代，国内区域经济研究者开始将引力模型运用到研究区域经济的关联度，可以直接反映区域之间的关联程度，目前大部分学者采用以下公式来计算各城市之间的联系强度。具体公式如下：

$$I_{ij} = K \cdot \frac{\sqrt{P_i G_i \cdot P_j G_j}}{d_{ij}}$$

公式中，i，j 分别代表 i 城市和 j 城市，I 代表两个城市的经济联系强度，也代表两者之间的空间作用强度，P 为城市总人口，G 是国内生产总值，d 是城市之间的距离，K 是能量折损系数，在保持其他条件不变的情况下，K 是常数，假设 K 为 1.0，依据此公式，本文计算了青海东部城市群内各城市之间的相互作用程度，即经济联系强度。其中任意两个城市之间的距离如表 5-3 所示。在表 5-1 中可以知道青海东部城市群各城市的人均 GDP 的大小。

表 5－3　　　　青海东部城市群任意两个城市之间的距离（千米）

| 城市 | 西宁 | 大通 | 湟中 | 湟源 | 乐都 | 平安 | 民和 | 互助 |
|---|---|---|---|---|---|---|---|---|
| 西宁 | 0 | 40.40 | 27.22 | 57.07 | 68.79 | 40.60 | 113.2 | 43.4 |
| 大通 | | 0 | 63.68 | 82.28 | 100.19 | 70.01 | 144.5 | 37.5 |
| 湟中 | | | 0 | 49.89 | 92.67 | 64.48 | 137.00 | 72.10 |
| 湟源 | | | | 0 | 118.37 | 90.10 | 162.70 | 97.80 |
| 乐都 | | | | | 0 | 32.35 | 48.30 | 88.1 |
| 平安 | | | | | | 0 | 76.7 | 60.90 |
| 民和 | | | | | | | 0 | 133.4 |
| 互助 | | | | | | | | 0 |

数据来源：百度地图.

计算的经济强度 I 见表 5－4。一般来说，如果两个城市之间的空间相互作用越大，那么得出的 I 就会越大，从而说明这两个城市之间的联系越紧密。从表 5－4 中的数据可以看出青海东部城市群内各城镇之间的经济联系强度差别较大，其中联系强度最大的是西宁和湟中达到 2990.36，最小是湟源和民和只有 3.34，他们的数量级相差之大也说明了青海东部城市群内部城市之间联系强度差异较大，并且从另一个侧面说明了群内城市之间的发展差距普遍存在，并没有形成金字塔形的阶梯式发展态势，群内城市规模的断层从经济联系强度指数也可以窥知一二，这种断层式结构发展对于整个城市群的整体经济效益提升是不利的，因为如果没有较好的层级结构，城市群内的产业分工以及产业转移就不得不跨越到群外的城市。而城市群作为一个整体的系统来说，要素的外流无疑会影响整个城市群的效率。

表 5－4　　　　青海东部城市群任意两个城市之间的联系强度

单位：百万元＊万人/平方千米

| 城市 | 西宁 | 大通 | 湟中 | 湟源 | 乐都 | 平安 | 民和 | 互助 |
|---|---|---|---|---|---|---|---|---|
| 西宁 | 0 | 1096.67 | 2990.36 | 131.14 | 237.65 | 390.8 | 103.20 | 781.25 |
| 大通 | | 0 | 163.28 | 17.70 | 31.43 | 36.87 | 17.77 | 293.56 |
| 湟中 | | | 0 | 62.05 | 45.47 | 53.80 | 24.47 | 98.30 |
| 湟源 | | | | 0 | 5.37 | 5.31 | 3.34 | 10.30 |
| 乐都 | | | | | 0 | 108.50 | 99.90 | 33.42 |
| 平安 | | | | | | 0 | 22.69 | 40.06 |
| 民和 | | | | | | | 0 | 17.14 |
| 互助 | | | | | | | | 0 |

数据来源：人口 GDP 数据来自青海统计年鉴（2014），距离数据来自百度地图.

最后，在城市体系结构中，经常用到参数的方法来检验城市的等级体系是否合理，其中首位分布经常用来衡量一个国家或者地区最大城市地位的重要指标。首位度可以说明一个地区的人口过度集中在一个区域中的某一个城市，而金字塔的低端的中小城市很不发达。首位度可以简单用区域内第一大城市人口与第二大城市人口的比值来衡量，由于目前青海东部城市群内只有两座地级市西宁市和海东市，对这两座城市做首位分析，得出首位度为1.58，结合经济联系强度可以看出，西宁市的规模在青海东部城市群中一枝独秀，但是西宁市对于中小城市的辐射作用存在差异，特别是代表海东市的乐都区，西宁城区对乐都区的联系强度只有237.65，还不及西宁市的下辖三县中的大通和湟中，因此结合首位度和经济联系强度，青海东部城市群的空间结构较差，无论从纵向还是横向来看都有相当明显的落差。

### （二）虽然随着东部城市群建设的不断推进，区域间行政区划界限有所淡化，但区域内政府行政关系复杂，给城市之间的协调带来很多掣肘因素

在自然形成的经济、社会和文化亲善的背后，有一条无形的行政区划线阻碍城市群内部的合理分工的形成和产业分工的形成。区域内的土地、水、电、路等基础设施处于相互分割的状态，区域内的城市建设和经济规划缺乏相互间密切联系，区域内文化、科技、教育等软资源也处于割裂状态。部门利益和地方保护对经济资源的自由流动和跨地区的经济合作阻碍作用一直存在，且随着经济的发展有加剧的趋势。

### （三）区域内基础设施规划和建设的良好衔接是从空间上融合城市群的必要保证

目前，除国家投入建设的交通设施的连接外，东部城市群的交通网总体布局存在缺陷，对城际交通线路和网络建设缺乏足够重视，不能充分满足城市间客货运输迅速、便利、安全、经济的需求。群内各城市之间、城市重要交通枢纽之间的交通联系方式单一，交通建设缺乏统一的规划，没有形成高效、合理的物流通道。

### （四）城市群本身应是一个一体化的整合体，其内部可分为不同的层级，从而形成不同的城市群体系和不同的层级，使其具有不同的功能

由于行政管理格局和较强的地方政府对政绩追求的冲动，自上而下行政主导推动的东部城市群建设，使群内的各城市立足于自己的行政级别和区域，各城市对自己在城市群内的位置认识不清，定位不准，各自的角色不明，至今尚未能突破各自封闭的小系统，使得城市群内各个城镇角色混乱，经济发展无序，城市群

内部产业分工无法按经济发展本身的客观要求自然形成，加剧了城市之间的无序和不平等竞争，延滞了城市群内部产业分工的形成。

### （五）大城市的核心地位没有得到充分的发挥

在城市群的发展中，核心城市与所在区域协调发展至关重要，直接影响和决定着城市群的发展进程和发展水平。西宁市是青藏高原及青海省境内唯一的一座大城市，经济发展中的“极化效应”特征非常明显。西宁市与周边地区之间城镇化率、经济发展势能上存在巨大差距。这一方面说明东部地区整体工业化水平低、城镇发展滞后；另一方面也说明西宁市在发展中已集聚了较强的发展势能。积极地将中心城市的发展势能有效、合理地转化为推动区域经济增长的动力，通过东部城市群建设，应进一步增强西宁中心城市的辐射带动能力，率先构建引领青海省社会经济发展的增长极。但由于青海省城市建设长期延续单中心增长的模式，“十一五”以来西宁市城镇化快速推进，城区空间以20%的速度扩张，城市经济高度集中，人口和建筑的高度密集，导致交通拥挤、环境恶化、用地紧张等城市问题进一步恶化，城市自身发展空间拓展亟待解决。受地理环境及其他因素的综合影响，西宁市发展自始至终局限于西宁盆地之中，对其周边城市和区域发展的带动不足，没有很好的承担起区域“核心”的职能。

新建的海东市目前由于自身经济发展的局限，尚不能成为带动东部城市群发展的核心力量，而受制于行政区划的制约，西宁市随着海东市的建立，对海东城市群的带领作用有所削弱，兰州市对海东城市群的影响也受到限制。随着兰西经济区的不断建设和丝绸之路经济带建设规划的落实，如何借助兰西经济区的不断建设和丝绸之路经济带建设规划的落实，实现兰州市、西宁市、海东市三个中心城市协调发展下共同引领海东城市群健康发展问题成为东部城市群发展的一个亟待解决的问题。

### （六）产业发展滞后，东部城市群的人口集聚度不足

机器大工业的发展推动了城市的大规模出现和城镇化水平的迅速提高，成为城市发展的第一推动力。随着城市规模的不断扩大和城市功能的日趋增多，以及城市居民收入水平的日益提高，第三产业得到了迅猛地发展，并逐渐取代第二产业成为城市发展的主要驱动力。从东部城市群的发展来看，产业发展存在的主要问题是第二、第三产业总量小、比例不协调，没有根据各城市的实际情况制定合理的产业发展规划，过分注重第二产业在城市发展中的作用，忽视第三产业的发展，第三产业在三大产业中占比不高。第三产业发展的不足造成就业岗位缺乏，城镇化质量低，生活成本高，不能有效地吸收周边地区人口向城镇集聚，延缓了人口城镇化的速度。至2014年，东部城市群的城镇化率为59.6%，城镇人口为

195.9 万。其中，西宁市总人口 202.6369 万人，城镇人口 146.5487 万人，城镇化率 72.32%；海东市总人口 126.2470 万人，城镇人口 49.3594 万人，城镇化率 39.1%。而海东市所辖的乐都区总人口 29.289 万人，城镇人口 12.9577 万人，城镇化率 44.24%；平安区总人口 12.8822 万人，城镇人口 5.0732 万人，城镇化率 39.38%；民和县总人口 44.0716 万人，城镇人口 14.7245 万人，城镇化率 33.41%；互助县总人口 40.0042 万人，城镇人口 16.6040 万人，城镇化率 41.5%。从以上数据可以看出，除西宁市外，群内各城市城镇化率明显偏低、人口总量偏小，难以支撑起一个城市群发展的人口总量要求。①

## （七）产业结构不合理

首先，青海东部城市群中各城镇的三次产业如表 5-5 所示，在 2013 年西宁的第一产业和第二产业以及第三产业的产值分别为 2.87 亿元、295.61 亿元、389.58 亿元。其中三产之比为 0.42:42.97:56.61，从三产之比可以看出，西宁的第二、第三产业比较发达，并且城市经济主要依赖第三产业发展，第三产业的比值超过了第二产业的比重，但是要想将西宁成功转型为服务型城市，现在的第三产业比值还是较低。作为海东市的市辖区乐都区，其第一产业至第三产业的产值分别为 11.12 亿元、33.08 亿元、23.89 亿元，其三产之比 16.33:48.58:35.09，从三产之比可以看出，乐都的工业结构层次比较低，并且第二、第三产业不发达，这对于一个地级市的主要辖区来说，显得产业层次不够高，发展慢。青海东部城市群内其他各地区的产值以及三产之比如表 5-5 所示，这里就不一一赘述。总之，表 5-5 中所示的数据可以说明青海东部城市群各地区的产业结构不尽合理。

**表 5-5　　青海东部城市群内各地区产值及产值比**

| 城市 | 第一产业产值（亿元） | 第二产业产值（亿元） | 第三产业产值（亿元） | 三产之比（%） |
|---|---|---|---|---|
| 西宁 | 2.87 | 295.61 | 389.58 | 0.42:42.97:56.61 |
| 大通 | 13.09 | 79.83 | 16.24 | 11.99:73.13:14.88 |
| 湟中 | 15.61 | 129.172 | 15.31 | 9.75:80.69:9.56 |
| 湟源 | 4.52 | 9.89 | 6.80 | 21.31:46.63:32.06 |
| 乐都 | 11.12 | 33.08 | 23.89 | 16.33:48.58:35.09 |
| 平安 | 4.01 | 26.97 | 20.19 | 7.84:52.71:39.45 |
| 民和 | 9.61 | 34.44 | 18.84 | 15.28:54.76:29.96 |
| 互助 | 17.41 | 41.30 | 26.97 | 20.32:48.20:31.48 |

数据来源：青海统计年鉴（2014）.

① 根据《青海统计年鉴（2015）》数据计算所得.

其次，青海东部城市群内产业结构趋同。产业集群的概念是目前研究区域竞争的核心概念，在每一个城市，产业集群同样有着它的特殊作用，产业集群在传统上来讲都是指一个地区的主导产业所形成的类似生物体的有机群落。而主导产业又是一个地区的比较优势突出的产业。因此一个城市产业的发展主要依靠主导产业的发展，而一个城市主要产业选择的依据则是自己的比较优势。但在主导产业的选择上，就目前来看，封闭性仍然未能打破，所谓的封闭性是指主导产业的选择依据并没有考虑相邻城市的比较优势和群内城市的产业分工，而只是考虑了自己所在城市各产业的优势高低。这种选择方法如果单就城市个体来选择主导产业来说是可取的，但是作为城市群内各城市主要产业的选择如果不考虑其他城市的相应的要素禀赋的差异，那么可能会产生不同城市之间的产业同构的现象。青海东部城市群虽然早有规划，但是由于城市之间竞争明显，同样也显示出了城市之间产业同构的现象，而产业同构的一个直接后果就是资源的无效配置重复建设及群内产业分工不能合理地形成。

最后，青海东部城市群的产业集群规模过小。波特认为区域之间的竞争，说到底就是产业集群的竞争，产业集群的竞争也不是所谓的零和竞争，是“蛋糕越做越大”的竞争。因此一个地区的发展如果仅靠规模较小的产业集群是不够的。作为一个地域面积比单个城市大的区域，城市群可以作为一个统一的有机体出现，可以看作是一个泛化的城市联合体，如果当作一个联合体，那么群体内的微观主体的行为就决定这个联合体最终发展的方向和程度。产业集群如果从产业层面上讲可以带来地方化经济，从单个城市来讲可以带来城镇化经济，从整个联合体来讲可以带来城市群经济。三种不同的经济形式都是集聚经济的形式，只是区分的层面不同而已。而集聚经济的来源从很大程度上来说就是群内产业集群规模的大小。尽管东部城市群已经初具雏形，但东部地区仍是经济发展水平低、人口聚集度低、城市密度很低的区域。要提升这些区域形成完整的经济带，首先还得提高东部城市群建设的质量。要不然虽然有丝绸之路经济带建设的重大机遇，经济带沿线地区仅仅可能成为贸易交流的一个过道，无法带动当地经济社会发展。因此，打造适合东部城市群发展的特色产业集群，才能有效加速东部城市群的发展。青海东部城市群虽然有一些初具规模的产业集群，但是要想依托集聚经济来发展城市群经济，那么这些集群的规模还尚不足以支撑城市群的经济架构。

## 三、青海东部城市群的机会（opportunity）分析

### （一）国家新一轮西部大开发战略

《西部大开发总体规划》指出，西部大开发可按 50 年划分为三个阶段：（1）奠

定基础阶段：从 2001～2010 年，重点是调整结构。搞好基础设施、生态环境、科技教育等基础建设，建立和完善市场体制，培育特色产业增长点，使西部地区投资环境初步改善，生态和环境恶化得到初步遏制，经济运行步入良性循环，增长速度达到全国平均增长水平；（2）加速发展阶段：从 2010～2030 年，在前段基础设施改善、结构战略性调整和制度建设成就的基础上，进入西部开发的冲刺阶段，巩固提高基础，培育特色产业，实施经济产业化、市场化、生态化和专业区域布局的全面升级，实现经济增长的跃进；（3）全面推进现代化阶段：从 2031～2050 年，在部分率先发展地区增强实力，融入国内国际现代化经济体系自我发展的基础上，着力加快边缘山区、落后农牧区开发，普遍提高西部人民的生产、生活水平，全面缩小差距。① 从《西部大开发总体规划》可以看出，西部大开发的第一阶段已经实施完毕，现在已经在实施第二轮的西部大开发战略，从规划中同样可以看出西部大开发的第二轮实施是冲刺和攻坚阶段，如果说，前一轮实施的西部大开发是国家为了寻求均衡发展的话，那么，新一轮西部大开发是为了满足经济的可持续性发展；如果说，前一轮的西部大开发是亦步亦趋的跟进性模仿的话，那么，新一轮西部大开发则必须探索挖掘具有现实意义的开发模式。

2010 年 7 月国务院召开的西部大开发会议标志着中国正式进入了西部大开发的第二个阶段，青海东部城市群作为西部地区比较有活力的城市群之一，乘着国家实施新一轮西部大开发的东风，努力做好各项承接东部地区产业转移的工作，努力用好国家新一轮西部大开发的转移支付，继续加强基础设施的建设。新一轮西部大开发战略的实施，可以使民族地区、偏远地区得到强有力的政策倾斜，加强西部各地区之间的交流与合作，同国内发达地区保持交流与合作。随着兰新高铁的新建，以及西宁新的火车站投入使用，改善了西北地区社会、经济、文化的交流渠道，也相应地带动了青海东部城市群的发展。作为兰西经济区重要的组成部分，青海东部城市群享受国家对兰州—西宁城市群的优惠政策，使得这块地区发展很快。国家政策的倾斜作用是巨大的，对青海东部城市群协调发展作用也是其他的外生以及内生因素无法比拟和替代的。因为制度因素的强制性在经济发展中对青海来说比市场要能发挥更多、更重大的作用。

### （二）国家推进新型城镇化战略

2013 年以来党中央、国务院出台的一系列有关推进新型城镇化发展的规划、政策、特别是丝绸之路经济带的建设，为青海东部城市群的发展提供了非常好的发展机遇和条件，使青海东部城市群在空间布局上成为青海融入丝绸之路经济带的重要战略支点，为进一步加快推进东部城市群建设，使之成为引领青海经济社

① 参见：http：//news. sina. cn/green/2010－12－02/105521571077_2. shtml.

会快速发展的“火车头”提供了强大动力。

从中国经济的发展来看，随着中国经济进入“新常态”，中国政府更加注重推进新型城镇化对经济发展的重要作用。2013 年 12 月 13 日，中央城镇化工作会议提出，要优化布局，根据资源环境承载能力构建科学合理的城镇化宏观布局，把城市群作为主体形态，促进大中小城市和小城镇合理分工、功能互补、协同发展。确定了以城市群为主导的中国城镇化发展方向。2014 年 3 月 17 日中共中央国务院印发了《国家新型城镇化规划（2014～2020 年）》（以下简称《规划》）。《规划》提出要培育发展中西部地区城市群、建立城市群发展协调机制、促进各类城市协调发展、增强中心城市辐射带动功能、加快发展中小城市、有重点地发展小城镇。指出：“中西部地区发展相对滞后，一个重要原因就是城镇化发展很不平衡，中西部城市发育明显不足。”“随着西部大开发和中部崛起战略的深入推进，东部沿海地区产业转移加快，在中西部资源环境承载能力较强地区，加快城镇化进程，培育形成新的增长极，有利于促进经济增长和市场空间由东向西、由南向北梯次拓展，推动人口经济布局更加合理、区域发展更加协调。”要“以城市群为主体形态，推动大中小城市和小城镇协调发展”“在《全国主体功能区规划》确定的城镇化地区，按照统筹规划、合理布局、分工协作、以大带小的原则，发展集聚效率高、辐射作用大、城镇体系优、功能互补强的城市群，使之成为支撑全国经济增长、促进区域协调发展、参与国际竞争合作的重要平台。”在“中西部城镇体系比较健全、城镇经济比较发达、中心城市辐射带动作用明显的重点开发区域，要在严格保护生态环境的基础上，引导有市场、有效益的劳动密集型产业优先向中西部转移，吸纳东部返乡和就近转移的农民工，加快产业集群发展和人口集聚，培育发展若干新的城市群，在优化全国城镇化战略格局中发挥更加重要作用。”“依托陆桥通道上的城市群和节点城市，构建丝绸之路经济带，推动形成与中亚乃至整个欧亚大陆的区域大合作。”

### （三）《关于引导农村土地经营权有序流转发展农业适度规模经营的意见》出台后的青海推进东部城市群发展战略

2014 年 11 月 21 日中共中央办公厅、国务院办公厅印发的《关于引导农村土地经营权有序流转发展农业适度规模经营的意见》指出：“伴随我国工业化、信息化、城镇化和农业现代化进程，农村劳动力大量转移，农业物质技术装备水平不断提高，农户承包土地的经营权流转明显加快，发展适度规模经营已成为必然趋势。”土地的适度流转为农村人口向城镇集聚提供了必要的条件，也为城镇服务业向农村延伸提供了广阔的市场。同时，根据《全国主体功能区规划》，青海省境内 90% 的土地为禁止和限制开发区，东部地区是青海的主要开发区域，以大力推进东部城市群的建设来引领青海经济发展是必然要求。而丝绸之路经济带建设也使东部城市群在经济地理空间布局上成为青海融入丝绸之路经济带建设的重要的战略支点，担负着青海向西开发，走向世界的桥头堡的重任。

青海省《关于制定全省国民经济和社会发展第十二个五年规划的建议》中明确提出了大力推进城镇化进程中要重点推进以西宁为中心的东部城市群建设，进一步强化西宁“核心”城市的集聚辐射带动作用，加快平安、乐都、民和和沿湟“带”城镇化进程，着力提升大通、湟中、湟源、互助等一小时城市“圈”功能，实现“一核一带一圈”的空间布局要求，对于不断开创青海城乡区域协调发展的新局面，加快青海城镇化进程，促进全省经济又好又快发展，具有重要而深远的意义。

在具有政策垄断的地方，政策往往是市场的风向标。青海省“十二五”规划的实施，对青海东部城市群建设的推进提供了政策上的保障，对引导和规划青海东部城市群的发展具有重要的意义。青海东部城市群的制度建设在某种程度上要比经济社会发展更重要，因为青海东部城市群内部城市的分工合作需要更高层面的政府部门牵头，才能明确东部城市群在青海国民经济中的作用，才能做到有效协调、顾全大局。青海东部城市群有了政策上的支持，就会有相应的政策的倾斜，资源就会流向东部城市群，从而更有利于青海东部城市群的发展。

### （四）丝绸之路经济带的建设

2013 年 9 月 7 日，国家主席习近平在哈萨克斯坦发表重要讲话，提出共建“丝绸之路经济带”。丝绸之路经济带建设在当前国际大背景下的提出，具有很强的时代意义。胡鞍钢等（2014）指出，“丝绸之路经济带”在性质上，它是集政治经济、内政外交和时空跨越为一体的历史超越版；在内容上，它是集向西开放与西部大开发为一体的政策综合版；在形成上，它是历史上几代领导集体谋划国家安全战略和经济战略的当代升级版。[①]“丝绸之路经济带”建设的提出，对于整个国家具有很多方面的意义，对于处于“丝绸之路”上的青海东部城市群的发展是一个千载难逢的大好机遇。

## 四、青海东部城市群面临的威胁（threat）分析

### （一）环境保护是城市群建设中需长期关注的问题

青海东部城市群虽然拥有较好的地理环境基础，但在青海东部城市群发展的

---

① 胡鞍钢，马伟，鄢一龙．“丝绸之路经济带”：战略内涵、定位和实现路劲［J］．新疆师范大学学报（哲学社会科学版），2014（2）．

初期，需要大量的基础设施和城市建设，城市规模需不断扩大，加上城镇化的进程加快，随之而来的空气污染和水污染有可能导致整个城市群所在区域环境状况的恶化。随着城市群经济的迅猛发展，单个城市甚至整个城市群所带来的工业污染物和生活污水的排放量会急剧上升，这对整个城市群的生态环境会带来巨大影响，这些影响从城市扩散到农村，会对农村的生态环境造成破坏。由于青海东部城市群地处青藏高原，生态环境极其恶劣，再加之工业化所造成的环境污染，如果不加防范，对将来的生态环境的破坏是毁灭性的，从而城市群的发展是不可持续的。

### （二）城市群经济运行体制如何形成是城市群正常运行的难点

青海东部城市群里的每个城市虽然同处青海省的管辖范围内，但由于合理有效的运行机制没有形成，青海东部城市群内的人流、物资流、货币流、信息流等流动不顺畅，易导致城镇之间、行业之间的经济发展与外贸经营出现竞争激烈的现象，影响了城市群经济贸易以及对外发展，甚至导致个别行业或企业缺乏活力，优势不突出。归根结底，就是没有真正构建整体性的协调机构与机制，缺乏统一规划，会导致整个区域发展关系矛盾突出、合作性不高，产生制约青海东部城市群内部城市整体性难以协调发展的问题。

西宁市所辖的各县和海东市所辖的各县之间有可能出现各自为政、形成诸侯经济的趋势。从东部城市群的现状来看，城市群内的城市都是各县的县城，相互之间在发展中联系不紧，各自为政。作为县城，城市发展的目标大体相似，产业结构雷同，彼此间没有在市场经济的发展中形成合理的城市产业分工。各城市之间的竞争明显大于联合，摩擦高于融合，无形之间削弱了城市群的繁荣和发展。此外，各城市定位相近，造成重复建设、资源无法整合，联合、合作落不到实处，各地方政府为了追求各自利益而出手干预区域经济发展的状况比较普遍。这些都直接影响着城市群一体化体系的形成与发展。

### （三）人口的集聚和素质问题是影响城市群发展的一大挑战

从东部城市群的发展来看，随着城市群建设的不断深入，产业支撑能力不足、企业同质化竞争等问题也日渐凸显。产业发展存在的主要问题是第二、第三产业总量小、比例不协调，没有根据各城市的实际情况制定合理的产业发展规划，过分注重第二产业在城市发展中的作用，忽视第三产业的发展，第三产业在三大产业中占比不高。第三产业发展的不足造成就业岗位缺乏，城镇化质量低，生活成本高，不能有效地吸收周边地区人口向城镇集聚，延缓了人口城镇化的速度。骆惠宁在东部城市群建设动员大会上说，“产业是建设东部城市群的基础和支撑”，实现“就业移民”，才能让农牧民真正融入城市，留在城市。

青海东部居住着全省70%以上人口，2011年打造东部城市群以前，海东市城镇化率不到30%，截至2015年底，青海省统计局发布的数据显示，西宁市城镇化率由2010年底的63.7%，提升到67.8%，海东市城镇化率提升到31.29%。东部城市群的城镇化率为59.6%，城镇人口为195.9万人。其中，西宁市总人口202.6369万人，城镇人口146.5487万人，城镇化率72.32%；海东市总人口126.2470万人，城镇人口49.3594万人，城镇化率39.1%。而海东市所辖的乐都区总人口29.289万人，城镇人口12.9577万人，城镇化率44.24%；平安区总人口12.8822万人，城镇人口5.0732万人，城镇化率39.38%；民和县总人口44.0716万人，城镇人口14.7245万人，城镇化率33.41%；互助县总人口40.0042万人，城镇人口16.6040万人，城镇化率41.5%。从以上数据可以看出，除西宁市外，群内各城市城镇化率明显偏低、人口总量偏小，难以支撑起一个城市群发展的人口总量要求。① 因而东部地区的城镇化是全省发展的关键。此外，东部城市群人口素质总体来看偏低，不能适应城市群第二、第三产业快速的发展的需要。如何较快地在城市群各城市集聚起有一定素质的城市人口，是东部城市群能否发挥引领青海经济发展的关键所在。

### （四）东部城市群动力机制的持续性问题

在城市群的形成和发展过程中，市场机制是城市群空间演变的动力源，政府机制是城市群空间演变的推动力，通过政府和市场的共同作用产生集聚和扩散效应，从而影响和改变着城市群的发展演变。青海东部城市群不像长三角、珠三角城市群是区域经济发展到一定程度以后在特大城市功能外溢的前提下依经济发展的需要自然形成的，而是在欠发达地区政府自上而下主导的城市合作，这种合作缺乏城市间内在的经济需求的拉动力，也缺乏市场经济形成的产业分工合作的推动力，推动东部城市群发展的动力机制主要在于上一级政府自上而下的大力推动，政府的推动能力决定着城市群发展的持续性。

一般而言，政府作用于城市群的行为主要有引导性行为和强制性行为两种。政府引导性行为是指政府通过制定相关政策、供给基础设施、建立协调机制和培养人才等方式改革和完善投资环境，提高经济要素配置的效率，促进城市和城市群发展的行为。实行引导性行为的政府主体包括城市群内所有的城市政府，实施的手段主要包括产业发展规划、空间布局规划、城市规划以及各种类型的基础设施规划等。政府的强制性行为是指通过行政管理手段决定城市的设立及其区划范围、参与城市的管理和协调城市群内部的事务等

① 根据《青海统计年鉴（2015）》计算所得.

行为。

实行强制性行为的政府主体不仅包括城市群内所有的城市政府及其上级政府，而且包括具有官方性质的中介机构，实施的手段基本都是行政强制手段。随着东部城市群的建立和不断发展，城市群发展走向正规后，政府的作用应逐步从强制性转向引导性，实现市场与政府的合力推动。只有市场机制和政府机制同时发挥作用，才能最大限度地减少市场失灵和政府失灵，促进城市群规模和体系的合理化，释放城市群的整体功能。

表 5-6 青海东部城市群发展的 SWOT 矩阵

| 内在条件 / 外部环境 | S（优势） | W（劣势） |
|---|---|---|
| | 1. 区位优势较好，具有承担城市群发展的地理优势<br>2. 已形成较好的经济社会发展基础<br>3. 西宁周边城镇发展迅速<br>4. 交通等基础设施网络初具规模 | 1. 城市群内部各城市定位不清，功能不明，缺乏深度的分工合作。<br>2. 区域内政府行政关系复杂<br>3. 没有形成高效、合理的物流通道<br>4. 大城市的中心地位没有得到充分的发挥<br>5. 产业发展滞后，人口集聚度不足 |
| O（机遇） | SO（战略） | WO（策略） |
| 1. 国家新一轮西部大开发战略<br>2. 国家推进新型城镇化战略<br>3. 《全国主体功能区规划》下的青海省战略<br>4. 丝绸之路经济带的建设 | 1. 建立现代交通综合网络<br>2. 强化主轴的辐射作用，构建城镇网络体系<br>3. 强化中心城市的作用 | 1. 加强城市政府间合作，淡化行政区划色彩，强化经济区域功能<br>2. 把握丝绸之路经济带建设机遇强化向西开放<br>3. 推进一体化基础设施建设 |
| T（威胁） | ST（战略） | WT（战略） |
| 1. 环境保护与环境承载力<br>2. 城市群经济运行体制<br>3. 人口的集聚和素质问题<br>4. 动力机制的持续性 | 1. 推动户籍改革，推动人口向城市集聚<br>2. 构建系统化的产业结构体系发展循环经济 | 1. 提高土地利用效率提高单位土地承载力<br>2. 发展园区经济推进产业集群建设 |

# 第三节 青海东部城市群发展的定量分析

## 一、协调发展定量测定理论模型

### （一）主成分分析法

主成分分析方法（PCA）由美国统计学家皮尔森（Pearson）于 1901 年提出，是一种能够分析指标变量相关性并给出其中重要信息的方法。从数学角度看，是一种降维的思想，可以把多个相关的指标经过变换转化为无关指标并进行分析。设有 m 个评价对象，需要用 n 个评价指标 $x_1$，$x_2$，…，$x_n$ 进行评价。其指标可以构成一个 m×n 阶矩阵 $x=(x_{ij})_{m\times n}$，令 $x_k=(x_{1k},\ x_{2k},\ \cdots,\ x_{nk})^T$ 表示 x 的第 k 个向量。求取 n 个指标的期望值 $\mu=(\mu_1,\ \mu_2,\ \cdots,\ \mu_n)^T$，令 $\upsilon_{ij}=cov(x_i,\ x_j)(i,\ j\in[1,\ n])$，其中 $cov(x_i,\ x_j)$ 表示 $x_i$ 和 $x_j$ 之间的协方差。从而求出 n×n 阶协方差矩阵 $V=[\nu_{ij}]$。建立数学模型：

$$\begin{cases}\max D(y) = D(\sum_{r=1}^{n}\alpha_r x_r) = A^T VA \\ s.t.\ A^T A = \sum_{r=1}^{n}\alpha_r = 1\end{cases}$$

式中：$A=[\alpha_1,\ \alpha_2,\ \cdots,\ \alpha_n]^T$；$\alpha_1$，$\alpha_2$，…，$\alpha_n$ 为 n 个指标的系数；D(y) 为 y 的方差；y 为 A 与 x 构造的线性函数。利用拉格朗日乘子法求解有：$D(y)=A^TVA=\lambda A^TA=\lambda$ 式中，$\lambda=[\lambda_1,\ \lambda_2,\ \cdots,\ \lambda_n]$ 为 V 的特征值（由大到小）。设 $\lambda_i$ 对应的特征向量为 $\gamma_i=(\gamma_{i1},\ \gamma_{i2},\ \cdots,\ \gamma_{in})^T$，则第 i 个主成分分量为 $y_i=\sum_{k=1}^{n}\gamma_{ik}x_k(i=1,\ 2,\ \cdots,\ n)$，第 i 个主成分分量的贡献率为 $\beta_i=\lambda_i/\sum_{r=1}^{n}\lambda_r(1,\ 2,\ \cdots,\ n)$，其中 $\beta_i$ 用来度量第 i 个主成分的贡献率，越大表明其贡献越大。前 q 个主成分的累积贡献率为 $\beta_q=\sum_{i=1}^{q}\beta_i$，一般情况下，若累积贡献率超过 85%，则只要采取这 q 个主成分即可。

## （二）协调函数模型

本书用主成分分析法来测度青海东部城市群内部各城市之间经济、社会、环境三者的协调发展程度。

从已有的研究来看，目前定量测定协调发展的主要有两种方法：一类是用量化定义来研究协调发展水平；另一类是从相关学科的模型衍生出的测度方法。由模型延伸出的测度协调的方法是基于协调发展不确定性的模糊概念，因此模糊数学、灰色理论等衍生出来的测度方法有较强的适用性，但是模糊数学的权重的确定降低了测度方法的客观性，灰色理论对于指标样本的要求严格，形式复杂，限制了其广泛的应用（车冰清等，2012）。

本书运用主流的协调函数模型来测度青海东部城市群内部各城市之间经济社会以及生态环境的协调度。协调函数模型是指任意两个系统 $f_i(x)$、$f_j(y)$ 在 t 时刻的发展水平的度量函数为 $f_i(t,\ x)$ 和 $f_j(t,\ y)$，其中 x、y 分别为系统 $f_i(x)$、$f_j(y)$ 的特征向量。两个系统协调意味着 $f_i(t,\ x)$、$f_j(t,\ y)$ 的离差系数越小越协调，因此在此定义的任意两个系统的协调度为：

$$C=\left[\frac{f_i(t, x)\times f_j(t, y)}{\left(\frac{f_i(t, x)+f_j(t, y)}{2}\right)^2}\right]^k \quad \text{公式（1）}$$

其中 k 为调节系数，一般 $k \geqslant 2$，本文取 $k=3$。在一定的约束条件下，当系统 $f_i(x)$ 与 $f_j(y)$ 发展到一定的水平 $f_i(t, x)+f_j(t, y)$ 最大。如果单从数学角度来看，此时的最大意味着 $f_i(t, x)=f_j(t, y)$ 时，C 达到最大值，也即表明系统 $f_i(x)$ 与 $f_j(y)$ 为最协调。其中系统指数 f(x) 的计算公式如下：

$$f(x)=\sum_{i=1}^{n} a_i x_i \quad a_i=\frac{S}{\bar{x}} \quad S=\sum x_i \quad \text{公式（2）}$$

## 二、青海东部城市群协调发展的指标构建

### （一）青海东部城市群协调发展指标构建的原则

一个实证模型的好坏除了这个模型能够在理论上简化出实际，能够抓住实际的本质外，对其所选择的数据指标也要遵循一定的标准，只有遵循了一定标准的数据，使用到模型里产生的结论才会令人信服。因此青海东部城市群协调发展指标的构建至少应该遵循如下四个基本原则：综合性原则、客观性原则、可比性原则、可获得性且易于操作原则。综合性原则指的是，在城市群这个相对复杂的地域系统中，其所包含子系统也相当的复杂，对于其指标的选取应该具有系统性和层次性，而系统和层次则指代着完整性的内涵，完整性具体内涵是指所选指标应该尽量刻画所研究的系统，并且所选指标要全而不重复，具有相应的系统性和层次性；客观性原则指的是指标体系应该客观真实地反映所要研究的系统，并且能客观真实地反映目标与指标之间的关系，数据的来源可靠、准确，指标目的明确，定义准确，界定清晰；可比性原则指的是，所选指标能够在城市群内做横向比较，城市与城市、城市与县、县与县之间都应有可比性；可获得性且易于操作原则指的是各评价指标数据容易获得，并且易于计算。本书所采用的指标为了遵循以上原则，数据都是来自青海省 2011 ~ 2014 年的统计年鉴，做了相应的汇总后将指标分为领域层、子领域层和指标层。其中，领域层指的是大的整体系统，例如经济系统、社会系统、环境系统等；子领域层指的是将整体系统依据一定的结构划分，为中等层次的系统，例如经济系统可以划分为经济结构、经济总量、经济质量等子领域层；指标层指的是子领域层中所含的指标（如图 5 - 1 所示）。

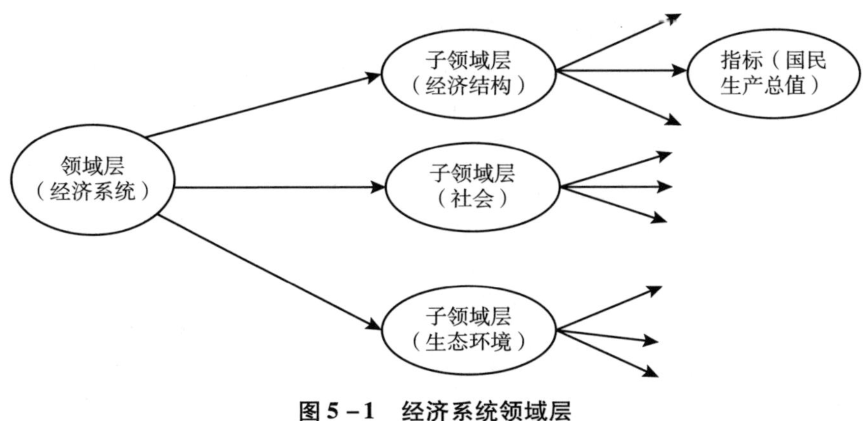


图 5－1 经济系统领域层

## （二）青海东部城市群协调发展子系统指标设计

城市群自从提出以来，其研究从早先的单一维度城市空间发展到现在多维度经济、社会、环境等，这种维度的变化表明研究者们认为城市群是一个复杂的系统，这个系统中如果单从某一个维度来探讨城市群的协调是不够的，因此要合理的评价城市群的协调发展必须从多维度的概念出发。综合现有的研究成果以及青海东部城市群的数据可得性，本文将城市群系统分为经济、社会、环境三大子系统，并将青海东部城市群的协调发展统一在这三大子系统之中，并且认为青海东部城市群的协调发展程度是三大子系统相互协调的结果，因此对青海东部城市群协调发展水平的测度及评价也是对青海东部城市群三大子系统的测度及评价。

经济子系统是城市群协调发展的最具代表性的子系统。经济子系统是反映一个地区经济发展状况和经济发展程度的重要子系统。一个地区经济发展的好坏完全可以由经济子系统内部的相应指标所呈现出来，经济子系统也在产业、技术创新等方面都呈现出多维度的相互作用关系。经济子系统内部协调的微观机制主要是通过聚集经济来发挥作用，企业在区域内的集聚会造成地区内部产业结构的调整以及地区内生产总值的提高，从某种意义上说集聚经济在落后地区在一定程度上协调了城市与周边地区的发展。规模经济在企业规模经济、行业规模经济和相关产业聚集等三个层次上，通过共享经济利益和形成共同劳动力市场，对各城市产生明显的外部效应，对城市群而言，是外部效应的内部化，影响各企业之间、部门之间的空间关系，使得城市群整体生产效率提高，职能结构、空间结构以及规模等级结构不断趋于合理化，达到城市群的协调发展。具体指标如表 5－7 所示。社会子系统评价指标体系主要用于描述城市群居民生活状况以及城市群的创新能力。本文对青海东部城市群居民物质生活以及精神生活方面作为评价的两个方面。具体指标如表 5－8 所示。环境子系统是城市群协调发展的重要一环，且随着经济的发展步入工业化时期，人类的生产活动对环境系统的影响越来越大，因此在考察经济发展的同时要关注由经济发展所造成的环境变化，本书基于此考察了环境子系统。具体指标如表 5 –9 所示。

**表 5 –7　　经济子系统**

| 领域层 | 子领域层 | 指标 |
|---|---|---|
| 经济子系统 | 经济总量 | 地区生产总值 |
| | | 工业增加值 |
| | | 公共财政收入 |
| | 经济质量 | 人均 GDP |
| | | 农村居民人均纯收入 |
| | | 第二产业增加值 |
| | | 第三产业增加值 |
| | 经济结构 | 第二产业占地区 GDP 比重 |
| | | 第三产业占地区 GDP 比重 |

**表 5 –8　　社会子系统**

| 领域层 | 子领域层 | 指标 |
|---|---|---|
| 社会子系统 | 物质生活方面 | 移动电话用户 |
| | | 固定电话用户 |
| | | 医疗卫生床位数 |
| | | 互联网宽带接入户 |
| | | 公里客里程 |
| | | 民用汽车拥有量 |
| | 精神文化生活方面 | 城镇养老参保人数 |
| | | 公共图书馆图书总藏量 |
| | | 全年专利授权数 |
| | | 体育场馆个数 |

**表 5 –9　　环境子系统**

| 领域层 | 子领域层 | 指标 |
|---|---|---|
| 环境子系统 | 环境污染方面 | 工业二氧化硫排放量 |
| | | 烟（粉尘）排放量 |
| | | 氮氧化物排放量 |
| | 环境治理方面 | 污水处理厂数 |
| | | 污水处理厂集中处理率 |
| | | 垃圾处理站个数 |

## 三、青海东部城市群内部各城市协调性评价

### 1. 经济子系统

经济子系统综合指数的计算步骤如下：首先将各年的经济子系统的数据标准化，然后对标准化后的数据进行求和，再对求和的数据取平均，最后得到的平均数即为经济子系统综合指数。

对经济综合指数 2010～2013 的计算（见表 5－10），并且用 SPSS 软件对经济综合指数做 K 均值的聚类分析（见表 5－11）。表 5－11 所示的数据表明，8 大地区发展的层次比较分明，并且差距比较明显，西宁（不含三县）被聚类为第一类，大通和湟中分别为第二类和第三类，其他五县为第四类。聚类分析可以看出，西宁（不含三县）的发展情况最好，大通和湟中次之，其他五县表现相对较差。具体来看，在经济综合指数表现上（见表 5－10），西宁（不含三县）的发展比较平稳，从 2010 年以来，西宁的经济指数一直保持在 1.84 以上，这个指数远远超过了群内的其他市县。大通和湟中的经济综合指数有升有落，大通在 2011 年的发展较好，经济综合指数为 0.07，湟中在 2013 年发展较好，经济指数为 0.13。其他五县的经济综合指数都是负数，并且乐都、民和、互助有恶化的倾向。另外，从经济综合指数上看，青海东部城市群的经济发展整体上是围绕西宁发展，即只有西宁和距离西宁较近的大通和湟中的经济发展较好，而其他的县几乎成了发展的暗点，如果在地图上对发展指数进行图像区分，那么这些地区很有可能不被找到。而作为城市群的一部分，如果只有群内的某些经济体发展的相对较好，而与其他地区的发展差距较大，这说明城市间在经济发展上协作度不高，协调性不够好。

表 5－10　经济综合指数

| 地区 | 2010 年 | 2011 年 | 2012 年 | 2013 年 |
| --- | --- | --- | --- | --- |
| 西宁 | 1.94 | 1.87 | 1.86 | 1.84 |
| 大通 | 0.06 | 0.07 | 0.00 | 0.05 |
| 湟中 | －0.03 | 0.12 | 0.05 | 0.13 |
| 湟源 | －0.43 | －0.48 | －0.59 | －0.57 |
| 乐都 | －0.28 | －0.26 | －0.32 | －0.38 |
| 平安 | －0.48 | －0.51 | －0.41 | －0.25 |
| 民和 | －0.40 | －0.39 | －0.30 | －0.46 |
| 互助 | －0.38 | －0.42 | －0.30 | －0.36 |

表 5 - 11　　经济综合指数的 K 均值聚类分组

| 类别 | 数量 | 地方 |
|---|---|---|
| 1 | 1 | 西宁 |
| 2 | 1 | 大通 |
| 3 | 1 | 湟中 |
| 4 | 5 | 湟源，乐都，平安，互助，民和 |

## 2. 社会子系统

社会综合指数的计算与经济综合指数的计算相同。

对社会综合指数 2010 ~ 2013 的计算见表 5 - 11，用 SPSS 软件对社会综合指数做 K 均值的聚类分析见表 5 - 12。表 5 - 13 表明，青海东部城市群的各县市的社会发展的层次分明，同样相差很大，作为第一阶梯和第二阶梯的西宁（不含三县）、大通，社会发展综合指数都出现过 0 以上的数值，西宁的社会综合指数基本在 2 左右徘徊，显示比较合理的社会发展状况，而大通虽然有零以上的社会综合指数，但是在 2011 年和 2013 年其社会综合指数只有 -0.05 和 -0.04。湟源县和平安区的社会发展指数最差，在 -0.5 左右徘徊。其他四县的社会综合指数也都在零以下，其中湟中县和民和县有恶化的趋势，但是乐都区和平安区的社会综合指数有好转的迹象。这些数据表明该类地区的社会发展程度还很低，相应的社会公共服务不足，从而说明该类地区的发展潜力不高。

表 5 - 12　　社会综合指数

| 地区 | 2010 年 | 2011 年 | 2012 年 | 2013 年 |
|---|---|---|---|---|
| 西宁 | 2.11 | 2.13 | 1.94 | 2.14 |
| 大通 | 0.10 | -0.05 | 0.20 | -0.04 |
| 湟中 | -0.36 | -0.34 | -0.05 | -0.30 |
| 湟源 | -0.47 | -0.51 | -0.52 | -0.47 |
| 乐都 | -0.44 | -0.47 | -0.52 | -0.31 |
| 平安 | -0.31 | -0.26 | -0.40 | -0.49 |
| 民和 | -0.30 | -0.18 | -0.25 | -0.27 |
| 互助 | -0.32 | -0.30 | -0.40 | -0.27 |

表 5 - 13　　社会综合指数的 K 均值聚类分组

| 类别 | 数量 | 地方 |
|---|---|---|
| 1 | 1 | 西宁 |
| 2 | 1 | 大通 |
| 3 | 4 | 湟中，乐都，民和，互助 |
| 4 | 2 | 湟源，平安 |

### 3. 环境子系统

环境综合指数的计算与经济综合指数的计算相同。

对环境综合指数 2010 ~ 2013 的计算如表 5 – 12 所示，用 SPSS 软件对环境综合指数做 K 均值的聚类分析如表 5 – 13 所示。环境综合指数分析表明，西宁市和大通县的环境综合指数在 0 以上，其他各县的环境综合指数都在 0 以下，分类表明，在青海东部城市群内西宁市和大通县的环境污染比较严重，污染物排放过多。湟中县的环境综合指数在 2011 年和 2013 年分别为 0.04 和 0.28，这表明湟中县的环境正在恶化。其他五县的环境发展，除了民和县以外，环境的发展状况有趋好的态势。

表 5 – 14　　环境综合指数

| 地区 | 2010 年 | 2011 年 | 2012 年 | 2013 年 |
|---|---|---|---|---|
| 西宁 | 1.09 | 1.48 | 0.95 | 0.79 |
| 大通 | 0.03 | 0.02 | 0.30 | 0.99 |
| 湟中 | -0.15 | 0.04 | -0.09 | 0.28 |
| 湟源 | -0.44 | -0.70 | -0.33 | -0.43 |
| 乐都 | -0.16 | -0.24 | -0.27 | -0.33 |
| 平安 | -0.15 | -0.17 | -0.21 | -0.65 |
| 民和 | -0.15 | -0.21 | -0.23 | -0.21 |
| 互助 | -0.10 | -0.23 | -0.12 | -0.43 |

### 4. 资源子系统

对资源综合指数用 2010 ~ 2013 年的数据做了计算，用 SPSS 软件经济综合指数做了 K 均值的聚类分析如表 5 – 15 所示。由于 K 均值分类的合理性，需要进一步做判别分析，因此用 SPSS 软件对该组分类进行判别分析。分析表明，K 均值所产生的分类有 93.4% 的数据样本的每一个观测值分到其原来的类中去，因此分类具有合理性。资源和生态环境对青海东部城市群的可持续发展显得相当的重要，因为整个青藏高原的生态都比较脆弱，环境也比较恶劣，因此有好的资源的地区理应会得到优先的发展。表 5 – 12 显示，青海东部城市群中湟中，互助两县的资源综合指数最高，且在 2010 ~ 2013 年，他们两县的资源环境指数在 0.7 ~ 0.8 徘徊，其中互助县的资源指数最高在 2013 年达到 0.84。而作为青海东部城市群的核心城市西宁市，其资源综合指数比较低，被分类为下等，可见西宁的资源比较匮乏。

表 5 – 15　　环境综合指数的 K 均值聚类分组

| 类别 | 数量 | 地方 |
|---|---|---|
| 1 | 1 | 西宁 |
| 2 | 1 | 大通 |
| 3 | 1 | 湟中 |
| 4 | 5 | 湟源，乐都，平安，互助，民和 |

表 5 – 16　　资源综合指数的 K 均值聚类分组

| 类别 | 数量 | 地方 |
|---|---|---|
| 上等 | 2 | 湟中，互助 |
| 中上等 | 2 | 民和，大通 |
| 中下等 | 1 | 乐都 |
| 下等 | 3 | 平安，西宁，湟源 |

### 5. 青海东部城市群综合性协调评价

本文还对城市群的协调度进行了统一的划分，这些划分的指标采取通用的标准。具体的协调发展的程度区间如表 5 – 17 所示。

表 5 – 17　　协调度划分标准

| 协调度 | 0 ~ 0.49 | 0.5 ~ 0.79 | 0.8 ~ 1 |
|---|---|---|---|
| 等级 | 不协调 | 初级协调 | 高级协调 |

对青海东部城市群的综合评价指标的计算，本文先对各个子系统进行主成分分析，然后确定主成分的个数和因子载荷矩阵，从而确定各系统主成分的值，依据主成分的值，通过计算，可以得出各年各子系统的协调度如表 5 – 18 所示。

表 5 – 18　　各年各子系统协调度

| | 2010 年 | 2011 年 | 2012 年 | 2013 年 |
|---|---|---|---|---|
| F1 经济子系统协调度 | 13.25 | 12.30 | 12.65 | 12.71 |
| F2 社会子系统协调度 | 19.54 | 20.00 | 14.31 | 20.05 |
| F3 环境子系统协调度 | 2.03 | 1.96 | 3.15 | –0.76 |

据此，通过计算公式（1）计算的青海东部城市群 2010 ~ 2013 的协调度如表 5 – 19 所示。表 5 – 19 所示的数据表明 2012 年青海东部城市群整体的协调程度比较高，达到了初级协调的水平，但是在 2013 年青海东部城市群的整体协调度只有

大约0.3的协调度，等级为不协调。这些数据说明青海东部城市群从2010年以来，在整体协调度方面还没有达到初级协调的程度。并且，2012和2013年的变化幅度明显，这种震荡的幅度表明青海东部城市群内的协调存在不稳定的现象。

青海东部城市群协调度低的一个重要原因是青海东部城市群作为一个欠发达地区的城市群，其经济规模和市场规模过小是其不协调的根本原因，而生态环境的脆弱性，工业的同构化，产业不强的固有模式，同样也阻碍了青海东部城市群的协调发展，更影响了青海东部城市群可持续发展。虽然定量化的分析可以给人以数量方面的感受，但是如果不了解青海东部城市群的实体结构，仅从数量化方面考量青海东部城市群的协调发展是不够的，因此对青海东部城市群做全面的分析是必要的。

**表5-19　青海东部城市群2010~2013协调发展度**

| 2010年 | 2011年 | 2012年 | 2013年 |
|---|---|---|---|
| 0.48 | 0.47 | 0.68 | 0.29 |

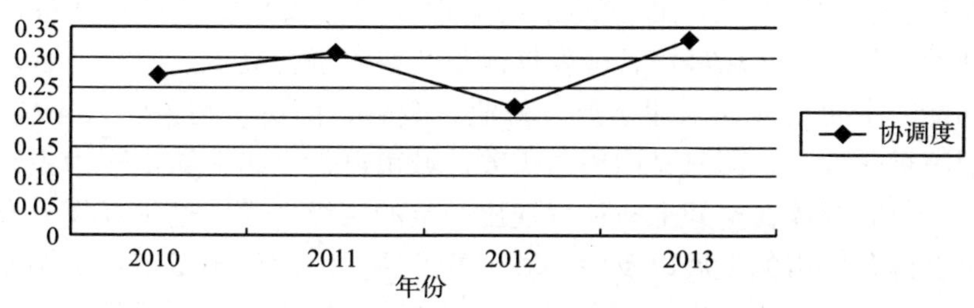


**图5-2　青海东部城市群协调度变化趋势**

# 第四节　进一步推进青海东部城市群发展的路径与对策

## 一、进一步推进青海东部城市群发展的路径

城市群作为一个有机群落，其内部由较小单位的城镇所组成，要把这些群内的每个城市有机地协调在一起，应该把重点放在城市群空间结构、城市群内各城市产业结构、城市群生态环境三个层面。在城市群结构空间层次上，应当重点突出发展轴线的位置，优化城市群的空间布局；在产业层次上，要从两个方面着手：一是从产业结构微观层面的内在联系性着手，要认识到青海东部城市群作为欠发达城市群的典型代表，做好如何实现产业联动以及更好的产生产业集聚。由于在欠发达的地区，产业结构的互补性要强于产业结构的替代性，因此在青海东

部城市群要做好对具有互补性的产业进行扶持，实行“大推进”式的投资，才能有效地发挥高原特殊产业的优势，发展高原特殊产业。二是要从产业结构宏观层面的外在层次性入手，一个城市一个县城其产业在宏观上的构成往往是传统意义上的第一、第二、第三产业，如何较好地实现第一、第二、第三产业在城市群各城市中的空间布局，也是产业层次急需解决的问题，要做好合理布局，并且减弱产业在各城市的产业同构现象，主要是要大力发展中心城市的第三产业，同时要加快其他中小县城之间合理分工的形成；在生态保护层面上，重点要考虑到青海东部城市群的生态环境脆弱性，依托各地方市县的生态承载能力来做相应的规划和发展。

## 二、推进青海东部城市群发展的政策建议

### （一）进一步强化西宁市作为核心城市的作用

中心城市处于城市群的核心与支配地位，对整个区域经济社会活动起着组织和主导作用，引领着其他城市和地区的全面发展。核心城市具有开放性、服务性、创新性，具有对区域经济社会发展能量与要素进行高效、有序、合理聚集与扩散的功能，主要表现为工业生产、就业、金融、商贸、物流、人才技术信息、决策功能等极化效应，同时又向周边扩散。城市群是由诸多城市作为主体的城市联合体，这个联合体在空间上往往表现出一定的层级规模，这种规模分布严重影响着城市群内各城市的发展以及中小城市的发展。因此要想城市群协调发展，一个重要的问题就是如何产生一个合理的城市体系，因为城市体系是城市产业分工的前提。

青海东部城市群属于带状空间扩展型的城市群类型。这种城市群的空间扩展模式主要分布在河谷地区，沿交通线扩展成为明确的空间指向。由于自然地理条件的限制，城市群向外均匀扩展的态势被阻碍，致使其回避限制条件而沿着几条主要轴线向外延伸。如果城市群向外延伸受自然地理条件的限制较小，则城市群呈现出典型的带状，如果受到的限制较大，则城市群表现为组团与廊道形式的带状。因此，强化核心城市和主轴的辐射作用，是构建好城镇网络体系的关键。

青海东部城市群既然作为一个城市群，以目前东部城市群的城市组成来看，未来城市群的空间布局应该采取“极核强化，轴线辅助，点面结合”，以西宁为核心城市带动城市群发展的模式。因此，推动东部城市群建设，必须进一步发挥西宁作为核心城市的作用。

首先，努力将西宁市打造成以服务业为主导的区域核心城市。虽然西宁市作为青海东部城市群的核心城市，其自身发展相对较好，并且也有相对较好的产业

结构，第三产业相对于城市群内部的其他县市来说比较高，但是其相对于其他城市群的核心城市来说，其综合实力还相对比较弱小。考察一个地区的经济发达程度通常是将第三产业的发展程度作为标杆，因此西宁市在资源有限并且在保护生态这个大前提下要谋得进一步发展，一个重要的方向就是大力发展第三产业，特别应大力发展旅游业和金融业，将西宁市打造成支撑青海推进新型城镇化进程的核心产业聚集地。

其次，要加强西宁市作为核心城市对周边地区的辐射作用。西宁市的城市规模相比于青海东部城市群的其他县市来说较大，但是如果与内地的核心城市相比，西宁也只是一个三线城市，如果西宁市不能进一步集聚其已有的功能，那么其对城市群内的其他城市辐射就不明显，辐射能力弱，也不足以成为青海东部城市群社会经济和城镇体系的强大核心。

最后，进一步加强西宁市作为核心城市的一个重点是要进一步吸引人才，特别是吸引对产业园区有特殊作用的科技创新人才。在教育上更应该大力投资，进一步吸引青海在外人员回青创业，为青海做贡献。

### （二）以人口集聚推动城镇发展

青海东部城市群有其特殊性，如果依照一般模式推进青海的新型城镇化之路，未必有好的效果，每个地区的城镇化应该关注到其自身的特殊性。如大家都认为上海应该严格控制人口进入，但陈钊和陆铭（2014）则认为，上海作为特大城市无论从地理区位还是经济来讲人口都少，并不像其他学者所坚持的上海已经太大了，要严格限制人口。① 通常认为，城市群的城镇化道路应该限制大城市的人口，促进中小城市的人口增加，如果依照此规律，那么青海东部城市群就应该对中小城市进行大力的投资，限制西宁作为大城市的发展。而西宁市作为一个欠发达地区区域城市群的核心城市，在资本和人力比较匮乏的情况下，应根据自身的现实，要加大对西宁的投资，以满足更多的人向西宁市集聚。因此本书认为，青海东部城市群推进新型城镇化的原则应该是进一步将西宁和规模较大的县作为吸纳城市人口的重要区域，有步骤、分阶段的实施鼓励农牧区人口向城镇转移的政策，壮大城镇的人口总量，只有这样才能满足经济发展所要求的基本市场容量。

青海东部城市群的另一个特点是，城市群内只有西宁市和海东市两个地级市，而且海东市在2013年才成立。对于只有两座地级城市的青海东部城市群来说等级规模分布不合理是明显的。此外青海东部城市群的城镇化率还不够高，进而就导致了各城市在经济联系上的不协调。目前来看，海东市的经济实力还比较

① 陈钊，陆铭．首位城市该多大？——国家规模、全球化和城市化的影响［J］．学术月刊，2014（5）．

薄弱，城镇化水平较低，应加快培育海东市由中等城市向大城市发展，进一步对海东市加大投资，使其更好发挥城市功能，接纳农牧业转移人口。除了海东市，其他县城也应具有相应的人口规模，要做到协调发展。基于青海人口总量的原因，对于人口 20 万人以下的县，不应该强调镇作为吸纳农牧业转移人口的前沿阵地，而更应该发挥县城的作用，以县城作为吸纳农牧业转移人口的主阵地；对于 20 万人以上人口的县，应该加强镇作为吸纳农村人口的前沿阵地，应该强调镇的作用。只有这样才能使人口稀少的县形成以县城为中心的人口集聚，使县城成为达到一定人口集聚规模的小城市，使人口多的县形成以县城为核心的县域城镇体系。

### （三）强化主轴的辐射作用，构建城镇网络体系

加快城市群建设不能只注重大城市的发展，一定要实现大中小城市与小城镇协调发展，群内的城市应该有各自的定位，明确城市群内部不同类型城市的定位和发展策略，大中小城市相互配合，实现城市群内部的有序发展。每个城市的发展应该有一定的合理边界、产业支撑和合理分工，不是每个城市都要做的越大越好。从城市群的构成来看，核心大城市是城市群的“内核”，以规模效益带动城市群发展，是城市群的第一个级次，其发展方向主要是高端产业及服务行业；在核心大城市的地缘延续的基础上，形成的若干次中心城市成为支撑城市群的骨架，在承接核心城市若干功能的同时分散着城市群的内部压力，减缓城市病的过度集聚，是城市群的第二级次，其发展方向以专业化、特色化的产业构成城市群的产业体系；众多小城镇构成了城市群的第三个级次，小城镇是连接城市与乡村的重要纽带，是城市群的重要基础，小城镇的特色化发展是带动农村现代化的直接动力，它以产业协作配套为突破口，打造产业链，进而形成一个经济区域带，或者说产业带，能从根本上推动东部城市群整体水平的提升，对实现东部地区城乡一体化至关重要。

从东部城市群的生产总值规模构成来看，东部城市群 2014 年的生产总值总量为 1431. 47 亿元。青海东部城市群核心大城市——西宁市的生产总值总量为 1065. 78 亿元，占东部城市群总生产总值的 74. 45%，正在建设中的海东市的生产总值总量为 377. 7 亿元，占东部城市群总生产总值的 25. 54% 的。城市群内最大城市西宁市占群内总城镇人口的 74. 78%，首位度偏高，周边城市规模偏小。[①] 这种结构特征突出表现了“极化”形态，核心城市集聚了向外扩张的势能，可以带动城市群的发展，但中小城市的规模过小，定位不明确，制约了产业合理分工的形成与各城市特色产业的发展。应进一步明确城市群内部不同类型城市的定位，特别是中小城镇在城市群中的定位，以便形成产业的合理分工与特色产业的

① 根据《青海统计年鉴（2015）》数据计算所得.

发展。核心城市在城市群中发挥着极为重要的作用，是城市群的内核，在整个城市群经济发展中起着“增长极”“辐射源”的作用。作为东部城市群的核心，要积极利用西宁市和兰州市的辐射带动作用，加快海东市的建设，发挥海东市在海东城市群发展中的“增长极”作用，要利用核心城市的辐射带动效应，引领东部城市群内部形成合理的产业结构、完善的产业体系。要借助兰西经济区和丝绸之路经济带建设，充分发挥兰州市、西宁市、海东市各自在东部城市群中的作用，促进东部城市群内部产业分工的形成，进而带动兰西经济区的整体发展。

目前青海东部城市群内几个县城的规模偏小，它们与西宁市及其相互之间的联系不够紧密，借助其他城市的力量来促进自己发展的能力不足。应着重发展一些基础条件较好、潜力大、对推进青海东部经济一体化发展作用大的小城镇，比如湟中、大通、民和等几个经济基础较好、人口规模较大的县，应该按照小城市规模规划建设，使其成为带动县域经济发展的中心，使之成为县域乃至地区经济发展的极核。发展这些县城也可以更好的解决县域城乡一体化的问题。

### （四）构建系统化的产业结构体系

#### 1. 加快城市群内部的产业结构调整，突出不同城市产业的特色化和专业化，完善城市群内部的产业体系，建立梯度化产业链

我国区域产业结构中最大的问题是产业结构趋同化且产业层次水平较低：各地区的产业门类都比较齐全，产业的地域特点不甚明显，主要行业和产品生产的空间分布均衡化，集中度下降，呈低水平的重复状态。在经济体制转轨时期，产业同构现象的产生既有地方政府追求自身利益而盲目建设方面的原因，又是企业追求利润的竞争行为而导致重复生产的结果。

城市群发展的关键是打破这种空间均衡化和同质化发展，在整个区域内建立层次和布局合理的产业体系，一个成熟的城市群经济应该具有合理的产业分工和布局结构。这要求群内的城镇根据比较优势和竞争优势的原则，科学合理地分析自己的市情，从区域整体发展的思路确定本市产业发展方向，在大小城市准确定位，合理分工的前提下，合理确定自己的主导产业，相互错位发展。错位发展要求各城镇不一定必须要拥有最高最新的产业，而应该着力发展最适合自己资源优势的产业。

核心城市在产业发展上要当好龙头，充分发挥综合服务功能，成为区域内要素和信息的集结与配置枢纽。努力提高服务产业的比重和层次，大力发展现代物流、金融、咨询等现代服务业，制造业方面核心城市应该突出高精尖，避免大小通吃的做法。中心城市要当好接续核心城市辐射的“二传手”，发挥好局部中心的功能，应该将重点放在发展高附加值、高技术含量的产业，增强对中心城市产业配套能力。

中小城市不应盲目追求产业高级化，要充分消化核心城市、中心城市转移出来的生产能力，改造好传统产业，充当大企业的加工基地。小城镇应着眼于依托城市群，服务于城乡一体化。同一层次城市之间要加强横向合作，减少和避免相同产业过剩导致的恶性竞争。只有这样才能提高城市群内协同效率和专业化水平，提高整个区域的对外竞争力。比如，在珠三角地区，以中山、东莞、顺德、番禺等新兴现代化城镇为主体所形成的区域经济带中，各中小城镇既形成了具有自身特色的优势产业和核心竞争力，又协调发展、统一规划，避免了基础设施重复建设等弊病，从而带动了县域经济发展，与大中型城市的发展完成了很好的对接，共同促进了区域经济的发展。

因此，青海省在建设东部城市群的过程中，在明确层级的前提下，应确定各个城市的发展目标和发展模式，明确产业分工重点，实现城市群内产业结构的合理布局和错位发展。东部城市群的主体是各县的县城，这些县城从规模上属于小城市，但它们是每个县的核心，利用好各个县的特色资源，把这些县城的产业做精、做特，在城市群中各具分工，发展特色产业、延伸产业链，既有利于自身的发展，又有利于城市群整体的发展。中小城市产业发展的重点在于中心镇产业链条的延伸和拉长，在此基础上进行城市功能的选择和培育，实现城市的特色化发展。做精、做特中小城市，能在特色化的产业和专业化分工基础上实现中小城市的现代化。

在整个区域内建立布局合理的产业体系对于城市群发展而言是很关键的。构建系统化的产业结构体系不但指明了各城市第一、第二、第三产业的发展方向，更指明了落后地区城市群内城市产业的发展方向。青海东部城市群内的各城市只有按照比较优势和竞争优势的原则，相互错位发展，合理选择主导产业，才能提高青海东部城市群内各城市产业的专业化水平和协同效率，以此带动整个城市群对外竞争力的提升。在当前三产结构不合理的情况下，青海东部城市群要以培育优势产业集群和建立市场体系为中心，大力发展第二、第三产业，构建合理分工和梯度互补的产业体系。同时地方政府要对地区的主导产业部门的关联部门进行“大推进”式扶持，促进其整体发展，防止其中的短板部门拖累了整个行业的发展。

**2. “大推进”式扶持相关产业**

要做到青海东部城市群内部城市产业结构发展的协调。首先，要做的是保证青海东部城市群的产业能够较好的发展，只有发展了才能更好地做产业之间的协调。琼斯（Jones，2008）指出落后地区城市产业的发展，要关注落后地区城市产业关联较弱的部门，因为在落后地区，产业部门存在着较强的互补性。这与发达地区产业部门存在较多替代性不同，替代性的存在使得发达地区产业部门的生产率与该地区最高生产率部门相关，因此在发达地区投资应该使用在生产率较高的替代性产业部门。而在落后地区，由于产业部门的互补性比较高，并且具有较强的依赖性，因此在落后的产业部门的生产率则取决于生产率低的部门。对于青海东部城市群的产业发展来说，政府应该对落后地区主导产业部门的相关部门进行“大推进”式的投资，只有这样，这些落后地区的产业部门才能跨越资本的束缚，从而实现发展。但是需要指出的是，“大推进”式投资不是盲目的同等比例的投资，也不是对所有的企业都进行投资，而是对具有较高发展潜力的主导产业部门的相关联产业部门进行投资。

**3. 明确城市群内三次产业的重点和发展方向**

城市群内产业的发展要做到协调，实际是城市群内各城市进行相应的职能分工，但是如果仅从产业的角度进行城市的功能分工，这样的工作没有意义也不尽合理。因为明确城市群内各地区的一、二、三产业的重点和发展方向，就是明确城市群各产业结构调整与升级。产业结构的调整需要以市场导向为主，应该将市场导向与政府扶持推动相结合。长期以来，中国经济发展的一个明显的特征是依靠中央政府和地方政府来主导产业的发展。但是在市场经济中，这种命令式、计划式的发展不仅没有带动相关产业的发展，还催生了生产力低下，创新不够的企业长期存在。虽然青海东部城市群有其特殊性，但是不能一概以特殊性来否认最本质的东西，市场作为有效配置资源的一种方式，不管在配置商品还是在竞争中淘汰企业都是很有力的。因此作为城市群中各地区一、二、三产业的调整，要依据市场的运行机制，而不是政府的意愿。市场主导并不意味着政府可以放任不管，政府可以更好地为企业发展以及一、二、三产业的发展提供政策上的便利，提供更好的公共服务来强化市场的作用。

**4. 推进产业集群建设**

明确城市群产业发展方向，创造条件，承接东部产业向青海东部地区转移，以东部产业的落地带动东部城市群特色产业发展，促进城市群内部产业结构优化与产业分工的形成。产业是经济发展的重要支撑，合理的产业空间布局是城市群发挥规模效应和扩散效应的基础。借助丝绸之路经济带建设的国家战略，创造良好的区域投资环境，吸引东部产业转移落户，建设面向中亚、南亚、西亚乃至欧洲市场的加工贸易生产基地，是对东部城市群发展的有力支撑。更重要的是可以改变青海东部地区长期以来形成的资源依赖型的产业结构，带动海东地区特色产业发展，提升产业层次，提高产业资源加工深度、延长产业链、提高产品附加值、带动当地就业、促进经济增长，开拓国际市场。

对于青海推进产业集群建设的问题，已有众多学者进行了研究。对青海藏毯产业集群的研究有李毅和王虎英（2009）的《青海藏毯产业集聚现状与产业集群化研究》、[①] 对青海中藏药产业集群的研究有陈雪梅（2009）的《青海中藏药

① 李毅，王虎英．青海藏毯产业集聚现状与产业集群化研究［J］．青海社会科学，2009（5）．

产业集群化发展战略探析》、[①] 对青海矿产产业集群的研究有陈莲芳（2008）等人的《青海矿产资源产业集群式开发利用分析》[②] 以及王建军等人（2014）的《产业集群资源支持力评价——以青海西宁国家经济技术开发区为例》[③] 对青海西宁国家级经济技术开发区做的相应的研究。青海东部城市群有着独特的区位优势和资源优势，西宁国家级经济开发区显示着群内核心城市强大的再工业化实力，因此不仅仅是群内的西宁市，青海东部城市群的其他县市，也要依据自己的定位，至少培育一到两个产业集群作为自己城市的名片。现如今的城市或者区域竞争，往往是地区或者城市内极具竞争力的产业集群的竞争，这种宏观层面的竞争越来越向微观层面发展的现象，说明了产业集群作为一个地区发展的地位和作用。因此青海东部城市群内各地区要努力在自己的县市内培养出一个有较大竞争力的产业集群，通过产业集群的建设来推动城市的发展。

### （五）推进一体化基础设施建设

为了达到效率最大化，青海东部城市群需要提供统一的公共服务，包括供水、供电，交通建设及环境治理等方面。同时，为了方便与其他城市带和城市群的对接，加强地区间的分工与合作，需要开放一体化的设施体系，促进整个区域的协调发展，从而使该城市群融入更大规模的城市体系之中，如兰白西城市群之中。同时作为国家的重要战略设想，推进丝绸之路经济带建设，国家对沿路基础设施的投入，必将进一步完善青海东部地区的基础设施，特别是交通的大发展，对推进东部城市群的建设作用是巨大的。为此，青海东部城市群要把握丝绸之路经济带建设的机遇，建设全面的综合性网络化、现代化和国际化的基础设施体系。

### （六）把握丝绸之路经济带建设的机遇—以对外开放带动东部城市群发展

“一带一路”的建设意味着中国将更大地打开了向西开放的大门，进一步要加强与丝绸之路经济带沿线国家的交流与合作。青海东部地区是个多民族地区，许多民族与中东地区国家有着文化上的血脉联系，这为东部城市群在丝绸之路经济带建设中向西发展提供了便利的条件。借助国家丝绸之路经济带建设，强化青海东部地区向西开放的力度，加强对外合作，沟通青海东部地区与国外市场的经济交往，从根本上扭转青海的区位劣势，使其由内陆地区变为向西开放的前沿，

---

① 陈雪梅．青海中藏药产业集群化发展战略探析［J］．攀登，2009（05）．

② 陈莲芳，严良，陈晓红．青海矿产资源产业集群式开发利用分析［J］．中国矿业，2008（7）．

③ 王建军，刘敏敏，王习．产业集群资源支持力评价——以青海西宁国家经济技术开发区为例［J］．青海社会科学，2014（3）．

可以以对外开放更好地带动东部城市群的发展。例如：海东境内有着全国唯一的循化撒拉族自治县。循化县的撒拉族在语言文字、历史文化、宗教信仰等方面与土库曼斯坦有着诸多同源同宗特色，使得海东先天独有了发展中土两国友好交流的历史契机和文化底蕴。目前，海东市已与土库曼斯坦、哈萨克斯坦这些国家的城市建立起友好城市，和这些国家都有来往和互访，基础条件跟别的城市相比，更具独特优势。借助于丝绸之路经济带建设，海东市已经利用前期与土库曼斯坦等国的交流合作优势，继续深化与中亚、西亚、欧洲等地区的经济贸易交流，建立了有效的合作机制。还有伊斯兰教，青海的穆斯林与中东地区的很多国家有着良好的交流往来。交流中形成的青洽会、中国（青海）国际清真食品用品展览会、中国（青海）藏毯国际展览会等成为目前青海向西交流的重要平台。

### （七）建立现代交通综合网络

城市群的精髓在于联合而形成的整体优势，而加快推进基础设施建设，通达交流设施，强化城市群内部各城市间的经贸联系是城市群形成整体的前提。在全球经济一体化下，城市群是国际交流、分工和竞争的基本单位，作为国际交流、分工和竞争的基本单位的城市群发展与基础设施建设密不可分，铁路、公路、航空、港口和信息高速公路对城市群经济发展、城市群内各个城市之间的相互联系、相互作用至关重要。城市基础设施是城市群经济形成的重要依托，没有足够的、完善的基础设施系统，城市以及城市群经济就不能有效运行，尤其是交通网络和通信网络的发达与否直接关系着城市的吸引和辐射能力，关系着城市群经济的形成。加快推进基础设施建设，是调整区域经济布局，增强核心城市集聚和辐射功能，同时使区域内次级中心城市和中小城市充分利用核心城市功能、加快发展的重要手段。西部大开发以来，青海境内交通、通信条件得到了明显的改善，河湟谷地通达性明显提高。

随着近年来谋划开工的格尔木至成都、格尔木至库尔勒以及青藏线延伸至日喀则的铁路的开通，为从青海至南亚、中亚创造了条件。尽管有了这些基础设施的存在，但是青海要想真正融入丝绸之路的主线中去，一定要抓住机遇来进一步强化自己的基础设施的建设。而国家对丝绸之路建设的支持，青海作为边缘省份要主动亮明自己的身份融入丝绸之路的建设中去。通达环境的改善从区域空间上增强了中心城市与周边城市间的联系，基本形成了“核心—边缘”的空间格局。目前应着重发展城际交通设施，通过引进市场机制，促进基础设施的产业化过程，通过设立合理的投资回报机制，大力吸引多方投资、民间投资或证券市场融资等，在建立有效的管理经营体制的基础上，加强基础设施自我滚动发展能力，促进城市群内部城市间的经贸及信息交流，促进城市间的交流合作，推进城市群一体化的形成。

交通是经济引擎，也是物质流、信息流等的重要载体。发展交通轴上的中小城镇，符合陆大道院士提出的点轴发展理论，也充分运用了交通轴对经济发展的影响。青海东部城市群在青海地区具有较好的交通干线，这些交通干线将青海东部小城镇串成了连绵的城镇带，从而带动这些小城镇的发展。依托兰新客运专线的开通，以及相应交通道路的建设，青海东部城市群的交通轴线已初具规模，但是尽管如此，中小城市的空间职能作用并没有得到很好的发挥，如解决当地农民就近就业的问题等。因此中小城镇在沿轴线发展时要依托自身的地理环境和资源优势，大力发展制造业以及相关高新技术产业，能源化工业，通过产业的形成来带动就业，从而切实解决好农民就地就业的问题。农民的就近就业同样也符合我国实施新型城镇化道路的要求，也能够加快青海东部城市群的城镇化进程。

交通设施、通信及信息设施、公共服务等也属于基础设施体系范畴。城市间的物质流态要素必须以便捷的交通网络设施为途径，以此为管道在青海东部城市群各城市之间建立互相联系。一个一体化、开放化的交通和信息网络是青海东部城市群协调发展所不可缺少的。目前，在推进东部城市群新型城镇化建设中，一是要对城市群内部各个城市的交通基础设施进行网络化整合。大力发展航道、航空、铁路、高速公路、管道运输为主的轨道交通等，提高交通智能化、现代化管理水平，形成立体化的综合交通网络。在加强城际之间的路网建设的同时，加强和周边城市的路网建设，为青海东部城市群的进一步壮大打好基础。二要特别注重通信基础设施的建设，通过互联网，建立青海东部城市群内部的区域信息体系。要打破区域间的信息封锁，积极探讨建立适应青海东部城市群开放开发的信息平台与通信网络建设。通过实施信息高速公路，有效地降低沟通成本，使青海东部城市群内部各城市之间、企业之间、居民之间更好的实现跨越时空的联系，以此推动整个城市群网络的构建，促进青海东部城市群的协调发展。

### （八）重视生态环境保护，发展循环经济

为了节约能源与保护环境，解决“瓶颈”制约，青海东部城市群必须发展循环经济。遵循“科学发展观”的要求，再依据减量化、再利用、资源化的原则，发展环保支柱产业，推广节能技术，推行清洁生产，并加大环保宣传力度，注重研究环保产品以及配置相应的环保设施。

循环经济是资源型城市和资源枯竭型城市可持续发展的重要经济模式，其本质是改变经济的发展模式，同时重视生态环境的保护。在节能减排，大力倡导绿色经济的今天，内地沿海发达地区同样存在着空气污染的压力从而迫使其发展绿色经济，循环经济作为绿色经济的一种特有形式，为资源依赖型的城市提供了发展的思路，青海以及青海东部地区大多数的企业都是资源型的企业，这种依靠资

源消耗的线性增长方式显然是不可持续的，经济的可持续发展要寻求一种可持续的高效的发展模式——循环经济。青海东部城市群中的中心城市西宁市的国家级经济技术开发区已经在相关部门的规划中计划要大力发展循环经济。但是这种零星分布的产业集群是不够的，青海东部城市群的各个县市都应该依据自己的比较优势，大力发展优势产业，形成城市群内部的产业循环，从而能更有效的发展循环经济，形成城市群内部的产业一体化。

### （九）提高土地和水资源的利用效率，提高单位土地承载力

青海东部城市群应进一步强化政府规划，合理规划城市用地，严禁低密度扩张，土地指标应向大城市倾斜，集约发展。以提高土地利用率。青海作为缺水地区，水资源的保障对东部城市群的发展至关重要。水资源是城镇发展的重要基础，东部城市群的发展需要水资源的保障，作为缺水地区，应注重水资源的统一管理，治理水环境污染，在做好水土保护工作的同时，不断提高城市供水能力。此外，应根据水资源的条件来确定城市的产业发展，以免造成不必要的投资。与此同时，西宁和海东两市应进行水资源配置体系的建设，按照人口、资源、环境协调的原则，进行协商和制定相关规划，根据流域内西宁和海东这两市经济水平以及在流域水质保护、生态保护与建设中的责任和受益程度，每个城市从各自的年度财政收入中提取一定比例，建立专门用于本流域的水质保护的治理基金，为环境与发展协调提供经济上的保障。

### （十）调整政府角色，加强城市政府间合作，淡化行政区划色彩，强化经济区域功能，以市场的力量引导城市群内部协调发展，以跨城市的协调机制完善城市空间网络关系

在我国既有的体制格局下，地方政府在推动经济增长、提供公共产品、引导体制创新、对外开放、提升人民生活等方面，有着不可替代的作用。但地方政府在促进本地经济增长的同时，也有着地方保护主义的冲动。出于对自身经济利益最大化的追求，地方政府对经济的干预，使行政区划成为阻隔经济一体化进程的严重障碍，阻碍着统一市场的形成，阻碍着区域经济发展。地方政府要打破部门、地域，本着“互惠互利、优势互补、结构优化、效益优先”的原则联合起来，推动城市间、地区间的规划联动、产业联动、市场联动、交通联动和政策法规联动。通过整合区域资源，调整区域产业结构，壮大跨区域的龙头产业，以较低的成本促进产业优势的形成。此外，城市群是由许多城市组成的，中心城市可以发挥强大的辐射能力带动其他城市发展，但单个的城市政府很难应对和协调区域层面的问题，城市群内各城市政府之间应建立多层次的合作和对话框架，和其他外部力量一起推动城市群经济内部融合，才能协调城市群的发展。

从世界主要发达国家的城市群发展来看，他们在发展到一定阶段时，都成立了区域性组织管理机制，在区域协同发展、资源配置和城市群一体化发展及提升城市群竞争力方面发挥了重要作用。如，美国华盛顿大都市区政府委员会就是由美国哥伦比亚特区、马里兰州和弗吉尼亚州的21个地方政府，以及马里兰和弗吉尼亚州的立法机构、美国众议院和美国参议院在该地区的代表共同组成，是华盛顿地区地方政府构建的一个地区性合作组织。① 这个代表各方共同利益的组织机构，通过制定区域公共政策，降低了要素流动的门槛、消除了行政壁垒、实现了资本、产品、生产要素的自由流动，解决了企业跨区运作的困难，通过有效地协调区域内各城市的关系，形成了城市群内的统一市场。因此，东部城市群的建设需要建立跨城市的协调机制，为区域内产业协调发展、基础设施衔接布局等提供整体性规划。当前东部城市群的行政区划体制由于历史和管理原因，在短期内难以大幅调整，但可在现有制度基础上，根据不同的合作内容建立各种城市间合作组织或考虑组建区域性权威机构来加强区域内政策和发展路径的协调。

### （十一）积极推动户籍改革，推动人口向城市集聚

对于城市群等级规模效益，我们通常从两大方面来衡量：一是单个城市人口集聚达到合理的规模；二是区域内城镇体系等级规模结构要合理。要求各规模城市分布要适度，才能促使区域城镇的体系产生较大的综合效益。青海东部城市群作为非典型的区域城市群，其城市体系的等级规模具有如下特点：(1) 内部等级规模的结构不完整，缺乏中等规模的城市作为大城市与小城市的纽带。(2) 从东部城市群的人口规模构成来看，青海东部城市群核心大城市——西宁市的城镇人口也只有146.55万人，刚跨入大城市标准，其他城市的城镇人口在13万~50万人，城镇人口城镇化率偏低和总量偏小，达不到支撑一个城市群产业发展规模需要的合理人口规模。(3) 除西宁市以外，其余中小城镇尽管数量多，作为城市群不可或缺的一部分，城镇化水平偏低，导致城市群整体向高水平结构转型中存在诸多困难。(4) 受制于行政区划的制约，兰州市对青海东部城市群的带动作用没有得到充分的发挥。因此，应积极按照2013年12月13日中央城镇化工作会议提出的要以人为本，推进以人为核心的城镇化，提高城镇人口素质和居民生活质量，把促进有能力在城镇稳定就业和生活的常住人口有序实现市民化作为首要任务，解决已经转移到城镇就业的农业转移人口落户问题，努力提高农民工融入城镇的素质和能力的要求，加快户籍制度改革，大力发展特色产业、服务产业，推动人口向城市集聚，尽快提高东部城市群的城镇化水平，以人口的合理集聚提升城市群的规模效益。

---

① 苗丽静，李思佳．城市群中的经济壁垒及其治理创新［J］．区域经济评论，2015（3）：123.

# 第五节　筹建青海西部城市群的必要性与可行性

根据《青海省主体功能区规划》（青政〔2014〕22 号）青海的重点开发区为以西宁为中心的东部重点开发区和以格尔木市、德令哈市为重心的柴达木重点开发区。这两个开发区域扣除基本农田和禁止开发区后面积为 7.3 万平方千米，占全省面积的 10.18%，总人口 397 万人，占全省总人口的 68.7%。到 2020 年，该区域将聚集全省约 90% 的经济总量和 80% 的人口。①

目前，青海东部重点开发区规划的东部城市群经过数年的重大交通、能源、水利、公共服务和城镇市政公用基础设施建设，以及吸纳就业能力强的劳动密集型产业、特色优势产业和高附加值的产业发展，城市群已具雏形，对推进海东经济社会发展乃至青海新型城镇化的建设起到了巨大的推动作用。而以格尔木市、德令哈市为重心的柴达木重点开发区目前尚未形成有效的城镇体系，城镇发展的滞后已对柴达木重点开发区的发展产生了诸多不利影响。积极筹划青海西部城市群的建设已成为融入丝绸之路经济带建设，发展青海西部地区，实现青海经济社会均衡发展的迫切任务。

## 一、柴达木重点开发区在青海的重要地位

柴达木重点开发区位于青海西部的海西州，包括格尔木市、德令哈市、乌兰县、都兰县、大柴旦行委、茫崖行委、冷湖行委城关镇规划区及周边工矿区、东西台盐湖独立工矿区。该区域面积为 2.79 万平方千米，占全省总面积的 3.89%，人口 35.15 万人，占全省总人口的 6.08%。柴达木重点开发区域是青海省经济发展速度最快、城镇化水平最高的地区。2014 年该区域生产总值 504 亿元，占全省比重的 24%，人均生产总值 143385 元，经济密度 180 万元/平方千米。人口密度为 13 人/平方千米，城镇化率为 66%。到 2020 年，柴达木重点开发区域聚集全省 28% 的经济总量和 10% 的人口，城镇化率提高到 75%，工业增加值比重 70% 左右，人口密度达到 22 人/平方千米。②

柴达木重点开发区是青海解放以后重化工产业重点发展区域，在青海产业发展中具有非常重要的地位。柴达木盆地现已发现矿产 103 种，产地 1626 处，探明储量的矿产 60 种，占全省矿产资源总量的 58% ~95%，矿产资源潜在经济价

①② http：//xxgk. qh. gov. cn/html/1664/268037. html. 青海省主体功能区规划．青海省政府信息与政务公开网．

值约 80.5 万亿元。湖盐、钾盐、镁盐、锂、锶、石棉、芒硝、石灰岩矿藏储量居全国首位，溴、硼储量居第二位，且矿产资源具有储量大、品位高、类型全、组合好等特点，是循环经济和新型工业化发展的重要基础支撑。同时，境内太阳能和风能资源特别丰富，新能源产业正在蓬勃发展。2009 年 5 月 31 日工业和信息化部印发的《关于进一步促进青海省工业和信息化发展的意见》指出，青海省在藏区发展、稳定和全国生态保护大局中具有重要战略地位，是中国实施西部大开发战略、推进生态经济建设、发展高原特色产业的重要区域，而西宁经济技术开发区和柴达木循环经济试验区是主要载体。要立足青海省资源优势，以西宁经济技术开发区和柴达木循环经济试验区为主要载体，以盐湖化工为龙头形成盐湖化工、能源化工、有色金属冶炼及精深加工、装备制造、电子信息基础材料及太阳能产业、特色生物资源加工等 6 大产业集群，构建以柴达木地区为核心的循环经济产业体系，把青海省建设成为全国重要的循环经济示范区和大型钾、钠、镁、锂、硼、锶及天然气化工产品等优势特色产业基地。①

## 二、筹建西部城市群的必要性

### （一）青海省内区域均衡发展的必要条件

青海地域广大，省域内发展的差异也非常大，随着东部城市群的快速发展，省内东部地区与其他地方的差距在不断拉大。这种不断拉大的差距势必造成省内发展的不均衡，带来较多的经济社会问题。筹建西部城市群，将有利于推动青海西部地区的经济社会发展，在西部城市群的带动下能缩小青海区域发展的差距。在东、西城市群的带动下可以实现东西部协同发展，对推动青海经济社会均衡发展非常有利。

### （二）青海融入丝绸之路经济带的重要支撑点

青海西部地区要融入丝绸之路经济带向西发展还缺乏一个强有力的城市群作为基地的支撑。从丝绸之路经济带的规划来看，兰州—西宁经济区是连接中国东西部经济的重要通道，也是连接丝绸之路经济带与海上丝绸之路的重要通道，这一通道随着“一带一路”的快速发展，需要兰州—西宁经济区中的城镇强化自身的建设，发挥更重大的作用。作为兰州—西宁经济区的延伸，青海西部城市群的筹建具有其发展的合理性。西部城市群的建设可以形成支撑青海西部区域发展的增长极，可以推动跨区域城市间产业分工、基础设施、生态保护、环境治理等协

---

① http：//www.law-lib.com/law/law_view.asp？id＝282317. 工业和信息化部关于进一步促进青海省工业和信息化发展的意见.

调联动，实现城乡一体化的高效发展，可以拓宽兰西经济带，将青海东西部地区完全纳入丝绸之路经济带建设范围之内，成为丝绸之路经济带的重要组成部分。

### （三）向西搞开放需要一个坚实的工业基地

丝绸之路经济带的建设，把青海从内陆腹地变成了向西开放的前沿地带，这给青海的发展带来了良好的发展机遇。要抓好这个机遇，青海必须要打造一个坚实的向西开放的桥头堡，而柴达木盆地良好的工业基础为这个桥头堡的打造提供了坚实的产业基础。

### （四）柴达木的工业发展需要区域城镇的强力支撑

一般来说，城镇化是由工业化来推进的，工业化的过程同时也就是城镇化的过程，而城镇化作为工业化的载体，对工业化具有反作用。城镇化如能适应工业化发展的要求，则会推动工业化的加速推进。否则，就会延缓甚至阻碍工业化的进程。工业化与城镇化之间的关系可形象地称之为“发动机”与“加速器”的关系。这就要求我们必须把两者结合起来，在推进工业化进程中同步地推进城镇化。

对于工业化与城镇化的关系，蔡昉（2016）指出，“工业化需要借助规模经济和集聚效应，引起产业的聚集、人口的集中，推动服务业、城市基础设施和公共服务供给部门的发展，使得城镇化水平提高。反过来，与城镇化水平提高相伴而来的产业集聚和人口、人才、创意的集中，以及更有效率的公共产品供给，又为促进创业和创新活动打造良好平台，改善居民生活质量，从而提高经济发展的可持续性和共享性。”①

不同阶段的工业化对城镇化的作用存在着较大差别。理论分析和实证考察表明，在工业化初期，工业发展所形成的聚集效应使工业比重上升，对城镇化率上升具有直接和较大的带动作用；而当工业化接近和进入中期阶段之后，产业结构转变和消费结构升级的作用超过了聚集效应的作用，城镇化的演进更多地表现为非农产业就业比重上升的拉动。在这个阶段，非农产业就业比重的上升明显快于生产比重的上升，而这主要不是工业而是服务业的就业增长带动的。也就是说，当工业化演进到较高阶段之后，对城镇化进程的主导作用逐步由工业转变为整个非农产业，就业结构的变化也越来越不同于产出结构的变化并起着更大的作用，这使服务业的比重上升对城镇化进程产生了更大的影响。

从工业化与城镇化的关系来看，不论是工业化初期，工业发展所形成的聚集效应的形成还是工业化演进到较高阶段之后非农产业成为城镇化进程的主导，都需要城镇提供良好的载体才能发挥作用。经过近 60 年的开发建设，海西基本形

① 蔡昉．走出一条以人为核心的城镇化道路．求是，2016（23）：23.

成了以石油天然气、盐湖化工、有色金属、煤炭及非金属材料、新能源为主的循环经济工业体系，第二产业已占到地区生产总值的81.2%，其中工业占73.8%。在工业化带动下，全州城镇化水平不断提高，现有各类城镇23个，其中德令哈市和格尔木市，建成区面积分别达12平方千米和30平方千米；建制镇21个，建成区面积近30平方千米，城镇化水平达到70%。这23个城镇为海西州工业化需要的分工合作、科技发展、人力资源、教育培训、服务业及各种要素市场的发展提供了强力支持。但随着工业的进一步的发展需要城镇规模的进一步扩大与其发展的规模相匹配，需要城镇数量的增加及城镇间联系的强化来为工业的发展提供更好的服务与产业向周边城镇梯度转移的需要。

### （五）连接周边城市群的客观需要

随着“一带一路”的建设，中国西北部地区将围绕丝绸之路经济带形成区域经济合作发展态势，以城市群为核心的协作发展将推动西北地区更好的合作与一体化。海西南通西藏，北达甘肃，西出新疆，东邻本省的海北、海南藏族自治州，处于青甘新藏四省区交汇的中心地带。兰西拉光缆、青新光缆、青藏750千伏交直流联网线路贯穿全境，格尔木—拉萨成品油输油管线和涩—宁—兰输气管线分布境内，青藏铁路和国道109、国道315线横贯全境，并与国道215线、西部大通道及省、州道纵横贯通，形成四通八达、衢通四省的交通通信网络，是连接西藏、新疆、甘肃的战略支撑点和祖国西部腹地的交通枢纽，也是支援和稳定西藏、南疆的重要保障基地，战略地位十分重要。国家“十三五”规划提出，要“规划引导北部湾、山西中部、呼包鄂榆、黔中、滇中、兰州—西宁、宁夏沿黄、天山北坡城市群发展，形成更多支撑区域发展的增长极。”① 青海西部城市群的筹建将壮大兰州—西宁城市群，强化与新疆、甘肃、陕西、宁夏等省份的合作，与成渝地区、宁夏沿黄、天山北坡等城市群的发展形成联动，共同促进西部发展。

## 三、筹建西部城市群的可行性

### （一）城镇群经济已经成为中国区域经济发展的主要动力

城镇群的出现是城市在区域内综合功能的溢出、区域内城镇与城镇交互影响的区域现象。随着中国城镇化的快速推进，中国区域经济发展格局正由先前的省会经济向县域经济和产业集群经济转变。县域经济和产业集群经济在区域中的快速发展促进了区域内城镇与城镇之间的交流，从而形成了区域城镇群经济，这种

① http：//www.guancha.cn/society/2016_03_17_354244.shtml. 国家十三五规划纲要.

特有的空间经济正成为中国区域经济竞争力的核心。在推进新型城镇化的进程中，城镇群承担着提高区域经济发展水平、带动周边地区城镇化和促进城乡一体化的重任，因此发展区域城镇群经济已经成为中国区域经济发展的主要推动力。

### （二）兰西经济区向西延伸的必然选择

作为兰西经济区向西的延伸，西部城市群有其产生的可行性。与东部城市群不同的是，西部城市群是以柴达木盆地重化工工业经济为基础的城市群，与东部城市群以轻工业、服务业为主的经济具有很强的互补性。而且随着"一带一路"建设的不断推进，兰西经济区必须要不断向西延伸与新疆衔接，才能使兰西经济区彻底融入丝绸之路经济带，实现完全的向西开放。

### （三）丝绸之路经济带建设的客观需要

西部城市群建设以融合共赢为目标，多空间集约利用，加速人口和产业聚集，形成区域特征明显、产业相互配套、优势互为补充、要素有序流动的城镇发展新格局。坚持产城融合、产城联动的发展理念，以产业为支撑，把西部城市群打造成丝绸之路经济带上的重要节点。对外，青海西部要有大的发展，海西必须要主动融入丝绸之路经济带，加强与沿线国家和地区的交流合作，打造格尔木西部自由贸易区，在德令哈建设中国—尼泊尔产业园。鼓励州内有实力的企业在西亚、中亚开展资源勘察、冶炼加工，积极对接石油、盐湖、煤炭、新能源、新材料等重点产业，支持具备条件的企业建设生产基地。

### （四）柴达木重点开发区产业转型升级的客观要求

2015 年 11 月 20 日，青海省政府为贯彻落实国务院办公厅《关于促进国家级经济技术开发区转型升级创新发展的若干意见》精神，青海省人民政府办公厅出台了《关于促进开发区（园区）转型升级创新发展的实施意见》（青政办〔2015〕第 210 号），提出了关于促进开发区（园区）转型升级创新发展的实施意见提出，青海省将立足构建产业新体系，突出东部地区和柴达木地区两大优势工业主体区域，发挥三大园区及 15 个重大产业基地的主体作用，推进园区经济优势互补、竞相发展。东部园区着重发展资金技术密集、产品附加值高的产业，西部园区着重提高资源开发和综合利用水平。围绕总体定位，形成主次分明、结构合理、集约集聚发展的园区产业布局。2016 年 1 月，青海省又出台了《关于促进开发区（园区）转型升级创新发展的实施意见》，提出要努力把青海省重点工业园区建设成为带动地区经济发展和实施区域发展战略的重要载体，科技创新驱动和绿色集约发展的示范区，特色发展、结构优化、产业集聚的先行区。把项目投资作为推动园区经济持续增长和转型升级发展的关键和主要动力，进一步强化项目建设。通过推动精深加工项目，在“十三五”末将电解铝产能就地转化率提高到80%，精深加工率达到45%。谋划新的支撑项目，以打造锂电、新材料、光伏光热和盐湖资源综合利用等4个千亿产业和15个重大产业基地为目标，积极引进一批龙头型、基地型产业支撑项目和循环经济项目；实施锂电产业扩能提升、装备制造和轻工业发展、新材料产业链条延伸、关键技术突破等四大工程，推动价值链向高端延伸、发展配套服务业项目，加快发展现代物流、设计研发、融资租赁、节能服务等中高端生产性服务业。

## （五）城镇发展为筹建西部城市群提供了基础条件

经过改革开放后近40年的发展，以格尔木市、德令哈市为核心的海西州城镇已发展壮大起来了，2市3县3行委21镇已成为海西州区域发展的核心力量，为筹建西部城镇群提供了基础条件（如表5－20所示）。

2016年1月份召开的青海省海西州委十一届十四次全会提出，海西的城市群建设要以格尔木市、德令哈市（州政府驻地）为中心城市，茫崖、都兰为副中心城市，依托柴达木循环经济试验区建设，带动城市群成为西部地区经济最具活力、开放程度高、创新能力强的发展区域。明确了格尔木市要以打造交通枢纽、盐湖城、旅游城为目标，进一步提升战略枢纽地位。德令哈市要打造政治、经济、文化、教育、科技、医疗、金融中心，辐射带动乌兰、天峻城镇发展。确定了德令哈城市扩容、格尔木提升品质，茫崖冷湖（2行政委员会）合并、建立中国最年轻的县级市，打造青海西部门户城市。都兰（县）强化香日德（镇）交通枢纽地位，积极推动撤县建市，成为连接三州的区域经济发展新支点。目前海西州正在积极推动德令哈、大柴旦合并扩市；茫崖、冷湖联合建市；都兰撤县改市。茫崖、都兰分别作为海西的西大门和东大门，要成为海西的两个副中心城市。海西州2市3县3行委21个镇的发展壮大为筹建西部城市群提供了基础条件。

表5－20 海西州城镇概况

| 城市 | 管辖的镇 | 人口（人） | 城镇化率（%） | 规模以上工业企业数（个） | 公共财政收入（万元） |
|---|---|---|---|---|---|
| 格尔木市 | 唐古拉山镇、郭勒木德镇 | 135899 | 98.76 | 70 | 840037 |
| 德令哈市 | 尕海镇、怀头他拉镇、柯鲁柯镇 | 7.6636 | 77.07 | 19 | 28000 |
| 乌兰县 | 希里沟镇、茶卡镇、柯柯镇、铜普镇 | 3.70 | 99.5 | 8 | 27093 |
| 都兰县 | 察汗乌苏镇、香日德镇、夏日哈镇、宗加镇 | 7.39 |  | 12 | 28452 |
| 天峻县 | 新源镇、木里镇、江河镇 | 2.26 | 42.5 | 11 | 69590 |

续表

| 城市 | 管辖的镇 | 人口（人） | 城镇化率（%） | 规模以上工业企业数（个） | 公共财政收入（万元） |
|---|---|---|---|---|---|
| 冷湖行委 | 冷湖镇 | 2.26 | | 4 | 13382 |
| 大柴旦行委 | 大柴旦镇、锡铁山镇 | 0.98 | 88.8 | 14 | 88481 |
| 茫崖行委 | 花土沟镇、茫崖镇 | 3.41 | | 7 | 84648 |

资料来源：青海统计年鉴（2015）.

## 四、加快西部城市群筹建的思路与途径

### （一）加快西部城市群筹建的思路

西部城市群筹建要以支撑柴达木盆地工业的转型升级、为青海向西开放打造工业基地为目标。城镇群内部由于各个城市功能各异，具有较强的互补性，使得中心城市与周边城市、各城市之间以及城市、城镇与农村之间存在紧密的经济联系，特别是现代交换手段与频率的不断翻新，在城镇群各个层次上，表现为人流、物流、资金流、信息流等多种流态的集聚与辐射形式，又进一步增强了区域内部的互动能力。中心城市的作用呈现逐级传递特征，即中心城市对区域内其他城市辐射，其他城市再对区域内其他地区辐射，有力地推动了城乡协调发展。中心城市、中小城市、小城镇和农村互促互进，城乡各种要素统筹配置，产业分工细化，公共产品共享，人口自由流动，城乡界限模糊，城镇化进程加快，有利于海西州城乡发展一体化示范区的建设。因此，青海西部城镇群筹建的思路应是以融合共赢为目标，多空间集约利用，加速人口和产业聚集，形成区域特征明显、产业相互配套、优势互为补充、要素有序流动的城镇发展新格局。坚持产城融合、产城联动的发展理念，以产业为支撑，以城镇为载体，把西部城市群打造成丝绸之路经济带上的重要产业基地。以西部城镇群的建设带动青海区域均衡发展并进一步加强与新疆、西藏等周边省区的联系，使青海西部能以西部城镇群为基地，积极有效地融入“一带一路”建设之中，成为“一带一路”建设的重要战略支点。

### （二）加快西部城市群筹建的途径

由于海西州的城镇之间的距离较远，联系不紧密，因此，青海西部城镇群的筹建应以点－轴理论为指导，以完善交通设施为前提，着力注重与丝绸之路经济带建设的协调统一发展，重点培育具有“龙头”联动作用的区域中心城市格尔木市和德令哈市，强化格尔木市、德令哈市作为海西核心城市的地位，以道路连接带动小城市升级，加快小城镇建设步伐，推进城镇体系网络化发展，最终形成结构合理、功能互补的青海西部城镇体系。在统筹推动海西新型城镇化建设，实现城

镇布局合理、功能互补、建设好现有的23个城镇，突出其特色，提高其承载力和容纳力的基础上，围绕格尔木市、德令哈市形成合理的城镇产业分工合作机制，构建起青海西部城镇群的主体框架，积极承接国内外产业转移，稳步推进省内产业由东部向西部有序转移和合作发展，以“产城融合”壮大海西州各城镇的产业基础，带动青海省西部全国重要的循环经济示范区、新型工业化基地的建设。

## 本章小结：

本章首先通过对东部城市群进行SWOT分析和对城市群内部协调性的实证分析，认为：在省政府的大力推进下，东部城市群目前已初步成型，在青海省经济发展中承担起了“火车头”的作用，引领着青海省经济快速发展，尤其在推进青海省新型城镇化中发挥着非常显著的作用。利用国家推进兰西经济区和丝绸之路经济带建设等政策方面的有利契机，发挥青海东部城市群在青藏高原上的区位优势，增强中心城市核心竞争力，把东部城市群打造成青海融入丝绸之路经济带的重要战略支点，成为青海省推进新型城镇化战略的首要问题。

青海东部城市群开始建设以来，虽然取得了巨大的成绩，建立了区域中心城市海东市，但仍然面临着诸如城市群内部各城市定位不清，功能不明，城市体系规模结构不合理，缺乏深度的分工合作；区域内政府行政关系复杂，给城市之间的协调带来很多掣肘因素；群内各城市之间、城市重要交通枢纽之间的交通联系方式单一，交通建设缺乏统一的规划，没有形成高效、合理的物流通道；大城市的核心地位没有得到充分的发挥；产业发展滞后，东部城市群的人口集聚度不足等问题。

青海东部城市群在推进新型城镇化过程中要在空间布局采取“极核强化，轴线辅助，点面结合”，以西宁市、海东市为核心城市、强化主轴的辐射作用，构建城镇网络体系；要调整政府角色，加强城市政府间合作，淡化行政区划色彩，强化经济区域功能，以市场的力量引导城市群内部协调发展，以跨城市的协调机制完善城市空间网络关系；积极发展产业集群，推动户籍改革，推动人口向城镇集聚；要连通城镇间的各种联系，建立现代交通综合网络，推进一体化基础设施建设；提高土地利用效率，提高单位土地承载力，发展循环经济，重视生态环境保护，以对外开放带动东部城市群发展。

其次，对青海以格尔木、德令哈为重心的柴达木重点开发区进行了分析，提出以格尔木市、德令哈市为重心的柴达木重点开发区目前尚未形成有效的城镇体系，城镇发展的滞后已对柴达木重点开发区的发展产生了诸多不利影响。积极筹划青海西部城市群的建设已成为融入丝绸之路经济带建设，发展青海西部地区，实现青海经济社会均衡发展的必然选择。经过多年的发展，筹备青海西部城市群已具备了一定的条件，具有建设的可行性。

# 第六章

# 青海推进县域新型城镇化的路径与对策

县域是中国经济、社会发展的基本空间。县域城镇化是推进新型城镇化的重要内容，是区域城镇化的基石。中国的县域城镇化任务十分迫切。2014 年 3 月，李克强总理在《政府工作报告》中提到要解决“三个 1 亿人”问题，其中就提到促进约 1 亿农业转移人口落户城镇，这主要针对的是东部地区，要解决现在已经在城市里面工作生活的 1 亿人落户问题。另外还包括引导约 1 亿人在中西部地区就近城镇化，这主要靠中西部的城市群，以及中西部的县域城镇化发展来实观。

县域作为中国经济的基础环节，是推进城镇化的关键，其产业发展是新型城镇化的支撑和立足点、是决定城镇经济功能和性质的内在因素；县域产业发展所引起的产业结构的变迁和调整是促进城镇化发展的强大动力。中国县域内国土面积有 896 万平方千米，约占中国国土面积的 93%，县域人口占总人口的 70%，但其国内生产总值和社会消费总额却只占到全国总量的 50% 左右。

目前中国的县域发展处在大力发展工业化，以工业化推进城镇化阶段。工业化是城镇化的基础，城镇化推进工业化，同时带来劳动力的解放与转移。县域城镇化有利于县域工业的集聚，有利于第三产业的发展。县域城镇化的进度直接影响着县域经济的发展。县域经济作为农业、农村经济的最主要载体和城乡一体化发展的最基本单元，必须贯彻“新常态”下改革和转型的总体部署，主动顺应经济发展新形势和新要求，以聚焦“三农”发展、新型城镇化建设、扩大内需作为战略基点，加快城乡一体化进程，推动县域经济发展方式转变和结构优化，实现“新常态”下县域经济的可持续发展。

农牧区土地使用权流转的实质在于提高土地资源要素配置的效率，带动人力、资本、技术等生产要素的转移，推动农牧业的规模经营、集约经营，提高资源要素的配置效率，提高土地的利用率，使其在流转中实现价值最大化，使农牧民获得更多的资本性收入、级差地租收入。利用国家积极推进土地流转的政策，大力推进县域城镇化是青海目前推进新型城镇化的重要内容。

# 第一节 县域经济与城镇化

## 一、概念界定

### （一）县与县在国家中的地位

**1. 县**

县级行政区是中国地方二级行政区域，是地方政权的基础，县下辖乡、镇。作为中国基础行政区域，县的建立始于春秋，一般设立在经济发达，人口较多的地区。秦统一六国之后确立了郡县制。两晋时期，郡县制名存实亡。到了汉代，在实行郡县制的同时实行分封制，县制有所倒退。至唐代，继续推行郡县制，“安史之乱”后，以州为主，县隶属于州。此后，县的隶属关系经常发生变化。辛亥革命以后，州、府等设置被取消，行政区被划分为省、道、县三级，这时候的县隶属于道。1928 年以后，行政区划分由三级制变为省、县两级制。中华人民共和国成立之后，对我国地方行政区划制度进行了统一的、根本的调整，县隶属于省、自治区、直辖市以及自治州或地级市。从历史发展的轨迹来看，从秦朝推行郡县制开始，其他行政区的名称、地位一直都在变化，但是县制始终保持不变，郡县制沿革至今已有两千多年历史。郡县制的稳定发展，确立了中国大部分行政区划的边界，也使中国的县域基本保持了稳定，保障了中国经济社会持续稳定的发展。

**2. 县在国家政权结构中的地位**

中国县一级政府承担着除了军事外交外所有国家事务，县是一个完整的基层社会。

县级权利的构成决定了其地位的重要性：一是县级权力具有完整的架构，横向涉及政治、经济、文化、社会建设的诸多领域，纵向包括村、乡、县三个层次，两级政府，具有较强的自主性；二是县级政权有一个完整的政府机构体系，在党的领导下实现人大、政府、司法的横向分权和权力制衡；三是县级政权直接体现党的执政理念和执政绩效，直接面对着百姓的利益，是政权之魂。党和国家出台的大政方针和公共政策最终都要靠基层的县级政权来因地制宜谋划落实和贯彻。老百姓对党和政府的信任，也是建立在对基层政权认知和感受的基础上，县级政权的运行及其效果直接关系到政府的公信力和影响力，党能否树立起执政为民的形象也全靠基层政权的行使者。习近平总书记早在 1990 年 3 月就指出：国家的政令、法令无不通过县得到具体贯彻落实。因此，从整体与局部的关系看，县一级工作，从政治、经济、文化到老百姓的衣食住行、生老病死，无所不及。县一级工作好坏，关系国家的兴衰安危。[①]

## （二）县域经济及其特点

### 1. 县域经济概念的提出

县域经济作为一个经济概念，是2002年11月8～14日在北京召开的党的十六大报告中提出来的。党的十六大报告提出要“积极推进农业产业化经营，提高农民进入市场的组织化程度和农业综合效益。发展农产品加工业，壮大县域经济。”[②] 第一次提出了“县域经济”这个概念。党的十六届三中全会又进一步强调“要大力发展县域经济”，指出：县域经济在整个国民经济中具有基础性地位，是宏观经济和微观经济的结合点，是城市和乡村的统筹体，发挥着承上启下、统筹发展的作用。在这样的大背景下，各地对县域经济的发展非常重视，县域经济问题被提到了各地党政部门的议事日程并受到前所未有的重视和关注，中国走向县域经济时代已经是大势所趋。2009年3月9日在第十一届全国人民代表大会第二次会议上，时任国务院总理的温家宝同志在《政府工作报告》中又重申了“发展农村第二、第三产业，加快小城镇建设，壮大县域经济”的国家政策。近年来，国家出台了一系列政策鼓励、支持、引导县域经济的发展。2011年3月16日发布的《中华人民共和国国民经济和社会发展第十二个五年规划纲要》（以下简称《规划》）提出，要“增强县域经济发展活力。扩大县域发展自主权，稳步推进扩权强县改革试点。”要“发挥县域资源优势和比较优势，科学规划产业发展方向，支持劳动密集型产业、农产品加工业向县城和中心镇集聚，推动形成城乡分工合理的产业发展格局。”2016年3月18日发布的《中华人民共和国国民经济和社会发展第十三个五年规划纲要》提出，要“发展特色县域经济。培育发展充满活力、特色化、专业化的县域经济，提升承接城市功能转移和辐射带动乡村发展能力。依托优势资源，促进农产品精深加工、农村服务业及劳动密集型产业发展，积极探索承接产业转移新模式，融入区域性产业链和生产网络。引导农村第二、第三产业向县城、重点乡镇及产业园区集中。扩大县域发展自主权，提高县级基本财力保障水平。”《规划》提出的发展战略，为县域经济全方位发展，提供了重要的发展机遇。“郡县治则天下安，县域强则国家富”。作为一个发展中的大国，中国的县域面积占全国陆地国土面积的92%，县域人口占全国人

---

① http：//politics. people. com. cn/n/2014/0626/c1001－25201205. html. 习近平24年前谈县委书记责任：官不大责任不小.

② 江泽民. 全面建设小康社会，开创中国特色社会主义事业新局面. 党的十六大报告辅导读本［M］. 北京：人民出版社，2002年11月1日.

口的 71%，县域经济的发展在国民经济中占有举足轻重的作用。①

**2. 县域经济的概念**

县域经济，是以县级行政区划为地理空间，在县级行政区划的地域内统筹安排和优化经济社会资源而形成的、开放的、功能完备的、具有地域特色的区域经济。中国特色的县域经济是指在县级行政区域内、以农民为主体、以特色农牧产业为主导、以农村为载体、以小城镇为纽带的一种特定的区域经济。

县域经济一般是相对于城市经济而言的。县域经济与城市经济都是区域经济。县域经济的基础是区域内的自然资源，以农牧业为主；而城市经济的发展主要靠资金、技术和人才，以工商业为主。中国是一个传统农业大国，为了加快国民经济工业化与城镇化，长期采取了农业支持工业、农村支持城市的经济政策。县域经济为城市经济提供了巨大的资金、土地、劳动力等资源，城市经济在县域经济的摇篮中发育、成长。

**3. 县域经济的特点**

（1）县域经济从经济学的视角来看属于区域经济范畴，从行政区划的视角来看是一种行政区划型区域经济，从经济结构来看是以县城为中心、乡镇为纽带、农村为腹地、城乡兼容、农工商三大产业具备的、以农牧业为主导的区域经济。

（2）县域经济具有一个特定的地理空间，是以县级行政区划为地理空间，区域界线明确且具有地域特色，这种地域特色与其地理区位、历史人文、特定资源相关联。如：互助的酒文化、大通的煤炭经济、湟中的塔尔寺藏文化、乐都的汉文化、循化化隆的穆斯林文化、贵德的黄河文化、同仁的唐卡文化等，都是地域资源基础上产生的特色文化和产业。

（3）县域经济有一个县级政权作为市场调控主体，有一个相对独立的县级财政提供资金支持。因此，县域经济有一定的相对独立性，并有一定的能动性。能根据发展的形势变化和要求，自主地进行调控和布局。

（4）县域经济是以市场为导向并受国家宏观经济政策指导的区域经济。县域经济虽然是在县级行政区划上形成的，但它又不同于县级行政区划，县域经济不是封闭的“诸侯经济”，具有开放性，能够随着市场经济的发展，突破县级行政区划的约束，在更大的区域内进行资源配置，获取竞争优势，形成经济区域。

（5）县域经济是国民经济的基本单元。县域经济是功能完备的综合性经济体系，县域经济活动涉及到生产、流通、消费、分配各环节，第一、第二、第三产业各部门。但是，县域经济又不同于国民经济，县域经济突出的是地域资源特点，因地制宜发展特色产业。不要求“小而全”的全面发展，要“宜农则农”“宜工则工”“宜商则商”“宜游则（旅）游”，注重发挥比较优势，突出重点产

---

① 中华人民共和国国民经济和社会发展第十三个五年规划纲要［N］. 人民日报，2016 年 03 月 18 日 .

业，突出资源特色的唯一性。

（6）县域经济传统上是以农牧业和农村经济为主体，工业化、城镇化、现代化是县域经济的发展主题和方向。发展县域经济是解决“三农”问题的新的切入点，是全面推进小康建设重要任务的承担者。

## 二、城镇化与县域经济发展的关系

国内学者有关城镇化与县域经济发展关系的研究中，理论研究多表现为一种经验的描述。实证研究多选用城镇人口占总人口的比率来衡量城镇化水平；选用人均地区生产总值或地区生产总值衡量县域经济水平，研究方法多采用一元回归分析或者格兰杰因果分析。

从有关学者的研究来看，县域经济能推动中国新型城镇化发展的主要原因在于：（1）从区域经济发展角度来看，一方面，县域经济实力的增强是县城公共服务水平提高的基础，是县城市政公共设施建设与社会福利水平提高的保障；另一方面，县域经济的繁荣通过区域发展提升县城规模，带动周边地区的发展，拓展农村消费市场，促进小企业和小城镇的繁荣，能有效扩大生活在县域中人口的就业空间和收入来源，为城镇化发展创造空间。如厉敏萍，尹佳（2010）在分析了县域经济在城镇化进程中的作用后，指出县域农业产业化的发展为城镇化提供经济基础，工业化是根本动力，第三产业的发展是后续动力。① 张宪平等（2008）采用协整技术和误差修正模型，结合格兰杰因果关系检验分析法，分析了城镇化与县域经济增长的关系，得出的结论是：不管是从短期还是从长期看，城镇化与县域经济增长都是互为因果的关系。即城镇化推动了县域经济的发展，县域经济的发展反过来又推动着县域城镇化的进程。②（2）从县域经济产业构成角度来看，县域农牧业发展是县域城镇化的基础，也是提高农牧民生活收入的最直接有效的途径；县域工业是县域城镇化发展的根本动力，能最大限度吸纳农村剩余劳动力；县域第三产业是县域城镇化发展的后续动力，对县域居民生活水平的提高起到重要推动作用。如李胜会（2004）在《县域经济与城镇化水平相关性分析》一文中对城镇人口占总人口的比例与人均 GDP 进行了简单一元回归分析后，得出了如上结论。③（3）从农村剩余劳动力转移角度来看，县域经济发展，尤其是通过土地流转推动农牧业产业化的过程，有利于推

---

① 厉敏萍，尹佳．试论我国农村城镇化与县域经济的协调发展［J］．商业时代，2010（10）：126－128.

② 张宪平，刘靖宇．城镇化发展与县域经济增长关系的实证分析［J］．生产力研究，2008（2）：49－50.

③ 李胜会，李明东．县域经济与城镇化水平相关性分析［J］．兰州学刊，2004（1）：109－111.

动人口非农化，农牧民职业化。发展县域经济是吸纳农村剩余劳动力、推动农村人口向城镇转移、提高农牧民收入的重要手段。农牧民变市民，关键在县域经济的发展。发展以县城为主的中小城市在吸纳农村剩余劳动力方面的作用将是无限的。

## 三、推进县域新型城镇化的意义

### （一）县域中的城镇及其作用

#### 1. 县域中的城镇

中国的城镇化体系中，“城”包括市制建制以上的直辖市、省级市、地级市和县级市，“乡”则指县域范围内建制镇及以下的广大农村。在城乡二元中，县域范围内的建制镇被划分到了乡村一元，行政建制的县则是“城”与“乡”之间的纽带，同时也是城乡二元结构的“切割线”。因此，县域中的城镇包括中心城区（县城）、副中心城镇、重点镇、一般乡镇。何积英（2014）在《关于推进青海互助县城镇化发展的思考》一文中对互助县的县域城镇就是按照这种等级做了划分。互助县作为青海的一个农业大县，其县域城镇体系在青海县域城镇划分中具有一定的代表性。

表 6－1 互助县城镇等级结构体系

| 城镇等级 | 城镇名称 | 城镇个数 |
|---|---|---|
| 中心城区 | 互助县县城威远镇 | 1 |
| 副中心城镇 | 塘川镇 | 1 |
| 重点镇 | 丹麻镇、五峰镇、南门峡镇、加定镇、五十镇 | 5 |
| 一般镇 | 台子乡、林川乡、东沟乡、东山乡、巴扎藏族乡、松多藏族乡、哈拉直沟乡、东和乡、西山乡、蔡家堡乡、高寨镇、红崖子沟乡 | 12 |

资料来源：何积英．关于推进青海互助县城镇化发展的思考．青海师范大学学报（哲学社会科学版），2014（2）．

#### 2. 城镇在县域中的作用

不同类型的城镇在县域中发挥着不同的作用。一般来看，中心城区（县城）承担着县域中心城市的职能，集聚有较多的非农人口，以发展工商业为主，是一个县域的政治、文化、经济中心；副中心城镇一般以商贸、旅游、教育培训为主，有自己的特色产业，通常是一个县域内特色产业的发展基地；重点镇一般为乡镇政府所在地，一般以为农牧业、农牧民服务的商贸业为主、依据所占有的资源，有自己的特色产业；一般乡镇是乡镇政府所在地，通常有一定的商业贸易、集市，依据所占有的特色资源以农业、牧业、旅游业等为重点发展方向。

**表 6－2　　县域城镇职能结构规划一览表**

| 等级 | 名称 | 类型 | 职能 |
| --- | --- | --- | --- |
| 县城 | 中心城区（威远镇） | 综合型旅游 | 以商贸、酿酒、食品加工、现代农业示范、物流等绿色产业为主的综合型城区。 |
| 副中心城镇 | 塘川镇 | 综合型旅游 | 商贸、教育培训、绿色产业为主 |
| 重点镇 | 丹麻镇 | 旅游型 | 旅游、农贸 |
| | 五峰镇 | 旅游型 | 旅游、农贸 |
| | 南门峡镇 | 旅游型 | 旅游、林业、农业、商贸 |
| | 加定镇 | 旅游型 | 旅游、农贸、畜牧业 |
| | 五十镇 | 旅游型 | 旅游、农业 |
| 一般乡镇 | 林川乡 | 农业型 | 农业 |
| | 台子乡 | 农业型 | 农业 |
| | 东沟乡 | 农业型 | 农业 |
| | 巴扎乡 | 旅游农业型 | 旅游、农业、畜牧业 |
| | 东山乡 | 农业型 | 农业 |
| | 哈拉直沟乡 | 农业型 | 农业 |
| | 东和乡 | 农业型 | 农业 |
| | 西山乡 | 农业型 | 农业 |
| | 蔡家堡乡 | 农业型 | 农业 |
| | 松多乡 | 农业型 | 农业、畜牧业 |
| | 高寨镇 | 交通型 | 航空、工业、物流为主 |
| | 红崖子沟镇 | 工业型 | 工业、农业 |

资料来源：何积英．关于推进青海互助县城镇化发展的思考．青海师范大学学报（哲学社会科学版），2014（2）．

## （二）推进县域新型城镇化的意义

### 1. 城镇化是实现县域农牧业现代化的加速器

首先，现代化的农牧业是以规模经济为主要特点。从发达地区农业发展历史看，大部分地区都是通过发展城镇化，使农民向第二、第三产业转移，促进农村有限土地集中耕种，从而提高土地的规模经营和集约化程度，降低生产成本，提高产出效率，促进农业的发展。其次，随着城镇化的步伐加快，城镇人口的增多，生活质量的提高，刺激了更多种类的农产品如牛奶、肉食、蔬菜和水果消费的迅速增长，促进了农牧业生产的发展。其三，城镇化和工业化的发展，可以“反哺”农牧业，加速农牧业的资金积累，加快农牧业现代化进程。

**2. 城镇化是发展县域第二、第三产业的重要载体**

工业化是现代化不可逾越的阶段，也是当前经济欠发达地区县域经济发展的核心主题。城镇化是工业化的空间表现形式，二者相互促进。伴随城镇化的发展，人才、资金、科学技术、社会服务向城镇聚集，随着新技术、新装备、新产业、新知识的发展，工业企业的集聚度不断提高，同时新的信息技术不断改造和提升传统产业，带动工业化水平的提升，提高了企业的市场竞争力。

**3. 城镇化是转变县域经济发展方式的助推器**

首先，城镇化能带动消费持续增长。如果有20%的农村人口转为城镇人口，新增加的城镇居民将使县域消费总需求增加近20%。其次，城镇化需要不断加大基础设施投资，实现绿化、亮化、美化，在为城镇居民营造优美人居环境的同时，大大优化了经济发展的硬环境。城镇建设的投资实质上是促进经济产业结构优化调整的过程，促使第一产业向第二、第三产业转变。最后，随着城镇化的推进，城镇功能进一步提升，教育、文化、卫生、社会保障等体系更加完善，这些成果为人们认识新事物提供了更多机会，对人的思想观念产生了巨大影响。城镇不仅是县域范围内现代文明的载体，更是新观念的辐射源。对新事物的不断接受和认识，推进了人们的观念更新，带动人们生活方式的转变。

**4. 县域城镇化是实现农牧区人口就地市民化的有效途径**

围绕“三农”问题，许多专家学者提出了“要致富农民，必须减少农民”的观点。事实证明，要使当地农牧区劳动力资源不流失，实现在本地转移，使农牧民在家乡能够力有所使、才有所用、心有所归、身有所属，为本地经济发展做贡献，就必须为他们干事创业搭建一个良好的平台，为其生产、生活创造优越的环境。而这一平台的搭建和环境的创造，只有通过加强县域城镇建设来实现。县域城镇基础设施的不断完善，城镇的经济快速发展，辐射和带动功能不断增强，推动工业发展，服务业繁荣，不仅为农牧民走进城镇生活提供了优良的人居环境，随着就业渠道的拓宽，可以提供更多的就业机会，增加更多的就业岗位，吸纳更多的农村劳动力到城镇就业。①

**5. 城镇化是实现县域城乡一体化的必要条件**

目前，中国已进入“工业反哺农业、城市支持农村”的历史新阶段。县域中的城镇与乡村的关系密切，联动性强，加快新型城镇化建设，可以促进

① 赵润田. 城镇化如何推动县域经济发展［N］. 学习时报，2013年01月14日.

县域城镇的发展，通过城镇经济的发展，让更多的农民实现身份、职业和观念的全新转换，能够缩小社会成员在财富分配、发展机会、享受公共服务等方面的差距，增强社会认同感，促进社会和谐；把大量的农牧区人口变为城镇居民，既可以转变旧有的生产生活方式，提高收入水平，享受现代城市文明，也可以使留在农牧区的人口提高资源占有水平，实现规模化和集约化经营，依靠城镇提供的社会化服务提高劳动生产率，增加收入，改善生活质量，实现共同富裕。

## 第二节 青海省县域经济发展的基本态势

青海省现有 39 个县和县级市，其县域经济大致可以分为以下四大类：以西宁市管辖的大通县、湟中县、湟源县为代表的城郊型县域经济；以海东市管辖的乐都区、循化县、化隆县为代表的以农业（种植业）为基础的县域经济；以海北州的祁连县、刚察县、海晏县，海南州的共和县、贵德县为代表的以畜牧业为基础的县域经济；以海西州的格尔木市、德令哈市为代表的以工业为基础的县域经济。

### 一、青海在全国县域经济中的地位

北京中郡县域经济研究所 2012 年 12 月 10 日在京发布了中国《县域经济十年发展报告》（以下简称《报告》）。《报告》指出，全国各省市区县域经济平均规模差异性非常大。2011 年，人口规模最大的有 89.83 万人，最小的有 3.82 万人，最大的三个省份（直辖市除外）是江苏、安徽、山东；地区生产总值规模最大的是 519.15 亿元，最小的是 7.78 亿元，最大的三个省份是江苏、浙江、山东；地方财政一般预算收入规模最大的是 40.53 亿元，最小的是 0.26 亿元，最大的三个省份是江苏、浙江、山东。《报告》指出，全国县域地区生产总值达 24.14 万亿元，占全国 GDP 的 51.04%，占到半壁江山；县域经济平均规模比例最大的三个省份是西藏、河南、新疆。全国县域地方财政一般预算收入 1.32 万亿元，占全国地方财政一般预算收入的 25.07%；县域地方财政一般预算收入占全省地方财政一般预算收入比例最大的三个省份是江西、新疆、贵州。

《报告》用全国各省市区县域经济平均规模柱状图和县域经济平均规模比重表，直观比较排列了全国各省县域经济平均规模及比重（如图 6－1，表 6－3 所示）。

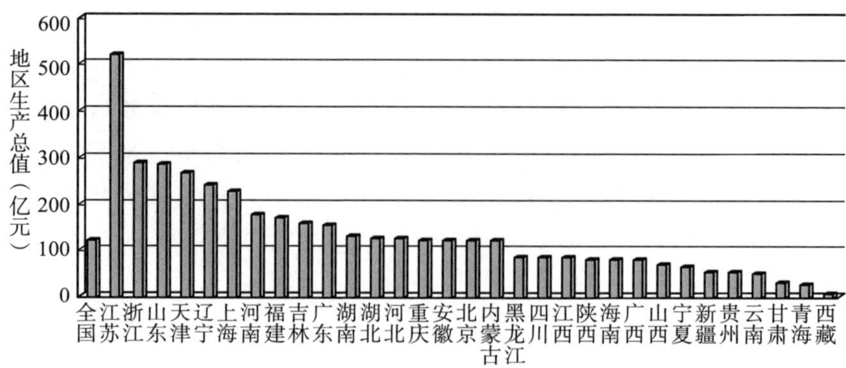


**图6－1 全国各省市区县域经济平均规模（地区生产总值）比较**

**表6－3 全国各省市区县域经济平均规模比重**

| 省自治区 | 人口（万人） | 地区生产总值（亿元） | 地区生产总值比（%） | 地方财政一般预算收入（亿元） | 地方财政一般预算收入比（%） |
|---|---|---|---|---|---|
| 安徽 | 80.30 | 119.21 | 48.30 | 7.28 | 30.83 |
| 北京 | 39.50 | 118.57 | 1.46 | 13.78 | 0.92 |
| 福建 | 42.33 | 169.20 | 55.89 | 8.68 | 33.54 |
| 甘肃 | 24.68 | 29.53 | 40.58 | 1.24 | 19.08 |
| 广东 | 68.49 | 151.74 | 19.11 | 6.98 | 8.48 |
| 广西 | 42.70 | 77.05 | 49.30 | 3.20 | 25.33 |
| 贵州 | 36.89 | 50.41 | 66.31 | 4.21 | 40.88 |
| 海南 | 37.32 | 79.09 | 50.16 | 6.36 | 29.92 |
| 河北 | 44.05 | 122.70 | 68.07 | 4.51 | 35.30 |
| 河南 | 66.74 | 174.90 | 70.14 | 6.03 | 37.80 |
| 黑龙江 | 38.09 | 85.17 | 43.32 | 2.95 | 18.94 |
| 湖北 | 57.02 | 125.33 | 41.19 | 5.37 | 22.86 |
| 湖南 | 58.36 | 128.98 | 57.05 | 4.91 | 28.15 |
| 吉林 | 46.40 | 154.90 | 58.63 | 5.99 | 28.18 |
| 江苏 | 89.83 | 519.15 | 51.80 | 40.53 | 38.57 |
| 江西 | 43.66 | 82.48 | 57.08 | 6.28 | 48.27 |
| 辽宁 | 53.48 | 238.32 | 47.18 | 15.97 | 26.58 |
| 内蒙古 | 22.32 | 109.52 | 61.02 | 6.24 | 36.81 |
| 宁夏 | 24.98 | 63.43 | 39.22 | 4.54 | 26.82 |
| 青海 | 11.64 | 28.22 | 65.89 | 1.11 | 28.43 |
| 山东 | 74.56 | 282.38 | 56.65 | 14.06 | 37.02 |
| 山西 | 25.93 | 68.93 | 58.89 | 4.22 | 33.38 |

续表

| 省自治区 | 人口（万人） | 地区生产总值（亿元） | 地区生产总值比（%） | 地方财政一般预算收入（亿元） | 地方财政一般预算收入比（%） |
|---|---|---|---|---|---|
| 陕西 | 28.46 | 80.38 | 53.32 | 3.52 | 19.49 |
| 上海 | 68.80 | 224.00 | 1.17 | 34.84 | 1.02 |
| 四川 | 48.17 | 82.59 | 53.81 | 3.97 | 26.63 |
| 天津 | 63.48 | 266.86 | 7.08 | 17.31 | 3.57 |
| 西藏 | 3.82 | 7.78 | 92.52 | 0.26 | 34.44 |
| 新疆 | 22.19 | 52.89 | 69.62 | 3.99 | 48.22 |
| 云南 | 33.27 | 48.57 | 63.36 | 3.39 | 35.37 |
| 浙江 | 57.19 | 286.23 | 51.37 | 20.18 | 37.14 |
| 重庆 | 61.22 | 119.63 | 22.70 | 9.11 | 11.63 |
| 全国 | 44.43 | 121.10 | 51.04 | 6.61 | 25.07 |

《2013 县域经济发展报告》中提出：有相当多县市同时关注到社会发展（侧重于保障与改善民生、人民幸福、建设幸福县域等）、绿色发展（侧重于生态文明、可持续发展、节约资源、循环经济、低碳经济、建设美丽中国、建设绿色县域等）、改革创新（侧重于创新驱动、体制机制等）、协调发展（侧重于对内的城乡一体化、“四化同步”和对外的区域联动、区域一体化等）和政府服务（侧重于转变政府职能、建设服务型政府等）。县市对“调整产业结构”“总量与速度”“经济转型”“城镇化”“质量与效益”“科技人才”“特色经济”和“内需”等的关注程度依次为 45.00%、41.36%、37.73%、21.82%、18.18%、12.27%、9.55%和2.27%（见图6－2）。

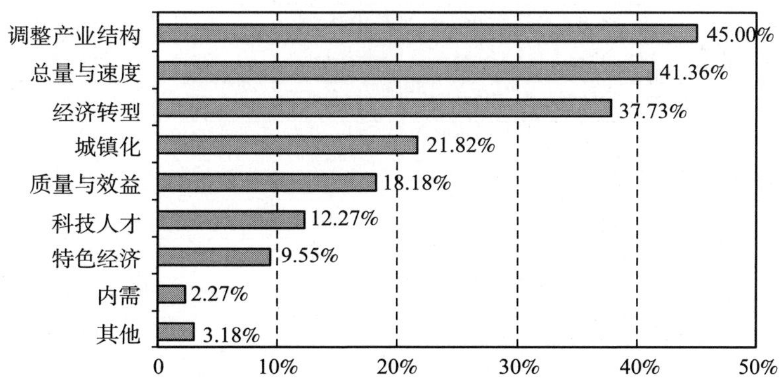


**图6－2 打造县域经济升级版中经济发展关注情况**

## 二、青海县域经济的基本状况

**表 6-4　　青海省县域人口、经济发展基本情况**

| 县域名称 | 人口（万人） | 城镇化率（%） | 地区生产总值（万元） | 公共财政收入（万元） | 规模以上工业企业个数（个） | 固定资产投资（亿元） | 农民居民人均纯收入（元） |
|---|---|---|---|---|---|---|---|
| 大通县 | 46.26 | 41.57 | 1059825 | 57743 | 33 | 75.67 | 10570 |
| 湟中县 | 41.72 | 22.94 | 1608850 | 19471 | 47 | 264.47 | 9096 |
| 湟源县 | 13.14 | 33.70 | 238288 | 12128 | 12 | 39.98 | 7414 |
| 乐都区 | 28.72 | 33.66 | 733862 | 23448 | 25 | 109.17 | 7399 |
| 平安区 | 12.65 | 43.65 | 605709 | 25965 | 14 | 101.43 | 7379 |
| 民和县 | 43.17 | 26.8 | 657637 | 31773 | 20 | 106.47 | 6593 |
| 互助县 | 36.85 | 23.19 | 966198 | 33847 | 20 | 107.22 | 7547 |
| 化隆县 | 30.01 | 19.39 | 481186 | 10275 | 14 | 46.25 | 6600 |
| 治多县 | 3.36 | 21.76 | 58737 | 74755 | — | 4.9 | 5248 |
| 囊谦县 | 9.52 | 8.54 | 70377 | 2132 | — | 7.2 | 3709 |
| 曲麻莱县 | 3.26 | 16.4 | 57100 | 1725 | — | 6.0 | 5246 |
| 乌兰县 | 9.99 | 81.37 | 203627 | 27093 | 8 | 27.35 | 9143 |
| 都兰县 | 7.15 | 21.67 | 290392 | 28452 | 12 | 26.01 | 9357 |
| 天峻县 | 2.26 | 35.36 | 222322 | 69590 | 11 | 23.95 | 11781 |
| 大柴旦 | 0.98 | 88.8 | 353180 | 88481 | 14 | 38.15 | — |
| 冷湖 | 2.26 | — | 128319 | 13382 | 4 | 13.35 | — |
| 茫崖 | 3.41 | — | 612145 | 84648 | 7 | 12.07 | — |
| 循化县 | 15.61 | 28.02 | 243212 | 8657 | 12 | 37.56 | 6094 |
| 门源县 | 16.27 | 21.63 | 337818 | 15891 | 15 | 35.63 | 8754 |
| 祁连县 | 5.2 | 34.82 | 206795 | 10096 | 10 | 28.21 | 11225 |
| 海晏县 | 3.64 | 43.41 | 240151 | 25365 | 15 | 25.10 | 10091 |
| 刚察县 | 4.59 | 30.89 | 135912 | 111445 | 7 | 21.32 | 11798 |
| 同仁县 | 9.83 | 35.02 | 220311 | 12371 | — | 20.50 | 5938 |
| 尖扎县 | 6.09 | 29.12 | 186625 | 8587 | 5 | 19.32 | 5184 |
| 泽库县 | 7.28 | 14.84 | 128998 | 2103 | — | 12.43 | 4742 |
| 河南县 | 3.86 | 15.36 | 124310 | 2270 | 4 | 12.47 | 7636 |
| 共和县 | 13.64 | 30.09 | 485275 | 17817 | 22 | 58.81 | 8705 |
| 同德县 | 6.18 | 19.77 | 122814 | 4222 | 1 | 13.99 | 7362 |
| 贵德县 | 10.88 | 22 | 287694 | 18619 | 4 | 31.99 | 7523 |
| 兴海县 | 8.18 | 14.4 | 227193 | 10160 | 5 | 17.54 | 8778 |

续表

| 县域名称 | 人口（万人） | 城镇化率（%） | 地区生产总值（万元） | 公共财政收入（万元） | 规模以上工业企业个数（个） | 固定资产投资（亿元） | 农民居民人均纯收入（元） |
|---|---|---|---|---|---|---|---|
| 贵南县 | 8.04 | 27.59 | 140252 | 5019 | — | 13.58 | 7711 |
| 玛沁县 | 4.70 | 32.16 | 174701 | 6215 | — | 24.55 | 7835 |
| 班玛县 | 2.95 | 14.73 | 30348 | 1292 | 1 | 6.58 | 4360 |
| 甘德县 | 3.73 | 11.33 | 26961 | 1480 | — | 7.50 | 3758 |
| 达日县 | 4.20 | 9.24 | 27685 | 1709 | — | 6.44 | 3448 |
| 久治县 | 2.65 | 8.54 | 29867 | 1538 | — | 6.23 | 3803 |
| 玛多县 | 1.50 | 26.65 | 21300 | 2471 | — | 6.95 | 4607 |
| 杂多县 | 6.08 | 10.08 | 90967 | 2352 | — | 5.52 | 4888 |
| 称多县 | 6.02 | 16.67 | 85558 | 82608 | — | 4.33 | 4487 |

资料来源：青海省统计年鉴.2015.

根据2015年的青海统计年鉴，2014年青海全省城镇居民人均可支配收入为21370元，人均消费性支出14596元；农牧民人均纯收入为6983元，人均消费性支出6648元。可见青海省城乡二元经济结构矛盾突出，县域城镇化发展明显不足。从表6－4所示的数据可以看出，青海省县域经济体现了如下特征。

**1. 经济总量小**

截止到2014年，青海省39个县和县级市的总人口达到了452.95万人，占全省总人口的77.63%；全省地方财政收入共385.47亿元，县域地方政府收入共96.93亿元，占全省财政收入的25.2%；各县GDP总和为1179亿元，占全省51.2%。青海省县域基本竞争力差，经济不发达，经济总量小，对全省经济发展形成较大制约，成为青海经济发展中一个比较严重的问题。

**2. 经济结构不合理**

从三大产业结构看，2014年青海省三大产业结构比为3.5∶61∶35.5，城镇化率为49.78%，低于全国平均水平54.77%约5个百分点。由于第一产业投资收益低、比重高，使社会资金无法向效益更高的工业、服务业转移，大量劳动力没有得到最优配置，同时也说明青海省县域工业化、城镇化水平低，结构性矛盾突出。1991～2014年，全国城镇化水平从26.4%提高到54.77%，青海从34.2%提高到49.78%，全国同期提高28.37个百分点，而青海同期仅提高了15.18个百分点，远低于全国水平。

**3. 经济发展不平衡，竞争力低**

据《青海省统计年鉴2015》，2014年青海省平均收入最低标准为5.72万元/人。青海省的地级市中，能够达到中等收入水平的城市仅西宁市一个，青海大多数地区仍呈现出收入偏低的局面。2014年青海省国家级贫困县达到15个，总人口约266.5万人，占全省总人口45.7%。说明各县域之间发展极不平衡，存在较大差距。另外，支撑青海县域经济的县域企业由于市场环境变化和竞争强度的加深，普遍表现市场的不适应性，加之自身规模小，产品档次低，管理水平低，生产缺乏规模效应，产品缺乏竞争力等，导致很多县域企业效益滑坡、破产，陷入生存困境。

**4. 贫困人口多，劳动者素质低**

青海省属于全国最贫困的省份之一，目前全省有 15 个国定贫困县和 10 个省定扶贫重点县。截至 2014 年底，确定的 15 个国定贫困县贫困人口为 58 万人；省定贫困县贫困人口为 21. 27 万人。贫困人口主要分布在自然条件严酷、群众缺乏稳定的收入来源、地区经济缺乏自我发展能力的地区。

**5. 人才资源短缺，严重阻碍了青海省县域经济的发展**

农村劳动力大多只凭着传统的简单经验去耕作土地，即使具有初、高中文化程度的劳动力，多数也没有掌握一定的实用技能和技术，缺乏直接从业的能力。劳动力素质低导致农村进入城镇的劳动力基本上只能从事传统的交通运输业、批发零售贸易业，建筑业的小工以及附加值低的服务业，而难以进入较高层次的新兴产业。

**6. 县级财政自给率低**

尽管西部大开发以来青海省财政实力不断增强，但规模小、集中度低，经济发展水平不高成为制约财政自给能力水平的一个重要变量，地方财政一直处于不能自给的状态。39 个县级区划中，有 15 个需要省财政的补贴。县级财政收入增长缓慢，但随着城镇化的推进、社会公共事业的发展，支出却迅速增长，收支差额扩大，导致县乡政府只能依靠中央和省级补助以维持正常的机构运转和工资发放。县政府债务数额大、欠债时间长的普遍存在是个不容忽视的共性问题。

## 第三节　青海省城镇化与县域经济发展的相关性验证

### 一、数据来源

验证二者的关系，可以选取时间序列的数据，也可以选取横截面的数据。本文采用横向对比的方式，收集整理 2014 年青海省 39 个县（市）指标体系中各个指标的数据。为了保证指标的一致性与可比性，分别用权威网站中华人民共和国国家统计局、《青海省统计年鉴 2015》同一年份数据进行了对比分析。

### 二、城镇化水平综合评价指标体系构建

#### （一）评价指标设计原则

我们在建立指标体系时，指标的选取是否合适有效，对指标体系的建立起着

至关重要的作用。只有选取了合适的指标，在建立指标体系时，才能实现指标体系的有效性和对实证分析的适合性，这样，我们在对城镇化与县域经济发展的相关性进行验证时，才能够有支持的基础，得出的结论才能更科学、合理、有价值，有说服力。因此，为了全面、客观的验证二者之间的关系，为了建立科学合理的评价指标体系，我们遵循了以下几项原则。

**1. 全面性原则**

评价城镇化水平的因素有很多，城镇化水平不仅是指城镇化的数量，还有城镇化的质量水平，所以，我们在选取指标时，尽可能地选取了能全面反映城镇化综合实力的经济、社会、环境等内容。但是，这个全面性并不是说选取的指标越多越好，指标过多可能会造成操作上的不便或者数据的重复，这样有可能造成评价体系的不客观性。

**2. 可比性原则**

我们构建评价指标体系，就是为了能够得出客观的结论，应用于实践，指导实践。所以，在选取指标时，考虑到了数据之间的可比性，也就是说在选取各个县的城镇化的数据时，尽量选取了共同的、口径一致的指标，这样在分析时才能保证结论的有效性。

**3. 客观性原则**

指标体系建立的最终结果是可以客观的反映城镇化的真实水平和综合实力情况，所以，在选取指标时，要保证数据的有用性和数据来源的真实性、可靠性，这样，才能保证指标体系建立的有效性。

### （二）构建综合城镇化水平指标体系

本书所构建的指标体系，根据评价指标设计的原则，为了能够全面地反映了青海省城镇化水平，主要根据影响城镇化的各因素分为四大类，即城镇化初始动力指标、城镇化发展动力指标、城镇化文化发展指标、城镇化发展舒适指标，来反映青海省城镇化的人口、经济、社会、环境等方面的内容，然后根据这四个方面分别选取了与其相关的变量数据，通过对变量数据的分析，最终汇总得出综合的城镇化水平。

**1. 目标层**

即综合城镇化水平。综合城镇化水平用数值的量化形式来表达的话，它属于综合力层面的指标，本书通过将城镇化的水平细化到四个指标，从而也用量化的形式得到各个层面各自的一个水平值的情况，最终我们就可以通过对其水平值的比较和评价分析，界定城镇化的综合性水平。

**2. 类指标层**

即根据一级指标细化的二级指标。它是对目标层内容的细化在目标层与指标变量层之间起承上启下的作用，在这一层所选取的变量，不仅是上一层指标的细化，也是下一级指标层的概括，它主要涉及到以下四个变量：城镇化初始动力指标、城镇化发展动力指标、城镇化文化发展指标、城镇化发展舒适度。这几个指标均在一定程度上反映了城镇化中经济、社会、生活等方面的变化。

**3. 指标变量层**

即是上一级指标的具体表现和细化，是对二级指标的变量进行了更为详细的描述。根据指标选取的原则，选取了农业劳动产出率、耕地产出率、公共财政预算收入、人均地方财政收入、固定资产投入、金融机构各项存款、人均文化财政支出、人均教育经费、城市每万人口卫生技术人员、普通高中在校生人数占总人口比重、城市人口密度、每万人拥有公共交通车辆、人均用电量（千瓦时）13个指标。构建的综合城镇化指标体系如表6－5所示。

表6－5 综合城镇化水平指标体系

| 一级指标 | 二级指标 | 三级指标 |
|---|---|---|
| 综合城镇化水平 | 城镇化初始动力系统 | 农业劳动产出率 |
| | | 耕地产出率 |
| | 城镇化发展动力指数 | 公共财政预算收入 |
| | | 人均地方财政收入 |
| | | 固定资产投入 |
| | | 金融机构各项存款 |
| | 城镇化文化发展指标 | 人均文化财政支出 |
| | | 人均教育经费 |
| | | 城市每万人口卫生技术人员 |
| | | 普通高中在校生人数占总人口比重 |
| | 城镇化发展舒适度 | 城市人口密度 |
| | | 每万人拥有公共交通车辆 |
| | | 人均用电量（千瓦时） |

## 三、主成分分析的步骤

主成分分析是利用降维的思想，把多个变量转化为少数几个综合变量（主成分），其中每个主成分都是一个线性组合，这些线性组合是由原始变量组成的，各主成分之间的关系是不相关的，因此这些主成分绝大部分都可以反映初始变量的信息，且信息不重叠。即因为许多指标之间存在着相关性，所以通过线性组合的方式，把这些相关的指标转化为相互之间没有关系的综合性指标，来代替原来的指标。假设有P个指标，各线性组合由$F_1$，$F_2$，…，$F_n$来表示（n代表综合指标的个数)，方差分别由 $Var(F_1)$，$Var(F_2)$，…，$Var(F_n)$ 来表示，先选取第一个综合指标 $F_1$，若 $Var(F_n)$ 越大，代表 $F_1$ 包含的信息越多，因此在所有的线性组合中选取的 $F_1$ 应该是方差最大的，故称 $F_1$ 为第一主成分。若第一主成分不能够表现出原来 P 个指标的信息，则就需要考虑选取第二个线性组合 $F_2$，此时为了把相关性的因素剔除，$F_1$ 中已有的信息就不需要在 $F_2$ 中出现了，用数学语言表达就是要求 $cov(F_1, F_2)=0$，$F_2$ 被叫做第二主成分，依此类推可以构造出第三、第四，…，第 P 个主成分。主成分分析的步骤如下：

第一步：设估计样本数为 n，选取的指标数为 p，则由估计样本的原始数据可得矩阵 $X=(x_{ij})_{m\times p}$，其中 $x_{ij}$ 表示第 i 个样本的第 j 项指标数据。

第二步：为了消除各项财务指标之间在量纲化和数量级上的差别，对指标数据进行标准化，得到标准化矩阵（系统自动生成）。

第三步：变量适度性检验。

在处理主成分分析的时候，会要求对原始数据之间的关系进行检测，证明它们是适合作主成分分析处理的。本文采用的是 KMO（Kaiser - Meyer - Olkin）检验和 Bartlett 球形检验。KMO，是通过对它的计算使用继而用以进行对指标之间的相关系数以及偏相关系数的比照对比的检验标准，表达形式如公式（1）：

$$KMO=\frac{\sum\sum_{i\neq j} r_{ij}^2}{\sum\sum_{i\neq j} r_{ij}^2+\sum\sum_{i\neq j} p_{ij}^2} \qquad 公式（1）$$

在公式（1）中，$r_{ij}$ 表示 $x_i$ 与 $x_j$ 之间的简单相关系数，$p_{ij}$ 表示 $x_i$ 与 $x_j$ 在控制了剩余变量下的偏相关系数。KMO 的值介于 0～1，越接近于 1 说明指标间的相关度越高，所选取的指标越适合作因子分析，越接近于 0 则表示越不适合作因子分析。较为普遍的度量 KMO 值的标准为：KMO 值在 0.8 以上，表示适合做因子分析；0.7～0.8 表示尚可做因子分析；0.6～0.7 表示勉强可以做因子分析，0.6 以下表示不适合做因子分析。

Bartlett 球形检验是用于检验相关阵是否为单位阵，即检验各个变量是否各自独立，其统计量是根据原有的相关系数矩阵的行列式得到的，如果该值较大，且其对应的概率值 P 小于指定的显著水平 α 时，则拒绝原假设，表明相关系数矩阵不是单位阵，原有变量之间存在相关性，适合进行主成分分析；反之，零假设成立，原有变量之间不存在相关性，数据不适合进行主成分分析，检验总体方差是否一致的 Bartlett 检验方法的步骤如下：

假设对样本量分别为 $n_i$ 的 m 个样本：

$x_{i1}$，$x_{i2}$，$x_{i3}$，…，$x_{in_i}$　$i=1, 2, \cdots, m$。

（1）建立原假设：

$H_0$：这 m 个样本所代表的各总体方差相同；

$H_1$：这 m 个样本所代表的各总体方差不同。

（2）计算统计量：

$$X^2 = \frac{\left[\sum_{i=1}^{m}(n_i - 1)\ln s^2 - \sum_{i=1}^{m}(n_i - 1)\ln s_i^2\right]}{C}$$

其中，$s_i^2$ 为每组总体样本方差，$s_i^2 = \frac{1}{n_i - 1}\sum_{i=1}^{n_i}(x_{ij} - x_i)^2$，（i = 1，2，…，m）

$$s^2 = \frac{\sum_{i=1}^{m}(n_i - 1)s_i^2}{\sum_{i=1}^{m}(n_i - 1)}$$

$$C = 1 + \frac{1}{3(m - 1)}\left[\sum_{i=1}^{m}\frac{1}{n_i - 1} - \frac{1}{\sum_{i=1}^{m}(n_i - 1)}\right]$$

在原假设成立的条件下，计算检验 $\chi^2$ 分布服从自由度为 $v = m - 1$ 的卡方分布，可直接将此计算值与相应的临界值比较，如果计算值大于特定显著性水平 α 下的临界值，即 $\chi^2 > \chi^2_{\alpha(m-1)}$，则在该水平下拒绝检验的原假设 $H_0$。

第四步：根据标准化数据矩阵建立协方差矩阵 R，是反映标准化后的数据之间相关关系密切程度的统计指标，值越大，说明有必要对数据进行主成分分析。其中，$R_{ij}$（i，j = 1，2，…，p）为原始变量 $X_i$ 与 $X_j$ 的相关系数。R 为实对称矩阵（即 $R_{ij} = R_{ji}$），只需计算其上三角元素或下三角元素即可，其计算公式为：

$$R_{ij} = \frac{\sum_{k=1}^{n}(X_{kj} - X_i)(X_{kj} - X_j)}{\sqrt{\sum_{k=1}^{n}(X_{kj} - X_i)^2(X_{kj} - X_j)^2}} \quad \text{公式(2)}$$

第五步：根据协方差矩阵 R 求出特征值、主成分贡献率和累计方差贡献率，确定主成分个数。解特征方程，求出特征值 $\lambda_i$（i = 1，2，…，p）。因为 R 是正定矩阵，所以其特征值 $\lambda_i$ 都为正数，将其按大小顺序排列，即 $\lambda_1 \geqslant \lambda_2 \geqslant \cdots \geqslant \lambda_i \geqslant 0$。特征值是各主成分的方差，它的大小反映了各个主成分的影响力。主成分 $Z_i$ 的贡献率 $W_i = \frac{\lambda_j}{\sum_{j=1}^{p}\lambda_j}$，累计贡献率为 $\frac{\sum_{j=1}^{m}\lambda_j}{\sum_{j=1}^{p}\lambda_j}$。根据选取主成分个数的原则，特征值要求大于 1 且累计贡献率达大于 85% 的特征值 $\lambda_1$，$\lambda_2$，…，$\lambda_m$ 所对应的 1，2，…，m（m ≤ p），其中整数 m 即为主成分的个数。

第六步：建立初始因子载荷矩阵，解释主成分。因子载荷量是主成分 $Z_i$ 与原始指标 $X_i$ 的相关系数 $R(Z_i, X_i)$，揭示了主成分与各财务比率之间的相关程度，利用它可较好地解释主成分的经济意义。

第七步：计算出综合评分函数 $F_m$，计算出综合值，并进行降序排列：$F_m = W_1Z_1 + W_2Z_2 + \cdots + W_iZ_i$①

## 四、青海省城镇化与县域经济协调发展关系的模型构建

### （一）主成分分析

本次研究共选取了 17 个指标进行分析，第一次因子分析之后，根据以下标准对因子进行剔除：

（1）在各个因素上的负荷均小于 0.30 的项目予以删除；

（2）共同度小于 0.20 的项目予以删除；

（3）特征值小于 1 的因素予以舍弃；

（4）某项目在两个及以上因素上均有高负荷的予以删除；

（5）某个因素上的项目小于 3 个的可以舍弃。

剔除后剩余 13 个因子进行第二次因素分析，结果如表 6－6 所示。分析显示，KMO 值为 0.639（$p < 0.001$），表示各题项之间存在一定相关性，可以进行因子分析（见表 6－7）。本次分析采用的指标较为多样，因此同质性可能不太高，因而最终的 KMO 检验值并未达到很高的水平，但我们可以通过多元化的指标分析来更好地衡量城镇化过程中不同侧面的变化发展。

**表 6－6　　KMO 和 Bartlett 的检验**

| 取样足够度的 Kaiser－Meyer－Olkin 度量 | | 0.639 |
|---|---|---|
| Bartlett 的球形度检验 | 近似卡方 | 672.270 |
| | df | 78 |
| | Sig. | 0.000 |

如表 6－7 所示，公因子方差提取值均在 0.5 以上，表示所选取的指标对于总的变化率影响较大，指标选取适宜。

① 朱星宇，陈勇强．SPSS 多元统计分析方法及应用［M］．北京：清华大学出版社，2011：241.

表 6－7　公因子方差

| 指标 | 初始 | 提取 |
|---|---|---|
| 人均文化财政支出（元） | 1.000 | 0.928 |
| 人均地方财政收入（元） | 1.000 | 0.885 |
| 人均固定资产投资（元） | 1.000 | 0.909 |
| 人均用电量（千瓦时） | 1.000 | 0.794 |
| 公共财政预算收入（亿元） | 1.000 | 0.958 |
| 金融机构各项存款（亿元） | 1.000 | 0.839 |
| 每万人拥有公共交通车辆（标台/万人） | 1.000 | 0.739 |
| 农业劳动产出率（%） | 1.000 | 0.991 |
| 耕地产出率（%） | 1.000 | 0.993 |
| 城市人口密度（人/平方千米） | 1.000 | 0.907 |
| 人均教育经费（元） | 1.000 | 0.918 |
| 城市每万人卫生技术人员数（人） | 1.000 | 0.790 |
| 普通高中在校生数人占总人口比重（%） | 1.000 | 0.714 |

表 6－8　解释的总方差

| 成分 | 初始特征值 | | | 提取平方和载入 | | | 旋转平方和载入 | | |
|---|---|---|---|---|---|---|---|---|---|
| | 合计 | 方差的% | 累积% | 合计 | 方差的% | 累积% | 合计 | 方差的% | 累积% |
| 1 | 4.362 | 33.553 | 33.553 | 4.362 | 33.553 | 33.553 | 3.717 | 28.589 | 28.589 |
| 2 | 2.989 | 22.993 | 56.546 | 2.989 | 22.993 | 56.546 | 3.023 | 23.254 | 51.842 |
| 3 | 2.129 | 16.376 | 72.922 | 2.129 | 16.376 | 72.922 | 2.577 | 19.822 | 71.665 |
| 4 | 1.884 | 14.492 | 87.413 | 1.884 | 14.492 | 87.413 | 2.047 | 15.749 | 87.413 |
| 5 | 0.455 | 3.501 | 90.914 | | | | | | |
| 6 | 0.400 | 3.073 | 93.988 | | | | | | |
| 7 | 0.304 | 2.336 | 96.323 | | | | | | |
| 8 | 0.202 | 1.553 | 97.877 | | | | | | |
| 9 | 0.145 | 1.113 | 98.990 | | | | | | |
| 10 | 0.087 | 0.666 | 99.656 | | | | | | |
| 11 | 0.026 | 0.201 | 99.857 | | | | | | |
| 12 | 0.017 | 0.132 | 99.990 | | | | | | |
| 13 | 0.001 | 0.010 | 100.000 | | | | | | |

特征值是指每一行的因子荷载平方加总后的总和，表示因子可以解释所有的变化。每个公共因子的荷载因子的平方等于对应的特征根，即该公共因子的方差。它可以被视为影响主成分程度的指标，被引入到因子、主成分后可以解释平均多少原始变量的信息。由于每个变量的变化数是1，如果提取的因子的特征值是小于1，则表示主成分的解释强度还不如原始变量的平均解释强度。因此一般可以用特征根大于1作为纳入标准。从表6-8所示的数据可以看出本次因子分析中，特征值大于1的有4个，也即4个公共因子就能解释这13个因子87.413%的变化率。这表明4个因子的解释力度较高，因子分析合理。折线的斜率越大，说明这个因子与其他剩余因子的区别度越高。判别指标为1，大于1表示区别度较大。从图6-3上可以看出前4个因子与其他指标的区别较大。

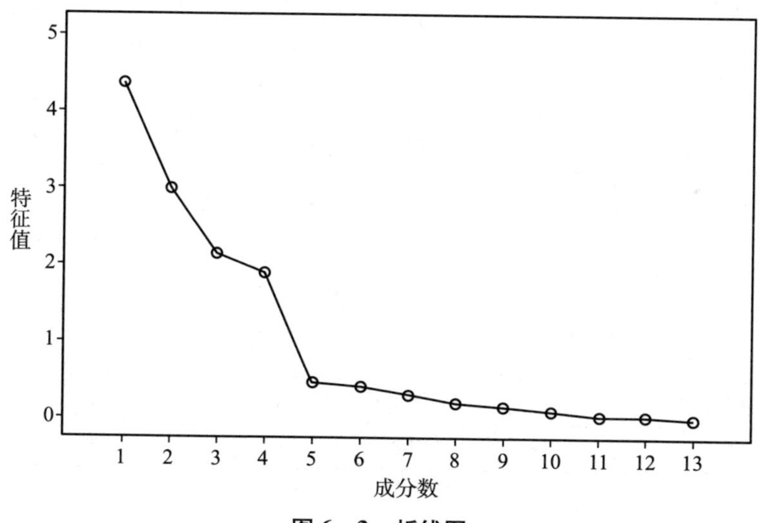


**图6-3　折线图**

建立因子分析模型的目的除了要找出主因子，更重要的是对每个主因子的意义进行分析，以便更好地对实际问题进行分析。在求出主因子解之后，如果各主因子典型代表变量不是很突出，那么就需要进行因子旋转，通过适当的旋转，以获得更满意的主因子。也就是说，因子载荷矩阵的平方值是向0和1两个方向分化，使大的载荷更大，小的载荷更小。本次分析采用最大方差正交旋转法（Varimax）。将旋转后得出的四个指标进行命名，分别为：城镇化发展动力系统$U_1$（$X_{11}$公共财政预算收入亿元，$X_{12}$人均地方财政收入，$X_{13}$人均固定资产投资元，$X_{14}$金融机构各项存款）；城镇化文化发展指标$U_2$（$X_{21}$人均文化财政支出元，$X_{22}$人均教育经费元，$X_{23}$城市每万人卫生技术人员数人，$X_{24}$普通高中在校生数人占总人口比重）；城镇化发展舒适度$U_3$（$X_{31}$城市人口密度人平方公里，$X_{32}$人均用电量千瓦时，$X_{33}$每万人拥有公共交通车辆标台万人）；城镇化初始动力系统 $U_4$（$X_{41}$农业劳动产出率，$X_{42}$耕地产出率）。

表 6 – 9　　旋转成分矩阵

| 指标 | 成分 | | | |
|---|---|---|---|---|
| | 城镇化发展动力系统 | 城镇化社会发展指标 | 城镇化发展舒适度 | 城镇化初始动力指数 |
| 公共财政预算收入（亿元） | 0.962 | 0.105 | 0.100 | 0.107 |
| 人均地方财政收入（元） | 0.937 | -0.039 | -0.077 | -0.003 |
| 人均固定资产投资（元） | 0.923 | 0.175 | 0.100 | 0.128 |
| 金融机构各项存款（亿元） | 0.894 | 0.178 | -0.035 | 0.079 |
| 人均文化财政支出（元） | 0.112 | 0.951 | -0.106 | -0.004 |
| 人均教育经费（元） | 0.057 | 0.945 | -0.143 | 0.020 |
| 城市每万人卫生技术人员数（人） | 0.129 | 0.778 | 0.366 | 0.184 |
| 普通高中在校生数人占总人口比重（%） | 0.151 | 0.698 | -0.413 | -0.182 |
| 城市人口密度（人/平方千米） | -0.087 | -0.112 | 0.940 | -0.059 |
| 每万人拥有公共交通车辆（标台/万人） | -0.076 | -0.173 | 0.838 | 0.039 |
| 人均用电量（千瓦时） | 0.386 | 0.123 | 0.793 | -0.031 |
| 农业劳动产出率（%） | 0.025 | 0.015 | -0.015 | 0.995 |
| 耕地产出率（%） | 0.208 | 0.010 | -0.008 | 0.975 |

因子得分使用 Bartlett 估计法保存为新的变量。

Bartlett 估计因子得分可由最小二乘法或极大似然法导出。

$$U = [(W-1/2A) ¢ W-1/2A]-1(W-1/2A) ¢ W-1/2X$$
$$= (A ¢ W-1A)-1A ¢ W-1X$$

本次研究的目的是看各个县域城镇化得分情况，判别哪些县域发展较快，哪些县域发展较慢，通过因子分析能够建立一个客观的综合分数体系，据此看出不同县域在城镇化过程中的发展程度。

本次研究中各个县域的综合得分 N 的计算结果见下：

$$U = 28.59\% \times U_1/(87.413\%) + 23.25\% \times U_2/(87.413\%) + 19.82\% \times U_3/(87.413\%) + 15.75\% \times U_4/(87.413\%)$$

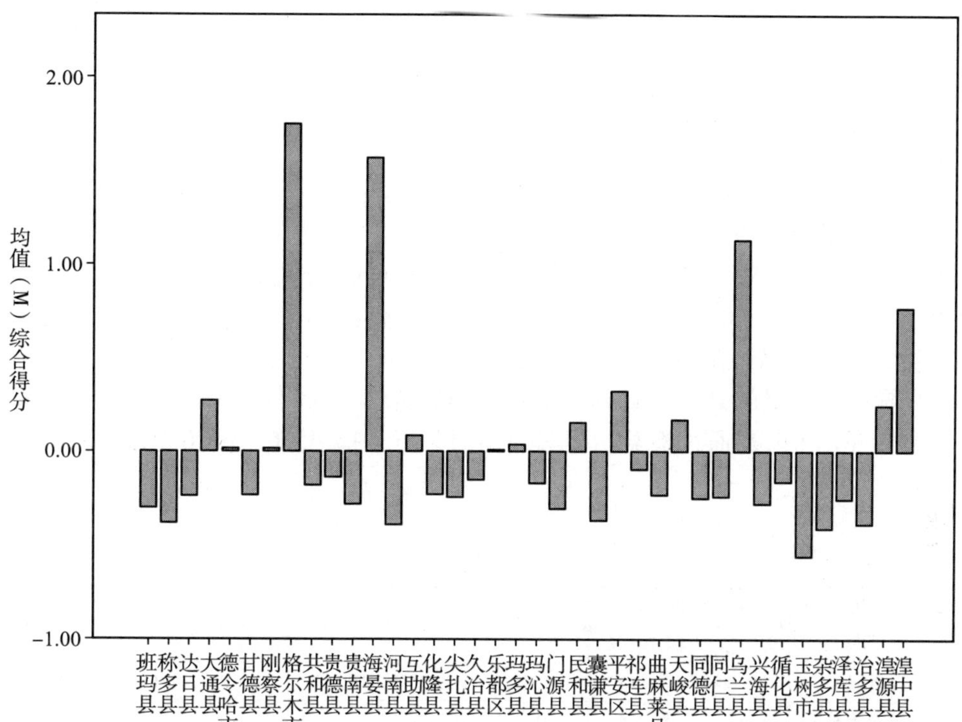


图 6－4

## （二）相关分析和回归分析

### 1. 相关分析

表 6－10　　相关性

| | | 人均国民生产总值（元） | 综合得分 |
|---|---|---|---|
| 人均国民生产总值（元） | Pearson 相关性 | 1 | 0.736** |
| | 显著性（双侧） | | 0.000 |
| | N | 38 | 38 |
| 综合得分 | Pearson 相关性 | 0.736** | 1 |
| | 显著性（双侧） | 0.000 | |
| | N | 38 | 38 |
| **. 在 0.01 水平（双侧）上显著相关。 | | | |

对城镇化综合得分和 GDP 进行相关分析，结果显示城镇化水平 U 与 GDP 值正相关，$r=0.736$，$p=0.000$. 。二者中如果有一个是增加，那么相对的另外一

个也会增加。

**2. 回归分析**

（1）以城镇化综合得分 U 为自变量，以 GDP 标准化后的数据为因变量进行回归分析。

（2）以 GDP 标准化后的数据为自变量，以综合得分 U 为因变量进行回归分析。

R 方表示解释变量对被解释变量的解释贡献，本次研究中综合得分对 GDP 的解释率达到 54.1%。调整 R 方是经自由度修正后的可决系数，本次研究的调整 R 方为 52.8%，可以认为建立的回归模型拟合优度较高，能够较好地反应青海省城镇化与县域经济发展之间的相关性问题。

F 统计量考量的是所有解释变量整体的显著性，所以 F 检验通过并不代表每个解释变量的 t 值都通过检验。回归模型的 F 值 =42.4536，p =0.000。表明回归模型建立合理。

**表 6 – 11　　系数[a]**

| 模型 | | 非标准化系数 | | t | Sig. | R 方 | 调整 R 方 | F | Sig. |
|---|---|---|---|---|---|---|---|---|---|
| | | B | 标准误差 | | | | | | |
| 1 | （常量） | -0.006 | 0.113 | -0.051 | 0.959 | 0.541 | 0.528 | 42.453 | 0.000b |
| | 综合得分 | 1.457 | 0.224 | 6.516 | 0.000 | | | | |
| 2 | （常量） | 0.002 | 0.057 | 0.038 | 0.970 | 0.541 | 0.528 | 42.453 | 0.000b |
| | 人均国民生产总值（元） | 0.371 | 0.057 | 6.516 | 0.000 | | | | |
| 模型 1. 因变量：人均国民生产总值（元） | | | | | | | | | |
| 模型 2. 因变量：综合得分 | | | | | | | | | |

回归系数表显示综合得分 U 对于 GDP 因变量有正项预测作用，综合得分高的城镇其 GDP 也较高。综合得分指标 U 对 GDP 的预测作用显著，回归系数为 1.457（p =0.000），标准化回归系数为 0.736，可以说综合得分每增加 1.457 个单位，GDP 就会增加 1 个单位。据此我们可以得出城镇化综合得分 U 与因变量 GDP 之间的回归方程：GDP =1.457 × U – 0.006

而 GDP 对于综合得分 U 的预测作用也为正，回归系数为 0.371，也即 GDP 每增加 0.371 个单位，城镇化综合得分 U 就增加 1 个单位。据此可以得出 GDP 对城镇化综合得分 U 之间的回归方程为：U =0.371 × GDP +0.002

## 五、结论

根据以上实证分析得出的结果，我们认为青海省城镇化与县域经济之间存在着比较密切的相关性，二者之间相互影响，相互制约，城镇化发展的速度决定着县域经济发展的质量，而县域经济整体的发展影响着县域城镇化的发展。青海省在社会经济发展过程中，城镇化与县域经济之间是相互促进的，但是由于县域经济发展的滞后，在一定程度上影响着城镇化和县域经济的协调发展，而城镇化发展缓慢又对青海省经济社会的进一步发展形成制约。所以青海省在推进新型城镇化的进程中，要协调新型城镇化与县域经济发展的关系，以新型城镇化的推进引领县域经济的发展，以县域经济发展推进县域城乡一体化。

## 第四节　青海推进县域新型城镇化的路径选择

### 一、青海推进县域新型城镇化的路径选择

中国县一级政府虽然承担着除了军事、外交以外所有国家事务，但作为一个农业大国，县的工作主要是以面向农村、农民、农业，以发展农业经济为重点，兼顾城镇的建设，其工作的重心在“三农”、在农业经济的发展。此外，县域中城镇的发展取决于“三农”的发展，农村、农民、农业对社会服务的需求和农业资源对城镇的供给能力往往制约着城镇的发展，对“三农”发展的依赖性很大。基于县政府工作的重点及农村对县域城镇的制约作用，以把握“三农”的核心——土地流转来推进县域新型城镇化的是一条比较好的路径选择。

### 二、以农村土地流转推进青海县域新型城镇化的原因分析

在中国特殊的农村土地产权制度下，农村土地流转是指：在家庭联产承包制的制度框架内，承包土地的农牧民在承包权不变的前提下将土地的经营权转让给其他农户或经济组织。农牧区土地使用权的流转、土地规模化经营的实现，是中国农牧民继家庭联产承包责任制后的又一大创造，为“加快转变农业发展方式，着力构建现代农业产业体系、生产体系、经营体系，提高农业质量效益和竞争力，走产出高效、产品安全、资源节约、环境友好的农业现代化道路。”[①] 创造了条件。

#### （一）土地流转的外因

从外在原因看，促使农牧民转让承包土地使用权的原因主要有以下几个

① 中华人民共和国国民经济和社会发展第十三个五年规划纲要［N］. 人民日报，2016 年 03 月 18 日 .

方面。

**1. 第二、第三产业发展对劳动力的大规模需求使农牧业剩余劳动力有了离开农牧业就业的条件**

17 世纪英国古典经济学家威廉·配第认为："工业的收益比农业多得多，而商业的收益又比工业多得多。"这种产业之间的收益差异会推动劳动力由低收入产业向能获得高收入的产业流动，这种差异是劳动力在产业间流动的重要原因。1940 年，英国经济学家科林·克拉克计量并比较了不同收入水平下，就业人口在三次产业中分布结构的变动趋势后，进一步验证了配第的看法，即不同产业间相对收入的差异，会促使劳动力向能够获得更高收入的部门移动。并且认为需求收入弹性和投资报酬的差异是引起收入差异的深层原因：农产品的需求收入弹性较小，当人们的收入提高时，难以随着人们收入增加而同步增加，并且小于工业产品及服务的收入弹性。所以，随着经济的发展，一方面国民收入和劳动力分布将从农业转移至工业、服务业；另一方面农业生产技术的进步比工业要困难，对农业的投资会出现"报酬递减"。而工业的技术进步要比农业迅速得多，工业投资多处于"报酬递增"的情况，所以工业投资多于农业投资，工业发展快于农业，就业吸纳能力强于农业。

从世界上的发达国家和发展中国家劳动力转移的成功经验来看：在经济起飞之前的资本积累阶段，工商业发展对劳动力的需求，在资本主义国家是通过暴力方式迫使农村剩余劳动力转移来满足的，如英国的"圈地运动"，就是以血腥的暴力手段驱使农牧民离开土地进入城镇，迫使农牧民变成工人来满足工业发展对劳动力的需求；在经济发展的起飞阶段，发达国家以及新兴工业化国家或地区主要靠工业的高速发展提供的就业需求来解决农村剩余劳动力转移的；而在经济发展的后期阶段，主要靠劳动密集型的第三产业吸纳农村剩余劳动力的。主要发达国家用了大约 40 ~ 100 年的时间保障工业快速增长，使人均 GDP 由 200 ~ 500 美元增加到 1000 ~ 2000 美元，从而使农业劳动力占社会总劳动力的比重由 50% ~ 60% 下降到 15% ~ 25% 的水平。可以说，工业化的速度有多快，规模有多大，农业劳动力转移的速度就有多快，规模就有多大。而在工业化的中后期，随着工业生产率的提高，产品供给的过剩和消费者对生活质量提升的要求必然促进第三产业加快发展，第三产业的发展必将吸收更多的劳动力就业。可以说，第二、第三产业发展的需求，决定着劳动力转移的水平。

**2. 城镇化快速发展带来的房地产业的发展为人口向城镇的大规模集聚提供了居住条件**

第二、第三产业的发展和劳动力的大规模流动带来的对生产用地、商铺、住房的需求推进了城镇化的加速。城镇化的加速推进带来的城镇扩张对土地的需求直接导致了对土地流转的需求。城镇房地产业的发展为人口向城镇的集聚解决了住房需求。形成了人口流动——房地产业发展——土地流转——人口集聚——城镇化推进的因果性关系。

**3. 农牧业规模化、产业化经营带来的规模效率优势解放了大量的在自然经济状态下从事农牧业生产的劳动力**

规模化生产和专业化分工是现代农牧业的基本要求。规模化生产将促进农牧业机械和现代农牧业技术的推广与应用，从而大幅度提高农牧业劳动生产率和边际效益。农牧业的经营规模达到一定的程度，会促进专业化分工的发展。专业化分工优化了生产组织内部的资源配置，同样是提高农牧业劳动生产率和边际效益的有效途径。

由于历史的原因，在中国现阶段的农牧业生产中，规模经济和专业化分工的优势受到了过于分散的农地产权制度安排的制约。中国农牧区农牧民承包的土地在人多地少和照顾各方利益及多次承包的情况下，所承包的土地高度分散，呈现出零散化、碎片化的状态，农民耕种的成本非常高，机械化生产很难推进，农牧业无法自发的实现现代化。效率低、收入少、风险大成为农牧业生产的常态。

分散的农地产权制度安排对农牧业自发的进入以规模化生产提高生产效率、提高利润率产生了极大的阻碍作用：（1）农牧业固定投入的利用率低，致使单位农产品的成本增加；（2）农牧业生产的基础设施严重供给不足。由于基础设施建设属于公共产品供给，是分散的农户所不能承担的，也是他们不愿意承担的，“搭便车”是他们的理性选择，这是农牧业生产基础设施日益弱化的原因；（3）交易成本难以降低。由于以农户为单位的分散的市场主体获取信息的能力和谈判的能力较弱，在市场交易中处于不利的地位，再加上中国农村社会化服务体系和市场中介组织不健全，交易费用高昂；（4）排斥了专业化分工。单个生产单位内部的分工是以一定的规模为前提的，而分散的小规模经营模式几乎享受不到专业化分工带来的利益。①马克思在《资本论》中对农民小块土地所有制的历史局限性进行分析时指出：“生产资料无止境地分散，生产本身无止境地分离。人力发生巨大的浪费。生产条件日趋恶化和生产资料的日趋昂贵是小块土地所有制的必然规律。”② 因此，以家庭农牧场为主体的规模化的农牧业产业化成为经济发展的必然趋势。

农牧业产业化是指围绕农牧业产业的产、供、销、贸、工、农的一体化经营，其实质是通过现代市场经济的入股、入社等形式，利用现代科学技术和经营管理以及国家的宏观调控，把现代工业、商业、金融、保险、信息咨询等有关部门和农业的种、养、加紧密结合而成的一种互惠互利的农牧业一体化的利益共同体。农牧业产业化经营通过延长产业链，提高农牧业经营的利润率，并且使农牧

① 陈永志，黄丽萍．农村土地使用权流转的动力、条件及路径选择［J］．经济学家，2007（1）．

② 马克思．资本论．第3卷［M］．北京：人民出版社，1975：910．

民参与加工、销售环节利润的分配，直接增加收益，同时又可增加就业机会，提高农牧业生产的组织化程度，间接促使农牧民收入的提高。农牧业产业化的前提条件是通过制度化的土地流转解决农牧业生产的土地规模化问题。只有通过完善土地流转制度，才能促进土地流转，才能为实现农牧业产业化提供条件，才能进而实现农牧业现代化。

**4. 清晰稳定的土地产权制度为农牧地使用权流转提供了法律保障，使土地使用权流转双方的权益得到了有效的保障**

清晰稳定的土地产权制度是指土地使用权的获得必须要获得法律保障，依法保障权利义务关系的清晰稳定。要依法保证农民享有对农地的占有、使用、收益和处分等四权统一的承包权，拥有将土地使用权有偿转让给第三者的土地使用权流转的权力。因为农牧业的投入具有长期性，如果土地的承包关系经常变动，依附于土地的各项权力不清晰，土地使用权的转让方和承包方对未来的不可预测性加大，农牧地使用权的流转必然受阻。近年来，随着国家允许农牧民流转土地使用权的政策不断出台，有关法律法规也在不断完善。这些法律法规充分保障了土地使用权流转双方的权益，为土地使用权的流转提供了法律依据。

**5. 社保机制的逐步完善，使进入城镇的农牧民对土地保障功能依赖在逐渐减弱，农牧民流转土地使用权的顾虑在逐步减少**

长期以来，中国的社会保障体系覆盖范围过于狭窄，离农进城的农牧民被排除在城市社会保障体系之外，而农村社会保障机制又不完善，土地不仅是农牧民的生产资料，承担着生产、生活之功能，也承担着对农牧民的社会保障功能。土地的这种多功能性决定了农地不能作为单纯的生产要素和经济因素，以效率为标准自由流动、优化配置。所以，要实现农地使用权的顺利流转，建立健全覆盖全社会的社会保障制度是重要条件。特别是要积极推进农民工的市民化，把他们纳入城镇社保体系，以完善的社保制度解除农牧民的后顾之忧，才能让他们放心地将土地流转起来。2016 年 10 月 30 日中共中央办公厅　国务院办公厅印发的《关于完善农村土地所有权承包权经营权分置办法的意见》明确提出，“实行所有权、承包权、经营权分置并行，着力推进农业现代化。”①

**6. 土地交易市场的逐步完善保证了土地流转的公平与效率**

土地使用权的流转实际上是土地产权的双重两权分离，它涉及到财产权的多个主体，即所有权主体、承包权主体、使用权主体的经济利益，土地交易的运作程序相对复杂。同时，如果任凭一家一户的农牧民漫无目标的自己选择转让对象来完成交易过程，不对称的信息和高昂的谈判成本，势必造成土地流转市场的混

① 中共中央办公厅　国务院办公厅印发《关于完善农村土地所有权承包权经营权分置办法的意见》，新华网 http://news.xinhuanet.com/fortune/2016－10/30/c_1119815168.htm.

乱。所以土地使用权的流转要有完善的农地使用权流转市场，特别是要有完善的中介服务机构和交易载体。“规范土地经营权流转交易，因地制宜加强农村产权交易市场建设，逐步实现涉农县（市、区、旗）全覆盖。健全市场运行规范，提高服务水平，为流转双方提供信息发布、产权交易、法律咨询、权益评估、抵押融资等服务。”①

### （二）土地使用权流转的内因

刘易斯—费景汉—拉尼斯的二元经济模型认为，劳动力流动的原因是由于农业劳动生产率低于工业，劳动生产率的差距表现为工资收入的差距。17 世纪英国古典经济学家威廉·配第认为：“工业的收益比农业多得多，而商业的收益又比工业多得多。”这种产业之间的收益差异会推动劳动力由低收入产业向能获得高收入的产业流动，这种差异是劳动力在产业间流动的重要原因。在中国，政府推动土地流转的内在因素主要在于随着工业化、城镇化的推进对劳动力需求的增加，引导农牧民大规模进入城镇带来的所承包土地的闲置和发展农牧业现代化的需求。对农牧民来说，流转土地的内在动力在于目前一家一户分散化土地经营成本高、收入低的推力和从事第二、第三产业较高收入以及城镇文明带来的较高生活质量的吸引力。

### （三）土地流转与城镇化的关系

国内外实践表明，伴随城镇化进程的加快，城市建设新增用地需求大量增加，迫使周边农区重新配置农村土地、劳动力等生产要素，为土地流转提供变革空间及需求市场，推动土地生产要素结构上的重组和功能上的转换，实现土地流转。从这个意义上说，城镇化是土地流转的推动力；而土地流转促进碎片化的土地规模化，便于使用机械进行农牧业现代化的生产，提高土地利用率。土地的集中经营又进一步解放了劳动力，推动了农村人口非农化、市民化的进程，为城镇化发展提供持续发展动力，加快了城镇化进程。由此可见，城镇化与土地流转既互为推进又相互制约，是一种双向、复杂、动态的关系。在城镇化与土地流转互动机制的逻辑模型中，二者存在着良性互动关系：土地流转为城镇化创造了良好的空间支撑和人力资源，城镇化为土地流转提供了经济和技术支撑。由城镇化带来的生产力变革引起产业结构的演化，导致人口和其他经济要素从农村向城市转移。所以，产业结构深化是推进和深化城镇化的核心动力。城镇化与土地流转互动机制的逻辑模型中，逻辑起点是产业结构演化。伴随产业结构升级和演化，经

---

① 中共中央办公厅　国务院办公厅印发《关于完善农村土地所有权承包权经营权分置办法的意见》，新华网 http：//news. xinhuanet. com/fortune/2016 - 10/30/c_1119815168. htm.

济的非农化和工业化进程加快，促进农村劳动力向二三产业转移，使城市规模、数量及占地面积不断增加，加速了城镇化进程，进而促进了土地流转。产业结构演化是驱动机制，起决定性作用，而劳动力转移是运行机制，城乡用地置换是关联机制。在这种关联机制的运作中，城镇化带来的对土地需求，带来了土地的流转、带来了人口向城镇的集聚，带来了农业生产方式变革和产业结构的变化；而土地流转带来的土地集中不仅促进了农牧业的现代化，而且解放了劳动力，促进了人口向城镇的转移。

### （四）以农牧区土地流转推进青海县域新型城镇化的优势

青海以农牧区土地流转推进县域新型城镇化具有以下优势：1. 青海土地辽阔，可以流转的农地、草场比较多，能满足建立一定规模的现代农牧业企业的需要。2. 青海大部分县域很大，尤其是牧业县的县域面积广大而城镇稀少，通过现代化大农牧场的建设带动区域小城镇的建设和发展，可以实现农牧业现代化发展与城镇建设的良好互动。3. 可以让农牧民就地市民化；职业化，实现身份、职业和生活方式的转化。

## 三、土地流转的实践与中央政府政策的演进

中国作为一个农业国家，农村土地制度与中国农业生产力和社会政治经济形势变化有着密不可分的关系，中国的改革开放就是从农村土地制度的改革开始的，从1978年以来，国家土地流转政策随着中国经济的发展，特别的城镇化的推进，经历了从土地的集体经营逐步过渡到家庭承包经营、从家庭承包经营基本制度的确立到在家庭承包基本制度框架下土地使用权的流转从禁止、允许流转、立法规范、逐步放开，中国农地制度变迁一直向着适应经济发展的需要，优化配置、寻求最佳绩效的目标努力。正是得益于中国农地制度适应经济发展的及时变迁，农业经济获得了相应的发展。

### （一）1978～1992年

1978年，凤阳小岗村18户农民搞起的“大包干”，正式揭开了中国农村土地改革的新时期，中国农村土地制度从单纯集体所有向集体所有、家庭经营的两权分离模式转变。联产承包责任制成为农民获得农村土地使用权的主要形式。农村土地随着农民获得土地使用权，为农村土地的流转提供了客观条件。改革开放初期，农村家庭联产承包责任制初步建立，农户与集体之间采取合同制形式，承包土地等生产资料，使生产经营的权、责、利相结合，收益与劳动成果直接挂钩，充分调动了农户的生产积极性，促进了农业生产，虽然土地流转还没有解除

禁止，但是农户之间已有了自发性流转，平衡了农户之间土地权益问题。

1983 年中共中央颁发了《关于印发农村经济政策基本问题的通知》，全国农村开始普遍推行包干到户。到 1983 年底，98% 左右的基本核算单位都实行了包干到户，家庭承包经营的土地面积占耕地总面积的 97% 左右，实现了土地所有权与使用权的分离。这种模式在保证农地集体所有权的基础上保证了农户的独立经营权，在以“交足国家的，留够集体的，剩下的都是自己的。”为准则的农村土地的经营收益分配关系调整的基础上，实现了从大集体生产向以家庭为单位的农村生产方式的转换。1984 年，中共中央发布第三个农村工作 1 号文件，规定“在延长承包期以前，群众有调整土地要求的，可以本着‘大稳定，小调整’的原则，经过充分商量，由集体统一调整。”1986 年第五个关于农村工作的 1 号文件，提出发展适度规模经营的问题，“随着农民向非农产业转移，鼓励耕地向种田能手集中，发展适度规模的种植专业户。”1987 年，国务院决定建立农村改革试验区，允许在江苏的苏州、无锡、常州、北京顺义、广东南海进行适度规模经营的试验，在山东平度进行“两田制”试验。使得土地经营权的流转突破了家庭承包经营的限制，中国土地流转制度开始进入新的试验期。1988 年，七届人大一次会议通过的《宪法修正案》规定：“任何组织或者个人不得侵占、买卖或者以其他形式非法转让土地。土地使用权可以依照法律的规定转让”，首次从根本大法的高度使土地转让成为现实可能，土地承包经营权流转有了其合法地位。

### （二）1993 ~ 1999 年

这个阶段中央颁布实施的农村土地政策多是围绕延长土地承包期和土地承包经营权流转的许可而展开的。特别是 90 年代后期，中央更加重视土地对于农民所起的生活保障作用，稳定土地承包权、放活经营权更成为促进土地流转的重要政策保障。1993 年 11 月，《关于当前农业和农村经济发展的若干政策措施》规定，在原有耕地承包到期以后，再延长 30 年不变，提倡“增人不增地，减人不减地。”十四届三中全会《关于建立社会主义市场经济体制若干问题的决议》提出，在坚持土地集体所有的前提下，延长土地承包期，允许继承开发性生产项目的承包经营权，允许土地使用权依法有偿转让。1995 年 3 月，《国务院批转农业部关于稳定和完善土地承包关系意见的通知》强调，进行土地调整时，严禁强行改变土地权属关系，不得将已经属于村组集体经济组织所有的土地收归村有，严禁发包方借调整土地之机多留机动地。1997 年中央文件提出，进行“大稳定、小调整”时，“小调整”只限于人地矛盾突出的个别农户，不能对所有的农户进行普遍调整；绝不能用行政命令的办法硬性规定在全村范围内几年重新调整一次承包地。不提倡实行“两田制”，严格控制和管理机动地等。1998 年 8 月 29 日，第九届全国人大十次会议通过了新修订的《土地管理法》。第一次将“土地承包经营期限为30年”的土地政策上升为法律。1998年底，全国80%的村庄展开了土地承包期延长工作，农业建设向现代市场农业转变。国家意图通过加强农民土地产权来抵消地方政府的各种不利行为，也希望通过法律将农民与国家建立一个连接，绕过产权的中间层，不断深化农民的使用权。此后，全国相继出现了两田制、反租倒包制、股份制以及“四荒”地拍卖制等制度形式，在这些制度形式下的土地流转已经基本具备了市场化流转的特点。1999年实施的《土地管理法》虽然对于农村土地使用权的自由转让依然有比较多的限制，但已从法律上允许农民承包的土地依法有序流转。

### （三）2000~2011年

这个时期，国家通过立法，政府会议等多种平台多次强化土地承包关系的长久性，并赋予法律依托，也为农业和谐稳定发展提供了明确有利的政策依据。2001年，《关于土地承包经营权流转的规定》的18号文件提出，农村土地流转的主体是农户，土地流转必须坚持“自愿、依法、有偿”的原则，对农村集体留机动地的比例进行了严格限定。2003年实施的《农村土地承包法》从法律层面体现了对于合法土地承包经营权的保护。该法中规定，通过家庭承包取得的土地承包经营权，可以依法采取转包、出租、互换、转让或者其他方式流转。而这部法律的颁布，被人称作中国土地制度的第三次创新。为土地规模化经营奠定了基础。2005年1月，农业部颁布的《农村土地承包经营权流转管理办法》对农村土地承包经营权流转的原则、当事人权利、流转方式、流转合同、流转管理等进行了可操作性规定。这是中国农村集体用地管理制度的重大创新突破，同时更是中国农村土地流转制度的创新突破。为农民流转承包的土地使用权，进入城镇，转换为市民提供了法律依据。从此，农村土地承包经营权流转进入规范和法律轨道。2008年，十七届三中全会通过的《关于推进农村改革发展若干重大问题的决定》对土地承包权流转市场进行了更系统的规范。提出要加强土地承包经营权流转管理和服务，建立健全土地承包经营权流转市场，有条件的地方可以发展专业大户、家庭农场、农民专业合作社等规模经营主体。

### （四）2011年至今

随着中国城镇化进程的快速推进，中国城镇化率超过50%，中国从农村社会进入了城镇社会以后，带有明显的传统小农经济与自然经济痕迹的家庭联产承包责任制，已经越来越不能适应现代农牧业的规模化经营和社会化生产的要求了。加快中国农村土地流转制度改革，推进农村土地使用权市场流转，加快实现以家庭农场为主要经营方式的农业现代化成为推进新型城镇化的迫切需求。

2014年3月16日中共中央国务院印发的《国家新型城镇化规划（2014~2020年）》提出，我国农村人口过多、农业水土资源紧缺，在城乡二元体制下，土地规模经营难以推行，传统生产方式难以改变，这是“三农”问题的根源。城镇化是现代化的必由之路，是解决农业农村农民问题的重要途径，是推动区域协调发展的有力支撑，是扩大内需和促进产业升级的重要抓手。在坚持和完善最严格的耕地保护制度前提下，赋予农民对承包地占有、使用、收益、流转及承包经营权抵押、担保权能。保障农户宅基地用益物权，改革完善农村宅基地制度，在试点基础上慎重稳妥推进农民住房财产权抵押、担保、转让，严格执行宅基地使用标准，严格禁止一户多宅。在符合规划和用途管制前提下，允许农村集体经营性建设用地出让、租赁、入股，实行与国有土地同等入市、同权同价。建立农村产权流转交易市场，推动农村产权流转交易公开、公正、规范运行。

2014 年 11 月 20 日中共中央办公厅、国务院办公厅印发了《关于引导农村土地经营权有序流转发展农业适度规模经营的意见》（简称《意见》）。《意见》指出：伴随我国工业化、信息化、城镇化和农业现代化进程，农村劳动力大量转移，农业物质技术装备水平不断提高，农户承包土地的经营权流转明显加快，发展适度规模经营已成为必然趋势。实践证明，土地流转和适度规模经营是发展现代农牧业的必由之路，有利于优化土地资源配置和提高劳动生产率，有利于保障粮食安全和主要农产品供给，有利于促进农业技术推广应用和农业增效、农民增收，应从我国人多地少、农村情况千差万别的实际出发，积极稳妥地推进。鼓励承包农户依法采取转包、出租、互换、转让及入股等方式流转承包地。鼓励有条件的地方制定扶持政策，引导农户长期流转承包地并促进其转移就业。

2015 年 11 月 3 日中共中央办公厅、国务院办公厅印发的《深化农村改革综合性实施方案》提出：放活土地经营权，就是允许承包农户将土地经营权依法自愿配置给有经营意愿和经营能力的主体，发展多种形式的适度规模经营。推动土地经营权规范有序流转。在农村耕地实行所有权、承包权、经营权“三权分置”的基础上，按照依法自愿有偿原则，引导农民以多种方式流转承包土地的经营权，以及通过土地经营权入股、托管等方式，发展多种形式的适度规模经营。把握好土地经营权流转、集中和规模经营的度，不片面追求超大规模经营，不搞大跃进，不搞强迫命令，不搞行政瞎指挥，使适度规模经营与农村劳动力转移、农业科技进步、农业社会化服务水平相适应。提升农户家庭经营能力和水平，重点发展以家庭成员为主要劳动力、以农业为主要收入来源、从事专业化集约化农业生产的规模适度的农户家庭农场，使之成为发展现代农业的有生力量。适时提出促进家庭农场发展的相关立法建议。制定专门规划和切实可行的政策，吸引年轻人务农，培育新型职业农民，造就高素质的新型农业生产经营者队伍。扶持有技能和经营能力的农民工返乡创办家庭农场、领办农民合作社，创立农产品加工、营销企业和农业社会化服务组织。

2016 年 10 月 30 日中共中央办公厅、国务院办公厅印发的《关于完善农村土地所有权承包权经营权分置办法的意见》指出，现阶段深化农村土地制度改革，顺应农民保留土地承包权、流转土地经营权的意愿，将土地承包经营权分为承包权和经营权，实行所有权、承包权、经营权分置并行，着力推进农业现代化，是继家庭联产承包责任制后农村改革又一重大制度创新。“三权分置”是农村基本经营制度的自我完善，符合生产关系适应生产力发展的客观规律，展现了农村基本经营制度的持久活力，有利于明晰土地产权关系，更好地维护农民集体、承包农户、经营主体的权益；有利于促进土地资源合理利用，构建新型农业经营体系，发展多种形式适度规模经营，提高土地产出率、劳动生产率和资源利用率，推动现代农业发展。

2017 年 2 月 6 日发布的《中共中央国务院关于深入推进农业供给侧结构性改革加快培育农业农村发展新动能的若干意见》提出，“推进农业供给侧结构性改革，加快转变农业发展方式，保持农业稳定发展和农民持续增收，走产出高效、产品安全、资源节约、环境友好的农业现代化道路，推动新型城镇化与新农村建设双轮驱动、互促共进，让广大农民平等参与现代化进程、共同分享现代化成果。”

## 四、土地流转的基础与农业生产方式转型

以上有关政府土地流转政策的演进历程明确的说明，基于承包制的中国农牧民土地使用权流转的基础在于随着工业化、城镇化带来的产业转型升级和人口大规模的流动。随着农业在三大产业中的比重快速下降，人口的大量流出，碎片化的中国农牧业生产必然要从低效率的自然经济的手工农牧业转向工业化、集约化生产的现代农牧业转型。这种转化的条件就是要求政府在政策上允许农牧民承包的土地使用权能够有序流动，能够通过土地市场把碎片化的土地联成一块相对较大的土地，以便使用机械进行生产，提高土地的使用效率。由于土地的天然垄断性，它不能像资本一样可以自由流动，因此，推进土地流转只能立足于县域经济的发展，立足于县域产业结构的调整带来的对农牧业产业化发展的需求和第二、第三产业发展所能提供的条件。也就是工业的发展能否为农牧业产业化提供适合的机械设备、技术；服务业能否为农牧业产业化提供产前、产中、产后一条龙的服务。同时，社会保障制度的完善和户籍制度的彻底改革是去除土地保障的政策条件，只有农牧民解除了后顾之忧，才能有流转土地的积极性。

## 五、以人的城镇化推进土地流转和农牧业产业化

### （一）农民工市民化是土地流转的前提

工业化是城镇化发展的动力，是土地流转的前提。研究表明，中国城镇化率

若保持每年1%的增长，每年将有1300多万人口进入城镇，这是一个庞大的人口数量，拉美、菲律宾等国家城镇化的教训表明，大量农民无序地涌向少数大城市且没有产业吸纳能力、缺乏就业机会，势必形成城市内贫富悬殊的格局，危及社会稳定。中国城镇体系和产业布局存在结构性失衡，不少中小城市和小城镇缺乏产业支撑成为“穷城”“空城”，而大城市往往存在“大而全”的问题，各类产业齐全，就业机会多，吸引着大批农民工进入大城市。但由于政策的制约，进城农民工难以融入城市，导致农民工候鸟式跨区流动。若城镇化不打破以行政层级分配资源，不能将农民工有序地在城镇安置下来，让农民工变成有各种社会保障的市民，农民工的这种候鸟式的生存就难以改变，缺乏社会保障的农牧民就难以摆脱对土地的依赖，土地流转也就难以推动。

### （二）社会保障机制的完善是推进人的城镇化的基础

改革户籍制度和依附于户籍制度的社会保障机制是实现人口城镇化的重点和难点。深化户籍制度改革，不仅要保障人口的自由流动，而且必须要剥离依附于户籍制度上的各种不平等的经济福利和社会福利，将基本公共服务全覆盖、均等化在每个公民的身上。2001年以来，尽管小城镇和小城市户籍限制已逐步放宽，但因其吸引力不足，农民仍然持续流向大中城市。据统计，2000～2010年，北京常住外来人口增长了175.2%；上海市增长了193.6%，2010年农民工已占外来人口的79.4%，同期全国城镇人口增长仅45.2%。2011年全国外出农民工中，流向直辖市、省会城市和地级市的占64.7%。这种人口流动除了产业布局的原因，公共资源和社会福利与小城镇（市）的巨大差距也是重要因素，这不仅不断加剧着不均衡的城镇化发展格局，也进一步增大了大城市放开户籍管理的难度。《国家新型城镇化规划（2014～2020年）》明确了户籍制度改革的基本原则、主要政策并给出了明确路线图、任务指标和时间表，同时，对逐步解决进城农民工享有城镇基本公共服务问题提出了明确的目标和政策，但地方如何评估综合承载力，因地制宜地制定户籍制度改革政策措施和具体标准；如何同步推进教育、医疗、就业、社会保障、住房保障等基本公共服务覆盖进城农民工，需要解决的问题很多，特别是要解决中央和地方的责任划分、资金来源等问题。①

### （三）农牧业产业化是推进土地流转的目标

推动土地流转的核心目标是通过土地流转推进农牧业适度规模化经营，从而推进以家庭农场为主要经营方式的农牧业现代化，以现代化的生产提高农牧业的

① 韩启德．新型城镇化和县域经济发展是一项历史任务［J］．人民论坛．2014年4月（上）（总第437期）http://theory.rmlt.com.cn/2014/0331/251869.shtml.

生产效率，保障国家粮食安全，提高农牧民的收入，间接促进城镇化、工业化的进程。

## 六、以土地流转推进县域城镇化的条件

### （一）工业和服务业的发展

**1. 产业发展要满足人口转移的就业需要**

要让农牧民流转土地、草场，关键是要让农牧民能离得开土地，不依靠土地生活，不依靠土地养老，不依靠土地提供基本的生活保障。从土地使用权流转对农民的影响看，大量农村人口如果转让了土地使用权，他们只能转入非农产业，从事非农生产。这就需要第二、第三产业的发展壮大为离开土地的农牧民提供高于从事农牧业生产收入的工作岗位，吸纳他们稳定就业。

**2. 工业发展要能为农业现代化生产提供技术设备**

土地流入方要在不改变农牧地使用性质的前提下获利，必须要使用高效率的机械设备，这些机械设备依赖于工业的发展。成熟的工业为农牧业机械化生产提供价格合适、效率优秀的农牧机械，才可以减少对人力的使用，才能使生产获得高效率，保证从事农牧业生产的投资收益不低于社会平均效益。

**3. 服务业的发展要能为农牧业农场化发展提供足够的服务**

自然经济条件下的农牧业生产是一家一户与一定数量土地的结合，其生产是由家庭内部的分工合作完成，其生产物主要为家庭的生活所消费。而作为农场化的生产，是以规模效益来获取市场收益为目的，农牧业生产作为产业链的一个环节，其生产的最终完成，依赖于众多为农牧业发展提供的服务保障。为农（牧）服务业的发展程度决定着农牧业产业化的程度。而农场规模的大小和数量的多少，又反过来决定着为农牧服务业的发展规模和分工细化的程度。二者是相辅相成，相互促进的。

### （二）城镇的发展

**1. 城镇的发展要能满足产业集聚和为农牧场服务业发展的需要**

现代城镇的发展是产业集聚的结果，一定数量的产业集聚带来的对劳动力的需要带来了人口的集聚，人口的集聚产生了城镇。城镇的规模决定着企业进入的成本，越大的城镇由于能够为企业提供丰富的劳动力市场、人才市场、上下游产业链的服务市场、能源市场等，就越能吸引各类企业进入和发展。越多企业的集中则能形成产业集聚和产业分工的细化，越细化的产业分工则越能够提高生产效率。当众多企业集聚在城镇时，又能提供大量的就业岗位，为农牧业剩余劳动力

的转移提供必要的条件。

在推进土地流转形成一定规模家庭农牧场的过程中，我们面临着为农牧场服务业发展的产业集聚问题。这些服务业从服务成本和便利性来看，大部分只能立足于城乡枢纽的小城镇，而不能集中在大城市。当小城镇的服务业有了规模化的发展，就能带动小城镇人口的集聚，一定人口数量的集聚，能保证小城镇的健康发展。因此，我们需要完善小城镇的功能来满足为农（牧）场服务业发展的需要，要为农牧服务业的发展提供适合的场地、人员、技能培训等便利，使农牧场的发展与小城镇的建设形成良好互动。

**2. 城镇的发展要能满足转移人口居住的需要**

人口的流动方向取决于就业岗位的提供情况，取决于收入水平，也取决于居住情况。城镇的住宅建设规模、层次、价格都影响着人口向城镇的转移、居住的意愿。城镇必须提供不同层次、不同价格的住宅来满足转移人口的居住需求，才能让流转了土地的农牧民在城镇安家落户，成为城镇的永久居民，才能保证城镇人口的持续增加，城镇逐步壮大。过高的房价只会阻碍人口进入城镇的步伐，既影响农村的土地流转、影响农牧业现代化的步伐，也阻碍城镇化的进程。

**3. 城镇生活质量的提升决定转移着人口流转土地的意愿**

只有城镇工作的收益和生活质量高于农牧区从事农牧业的收入和生活时，农牧民才有进入城镇居住，进而流转土地的意愿。因此，城镇自身的建设水平，特别是城镇的教育、医疗、养老、交通等公共服务业的发展水平决定着农牧民是否流转土地的意愿。只有城镇软硬件设施齐全，能满足人们对物质、精神文化生活的需要，能获得良好的环境、教育、医疗、养老的保障，才能激发人们进入城镇居住、生活的愿望。

### （三）国家政策的调整

**1. 国家政策导向**

土地是国家重要的战略资源，土地使用权的流转无疑是促进农牧业生产方式、分配方式变革的有力途径。土地使用权流转是一种权利的确认，它在固化承包权的基础上确认农民拥有转让权，使土地使用权不再是一种外生变量，而是农户可以根据需要将其置于市场之中获取收益的重要方式。土地一旦进入市场框架，土地使用权也和股票一样具有价格和商品属性，为拥有者带来地租收入，从而实现“土地使用权的资本化”或“土地的资本化”。国家政策对土地的流转和使用起着决定性的制约作用。不同时期基于国家发展战略的需要，国家有关土地政策对土地流转的导向作用决定着农牧民对自己所承包土地使用权的处置方向。

土地使用权流转的过程本质上是土地使用权资本化的过程，决定土地使用权资本化过程的关键要素是国家的政策，它是土地使用权资本化实施过程的外在制度安排。同时，土地作为重要的资源，国家对其调控的政策一旦发生变更将会影响利益相关者各方的利益分配。

政府的征地行为、城镇化进程等对农村土地使用权流转的确权过程有着重要影响：一方面造成了征地政策之内和政策之外的土地地租收益的巨大差异以及城乡土地价格的差异，另一方面也造成了这些土地承包者收入差距的拉大。因此，农村土地使用权流转政策的有效实施需要多方面综合考虑国家的宏观政策。

土地使用权流转的实施过程本身存在着诸多潜在的风险。首先在国家政策层面要明确土地确权到人，如果农牧民没有明确依法处置土地使用权的处置权，土地使用权转让会由于缺少相应的法律保障引发诸多纠纷，会给将来带来隐患。其次要防范非粮化风险，大量土地流转之后如果不从事农业生产，粮食安全将很难保障。三是土地确权过程的控制，治理结构如果没有建立好，农民的意愿没有得到表达，就会出现内部人控制和巨大的寻租空间。① 明确国家政策，使国家政策具有可操作性是推进土地流转，防范风险，进而推进新型城镇化的前提条件。

**2. 区域政策扶持**

不同区域的经济发展水平和生产力状况，决定着城镇化的水平，也决定着是否推进土地流转来推进城镇化进程。因此，不同的区域政策也是决定土地流转的重要条件，尤其是青海这样的西部欠发达地区，不仅肩负着青藏高原生态保护的重任，其经济发展和城镇化的推进更主要的是依靠政府自上而下的推动力，区域政策的扶持是能否有力推动土地流转的关键动力。

目前地方政府着力要解决的问题是制定和完善地方土地使用权流转的实施细则，从法律层面明确土地使用权流转的程序、方式、各方的权利、处罚办法及仲裁机构等。明晰规范的土地产权关系是农村土地有效流转的基本前提。首先，要科学合理界定国家、集体与农户三者之间的产权关系，进一步明确农民承包土地的权能，真正把土地的所有权同其占有、使用、收益、处分的权能分开。在确保农村土地所有权归农民集体所有的前提下，赋予农民对承包经营的土地更多的权益，如抵押、转让、租赁等。只有农民的土地承包经营权成为一种完整的产权，农户的主体地位才能真正确立起来。其次，进一步明晰土地使用权的产权界定，把土地使用权流转的决策权界定给农民，这样农户才能成为土地使用权流转的主体，拥有土地的长期使用权。

---

① 参见：陈家泽．产权改革要赋予农民对重大竞争性资源配置的决策权［N］. 21 世纪经济报，2009 年 2 月 7 日．

# 第五节　以土地流转推进青海县域新型城镇化的对策分析

## 一、以土地流转推进青海县域城镇化的机遇

目前，青海省以土地流转推进青海县域新型城镇化面临着非常难得的机遇。首先，国务院发布的《国家新型城镇化规划（2014～2020年）》是统筹相关领域制度和政策创新、指导全国城镇化健康发展的宏观性、战略性、基础性规划。明确了未来城镇化的发展路径、主要目标和战略任务，确立了走以人为本、四化同步、优化布局、生态文明、文化传承的新型城镇化道路的原则和指导思想，强调要通过改革释放城镇化发展潜力。提出未来城镇化重点，将是在稳住速度和节奏的同时，更加注重优化结构，更加注重转型发展，更加注重提升质量，走以人为本、合理布局、集约高效、绿色低碳、城乡统筹的发展道路。要以市场为导向，充分发挥县域经济在国民经济基础单元中的作用，使其成为优化区域产业布局和产业链衔接延长过程中的关键部分，为推进小城镇建设和城乡一体化，实现农村富余劳动力就地就近转移，全面建成小康社会提供强力支撑。其次，国家丝绸之路经济带建设战略的实施，为青海省向西开放提供了机遇，为青海省经济社会的发展提供了条件，必将带动交通、产业、城镇化发展，为人口向城镇集聚提供条件。第三，2014年11月20日中共中央办公厅、国务院办公厅印发的《关于引导农村土地经营权有序流转发展农业适度规模经营的意见》和2015年11月3日中共中央办公厅国务院办公厅印发的《深化农村改革综合性实施方案》等文件的出台，为推进土地流转提供了政策保障。第四，政府积极推进的户籍制度改革，解决了农牧民流动和市民化的制度制约，社会保障制度改革解决了农牧民土地流转的后顾之忧。第五，2014年8月18日下午习近平总书记主持召开的中央财经领导小组第七次会议，研究了实施创新驱动发展战略。习近平总书记在会议上发表的重要讲话强调，创新始终是推动一个国家、一个民族向前发展的重要力量。中国是一个发展中大国，正在大力推进经济发展方式转变和经济结构调整，必须把创新驱动发展战略实施好。实施创新驱动发展战略，就是要推动以科技创新为核心的全面创新，坚持需求导向和产业化方向，坚持企业在创新中的主体地位，发挥市场在资源配置中的决定性作用和社会主义制度优势，增强科技进步对经济增长的贡献度，形成新的增长动力源泉，推动经济持续健康发展。2015年3月5日李克强总理在《政府工作报告》中提出了“大众创业、万众创新”的号召，提出要把“大众创业、万众创新”打造成推动中国经济继续前行的“双引擎”之一，要以创新推动中国经济的转型和发展，政府对创业、创新要给予大力支持，

这为青海实现产业升级转型，推进新型城镇化提供了一个跨越发展的良好条件。

## 二、以土地流转推进青海县域新型城镇化面临的问题与挑战

### （一）城镇产业支撑能力弱，就业岗位少，吸引农牧民向城镇集聚的动力不足

城镇化主要指标是农牧业人口向非农产业转移的数量，它的核心在于人的城镇化，人口向城镇的集聚。青海省县域范围内的中小城镇，大都已不存在户口转移障碍，人口可以自由流动，但其核心的问题是产业支撑不强、没有自己的特色产业，就业岗位不足、吸引力不够，特别是一些远离大城市的牧区小城镇，只有简单的商业，几乎没有工业，农牧民缺乏进入城镇生活的动力，城镇人口集聚不起来，第三产业难以发展。2014 年，青海省的县域户籍人口，农业县平均只有 9.39 万人，牧业县 6.31 万人（不包括西宁市、格尔木市、德令哈市、玉树市）。最少的大柴旦只有 0.98 万人，最多的湟中县 48.66 万人。①

### （二）城镇基础设施建设投入不足，生活质量无法保证，难以吸引人口在城市定居

青海的县域城镇发育迟缓，城镇化进程比较慢，基础设施投入不足，很多县城到现在都没有公交车，大多数县城没有污水处理厂，基础设施建设不够完善。工商业规模小，就业岗位缺乏，医疗、教育等机构少，质量差，导致人口难以进入城镇定居。

**表 6-12　　青海省县域主要基础设施建设基本情况**

| 县域名称 | 公路里程数（公里） | 民用汽车拥有量（辆） | 公交车路数（路） | 出租车数量（辆） | 互联网宽带用户数量（户） | 中学数量（所） | 执业（助理）医师（人） |
|---|---|---|---|---|---|---|---|
| 大通县 | 1319 | 35208 | 76 | 228 | 26921 | 34 | 472 |
| 湟中县 | 2056 | 44133 | 32 | 57 | 19257 | 42 | 282 |
| 湟源县 | 573 | 11326 | 28 | 251 | 12889 | 14 | 191 |
| 乐都区 | 1330 | 27404 | 11 | 337 | 15917 | 13 | 444 |
| 平安区 | 378 | 24818 | 6 | 338 | 18436 | 7 | 275 |
| 民和县 | 1889 | 25230 | 5 | 210 | 8834 | 33 | 322 |
| 互助县 | 1923 | 25954 | 11 | 264 | 11211 | 24 | 568 |

① 青海统计局．青海统计年鉴 2015［M］．北京：中国统计出版社，2015（7）．

续表

| 县域名称 | 公路里程数（公里） | 民用汽车拥有量（辆） | 公交车路数（路） | 出租车数量（辆） | 互联网宽带用户数量（户） | 中学数量（所） | 执业（助理）医师（人） |
|---|---|---|---|---|---|---|---|
| 化隆县 | 1471 | 20420 | 0 | 140 | 4351 | 8 | 147 |
| 治多县 | 588 | 4234 | 0 | 0 | 600 | 1 | 13 |
| 囊谦县 | 420 | 1277 | 0 | 0 | 1040 | 2 | 70 |
| 曲麻莱县 | 3200 | 2313 | 0 | 15 | 878 | 1 | 43 |
| 乌兰县 | 1405 | 2981 | 31 | 205 | 5597 | 6 | 71 |
| 都兰县 | 3840 | 5082 | 0 | 198 | 4328 | 6 | 73 |
| 天峻县 | 3397 | 3288 | 0 | 300 | 2269 | 3 | 100 |
| 大柴旦 | 374 | 1046 | 0 | 58 | 2784 | 1 | 38 |
| 冷湖 | 921 | 6540 | 0 | 14 | 260 | 0 | 0 |
| 茫崖 | 525 | 5525 | 0 | 220 | 6200 | 0 | 47 |
| 循化县 | 951 | 16590 | 0 | 766 | 4550 | 9 | 135 |
| 门源县 | 1513 | 7872 | 17 | 0 | 9386 | 5 | 34 |
| 祁连县 | 1883 | 3479 | 3 | 112 | 7698 | 2 | 14 |
| 海晏县 | 1075 | 4505 | 3 | 150 | 3458 | 3 | 59 |
| 刚察县 | 1986 | 572 | 8 | 126 | 3910 | 2 | 19 |
| 同仁县 | 1001 | 6535 | 3 | 238 | 9672 | 10 | 221 |
| 尖扎县 | 673 | 2312 | 4 | 69 | 3774 | 5 | 216 |
| 泽库县 | 1500 | 3829 | 0 | 50 | 651 | 2 | 119 |
| 河南县 | 1403 | 2564 | 0 | 165 | 2229 | 2 | 103 |
| 共和县 | 3256 | 10795 | 13 | 172 | 22534 | 4 | 264 |
| 同德县 | 1294 | 90 | 0 | 62 | 2732 | 5 | 116 |
| 贵德县 | 1527 | 3040 | 9 | 331 | 4513 | 6 | 83 |
| 兴海县 | 4144 | 5201 | 2 | 35 | 3325 | 3 | 88 |
| 贵南县 | 1782 | 3315 | 4 | 97 | 7798 | 3 | 126 |
| 玛沁县 | 1869 | 6540 | 0 | 415 | 2610 | 4 | 46 |
| 班玛县 | 1330 | 852 | 0 | 40 | 1100 | 1 | 30 |
| 甘德县 | 1888 | 2159 | 0 | 100 | 624 | 1 | 43 |
| 达日县 | 1685 | 2060 | 0 | 120 | 1219 | 1 | 50 |
| 久治县 | 1364 | 602 | 0 | 28 | 825 | 1 | 41 |
| 玛多县 | 1537 | 900 | 0 | 14 | 870 | 1 | 30 |
| 杂多县 | 416 | 387 | 0 | 0 | 1590 | 2 | 50 |
| 称多县 | 415 | 1381 | 0 | 0 | 1720 | 1 | 113 |

资料来源：根据《青海统计年鉴（2015）》计算所得.

### （三）社会保障机制的缺失，使农牧民有后顾之忧，不敢舍弃土地的保障功能

土地之所以成为农牧民社会保障的主要来源，在于广大农村长期以来社会保障制度的缺失。一直以来中国的社会保障主要是在城镇推行，农牧民流离于社会保障制度之外，他们的生、老、病、死全部由其个人或家庭成员来负担。土地成为中国农牧民维护自己生存的基本生产、生活资料，承担着多种保障功能，甚至是心理慰藉的功能。

土地的社会保障功能主要体现在以下几个方面：首先，土地提供给劳动者基本的食品供给。绝大多数农牧民通过经营土地来获得收入以维持基本生存和需要。其次，土地收入能提供养老保障。在农村，老年人在丧失劳动能力后可以将土地交给其他家庭成员经营，也可以通过土地流转来获得一定租金收入用于养老。土地因此而成为一种有效的养老保险工具。第三，土地为村庄提供公共物品。大部分村庄都留有一定数量的公地。公地收入用来为村民提供公共物品，是村务开支、村民福利的主要来源，也是为困难村民提供一定救济的经济来源。第四，土地承担着失业保险的作用。那些从事非农生产的农村劳动力在遭遇就业挫折时可以很容易地退而务农，土地因此起到失业保障或“退农保障”的作用。①

### （四）服务业不完善制约了以家庭农场为经营方式的农牧业现代化的实践

现代农牧业是用现代工业装备的，用现代科学技术武装的，用现代组织管理方法来经营的社会化、商品化的农牧业，是国民经济中具有较强竞争力的现代产业。现代农牧业是一个大农业的概念，它贯穿于农牧业及工业整个生产过程的各个环节，涵盖金融保险、咨询与调查、租赁、会计、法律、研发、教育培训、物流、广告、信息通信等众多领域，只有经过这些生产性服务业的参与，农牧业和制造业产品才能形成较高的价值并最终顺利到达消费者手中。根据国际发达国家农牧业发展的经验，建立社会化的农牧业产业化服务体系，是促进土地流转、实现农牧业产业化经营的重要条件。从目前青海的发展来看，显然尚不完全具备这样一些条件，这对想流转土地发展家庭农牧场的人来说是一个非常大的制约，面对复杂的市场变化和不确定的农牧业生产，单靠个人的力量是难以胜任的。

---

① 参见：赵常华．论农村土地的社会保障功能［J］．土地使用制度改革，2004（8）．

### （五）政府在城镇化建设中的大城市偏好，导致了资源、人口向大城市集中，中小城镇发展不足，被动抽血，缺乏支撑土地流转、发展农牧业现代化的能力

改革开放以来，中国城镇化建设取得了举世瞩目的成就，城市数量从 1978 年的 193 个增加到 2014 年的 661 个，建制镇从 2173 个增加到 19522 个。但也应当看到，在城镇化形态和城镇布局上，不同规模和层次的城镇发展不够协调。许多流动人口青睐大中城市，许多地方政府也在倾力打造大中城市，许多资源、资金实际上也在向大中城市集聚。

近些年来，一些城市不断修改城市规划“重新定位”，“县”想改为“市”，“市”想升格为“中心市”。据相关资料，目前有几十个城市提出要建设“世界城市”和“国际大都市”，有上百个城市提出要建设“中心城市”，结果导致一些城市建成区盲目扩张。与此同时，中小城市和小城镇却在不断萎缩。县域城镇数量虽多但规模偏小，基础设施薄弱，人居环境较差，综合承载能力不足，集聚产业和人口的能力十分有限。

据有关机构调查统计，目前，中国还有 20% 的小城镇没有集中供水，80% 的小城镇没有污水和垃圾处理设施，县域城镇建成区平均人口只有 7000 人左右，相当多的建制镇居民不足 5000 人。超过两亿的外出农民工，在县级城市居住就业的只有 20% 左右，在县域城镇居住就业的不足 10%。绝大部分建制镇的镇区面积规模在 2 平方公里以下，超过 5 平方公里的小城镇数量微乎其微。与 20 年前相比，全国建制镇的人口占全国人口比重甚至还有所下降。① 从《青海统计年鉴 2015》的数据来看，青海的县域城镇化也面临着同样的问题。

## 三、促进以土地流转推进青海县域城镇化的政策建议

### （一）完善社会保障机制，消除农地的社保功能，解除农村转移人口的后顾之忧

健全的农村社会保障制度是农民摆脱土地束缚，成功实现转移的制度依托。没有社会保障制度对土地保障的替代，农民永远无法真正离开土地，实现土地的有效流转。建立健全农村社会保障制度体系，弱化农村土地保障功能是中国农村土地流转的根本出路。由于中国农村社会保障制度建设的艰巨性及中国现实国力所限，只能走渐进式的改革道路。

---

① 尹中卿：真正“城市化”是农民市民化. http：//blog. sina. com. cn/s/blog_58b0d4e00101jfq9. html.

目前政府应做好以下重点工作：（1）在原有城镇居民保障制度的基础上，针对农民工的就业特点及保障诉求制定适合农民工的保障制度，以保证他们能顺利转化为市民。受文化程度和技能水平的限制，大部分农民工就业形式大多是临时工和小时工，从事的是技术含量低的脏活、累活、高风险的工作。这就使得农民工就业呈现出收入低、不稳定、流动性强、危险性大的特点。因此，农民工的保障诉求一般为：保障基本的生活来源；发生工伤、得了大病能及时得以救治；老来有所养等等。相应地与农民工相匹配的社会保障制度就目前而言，应该是给予进城农民工基本生活保障、失业保险、工伤保险、医疗保险、养老保险等相应的保险种类，且在保险缴费方面应该考虑农民工收入的低水平及不稳定性，另外还应考虑农民工的高流动性，让保险账户的设置具有可流动性和可延续性。（2）完善农村最低生活保障制度。目前这方面的工作应重点放在逐步解决存在的主要问题方面。根据中国农村最低生活保障制度的现状，主要完善以下三方面的工作：一是加强相关法制建设，建立专门的低保管理机构，以确保农村最低生活保障工作的有法可依，且有组织保证。二是在法制的规范下，确定科学合理的低保标准和对象，把低收入、无收入、失业回家及失地农民和因农产品经营不善陷入困境的农民纳入保障对象。在完善社会保障的过程中，逐步弱化农村土地的社会保障功能，使农牧民能离得开土地，能立足于城镇。三是大力发展县域经济，完善财政转移支付制度，确保实施低保必要的资金来源，逐步提高低保标准、扩大低保覆盖面。（3）完善农牧区养老保障制度。按照青海省的实际情况和财政负担能力，逐步完善新型农村养老保险制度，以促进农村养老保障制度的建立健全。现阶段从农牧区人口构成的实际情况来看，要完善青海农牧区养老保障制度的建设工作：首先要出台青海农牧区社会养老保险法，提高农村养老保障的法律层次，要有统一的法律规范。其次面对青海财政能力不足的现实，要多方面争取政府扩大国家对青海政策扶持的范围和力度，依靠国家的力量多渠道保障青海农牧区养老保险金的来源。其三要积极推进面向农牧民的商业保险的发展力度，以商业保险辅助农牧民实现养老保障。（4）积极探索农村医疗保险新模式。中国实施新型农村合作医疗后，效果并不理想，现行农村合作医疗保险制度实际操作中已难以为继。因此，中国农村医疗保险建设的出路还在于探索新模式。在中国农村医疗保险模式创新方面，按照李颖、凌江怀的观点，就是在给予农民基本医疗保障的前提下，建立一个全国性农村医疗保险股份制公司。基本思路是结合中国实际情况，设立针对农村地区的全国性保险公司，并建立一个与之合作的医疗服务网点覆盖全国的大型现代化保险经营机构，专门负责农村医疗保险的保费征缴，险种的设计、销售、管理及推广，负责保险基金的投资和风险管理，国家对该保险公司给予政策上的扶持。当然，如何将此模式付诸实践，还有许多问题需要我们去探讨。[①]（5）在土地流转中要高度重视农牧区老龄人口和农村留守儿童、留守妇女、留守老人的权益保障问题。整合政府、社会和家庭等多方面资源，加大养老公共产品投入，大力发展养老产业，关注城乡空巢家庭以及农村留守老人。加强生产扶持、社会救助、人文关怀，保障留守农村的妇女、儿童的基本权益和人身安全。把老龄人口的土地流转收入应全额用在老年人的养老支出上。

### （二）大力发展第二、第三产业，重点培植县域特色产业，以扩大就业提升城镇的承载能力

工业化是城镇化的基础，产业发展是城镇化建设的核心。如果城镇没有产业支撑，缺乏造血功能，不仅发挥不了城镇的应有作用，而且还会拖累区域经济发展的后腿。目前，青海相当一部分县域还是以分散经营的农牧业和以农产品粗加工为主导产业，许多城镇缺乏优势产业支撑，综合经济实力薄弱，集聚能力有限。推进县域城镇化健康发展，必须将县域经济发展与城镇化建设协调起来，加快农村工业化进程，提升城乡产业一体化发展水平，推动城镇化与县域工业化及农牧业现代化同步前进，协调发展。

青海省推进县域城镇化的重点应放在选择一批有潜力的县城和重点镇进行培育，把农牧业转移人口、基础设施的改进、公共服务的提升、产业发展结合起，来推动这些地方的新型城镇化。同时，在发展中要实现政策的支持和市场机制相结合。在政策方面，因为青海很多县基础设施和公共服务很落后，单靠自己发展不起来，因此要在优选基础之上，加强政策支撑，重点扶持。在市场机制方面，要发挥小城镇的自身特色，根据自身的资源推进发展成为工矿型、传统商贸型、旅游型、民族文化型等特色城镇，形成核心竞争力、特色竞争力，在此基础上吸引特色产业集群化的发展，以产业集群来推动县域城镇化。

英国古典经济学家大卫·李嘉图指出，在开放的环境下，即使一个国家或地区生产每一种产品的劳动生产率均低于其他国家或地区，由于比较利益不同生产率低的一方仍然能获利。当前中国经济已经融入全球经济，经济相对落后的县域应发挥自己的优势，努力打造特色优势产业。特色经济是在经济交流交往、地区之间比较互动和竞争较量过程中体现出来的。因此，特色经济要通过特色产品、特色产业，借助市场载体才能实现。做大做强特色产品和特色产业，发展特色经济，既要充分利用当地天时地利优势，确保产品、产业的地方特色，实现生产规模化和品牌化，建立合理的经济结构和产品结构，推动专业化经营，发挥产业的

① http://www.caein.com/index.asp?xAction=xReadNews&NewsID=50525. 王银梅，刘语潇．从社会保障角度看我国农村土地流转．中国农经信息网，2010年1月9日．

聚集效益；又不能固守陈规，要善于借助外部环境条件，跳出地区局限，以市场为风向标，加快地方特色产品、特色产业的技术优化升级改造，增加产品的科技含量，提高特色产品的附加价值和产出效益。

特色经济不是自发产生的，而是通过人们的辛勤劳动创造出来的，把小的做大，弱的做强，才能显示其所展现的优势与特色。发展县域经济，抓住带有地方特色的产业，走集约化、规模化和品牌化道路，对解决城镇化问题非常重要。特色经济是县域发挥比较优势、资源优势，调整产业结构的关键，特色产业的培育和发展过程，实际上也就是比较优势形成和确立的过程，有了特色经济、特色产业，县域经济才能不断壮大。在开放环境下一个国家或地区应发挥其固有优势进行贸易，通过市场选择，突出地方特色，克服不利因素，充分发挥地方资源的比较优势，实现资源优化配置，或是无中生有、小中见大，或是短中见长、人有我优，生产出符合市场要求、具有竞争能力的产品来，进而形成具备市场竞争能力的产业，这个过程便是特色经济的创新过程。

### （三）以人为本，提升城镇生活质量，吸引农牧区人口向城镇集聚

城镇化是工业化发展的自然结果，是农村人口生产方式和生活方式转变的长期过程。城镇化的本质，是农牧民转移人口市民化，城镇化的关键是把进城务工经商的农牧民转变为城镇居民，把在城镇能够长期定居下来的农牧民转变为真正的市民。实现从“农牧民”，到“居民”，再到“市民”，这是一个有序的转移、转变和转化过程。

要让人口真正留下来，仅给予城镇户籍是不够的，重点在于提升城镇的生活质量，要提升城镇化发展质量，必须要按照国务院印发实施的《国家基本公共服务“十二五”规划》，推进提升基本公共服务水平具体任务的完成。必须要让进入城镇的人口在教育、就业、医疗、养老、保障性住房等方面平等享受城镇居民的基本公共服务。推进公共服务和社会福利体系改革，逐步实现农牧业转移人口进城落户后在子女教育、文化休闲、医疗卫生、就业服务、劳动报酬、住房租购、社会保障等方面与城镇居民享受同等待遇。提高教育、医疗、社保、住房等公共服务水平。逐步将农牧区转移人口纳入社会保障体系，尽快实现社会保险关系在不同统筹区的转移接续和不同制度间的衔接转换。同时，城镇软硬件的建设必须要提高，要把城镇建设成生态文明的“美丽城镇”，“宜居城镇”围绕提升城镇品位和市民生活品质，加强城镇文化、生态文明建设，传承城镇历史文脉，打造生态宜居空间，走绿色城镇化之路，实现人与资源环境的协调发展，保证进入城镇的人口能留下来，生活质量能有较大的提升。

### （四）创新制度，科学规划，稳健地推进农牧业现代化进程

推进农牧业现代化是一个长期、复杂的庞大工程，必须要在制度创新的基础上，根据各地的实际，科学规划，稳健地推进农牧业现代化进程。李克强总理指出："推进农业结构调整、发展农业产业化，根本上要靠创新驱动。""对家庭农场等规模经营主体，要加强经营方向上的引导和规范，坚持以粮食和农业为主，不能搞非粮化，坚决禁止耕地非农化，使土地流转成为提高粮食和农业综合生产能力的有力武器，更好地保障国家粮食安全。""要研究制定吸引年轻人务农的政策措施，造就一支适应现代农业发展需要的高素质新型农民队伍。"①

### （五）完善小城镇功能，立足小城镇，发展面向为农牧业现代化服务的第三产业，为农牧业现代化生产提供全面服务

农牧业专业化服务水平代表着一个国家农牧业发展的水平，专业化程度越高说明农牧业发展水平越高。当规模化、专业化发展到一定程度，各种为农牧业服务的组织就会应运而生，从耕种、田间管理、收割、运输、储藏、营销等都要由专门的服务组织承担。为农牧业服务为主的服务业是连接工业与农业、城市与乡村、投资与消费的关键产业，是新型城镇化发展的重中之重，推动其快速发展是推动县域经济发展和农牧业现代化进程的重要方面。青海地域广阔，农牧产品资源丰富，每个县应立足于县域内的城镇，根据自身的农牧业发展特色，大力发展面向农牧业产业化的服务业、农产品加工业，带动当地农牧业的产业化发展、促进城镇化发展，拉长产业链条、提高产品附加值，聚集产业发展资源与要素。

从发展规律和趋势看，中国农牧业家庭农场化经营在政府的推动下，正在积极地发展壮大，为家庭农牧场服务的农产品加工业发展的空间很大，这正是未来中国经济发展调结构、转增长、扩内需、富民生的重要抓手，也是未来县域经济发展最具特色和潜力的产业。

由于农产品加工业能创造更大的价值，进而就为吸纳更多的资本和更多的劳动力提供了可能。据测算，中国农产品加工业与农业的比值每增加 0.1 个百分点，就可以带动 230 万人就业，带动农民人均增收 193 元。正因为此，在推进新型城镇化的历史进程中，农产品加工业的重要作用毋庸置疑。但与发达国家相比，中国农产品加工业的总体发展水平仍然偏低，还存在许多问题和不足，发达国家的农产品加工率一般在 70% 以上，而中国还不到 20%；发达国家的农产品加工业产值一般达到农业总产值的 2～3 倍，而中国还不到其 1/2。中国农产品加工企业多数是将农产品进行粗浅的加工就投入了市场，精深加工产品较少。从国

① 李克强：以改革创新为动力 加快推进农业现代化［J］. 求是，2015（4）.

际经验看，当一个国家或地区的人均 GDP 超过 3000 美元时，农畜产品加工业开始进入快速发展期；当人均 GDP 超过 5000 美元以后，农牧业产前、产中和产后的结构会发生革命性的变革，产后的农产品加工业（包括保鲜、物流等）则进入近似指数增长的井喷式高速发展时期，进而取代传统的种养殖业成为农牧业产业的主体和支柱。

### （六）促进青海省农牧区土地流转，带动县域城镇化发展的金融支持

加强对县域经济的金融支持，一要加强财政政策调控，除政府财政对农牧业进行直接投入外，还可通过财政贴息等方式引导和鼓励金融机构加大对现代农牧业的投入。通过金融方面的支持，要鼓励农牧民积极流转土地，着力建设设施配套、标准化生产、效益突出的、以家庭经营为主要形式的现代农牧业。二要切实解决县级财政困难，通过核定与县级政府事权相适应的财政收入，适度增加县级财政固定收入，调动县级政府发展经济、增加收入的积极性，提升县级政府引导土地流转、发展现代农牧业的积极性。三要增加一般性转移支付，优化转移支付结构。针对青海省各地区财政能力相差十分悬殊，特别是一些贫困地区经济基础薄弱，地方财政入不敷出的实际，为保证各地方政府提供公共服务的水平基本均衡，要扩大具有均等化作用的一般性转移支付的规模，实现地区间公共服务水平均等化；要积极探索加强财政横向转移支付力度的制度安排，根据县域财政发展存在严重不平衡的事实，加强对口帮扶力度；要使专项转移向经济欠发达地区倾斜，把经济效益和社会效益结合起来，增强贫困县的“造血功能”。在扩大转移支付规模的同时，要建立有效的监督机制，加强对资金使用的监督和控制，防止资金被滥用。四要通过公共财政体制的改革和制度创新，完善财税、投融资体制，逐步给县域留下更多财力，让更多资金投向县域城镇，赋予县域更多的经济发展能力。五要健全金融服务网络，设立县域贷款公司和专为县域经济服务的民营银行，引导私募股权投资“三农”和小微企业等实体经济，试点发行县域企业集合债券。六要建立健全多层次资本市场体系，加快发展区域性股权、产权市场和各类资本要素市场。在盘活土地资源的同时，将土地市场与金融市场对接起来。中国农村金融发展相对滞后，大多数农村贷款和融资比较困难，尤其是在比较落后的地区，农村金融体系下的惜贷现象还比较普遍，而用土地使用权作为抵押，在一定程度上可以缓解农村的融资难问题。

### （七）加快教育改革，培育本土人才，推进农牧民职业化

推进土地流转、发展现代农牧业要靠人才，要靠科学技术的支持。土地使用权流转属于土地市场上的交易行为，它以资本为纽带，通过土地市场引导土地流

动和配置，实现土地经营权的集中，进而实现规模化经营，这为小生产向大生产的转型奠定了制度性基础。农牧业生产方式的变革过程，就是从传统的小规模家庭分散经营向现代化大农牧业转变的过程。在此过程中，需要引入科技要素全面改变农牧业劳动过程，包括农牧业劳动者素质的提高、土地的集中，以及提高土地与农牧业劳动力的技术比例等。

通过土地流转发展现代农牧业，改变了中国千百年来的小农经济以家庭为核心的经营方式。家庭农场化的现代农牧业，随着生产方式的改变，对生产者的需要也发生着显著的变化。首先，现代农牧业对从业者的综合素质及能力会提出更高的要求，必须是有文化、懂技术、会经营的新型职业农牧民才能胜任专业化的农牧业劳动，可以说，没有现代化的农牧民，就不会有现代化的农牧业；其次，发展现代农牧业需要科技先行，必须要依赖更多的掌握农牧业科技的专业技术人员提供全方位的服务；其三，现代农牧业需要管理的专业化，需要大量掌握农牧业的基础理论，对农牧业市场高度敏感，深谙农牧场经营之道，具备优良的管理素质，同时对其他行业如旅游、休闲等知识也要比较熟悉的职业经理人，需要市场调研人员、市场开发销售等专业人员，这些人才是我国农牧业现代化过程中不可或缺的高端人才，当前较为紧缺，也很可能是未来农牧业向高端发展的“瓶颈”。因此，要从“人才是第一资源”的理念出发，强化基础教育，完善以县为主的义务教育管理体制，加快农牧区寄宿制学校建设，继续发展高中阶段教育，大力发展职业技术教育，集中力量扶持一批适应青海经济社会发展需要的职业学校，加快培养实用性人才和高素质劳动者。加大农牧民培训，积极培训职业农牧民对于我国农牧业现代化发展而言任重道远，需要将职业农牧民培育纳入国家教育培训发展规划，形成职业农牧民教育培训体系。同时也要制定一套有效的人才引进与合作机制，采用合作、技术入股的形式，吸引拥有国际国内领先技术专业人才到青海的县域来创办企业和公司，为县域、为企业的技术创新和经济发展贡献力量。

### （八）建立土地使用权流转市场，培育和完善为土地使用权流转服务的中介机构

土地使用权流转属于土地市场上的交易行为，它以资本为纽带，通过土地市场引导土地流动和配置，实现了从传统的小规模家庭分散经营向现代化大农牧业转变。土地使用权流转是远比普通商品复杂的权益交易行为，其运作程序相对专业复杂，涉及到多个产权主体的经济利益。这不仅要求建立健全农村土地流转市场体系规范的农村土地市场而且要有专业的中介服务机构。目前，由于青海土地使用权流转量少且不规范，市场尚未发育起来，专业中介机构也很弱小。为了促进农牧地使用权的流转，优化农牧地资源配置，促进农牧业产业化发展，必须在

政府的引导下，建立一个开放、公平、规范的农牧地使用权流转市场，通过市场机制及时实现农村土地使用权的流转。积极探索建立农用地使用权流转市场的运行机制，包括农用地使用权的价格形成机制、农用地流转约束机制、农用地使用权交易的中介机制、农地收益的分配机制。同时，要积极培育土地流转中介机构，建立农村土地流转交易信息网络，接受供求双方咨询，沟通土地资源市场供需双方的相互联系，以提高土地使用权流转的成功率。

### （九）完善农牧业国家补贴制度，保证农牧业生产者的权益，提高农牧业发展能力

由于农牧产品供给和需求缺乏弹性，需求增长相对供给增长缓慢。农牧业经济具有农牧业生产者收入水平较低、农牧业资产收益率不高、收入和回报率较不稳定的特征，而且随着经济发展水平的提高，农牧业的地位将趋于弱化，农牧业与其他部门的收入差距呈现不断拉大的趋势。对此，发达国家一般给予比较高的补贴来稳定农牧业的发展。

我国自改革开放后实行联产承包责任制以来，高度分散化的农牧业经营受制于规模经营偏小，无论是先进科技成果的推广应用、金融服务的提供、与市场的有效对接，还是农牧业标准化生产的推进、农畜产品质量的提高、生产效益的增加、市场竞争力的提升，都遇到很大困难。因此，加快转变农牧业发展方式、强化粮食安全保障能力、确保国家粮食安全、建设农牧业生态安全保障体系，都迫切需要调整完善农牧业补贴政策，加大对粮食适度规模经营的支持力度，促进农牧业可持续发展。

2003 年以来，我国加大了对农牧业补贴政策的改革力度，直接补贴改革逐步推进。2003 ~ 2012 年我国年均对农牧业的总补贴为 901.01 亿美元，是 1995 ~ 2002 年平均水平的 5.9 倍，超过日本，接近了美国的水平。但面对高度分散的家庭农牧业，农牧业发展水平较国际先进水平存在较大差距。要确保弱势农牧业的持续、健康发展，必须要进一步通过农牧业补贴的法制化，使农牧业补贴规范化、制度化，促使相关部门依法履行对农牧民利益的保护责任，落实责任追究制度，规范农牧业补贴的发放过程与监督，提高农牧业补贴的效率，确保农牧业生产者的权益，促进农牧业规模化发展。进一步完善国家对农牧业的补贴制度，提高农牧业的自我发展能力，是政府推进新型城镇化进程中的一项长期任务。

### （十）注重农牧业科技的发展与推广，把规模效益与科技进步有机结合起来，提高土地生产的效率

农牧业供给侧结构性改革，对农牧业提出的要求是要将农牧业生产由数量为主，逐步转向数量、质量并重上来，真正实现农畜产品由低水平供需平衡向高水

平供需平衡跃升。要实现这样一个跃升，必须要把规模效益与科技进步有机结合起来，要以科学技术来提高土地生产率。要深化科技体制改革，完善产学研相结合的科技成果转化体系，建立利益联结机制，强化农牧业科技的发展与推广，鼓励高等院校、科研人才到县域开展科技咨询、技术开发、项目合作等帮扶活动，构建以市场为导向的科技创新评价考核体系，强化企业的创新主体地位。

## 本章小结：

县域作为中国经济的基础环节，是推进新型城镇化的关键，其产业发展是新型城镇化的支撑和立足点、是决定城镇经济功能和性质的内在因素；县域产业发展所引起的产业结构的变迁和调整是促进城镇化发展的强大动力。县域城镇化有利于县域工业的集聚，有利于第三产业的发展。县域城镇化的进程直接影响着县域经济的发展。

目前，青海省以土地流转推进青海县域城镇化面临着非常难得的机遇。国务院发布《国家新型城镇化规划（2014～2020 年）》，中共中央办公厅、国务院办公厅印发的《关于引导农村土地经营权有序流转发展农业适度规模经营的意见》、《深化农村改革综合性实施方案》等文件，为推进土地流转提供了政策保障，国家丝绸之路经济带建设战略的实施，为青海省县域城镇化的发展提供了机遇。

土地流转能促进碎片化的土地规模化，便于使用机械进行农牧业现代化的生产，提高土地利用率；便于依靠科技进步，通过改良农作物品种，加强农田水利等基础设施建设，提高化肥及农药等的使用水平，致力于提高生产效益。土地的集中经营又可以进一步解放了劳动力，推动了农村人口非农化、市民化的进程，为城镇化发展提供持续发展动力，加快推进新型城镇化进程。而农牧业产业化的发展需要社会提供多样化的服务的要求又能促进小城镇发展面向为农牧业现代化服务的第三产业，为农牧业现代化生产提供全面服务。由此可见，城镇化与土地流转既互为推进又相互制约，是一种双向、复杂、动态的关系。通过土地流转带来的农牧业生产农场化与小城镇的互动，有利于推动县域新型城镇化的发展。

# 第七章

# 青海推进牧区新型城镇化的产业基础

青海地处青藏高原，地域广大，民族众多，是中国四大牧区之一。全面建设小康社会，解决牧业区的发展问题是关键，这是青海省政府在“十三五”面临的重大任务。青海牧区虽然地域广大、人口少，但大都地处高寒地带，偏远、闭塞，以牧业为主，工业发展基础薄弱，城镇数量少、规模小，几乎都处于2010年12月21日国务院颁布《全国主体功能区规划》设定的禁止开发区和限制开发区内。怎样推进青海牧区的新型城镇化建设，本章以生态立省为前提、以玉树灾后重建为案例，对在中国经济发展进入“新常态”后，以生态保护为主题的青海牧区，如何适应我国经济发展的变化，在保护生态的前提下，怎样推进青海牧区的新型城镇化问题进行探讨。

## 第一节　青海牧区城镇化的特点与面临的问题

### 一、青海牧区概况

青海牧区主要分布在青南高原的东部和北部，是我国四大牧区之一，也是我国主要的草原畜牧业生产基地之一。据《青海省综合农业区划》中的分区原则及各县经济中牧业产值所占国民经济比重和传统农业生产方式及生产发展方向，确定青海牧区由海北藏族自治州、黄南藏族自治州、海南藏族自治州、果洛藏族自治州、玉树藏族自治州、海西蒙古族藏族自治州等六个自治州的26个县组成，人口约295.57万，土地面积696263平方公里，约占全省国土总面积的96.57%。其中，青南的玉树州、果洛州、黄南州基本以草原畜牧业为主导产业。海南州的牧区主要分布在共和县环青海湖地区、贵德县南部和贵南县。海北州主要在环青海湖地区的海晏、刚察两县和北部祁连山区的祁连县。海西州的牧区主要在乌兰、都兰两县。

表 7-1　青海省牧区县的城镇化率及牧业县数

| 州、地 | 土地面积（平方千米） | 常住人口（万人） | 城镇人口（万人） | 2015 年城镇化率（%） | 牧业县的数量（个） | 县名 |
|---|---|---|---|---|---|---|
| 海北藏族自治州 | 34706 | 29.70 | 8.33 | 28.04 | 3 | 祁连、海晏、刚察 |
| 黄南藏族自治州 | 17901 | 27.06 | 6.89 | 25.46 | 2 | 泽库、河南 |
| 海南藏族自治州 | 41634 | 46.69 | 10.86 | 23.25 | 4 | 共和、同德、兴海、贵南 |
| 果洛藏族自治州 | 78444 | 19.72 | 3.38 | 17.16 | 6 | 玛沁、班玛、甘德、达日、久治、玛多 |
| 玉树藏族自治州 | 197791 | 39.19 | 6.85 | 17.48 | 6 | 玉树、杂多、称多、治多、囊谦、曲麻莱 |
| 海西蒙古族藏族自治州 | 325787 | 40.21 | 27.80 | 69.15 | 5 | 格尔木、德令哈、乌兰、都兰、天峻 |
| 合计 | 696263 | 202.58 | 64.11 |  | 26 |  |

数据来源：青海统计年鉴（2016）.

## 二、青海牧区城镇化的特点

一是低水平的城镇发展与低密度的城镇分布。青海牧区仅六州的面积就达696263 平方公里，而城市只有玉树市、格尔木市、德令哈市三个县级市和 26 个县城。城镇总人口只有 64.11 万人，平均城镇化率 32% 左右。

二是城镇体系结构发育不完善。青海牧区没有大城市，中小城市只有玉树市、格尔木市和德令哈市，绝大部分都是规模不大的小城镇。三个中小城市和 26 个县城构成了青海牧区城镇的主体，加之牧区广大，城镇之间距离过远，城镇之间难以构成良好互动的城镇体系。如格尔木市和德令哈市就相距 400 多公里，两市之间由于经济的趋同性和距离的限制，其互动能力就比较弱。

三是嵌入式城镇与城镇经济孤岛效应。青海牧区的城镇，大多是新中国成立后基于行政管理和工矿业发展建立起来的嵌入式城镇，与牧区腹地缺乏有机的联系和经济互动，小体量的城镇和大牧区的关系，难以带动牧区腹地发展，城镇呈现孤岛效应，推进城乡一体化的难度很大。

四是功能单一的小城镇职能结构。牧区的许多小城镇都是行政型城镇，城镇规模小，城镇人口少，常年定居的人口少，工商业规模小，主要以行政管理职能为主。

五是定居人口少，流动人口多，呈季节性变化。以海北藏族自治州州府所在地西海镇为例，2016 年总人口 13484 人，其中常住人口 8298 人，流动人口 5186

人，流动人口占38.5%。这些流动人口大都是季节性打工人员，春夏来秋冬离开。再加上青海旅游明显的季节性变化，使青海牧区城镇人口具有了典型的候鸟型特征，春夏季城镇人口多，冬季人口稀少，城镇经济受季节影响很大。

## 三、青海牧区推进新型城镇化面临的问题

### 1. 生态立省战略背景下的青海牧区城镇化发展方向

2007年12月根据党的十七大加强生态文明建设的精神，中共青海省委十一届三次会议作出了“确立生态立省战略，致力于建设有利于生态文明的长效机制”的决定。中共青海省委明确指出：“要金山银山，更要碧水青山。我们决不能靠牺牲生态环境和人民健康来换取经济增长，一定要保护好‘中华水塔’的一山一水、一草一木，一定要建设好生产发展、生活富裕、生态良好的绿色家园，为中华民族的伟大复兴提供强有力的生态支撑。”在2008年1月召开的青海省十一届人大一次会议上，正式提出了实施生态立省战略，全面推进生态保护、生态经济和生态文化的号召。2010年12月21日国务院颁布的《全国主体功能区规划》中，青海90%的土地、几乎所有的牧区都划在国家设定的禁止开发区和限制开发区内。

受制于“生态立省”战略和《全国主体功能区规划》的约束，青海牧区城镇化发展方向与其他地方有了很大的不同。其一，受“生态立省”战略和《全国主体功能区规划》的约束，青海牧区城镇化的动力只能是绿色循环经济、生态经济、旅游产业和服务业。大型工矿企业的发展受到限制，使牧区城镇化的发展缺乏大型工业企业的拉动和支撑，就业岗位的缺乏使人口向城镇集聚的难度很大，影响区域城镇化率的提升，影响城镇化的进程。其二，在“生态立省”战略和《全国主体功能区规划》的约束下，企业发展需要以环境保护为前提，脆弱的高原生态承载力低下，企业的发展需付出高昂的环保成本。相比于其他地方相对较低的生态环保成本，使企业难以进入青海牧区的城镇发展。其三，高寒的环境使企业的运行成本很高。受到生态保护制约的青海牧区城镇化由于缺乏工业产业的支撑，它的发展方向应该怎样设定？动力机制是什么？这是我们需要认真讨论的问题。

选择什么样的城镇化道路的根本，取决于人类社会能否与生态环境协调发展。我们认为青海牧区推进新型城镇化的主要目的并不在于建设一批现代化城镇，尤其是大城市，而是要通过推进新型城镇化引导特色产业发展，因地制宜达到集聚资本、集中人口、推动经济发展，进而达到逐步解决牧区发展动力的问题为目标。

对这个问题，我们以玉树为例，做一个探讨。玉树灾后重建任务的完成为玉

树地区推进区域新型城镇化进程带来了良好的机遇。首先，城镇重建提高了城镇的生产、生活质量，提升了对牧民进入城镇居住的吸引力；其二，新型特色产业的兴起将使城镇能提供更多的就业机会和更稳定的收入来源；其三，重大重建项目的完成推动了重点人群进入城镇定居；其四，各地的对口支援将逐步从支援重建转向支援发展经济，产业结构将会进一步优化，新型特色产业将会得到迅速发展。

重建后的玉树城镇虽然在硬件上得到了巨大的改善和发展，城镇更加漂亮、功能更加完善了，但也存在着许多问题。首先，缺乏产业支撑和就业机会的城镇化难以为继。当国家巨额投入的灾后重建项目陆续收官后，玉树自身的特色产业并没有相应的发展起来，产业发展的滞后，使城镇化缺少工业化的支撑，而重点产业培育和灾区牧民技能培训的问题是一个长期的问题，它将在短期内会造成灾区结构性失业，如果不能有效地加以解决，会极大地制约牧民进城居住和生活的愿望，制约玉树市的人口集聚。结古镇出现大量商铺闲置的现象说明，缺乏特色产业支撑和人口集聚的城市，第三产业也难以发展壮大；其次，农牧民户籍和土地流转问题。目前随着国家政策的不断出台和完善，牧民向城镇迁移入户的障碍在逐步消减，但牧民迁移后其在农牧区的耕地、草场、林地和宅基地如何流转，如何促进牧业现代化、牧场化经营，缺乏长远、明确的规划。特别是玉树地广人稀，牧民从山林草场中获得收入的机会要大于其他农业地区，甚至高于城镇。如每年 5 ~6 月份在自家草场上挖的虫草的收入是一笔不菲的收入，足够一家人一年的开支。而且牧区的牧民习惯了牧区的生活，认为城镇生活不如在牧场生活舒适，如果城镇不能提供高质量的生活条件和收益，将会极大地影响牧民进城居住的积极性，牧民中大多数人将不愿意迁往城镇；其三，社会保障问题。随着城镇社会保障水平的提升，大量牧民市民化将会带来巨大的财政压力，基础设施和公共服务能力面临严峻挑战；第四，城镇化的质量问题。重建后玉树的城镇虽然在硬件上得到了巨大的改善和发展，城镇更加漂亮、功能更加完善了，但纵观各城镇的布局，其城镇建设方面存在着布局不合理、功能区不突出、各种基础设施不配套、超前性不足等问题。如，城镇缺乏停车场规划，进入城镇的汽车很难寻找到合适的停车的地方，乱停乱放使城镇显得局促；缺乏卫生设施的超前设计，旅游者如厕困难等问题比较突出。

**2. 生态保护下大工业发展的缺失直接影响着青海牧区城镇化的进程**

从城市发展的历史来看，产业革命以后，由于工业的飞速发展，生产力空前提高，形成了像伦敦、巴黎、纽约、波士顿、芝加哥、东京、莫斯科等现代大城市，且规模越来越大，使世界城市面貌发生了根本性的变化。

社会经济条件是城市形成和发展的先决条件，当青海牧区的城镇建设受制于“生态立省”战略和《全国主体功能区规划》的约束的时候，也就意味着社会经济条件中重要的大中型工业产业在现有的条件下发展受到很大的限制，很难成为推动新型城镇化的强大力量。当工业化无法成为城镇化的主要推动力时，城镇的功能则主要体现在居住、商贸、旅游等方面。而青藏高原的高寒气候使旅游呈现出明显的季节性，旅游时间短、城镇常住人口的不足使商贸发展也面临着需求的制约。城镇往往变成了功能单一的居住区。人口的集聚问题直接影响着青海牧区城镇化的进程和城镇功能的发挥，如何创造工作岗位，吸引人口进入城镇集聚成为牧区城镇化的一个大问题。

**3. 生态保护与发展经济的矛盾**

地处于高寒地带的青海牧区，农牧业基础脆弱，农牧区贫困面大，农牧业增效和农牧民增收难度较大，难以承载日益增长的农牧民生产、生活需要，而且青海 53.97 万贫困人口中的绝大多数人都在牧区。其农牧业经济发展必须要找出一条既能保护好生态环境又能让牧民在“十三五”期间脱贫致富的有效路径，实现二者的双赢，才能确保牧民脱贫致富，顺利进入小康社会，过上小康生活。

**4. 牧区的生态移民问题**

“青海三江源生态保护和建设工程”是新中国成立以来中国实施的一项最大的生态保护和建设工程，三江源生态移民工程是其中的一项重要举措。2004 年 7 月开始，“三江源”开始了举世瞩目的生态大移民。目前，有 5 万多名牧民从“三江源”地区迁出，在多地进行了安置。作为该地区生态移民得到的补偿是，五年内享受到国家给予的人民币粮食补助，另外还有部分住宅建设补贴。这些生态移民经历生产方式和生活方式的两次“革命”后，从传统的游牧实现了定居，从单纯的畜牧业生产过渡到多种生产方式共存。但由于在安置中，没有很好地把生态移民与推进城镇化结合起来，有些安置点离城镇较远，也缺乏持续性的产业发展规划、激励机制和制度安排，这些无一技之长的牧民面临严峻的生产资料的缺失，牧场的围禁，生产设施的遗弃，针对生态移民的后续产业发展不足等问题，直接影响着这些牧民的生存与发展。

**5. 牧区特色产业发展问题**

牧区特色产业发展有着巨大的资源潜力。仅从畜牧业来看，青海牧区的天然草地类型多样，面积达 3644.941 万亩，其中有可利用草场 3161.04 万亩。天然草地与外省相比，营养丰富，具有“三高一低”的特点，粗蛋白质含量除禾本科占 10.85% 外，其他各科都在 13% 以上。草地质量好，一、二等草地占全省草地面积的 59.07%，三等草地占 29.09%。拥有较大面积的生态退耕还草面积、柴达木地区的撂荒地、沿黄、湟滩涂地等，可发展草畜产业。畜种中以发展牦牛、藏羊等牲畜在国内外占有一定优势。如青海是牦牛的集中产区，也是世界上饲养牦牛最多的地区之一，青海牦牛具有精肉多、肉质细、味道鲜、高蛋白、低脂肪、营养丰富的特点。畜牧业生产与外省相比，有发展历史悠久、草原面积大、名优畜种较多等特点。多数牛羊肉产品来自天然无污染的草原，比较容易达到绿色食品标准。[①] 因此，青海省发展草食畜牧业具有一定的资源优势。但海拔高、基础设施落后、草场退化、载畜量较低等因素影响着草食畜牧业的可持续发展。同时，由于工业不发达，技术能力不足，畜牧产品的加工产业链短、附加值不高，仍以原料型为主，缺乏自主品牌，特色产业发展困难，矿产资源产业也面临着同样的困难。在丝绸之路经济带建设的国策提出后，青海省牛羊肉等畜产品应创造条件，借助于丝绸之路经济带建设，通过清真食品展览会等大型展会进一步开辟国内外市场、扩大出口，为高原畜牧产品的产业化发展提供更多的机会，推动青海天然绿色畜牧业向集约化、专业化方向发展。

## 第二节 青海推进牧区新型城镇化的思路与对策

### 一、推进青海牧区新型城镇化的思路

中国地势西高东低，主要的大江大河源头集中在西部地区，特殊的自然禀赋与生态功能，使这些地区承担着国家生态安全保护的重任。青海的牧区依据国家的主体功能区定位，承担着重点生态功能区的修复与保护，推进增强生态系统服务功能和生态产品生产能力的重任。根据资源环境承载能力、发展潜力，统筹谋划，优化人口、土地与环境等要素配置，控制开发强度，规范开发秩序，形成山清水秀、集约高效、宜居适度的生态空间、生产空间和生活空间，逐步形成人口、经济、资源环境相协调的空间保护与开发格局。维护生态系统安全，产生更多的生态公共产品是青海牧区的历史使命。更新发展理念，转变发展模式，走保护性发展之路，以“大保护”为前提，在保护中开发，在开发中保护，把生态文明建设放在突出地位，自觉地珍爱自然，更加积极地保护生态，建设美丽中国，实现中华民族永续发展。牧区应立足自身实际，创新发展理念，发挥后发优势，走生态与经济协调发展新路，努力开创绿色发展、循环发展、低碳发展的新局面。

对青海牧区推进新型城镇化的战略构想，可分为三大要点，一是探讨推进牧区城镇化的发展战略与发展道路，对牧区城镇体系进行宏观规划，并对牧区高等级中心城市发展进行定位，提出青海牧区特色城镇的发展取向，并构建突出地方城镇经济开发特点的城镇化发展模式。目前牧区城镇经济发展的模式主要有：以资源利用为特点的传统开发型发展模式；以产业结构优化为特点的市场开拓型的城镇经济发展模式；以制度创新和科技创新为特点的现代创新型城镇经济发展模

① 参见：陈修文，等．青海省牧区县特色产业发展的总体思路［J］．中国农业资源与区划，2003（6）.

式。这三种模式各有特点，可根据拥有的资源不同状况进行选择。二是在推进牧区新型城镇化进程中要突出牧区城镇化的可持续发展，要认真分析牧区城镇化、城乡统筹与经济发展方式转变与可持续发展的战略目标，即在城镇化的推进过程中努力实现城镇人口的可持续发展、城镇水土资源的可持续利用以及对城镇生态环境的有效保护。三是青海牧区面积广大，人口稀少，这对推进土地流转、发展现代化牧业，促进人口向城镇集聚是非常有利的一个条件，只要我们在推进牧区新型城镇化进程中大力推进以畜牧产品加工业、旅游业为主的产业发展，创造出一定的就业岗位就能满足牧民人口城镇化的需要，就能推进新型城镇化。人口的集聚、产业的发展，会扩大财政收入，形成新型城镇化的产业和财政支撑。

## 二、推进青海牧区城镇化的政策建议

### （一）大力推进产业结构优化，发展有特色的产业集群经济，努力创造就业岗位，改变无就业的发展为以发展带动就业

青海省的产业结构偏粗偏短偏重，经济发展与资源环境的矛盾日益尖锐，环境承载能力越来越成为经济规模和发展空间的主要制约因素，转变发展方式的任务十分紧迫。发展与环境密不可分，生态环境保护问题究其本质是经济结构、生产方式和发展道路问题。生态环境保护对提升经济发展质量具有先导、优化、倒逼、保障的综合作用。通过生态保护形成的“倒逼机制”传导到产业结构调整和经济转型上来，将会全面促进青海省产业结构优化和生产技术升级，促进发展方式转变，推动青海走上生产发展、生活富裕、生态良好的文明发展道路。

从生态保护的角度来看，通过发展工业园区，大力推进产业集群的发展，对推进新型城镇化进程有着巨大的促进作用：首先，产业集群发展能加速区域工业化，促进地区城镇化进程。世界各国城镇化的实践经验表明，工业化是城镇化的核心动力。这是因为：第一，工业化要求生产走向集中，产业集聚对土地的需求促进了城镇规模的直接扩大。第二，工业化扩大了单个企业的生产规模，生产规模的扩大带来的对劳动力及各种服务的需求为小城镇发展成为大城市提供了人口集聚的条件。第三，工业化带来了交通革命，新的交通设施使各种资源整合为一个以城镇为依托的范围很宽的社会经济大系统。欠发达地区应充分利用地区能源、矿产资源的比较优势，创建一批具有很强“区域根植性”的块状特色经济——能源工业群、重工业群、资源加工型工业群、农产品加工工业群以及旅游产业集群等产业集群。产业集群的发展可促进产业结构升级，提升产业竞争力，带动地区工业化发展，形成以该地区为核心的地方化经济，推动地区城镇化进程。其次，产业集群发展可提升城市竞争力，有利于新型城镇化的推进。产业集

群的存在有利于城市竞争力的形成，产业集群通过产业分工，形成了一条具有高效率的产业链，使得产业抗外部冲击的弹性更大，更易进行产业内部自我调整，有利于应对全球竞争。产业集群所根植的区域将形成一个经济增长极，不仅可在全球范围内吸纳资金与技术，还对周边地区的增长起到推动刺激的作用，这样就有利于促进区域、城市的经济发展和竞争力的提高。城镇化经济形成和城市竞争力的提高带动了城市的经济增长，而经济的增长使城市能够提供更多的就业机会与福利，从而吸引各种要素与人口不断地流向竞争力强的城市，经过这个良性循环的过程，最终使城市规模得以扩大。这种经济、产业发展与城镇化的推进并举，是欠发达地区城镇化可持续发展的重要途径之一。其三，对产业集群载体——工业园区的合理规划，影响城镇发展的过程和规模。工业园区（industrial park）是一种成功的工业化载体，世界上第一个工业园区建立于20世纪40年代。工业园区（开发区）作为中国政策工具的历史始于20世纪80年代初中央提出设立四个经济特区和十五个沿海开放城市的重大决策，20世纪90年代我国逐渐形成了开发工业园区的高潮。工业园区以其优良的软硬件环境为相关产业和辅助产业群提供了发展的空间，而企业集群吸引大量劳动力和人口进入工业园区，带动了配套生活服务设施的建设，如房地产业和饮食服务业等。同时，企业集群也吸引了为生产服务的中介机构的进入，如技术与信息咨询、市场策划和推广等。随着众多行业的进入，为满足对市政基础设施的需求，园区用地规模不断扩大，各种基础设施更加完善，加速了城镇化发展。中国发展最具成效的产业集群工业园区大都位于发达地区，如深圳、苏州、浙江等地。欠发达地区的工业园区建设起步晚、规模小、区内规划与城市规划、产业布局缺少一定关联度，很难较好地发挥引领区域发展的作用。因此，如何建设区域特色工业园区、对园区内产业合理布局、加强工业园区之间的协调发展等是欠发达地区工业园区建设与发展的关键。其四，产业集群发展有利于构建新型城镇体系——以某一大城市为核心，周围伴有若干等级的中小城市及卫星城镇的城镇体系。

从玉树重建的经验来看，调整产业结构、发展园区经济，形成产业集群，为玉树可持续发展奠定了良好的发展基础。玉树城镇最大的特点就是客大于主，由于生态移民、大量减畜，在结古镇，外围搬迁进来的住户占70%，原住的居民仅占30%。这些生态移民的生活主要依靠国家生态移民政策补助，就业不足。如果长期不能解决就业问题，这些生态移民就无法在城镇扎下根来，就有可能回流，会产生许多社会问题，影响藏区的稳定。因此，重建后的产业发展，尤其是以工业园区为依托的产业集群的建设，对聚集人口、提供就业岗位，推动玉树区域的城镇化建设具有非常重大的意义。重建后的恢复期是实现结构调整优化的良好机遇，玉树利用调整灾后重建规划的契机，淘汰了落后产能，调整了产业结构，突出当地特色产业布局，以基础性产业、特色效益产业、骨干优势产业作为重点，加快恢复重建。把产业集群建设与建设工业园区、开发区和集中发展区结合起来，使灾后重建项目实现集中发展，充分发挥了规模效益和集聚效益，促进玉树的特色产业发展，这些产业为玉树创造了大量的工作岗位，集聚了大量的城镇人口，很快地推进了玉树新型城镇化的进程。

玉树地区产业集群的发展在区域内形成了多个经济增长极，随产业集聚区的空间范围的延伸，区域现代交通网络的建设使城市规模不断扩大，为大城市的形成奠定了基础。在发挥地区相对优势的基础上发展地方特色产业集群也促进了城镇间的分工与协作，形成了以农产品加工集群、工业集群、旅游产业集群等为中心的各类城镇，并与相邻城镇相互协调发展，最终构建起新城镇体系——区域城市群。由于青海牧区生态环境脆弱，环境承载能力低，对野生动植物资源的过度获取、对矿产资源的不当开采，将超出青藏高原生态系统的自我修复能力。因此，依托产业园区发展产业集群能减少对三江源地区生态环境的影响，提升区域经济的发展能力。

### （二）依托牧区的特色资源，大力推进特色旅游业的发展

青海牧区的旅游资源十分丰富，牧区特色旅游潜力巨大。许多旅游景点在国内乃至世界有较高知名度，为“中国之最”乃至“世界之最”。如江河源、昆仑文化、青海湖等都是具有垄断性的品牌，有很大的市场空间和发展潜力，但绝大多数尚未得到充分开发利用。这是牧区发展特色旅游业的重要基础。依托城镇强化服务功能，以旅游业为牧区经济发展的增长极，充分利用区域特色旅游资源，体现“神奇、神秘、神圣”的“三神”之境，重点发展青海湖生态游、江河源生态游、高原探险、昆仑文化旅游区、吐蕃文化等旅游项目及景点景区的开发与建设。随着交通的不断发展完善，牧区的旅游业将得到快速的发展。只要加强旅游景点及相关配套设施的建设，搞好旅游线路的开发，加大旅游业的市场营销力度，旅游业有望成为牧区的龙头产业。

从玉树灾后的发展来看，旅游业起到了重要的龙头引领作用。玉树是青海省藏族文化保存最完整也是最丰富的地区之一，其独特的生存环境、宗教信仰、自然禁忌造就了高原藏族灿烂而神秘的传统文化，藏族同胞的生活方式和风俗习惯等方面无不体现出人与自然环境的一种和谐、互惠的关系。玉树素有“法会之乡、江河之源、歌舞之地”的美誉，盛夏时节，是玉树令人陶醉的黄金时节，洒脱飘逸的歌舞、美轮美奂的服饰、赛马节的盛况，都展示着康巴藏区的迷人风采和独特魅力，吸引着很多中外游客。在重建开始之际，青海省政府就提出，要把玉树州首府结古镇建成高原生态型商贸旅游城市、三江源地区的中心城市和青藏高原城乡一体发展的先行地区，实现建设更加美好的社会主义新玉树的宏伟目标。并从总规划层面上，按照高原生态型商贸旅游城市的要求进行了规划，然后

从结古镇的总体规划和城镇的控制层面进行了规划。在重建过程中对玉树的文物进行了充分的保护和修缮。斥资 23500 多万修缮了 57 个项目。其中有寺院也有传统民居和传统岩画、墓葬等。玉树文化、风俗、宗教、自然资源非常丰富，旅游发展定位非常适合当地，有丰富的资源可以发掘为旅游景点。玉树是一个宗教文化氛围很浓郁的地方，藏传佛教四大教派保存最完整，玉树的旅游主要是宗教文化旅游，在灾后重建过程中，国家专门斥资四个多亿对主要的 87 家寺院，包括省级以上以及省级以下的文物进行修缮，为旅游业的发展提供了条件。来玉树的好多游客就是过来看看宗教文化、寺院文化，一个寺院就是一个博物馆，一个寺院就是一个非常完备的景点。在重建过程中玉树州专门成立了玉树灾后重建风貌打造领导小组，使用专门资金、专项规划、专门领导力量和工作班子一个区域一个区域打造，从木头、涂料、藏文化符号的使用上都付出了很大的努力，新玉树的民族特色非常浓郁。在重建后进一步做好了旅游配套规划，旅游设施的管理规划，人员配置等配套政策和措施等软件，更好地提升了玉树的旅游质量，实现了玉树旅游业的大发展。

牧区的经济只有依托当地的自然环境资源才能可持续发展。对于青藏高原牧区经济社会的发展来说，青山绿水是旅游业发展的基础，保护生态环境是保护我们的家园。在牧区发展旅游业和文化产业、推进新型城镇化、实现现代化和小康社会，都要走以生态环境保护为主、实现经济社会环境协调发展之路。

### （三）进一步完善牧区城镇的基础设施，提升城镇的生活质量

牧区城镇受制于地理环境等因素的制约，普遍存在着城镇基础设施建设的超前性不够，在结古镇和杂多县城我们看到街道比较狭窄，缺少停车位、卫生间等公共设施，街道堵车比较严重，交通不畅，商业服务薄弱等不足。这些不足影响着把牧区的城镇打造成一个个高原生态型旅游城市的要求，从而影响着旅游业的发展。青海牧区在推进新型城镇化的进程中，应该进一步高标准建设公共交通网络、地下市政管网、污水处理和回收利用设施、垃圾处理设施、防灾减灾设施。加快发展当地风力发电，加大对清洁可再生能源的利用，积极开展太阳能、风能等可再生能源与建筑一体化工作的推广利用，大力普及太阳能路灯等，努力提升城镇基础设施的质量，提升人们在城镇的生活质量，满足游客对高质量旅游的需求，在展现牧区城镇独特的美丽风景的同时，也让游客感受到牧区城镇在生活设施方面的便利。

### （四）完善城镇社保制度，提高公共服务水平，强化社区建设，为牧民向城镇流动解除后顾之忧

城镇是人口的集聚，缺乏人口集聚的城镇是没有集聚效益的。只有人口达到

一定规模的集聚，城镇经济才有发展的基础，才会创造出需求和就业岗位。新建的玉树城镇规模扩大了，质量提升了，房屋增加了，但人口能否流入并不仅仅取决于房屋的数量，而更多的取决于城镇的质量，取决于城镇经济的发展。从玉树州来看，目前玉树除了结古镇建成区面积约 13 平方公里，常驻和流动人口 10.6 万外，其他城镇规模都比较小，人口大都在 1 万 ~6 万左右，人口集聚度比较低，达不到城镇的一般规模。因此，合理地结合生态移民的需求，引导牧民进入城镇居住生活是壮大玉树城镇的长期任务。要合理转移农牧民进入城镇，首先要解决好当地牧民社会生活方式的转变问题，在保留原有的藏民宗教文化和生活习惯的同时，通过教育引导等方式让他们融入现代文明，让他们既能够享受到现代文明带来的生活水平的提高，又能够减少对环境冲击的健康生活方式，以实现三江源地区整体社会的健康有序发展。其次要对入城居住的牧民、新生劳动力，进行技能培训，提高他们的就业和创业能力，让牧民们能进得了城镇更让他们有能力在城镇就业、居住和生活下来。其三要完善社会保障制度，实行民政救助，对于一些老弱病残人口，对因为家庭灾难、因病致贫的人员进行积极、良好的民政救助。

### （五）依托功能完善的小城镇，发展现代畜牧业，着力培育壮大特色优势产业，提升农牧业的现代化水平

畜牧业是牧区经济的根基，是牧区人民赖以生存的传统产业。在生态保护的前提下，进行科学核算，在生态可承载的范围内，运用现代科技发展好畜牧业、养殖业、种植业，加快牧区传统农牧业与现代农牧业项目的对接。以发展牛、羊等畜牧业，加快农牧业产业化项目建设，不断提升农牧业综合发展能力，加大牧区农牧业经济的增产增收效益。科学合理地发展现代农牧业，不仅能筑牢农牧业的根基，也可以提升农牧产品的附加值，可以把牧民从繁重的体力劳动中解放出来，进入城镇，壮大城镇的人口或成为居住在小城镇的职业牧民。

作为全国四大牧区之一，青海可利用草场面积达 4.74 亿亩，牦牛存栏量约占世界总量的三分之一，藏羊存栏量居全国之首。长期以来，由于粗放的生产方式，畜牧业对牧民增收的拉动作用未能充分发挥，局部地区因过度放牧而导致草场退化。2008 年开始，青海着力发展高原生态畜牧业，目前已建成 960 余个生态畜牧业合作社。此外，对 2.45 亿亩中度以上退化草场实施禁牧，累计禁牧减畜超过 450 万羊单位。2014 年 8 月，农业部将青海列为全国首个“草地生态畜牧业试验区”。预计到 2020 年，将在全省牧区基本建成以合作社为主体，集约化、规模化、专业化生产为标志的草地生态畜牧业生产经营模式。2014 年 10 月，《青海省生态文明先行示范区建设实施方案》获国家正式批复，到 2020 年，青海生态产品生产能力将大幅提升，循环经济将成为经济发展主导模式，从而基本形成人与自然和谐相处的良性发展模式。因此，要进一步贯彻 2014 年 11 月 20 日中

共中央办公厅、国务院办公厅印发的《关于引导农村土地经营权有序流转发展农业适度规模经营的意见》和2015年11月3日中共中央办公厅国务院办公厅印发的《深化农村改革综合性实施方案》等文件的精神，推进草场流转，走专业化、产业化和特色化的道路。在坚持“一业为主、适当集中、多种经营”的前提下，走特色产业的道路，立足于城镇着重发展七大特色产业：优质牧草及加工；优质牦牛生产基地建设及系列产品产业化开发；优质藏羊生产基地建设及系列产品产业化开发；优质藏药生产基地建设及系列产品产业化开发；优质青稞生产基地建设及系列产品产业化开发；食用菌生产基地建设及产品产业化开发；生态旅游产业等基地的建设。以大力培植以畜牧产品加工和贸易为主的龙头企业促规模促效益。走畜牧业现代化、产业化的道路。组建“公司+基地+农户”“龙头企业+基地+农户”“市场+基地+农户”等农牧业产业化经营模式，有条件的县可组织农产品加工贸易上市公司，不断推进牧业产业化和现代化的发展。

### （六）利用对口援建支持，带动区域经济发展步伐

目前，全国在对口支援藏区的建设，青海要充分加强与对口援建省市的区域合作，充分利用援建省市的优势资源，在区位优势、产业优势、资金项目优势等方面，加强区域经济合作，着力把“输血”功能，转化为地方经济发展的“造血”功能，把短期援建手段变为长期经济发展措施，带动牧业区的产业优化和经济发展。地方政府应以科学规划为前提，以援建项目为抓手，以提升产业为支撑，以统筹城乡为载体，来推动牧区经济发展进程。应根据当地自然环境特点和区位优势，调整完善重建规划，提出新的目标与措施。具体来讲，就是要从整体和长远出发，进一步合理配置城镇基础设施，完善公共服务设施的标准，加强区域基础设施的共建共享，引导人口、产业向城镇合理布局。重点扶持综合条件较好的城镇，提升经济社会发展能力。以区域优先发展战略带动区域协调发展，同步提升城乡统筹的凝聚力和辐射力，大力提高牧区统筹发展的整体水平，逐步完善构建城乡资源共享体系，强化区域经济互补、互促、互融的发展效果。

### （七）要重视青海牧区城镇化推进中的策略性问题，多样化地推进新型城镇化建设问题

厉以宁（2012）在2011年8月，带领北京大学光华管理学院的调研组，在内蒙古赤峰市城区、克什克腾旗、巴林右旗、翁牛特旗和宁城县进行调研后，写了《牧区城镇化的新思路》一文。指出，牧区地广人稀，城镇本来就比较少，而且除市（盟）所在地以外，规模也都不大；新迁入牧区城镇的居民就业困难；牧民中大多数人不愿意迁往城镇，认为城镇生活不如在牧场生活舒适。因此，他认为，牧区城镇化工作应有两大考虑：一是，牧场的城镇化不一定考虑牧区牧民人

数的绝对减少，愿意留在牧场的应让他们留牧场；二是，重视牧区的市场化和社会服务化，只要牧区的市场化程度提高了，牧区社会服务化的程度上升了，那就取得了与牧区城镇化率扩大同等的效果。在迁移问题上要听从牧民的选择，如果他们愿意留在所承包的牧场，那就尊重他们的意愿，不能强制他们移往城镇；至于地区城镇人口的增长以及地区城镇化率的提高，则主要依靠本县（旗）和外地农民前来务工、开店、开作坊或从事其他工作，进而在本县（镇）城镇安家落户。[①] 推进牧区的新型城镇化面临着民族、宗教、经济、社会、文化等多重问题，一定要注重策略性、科学性，从长远考虑，多样化的推进，不能因推进城镇化而引起社会的不稳定。

### （八）完善国家生态补偿机制，保证生态产业发展

通过生态保护与建设，在完善生态补偿制度方面争取国家加大转移支付的力度，构建国家主导、上下有联动、全社会参与的生态补偿长效机制；通过补偿机制的落实，深入推进三江源、祁连山、青海湖等重大生态修复工程和大气污染防治、水环境、垃圾和土壤污染等治理工程，以及推进三江源国家公园等项目工程，通过这些工程、项目的建设促进牧区新型城镇化的进程，实现经济发展、百姓富裕、生态美好的有机统一。

## 本章小结：

青海牧区虽然地域广大、人口少，但主要以牧业为主，工业发展基础薄弱，城镇数量少、规模小，几乎都处于 2010 年 12 月 21 日国务院颁布《全国主体功能区规划》设定的禁止开发区和限制开发区内，城镇体系结构发育不完善，绝大部分都是规模不大的小城镇，大多是新中国成立后基于行政管理和工矿业发展建立起来的嵌入式城镇，功能单一，人口少，且城镇之间距离过远，城镇之间难以构成良好互动的城镇体系。与牧区腹地缺乏有机的联系和经济互动，小体量的城镇和大牧区的关系，难以带动牧区腹地发展，城镇呈现孤岛效应，推进城乡一体化的难度很大。因此，在青海牧区推进新型城镇化，应着力做大做强小城镇，通过完善现有小城镇的功能，集聚第二、第三产业，提升城镇经济的实力，增强小城镇以工促农、以城带乡的能力；通过第二、第三产业的发展，为牧区牧业现代化提供各种服务，延续农牧产品的产业链，提升农畜产品的价值；通过小城镇建设与牧区联动发展，提升小城镇对牧区发展的带动能力，实现互相促进，共同发展；进而使小城镇成为牧区区域经济发展的中心，带动区域经济发展，实现城乡

---

① 厉以宁．牧区城镇化的新思路［J］．北京大学学报（哲学社会科学版），2012（1）．

一体化。

在生态立省战略背景下，青海牧区城镇化发展方向不在于建设一批现代化城镇，尤其是大城市，而应通过推进新型城镇化引导特色产业发展，达到集聚资本、集中人口、推动经济发展，进而逐步解决牧区发展动力的问题。因此，要重视青海牧区城镇化推进中的策略性问题，通过依托牧区的特色资源，大力推进产业结构优化，发展有特色的产业集群经济，努力创造就业岗位，改变无就业的发展为以发展带动就业；通过发展现代农牧业，着力培育壮大特色优势产业，提升农牧业的现代化水平，解放牧民劳动力；通过完善城镇社保制度，提高公共服务水平，强化社区建设，完善牧区城镇的基础设施，提升城镇的生活质量，为牧民向城镇流动创造条件；通过利用对口援建支持，大力推进特色旅游业的发展，带动区域经济发展步伐等方法，多样化地推进牧区的新型城镇化建设。

# 第八章

# 发展外向型经济推进青海新型城镇化

外向型经济是一种在国际范围内进行资源合理配置，以国际市场需求为导向、以扩大出口为中心，以积极参与国际分工和国际竞争为目标所建立的经济结构、经济运行机制和经济运行体系。在经济全球化的背景下，大力发展外向型经济，积极参与国际市场的分工合作，对区域经济的发展具有决定性的作用。

青海作为中国西部欠发达的省份，受严酷的地理环境、欠发达经济的制约，外向型经济很不发达。丝绸之路经济带的建设给青海发展外向型经济带来了一个绝好的发展机遇，把青海从离大海遥远的内陆腹地变成了向西开放的前沿。青海省应及时抓住这个机遇，多渠道推进向西开放，通过打造丝绸之路经济带青海核心区、积极推进国际物流通道建设、与中亚的文化交流、旅游业发展、扩大会展经济、大力扶持与发展外向型企业等措施大力促进青海外向型经济的发展，推动青海经济发展融入国际大市场，实现跨越式发展，从而更好地推进青海的新型城镇化进程。

## 第一节　外向型经济发展与城镇化的关系

### 一、外向型经济及其特征

#### （一）外向型经济

外向型经济是与内向型经济相对应的一个概念，它是指以国际市场需求为导向，积极参与国际分工和商品交换，通过对外经济贸易活动来引导和带动国民经济的发展，其核心内容是对外贸易和利用外资，还包括发展国际旅游业、对外承包工程、对外劳务合作、技术出口和对外投资等。[①] 目的是通过制定对外贸易制

---

① 尹显萍，梁艳．湖北外向型经济发展研究［J］．对外经贸实务，2006（9）．

度和政策，加强国际经济交流，充分吸引和利用国外市场要素，瞄准国外市场，组织生产，参与国际分工协作与竞争，达到提升本国出口和提高国内就业率，推动本国经济持续发展的模式。① 它强调通过利用外部市场和资源来促进本国的经济发展。从相对主观的意义上来说，外向型经济乃是一种经济发展战略，从相对客观的角度而言，外向型经济则是一种经济发展模式。在一定阶段上，它是产业、地区、企业的出口导向发展战略，更多的时候是指“两头在外”的一种经济发展模式，而不是一种经济制度。②

### （二）外向型经济的特征

外向型经济的特征主要有如下四点：1. 以国际市场需求为导向，以出口创汇和提升就业率为直接目标。外向型经济必须以国际市场需求为导向，积极组织生产，出口创汇，扩大就业。2. 发挥自身优势，参与国际分工。外向型经济必须广泛吸引和利用国内外生产要素，发挥比较优势，通过参与国际分工，出口具有比较优势和竞争优势的产品。3. 形成鼓励出口的经济制度和政策。外向型经济结构的建立必须着眼于国际经济交流，以本国经济特征为依据，建立具备较为健全的开放性市场经济秩序和经济组织结构体系。4. 生产要素及产品流动对国际市场依赖性强，企业竞争压力大，风险大。外向型经济要充分利用国内外资金、技术、人力资源，瞄准国外市场需求，实行“两头在外”生产组织方式，因此对国外市场的依赖性极大，受国外企业竞争压力大，面临的国际市场波动的影响也很大。③因此，外向型经济的根本在于积极参与世界经济的发展，利用开放的世界市场和资源，寻求适合自己独具特色的资源、技术、产品的需求市场，以比较优势成为世界产业链的一部分，从而带动国内的经济发展。

## 二、外向型经济发展对城镇化的影响

近年来我国经济高速增长促进了大规模城镇化，其中外向型经济对沿海地区城镇化的推动作用巨大，特别是对大城市、特大城市、超级大都市的发展作用突出。④ 外向型经济对城镇化的影响主要是通过影响外向型经济发展地的产业结构、就业结构和土地结构变化影响城镇化进程。以低成本优势参与国际分工，走外向型经济发展道路，是支撑中国改革开放以来 30 多年经济高速增长的重要因素之

---

①③　王虎成，王月红，何天祥．城市群外向型经济发展水平评价模型［J］．湖南商学院学报（双月刊），2013（1）．

②　李明武，袁玉琢．外向型经济与开放型经济辨析［J］．生产力研究，2011（1）．

④　陆大道．对我国城镇化发展态势的分析［J］．中国科学报，2014（8）．

一。武小菲，闵树琴，武云亮（2015）利用 2000 ~ 2013 年 30 个省市面板数据模型，研究了外向型经济对中国城镇化的影响，结果表明进出口贸易对东中西部地区城镇化发展都具有明显的正向效应，外商直接投资对城镇化影响小于进出口贸易，并且对东部地区和西部地区影响并不显著。产业结构对城镇化发展具有显著的正向效应，并且明显大于其他解释变量和控制变量。外向型经济的发展对中国新型城镇化，特别是中西部地区城镇化发展将产生不容忽视的影响作用。①

依据外向型经济的定义和特征从推进新型城镇化的角度来看，外向型经济对城镇化发展具有如下的作用：通过引进外资，促进区域经济发展；通过引进国外先进技术，提高区域科技水平，同时可以提高区域的自主创新能力，能促进区域拥有自主品牌和核心技术的外向型企业脱颖而出，带动基础材料、基础工艺、基础零部件水平提高，拉动产业整体素质的提升；通过对外交流参与国际竞争，提高外向型企业的国际竞争力，实现经济互补；通过加强同各国的经济文化交流，强化对外交往能力；这对欠发达地区打造自己的优势竞争性产业提供了良好的机会，而产业的不断发展壮大则会支撑城镇化的持续发展。从消极的方面来看，对外经济的依赖性太强，则有可能形成依附型的城镇化，区域城镇化进程会受制于国际市场的波动影响，不利于城镇化的稳步推进。

## 三、外向型经济对城镇化的推动作用

### （一）能为区域经济发展开拓更广阔的市场

外向型经济是以国际市场为导向的经济，发展外向型经济面对的是广阔的国际市场，对地处中国腹地的青海来说，可以开拓更大的国际发展空间，可以寻求开放的方向，可以更好地发挥自己的资源优势，重新确立青海的产业在区域分工中的地位并延伸产业链、提升附加值。

### （二）能促进生产要素的流动与聚集

外向型经济通过加快产业要素流动、促进产业整合集聚和推动产业结构升级三种主要作用方式，带来区域城镇人流、物流、资金流、科技流和信息流等要素流动加快、流量增加与空间集聚，利用贸易双方在资源与市场的经济互补性，建设自由贸易区、经济合作区、经济技术开发区和特色工业园区等，推动二、三产业的规模扩张与结构升级，引发区域城镇产业布局调整、产业集聚极化与城镇职

① 武小菲，闵树琴，武云亮．外向型经济对我国东中西部地区城镇化的影响——基于省际面板数据的实证研究［J］．铜陵学院学报，2015（3）．

能扩散，进而并改变、增强和提升城镇的职能。[①]

### （三）能推动城镇的形成和中心城市的发展

立足于区域产业优势，抓住丝绸之路经济带建设的机遇，发展外向型经济，在国际分工中将区域优势产业的边界向有潜力的领域延伸、吸引更多国内外客商来青海寻求发展机遇，通过贸易合作（互市贸易、小额贸易、服务贸易、加工贸易、技术贸易、劳务输出、工程承包等）、投资合作（利用外资、境外投资）与国际旅游（涉外边境旅游与热点旅游）等方面的互通交流与彼此协作，导致了生产、投资、流通和消费等方面的需求增量，通过生产要素在城镇的集聚，拓宽区域城镇的就业渠道和就业领域，形成若干个以中心城市为核心的经济增长极和经济制高点，从而形成更加强有力的产业聚集优势和规模经济效益。随着贸易双方商品交易量的增加，众多国内外客商云集在城镇，带来了人流、物流、资金流、科技流和信息流等，第三产业相关行业得以快速发展起来，再依托区位优越、交通发达和基础良好的城镇，通过划地兴建自由贸易区、经济合作区、经济开发区、工业园区等以及相关优惠政策的实施，建立起一些外向型加工产业，并带动城镇第二产业的兴起。[②] 外向型相关行业带来的高收入与农业生产的低收入形成了强烈反差，为第一产业向城镇第二、三产业转移以及农村剩余劳动力向城镇聚集提供了经济驱动力，[③] 城镇的人口规模和经济聚集规模的扩大，能为城镇提供巨大的发展空间，借此可以推动区域新型城镇化的快速发展。

### （四）能推动交通及其沿线城镇的发展

发展外向型经济的核心基础是交通的发展。青海发展外向型经济可以促进省内外交通的发展，随着交通设施的不断发展和完善，可以沿铁路、公路为空间开发主线，优化调整空间布局，以城镇为基地，建立各具特色、分工明确的外向型加工基地，逐步形成对外开放和外向型经济体系。随着外向型经济规模与层次水平的提高，将带动城镇发生由量变到质变的飞跃，外向型产业职能则成为相关城镇的重要职能，进而会促进沿交通线城镇经济带的形成和城镇规模的壮大。

---

① 倪天麒，杜宏茹，曹建标，李雪梅．外向型经济对城镇职能的作用响应研究——以天山北坡经济带为例［J］．干旱区资源与环境，2010（12）．

② 李铁立，等．边境区位、边境区经济合作的理论与实践［J］．人文地理，2004，19（6）．

③ 梁文恬，等．论次区域经济合作中边界效应的动力机制［J］．商场现代化，2007，495（6）．

## 第二节 青海外向型经济发展现状与制约因素

自西部大开发以来，青海省不断扩展外向型经济规模、领域和层次，把全方位、多形式利用外资和境外投资作为对外开放的重要组成部分，取得了明显的成效，有力地推动了全省经济和社会的发展。但是，青海外向型经济发展无论在对外贸易、引进外资，还是在国际旅游创汇方面，不仅远远落后于东部沿海地区各省市，也大大落后于西部地区其他省区市。

### 一、青海外向型经济发展现状

#### （一）对外贸易、对外承包工程和劳务合作

对外贸易是区域外向型经济发展的支柱，其对经济开放的贡献远远大于吸引外资的贡献。对青海这样一个在吸引外资方面不具有比较优势的内陆欠发达省份来说，大力发展对外贸易始终是青海发展外向型经济的主要途径。2014 年青海省货物进出口总额 171896 万美元，比上年增长 22.5%。其中，出口额 112833 万美元，增长 33.2%；进口额 59063 万美元，增长 6.3%。全年新批外资项目 9 个，合同使用外商直接投资金额 1.06 亿美元，比上年下降 36.4%；实际使用外商直接投资金额 0.50 亿美元，下降 46.5%。全年对外承包工程业务完成营业额 1.55 亿美元，比上年增长 34.0%；对外劳务合作派出各类劳务人员 656 人。[①] 总体上看，这几年青海在对外贸易、承包工程和劳务合作方面增长速度较快，但在引进外资项目、使用外资方面受各方面因素的影响，下降很大，处于较为低下的水平。

#### （二）外资企业发展状况

受青海高寒环境的制约，资源开发成本高、效率低，外向型经济发展能力弱以及地缘、基础设施相对劣势等影响，青海吸引外资投资的内在竞争能力和外在吸引力非常弱。从普查数据来看，2013 年末，青海省共有第二产业和第三产业的企业法人单位 17384 个，港、澳、台商投资企业 44 个，占总企业数的 0.3%，外商投资企业 69 个，占总企业数的 0.4%。其中规模以上外商投资和港澳台商投资企业主要经济指标来看：港、澳、台商投资企业只有 12 家，工业总产值（当

---

① 2014 青海省年国民经济和社会发展统计公报 [N]. 青海日报，2015－02－16.

年价格）为429351万元，主营业务收入491974万元，利润总额-20121万元；外商投资企业18家，工业总产值（当年价格）为502256万元，主营业务收入464630万元，利润总额72581万元。① 吸引外资的总量和利用外资发展的企业非常有限，且效率不高，手段上还停留在招商引资的较低发展阶段，尚未完成招商引资的第一次战略性转变。

### （三）旅游企业状况及旅游收入

坐落在青藏高原的青海，民族风情浓郁，旅游资源非常丰富，但其开发利用程度却落在全国后位，呈现出一流资源，三流开发的状态。近年来，尽管青海旅游产业从自身看有着较好的发展，但旅游发展总体上层次不高、规模不大。直接与旅游相关的住宿、餐饮和交通运输企业中的外企在总数中占比非常低。2013年末，全省共有住宿和餐饮业企业法人单位734个，从业人员23799人，其中旅游饭店126家，占总数的28.8%。在住宿和餐饮业企业法人单位从业人员中，内资企业占98.05%，港、澳、台商投资企业占0.03%，外商投资企业占1.92%。在交通运输、仓储和邮政业企业法人单位中，内资企业占99.8%，外商投资企业占0.2%。②

从表8-1所有的数据可以看出，虽然青海的旅游业从接待国内外游客、旅游总收入来看在持续增长，但旅游产业作为青海新的、主导性的经济增长点，其经济拉动效应没有充分发挥出来。尤其在对外开放，扩大入境游客的数量、提高外汇收入方面尚有很大的发展潜力可以挖掘。

表8-1 2014~2016年青海旅游概况

| 年份 | 游客总数 | 比上年增长（%） | 国内游客（人次） | 比上年增长（%） | 入境游客（%） | 比上年增长（%） | 旅游总收入（亿元） | 比上年增长（%） | 国内旅游收入（亿元） | 比上年增长（%） | 外汇收入（万美元） | 比上年增长（%） |
|---|---|---|---|---|---|---|---|---|---|---|---|---|
| 2014 | 2005.58 | 12.6 | 2000.43 | 12.6 | 5.15 | 10.7 | 201.9 | 27.3 | 200.31 | 27.3 | 2574.35 | 32.6 |
| 2015 | 2315.4 | 15.5 | 2308.84 | 15.4 | 6.56 | 27.4 | 248.03 | 22.8 | 245.55 | 22.5 | 3876.3 | 50.6 |
| 2016 | 2879.92 | 24.3 | 2869.91 | 24.3 | 7.01 | 6.8 | 310.3 | 25.1 | 307.24 | 25.1 | 4415.67 | 13.9 |

资料来源：青海统计年鉴2015~2017.

从以上数据可以看出，地处内陆欠发达地区的青海，外向型经济发展的各项指标滞后，尚未形成依托本地资源的可持续竞争优势；青海吸引外资投资的内在竞争能力和外在吸引力很弱，外资直接投资的外向型企业不多；对外承包工程、

①② 青海省第三次全国经济普查主要数据公报［N］. 青海日报，2015-01-14.

劳务合作和国际旅游创汇能力差；反映了青海发展外向型经济的理念落后、思维方式保守，专业人才缺乏、管理水平低下的现状。

## 二、制约青海外向型经济发展的因素分析

### （一）严酷的地理环境的制约

青海省位于青藏高原东北部，东西长1200公里，南北宽800公里，面积72.12万平方公里。境内山脉高耸，地形多样，河流纵横，湖泊棋布。昆仑山横贯中部，唐古拉山峙立于南，祁连山矗立于北，茫茫草原起伏绵延，柴达木盆地浩瀚无限。虽然人文资源和地理资源都十分丰富，但大部分土地都是戈壁和雪山，地势较高，平均海拔在3000米以上，不适合于人类居住。受地理环境的制约，青海交通不便，企业经营成本高、效率低，对外贸易规模小，层次低。

### （二）欠发达经济发展水平的制约

据青海省统计局2016发布的2015年经济运行情况数据显示，2015年全年，青海省地区生产总值增速比上年增长了8.0%。但由于地理和历史的原因，青海省一直以来就是中国经济发展极为落后的地区之一。与全国情况相比，青海省经济这几年虽然借助于国家西部大开发政策的实施和经济规模很低的初始基数保持了较快的增长速度，人均GDP水平在不断提高，并同全国平均水平有逐步缩小的趋势，但远未达到全国平均水平。

从经济总量看，青海省的经济规模还处于很低的水平，在西部12省、市（区）经济发展中处在第11位。2013年末，全省共有从事第二产业和第三产业活动的法人单位34451个，产业活动单位47323个，个体经营户226595个，第二产业和第三产业企业资产总计20194.5亿元。① 受制于落后的生产力水平，粗放式的经济增长方式，青海省经济增长质量差、效率低，经济发展对资源的依赖性强，对生态环境影响和损伤大。

### （三）国家相关政策的制约

根据《全国主体功能区规划》，青海省境内90%的土地为禁止和限制开发区，东部地区和柴达木盆地是青海的主要开发区域，以大力推进东部城市群的建设来引领青海经济发展是必然要求。而丝绸之路经济带建设也使东部城市群在经济地理空间布局上成为青海融入丝绸之路经济带建设的重要的战略支点，

① 青海省第三次全国经济普查主要数据公报［N］. 青海日报，2015-01-14.

担负着青海向西开放，走向世界的桥头堡的重任。但无论是古丝绸之路还是现今建设的丝绸之路经济带，青海都只是一条辅道而不在主干道之上，青海可能因此在国家的相关战略规划中被列为间接参与区，而不是直接构成区。虽然青海省委省政府将青海明确定位为新丝绸之路的战略基地和重要支点，但在国家制定的《推动共建丝绸之路经济带和21世纪海上丝绸之路的愿景与行动》中，青海发展的重点是发挥“青海民族人文优势”、“加快西宁开发开放”。如果我们不能在丝绸之路经济带建设中积极发展外向型经济，加大与丝路沿途其他国家和地区的合作交流，则存在着被边缘化的可能，这将直接影响青海经济的全面发展。

### （四）城镇化滞后，外向型经济发展缺乏依托

到2014年末，全省有2个地级市、3个县级市，137个镇，青海常住人口达583.42万人，城镇人口达到280.30万人，城镇化率提高到49.78%。按照2014年10月29日国发〔2014〕51号《国务院关于调整城市规模划分标准的通知》里划分城市等级的标准，青海只有一个大城市即省会城市西宁市，四个小城市即格尔木市、德令哈市、海东市、玉树市。初步形成了以西宁为核心城市，海东、格尔木、德令哈等市为次中心城市、以各县城城关镇为小城镇的三级城镇建设体系。2013年，西宁和海东两个地级市拥有全省64.0%的人口，实现全省62.6%的生产总值，城市的集聚和带动效应逐步明显。从上面的数据可以看出，青海的城镇化率比全国水平54.77%低约5百分点，城市少、规模过小，东部城市群正在建设中，对外向型经济的发展缺乏有力的城市经济的支撑。

### （五）欠发达的交通制约了青海外向型经济的发展

发达的交通是支撑区域外向型经济发展的重要基础。青海的交通建设在西部大开发以来日新月异，高速公路突破3000公里，二级及以上公路突破1万公里，总里程达到7.56万公里，基本实现市州通高速、区县通二级路、乡镇和村通硬化路。铁路建设再创佳绩，兰新二线和西宁火车新站建成投运，青海省进入全国高铁网，青藏线实现大提速，格敦铁路青海段基本建成，格库铁路开工建设，锡铁山至北霍布逊地方铁路建成运营，铁路运营里程达到2386公里。空中走廊加速扩容，西宁机场二期、德令哈、花土沟机场建成，果洛机场校飞，初步形成“一主六辅”民用机场格局。① 但从总体上来看，面对快速发展的丝绸之路经济带建设，青海的交通设施，尤其是对外交通仍然是制约青海经济走出去的一个短板，对青海外向型经济发展存在着较大的制约作用。

---

① 郝鹏．2016年青海省政府工作报告［N］．青海日报，2016－01－26.

## 三、促进青海外向型经济发展的条件

### （一）以市场为导向　发展优势产业

2016 年 8 月 22 日至 24 日习近平总书记在青海调研考察时强调，“青海最大的价值在生态、最大的责任在生态、最大的潜力也在生态。”生态环境的问题，往上追都是经济发展方式的问题。保护生态环境、提高生态文明水平，同时也是转方式、调结构的过程。因此，促进青海外向型经济发展必须要立足于生态保护这个大前提，致力于生态文明建设，发展循环经济、生态经济，打造具有青海特色的优势精品生态产业，在丝绸之路经济带上选择重点地区、重点市场进行对接，与国内外各区域深入合作，协同发展，为外向型经济发展创造产业条件。

### （二）以城镇为基地　发展城市经济

青海经济发展主要的制约在于其生态脆弱、基础设施条件差、人口聚集程度低和产业结构转换滞后等不利于工业化发展的因素。解决这些不利的因素在于发展城市经济。发展城市经济的过程，不仅是提高资源集中与优化配置程度、人口聚集程度和最经济地改善基础设施条件的过程，而且是培育新的经济增长点、调整产业结构的过程。青海城镇稀少，城市规模小，城市经济总量小、产业层次低、辐射作用小，带动农牧区发展的能力不足，无法有效地集聚人口，减轻高度分散的人口和农牧业活动对广大农牧区的生态压力。发展城市经济，是青海减轻对自然环境压力，克服生态脆弱劣势和有效利用资源的必然选择，是解决生态保护与经济社会发展之间诸多矛盾的最优结合点，也是发展外向型经济的必备条件。

### （三）以城镇为枢纽　发展交通网络

外向型经济是走向世界、参与世界市场资源配置和竞争的经济。走向世界市场的基础在于交通网络的发达，交通对外向型经济的发展具有决定性因素。便利的交通能够提高运输质量，降低运输成本，增强空间的通达性，并且将国际市场供需与国内生产优化配置联结起来，从而带动外向型经济的发展。综合运输体系的形成取决于运输技术的进步、运输方式的发展，也取决于城镇的发展。以推进新型城镇化为动力，以城镇为枢纽，大力发展和完善交通网络是地域广大、交通不便的青海发展外向型经济，融入世界市场的前提条件。

# 第三节　丝绸之路经济带战略与青海外向型经济发展的对策

## 一、丝绸之路经济带战略的目标与实质

2013 年 9 月 7 日，国家主席习近平在访问中亚时，提出了共同建设新丝绸之路经济带的重大战略构想，提议有关国家加强政策沟通、道路联通、贸易畅通、货币流通、民心相通，以点带面、从线到片，逐步拓展区域合作，赢得了中亚国家的强烈共鸣和国际社会的高度评价。2013 年 9 月 26 日，国务院副总理汪洋在西北五省区对外开放座谈会上，深刻阐述了建设丝绸之路经济带、推进向西开放的重大战略意义，并从合力打造好丝绸之路经济带、推进基础设施互联互通、大力培育特色优势产业等六个方面提出了具体的战略思路。

从习近平主席和汪洋副总理的讲话可以看出，丝绸之路经济带，是在古丝绸之路概念基础上形成的一个新的经济发展区域，建设新丝绸之路经济带作为当前国家层面的一项重大战略和思路举措，其战略目标指向合作、互信、交流、融合等多重开放功能。从经济发展的视角来看，其目标在于提升中国经济国际化水平、推进区域经济一体化和经济全球化的重要平台，利用沿线不同国家地区生产水平的差异性、资源禀赋的互补性与经济发展的互利性的基础上形成产业集群，从而激活国际国内两个市场，配置国际国内两种资源，产生规模经济效应，深化分工交易，丰富经济增长点。其实质是充分发挥西部的比较优势，夯实微观基础，实现产业的合理布局，找准企业的正确定位，提质增效，做大做强，促进西部地区向西开放，走向国际大市场。

## 二、丝绸之路经济带战略背景下推进青海外向型经济的发展对策

习近平总书记在中亚四国之行首次提出共同建设“丝绸之路经济带”战略构想后，把青海这个中国边远的西部内陆省份推向了向西开放的前沿。“一带一路”战略的应运而生，成为青海构建对外开放新格局，引领青海经济进一步走向世界的强力引擎。打开了青海省与丝绸之路周边国家经贸、投资合作的新思路，为青海快速融入全国以及世界经济提供了新的机遇。为扩大外向型经济规模，提高国际市场竞争优势，青海应该抓住与丝绸之路经济带沿线各国经济互补性这一优势，努力打造丝绸之路经济带核心区，以发展外向型企业为基础，构建以融入丝绸之路经济带为目标的经济贸易一体化格局。

### （一）依托东部城市群建设，打造丝绸之路经济带青海东部核心区

新丝绸之路经济带，东边牵着亚太经济圈，西边系着发达的欧洲经济圈，被认为是“世界上最长、最具有发展潜力的经济大走廊”。而以西宁为中心的青海东部地区是这个“经济大走廊”上的重要节点，也是《青海省国民经济和社会发展第十二个五年规划纲要》提出的重点开发区，是青海经济发展的核心区。丝绸之路经济带战略背景下青海外向型经济的发展必须要进一步推进兰西经济区建设，加快推进以西宁为中心的东部城市群建设，尽快明确群内各城市的功能定位，积极推进城市群内部的产业分工，依托东部城市群发展青海特色产业，壮大产业集群。

为促进青海特色产业的发展，要立足于西宁市经济开发区、生物园区和海东工业园区，打造产业创新基地，将产学研、创新孵化集于一体，积极利用新技术、新工艺培育特色产业，以创新驱动促进青海向西开放，融入丝绸之路经济带建设，带动青海经济发展。近年来，海东市在推进外向型经济发展中，培育形成了“一区六园”的工业布局，构建了以装备制造、新能源、新材料、信息和文化旅游为接续替代的战略性新兴产业体系。在加快把工业园区建成“一带一路”上向西开放的“出口加工区”的同时，大力发展外向型经济产业园区，将化隆巴燕·加合经济园、循化民族用品产业园打造成以清真食品、民族用品为主的产品出口基地，构建丝绸之路经济带上民族特色轻工业基地。加快培育外贸骨干企业，年内力争培育外贸出口企业 8 家，完成外贸出口总额 3850 万元，增长 10% 。① 对推动青海外向型经济发展发挥了重要作用。

### （二）推进以格尔木为核心的青海西部城市群的筹建，打造外向型工业经济发展基地

强大的工业是发展外向型经济的基石，没有工业经济的发展，外向型经济发展是不可持续的。海西地区是青海省重要工业基地，是青海外向型经济发展的重要基础。中国“四大盆地”之一的柴达木盆地构成了海西区域的主体，其丰富的盐化工、煤炭、石油天然气和有色金属资源是青海省的经济发展支柱和优势资源。“以格尔木、德令哈为重心的柴达木地区，其主体功能定位为，国家兰州—西宁重点开发区的重要组成部分，全国重要的新能源和水电、盐化工、石化、有色金属和农畜产品加工产业基地，区域性新材料和生物医药产业基地，全省工业化和城镇化的重点区域，人口和经济的重要空间载体。”② 立足于柴达木盆地的

① 咸文静．海东市全力发展外向型经济［N］．青海日报，2016 - 09 - 22.

② 青海省国民经济和社会发展第十二个五年规划纲要［N］．青海日报，2011 - 01 - 23.

优势资源，面向中亚、南亚，加快构建特色产业体系，全力打造盐湖化工、煤炭化工、油气化工、光伏产业、新型材料、有色金属、轻工纺织、生物医药、绿色食品、装备制造等产业集群，形成面向中亚、西亚、南亚的绿色产品出口基地，面向国内的产业承接、资源加工的高端制造基地，并利用好两个市场、两种资源，加大与丝绸之路经济带沿线国家和地区的合作与交流。

工业的发展必然带动城镇化的发展，工业化和城镇化是互相推动的。青海应在积极引进新技术、新工艺，在完善柴达木循环经济发展的基础上，鼓励企业对外合作，积极推升产业转型升级。柴达木盆地的循环经济，以及以格尔木市为中心的大交通格局的提升，是推动海西外向型经济发展的重要支撑。在推升海西工业经济发展的同时，应积极推进以格尔木为重心的青海西部城市群筹建，以城市群集聚产业和产业园区，形成产业集群进而带动第三产业的发展来推进青海外向型工业经济的发展。

### （三）推进国际物流通道建设，畅通走向世界的道路

发展外向型经济的关键是要有一个能满足外向型企业引进来与“走出去”的畅通的交通。习近平总书记在阐述共建丝绸之路经济带时明确提出的“五通”中很重要的一条就是道路联通。这对于饱受交通“瓶颈”制约的青海而言，无疑将是一次实现突破的重大契机。

近年来，在国家的大力支持下，青海打通了与西藏的铁路交通，玉树机场、德令哈机场也相继建成投入使用，高速公路正在向青南地区和西藏延伸，由西宁到格尔木的铁路已经建成，以兰新二线建成通车为标志的北道基本形成，正在建设的格尔木到敦煌的格敦铁路与西格铁路将打通中道，另外一条格尔木到新疆库尔勒，即格库铁路的开工建设预示在不久的将来将建成南道。这几条铁路的建成，基本上打通了古丝绸之路青海道的北中南三条通道。同时，西宁到成都铁路的前期工作正在推进，以西宁为核心枢纽的交通网逐步在形成，青海参与丝绸之路经济带建设的交通问题得到了初步解决。

交通的大发展，联通了丝绸之路经济带主干道，构建了承东启西、北联南拓的综合运输通道，充分发挥了青海连接欧亚大陆桥战略通道和沟通中国西北、西南交通枢纽的作用，实现了丝绸之路经济带及周边区域交通顺畅连接，使青海东进西联的节点作用更加突出。

省内外交通设施的完善，带动了青海综合保税区建设。以曹家堡保税物流中心为依托，使之成为青海进出口货物集散配送、保税仓储进出口贸易、商品加工、商品展示、物流信息服务等综合功能为一体的国际物流中心；积极推进了现代流通综合试点，加快了推进大流通、大市场建设，打造物流集散中心和配送基地，增强了朝阳物流园区辐射功能，推进了格尔木现代物流业发展，把西宁市、

海东市、格尔木市打造成了丝绸之路经济带中的重要物流集散地和“中转地”，扩大了流通业向西开放的深度和广度，成为了促进外向型经济发展的重要基地。

### （四）强化青海向西开放的力度，积极推进与中亚的文化交流，扩大会展经济，多渠道推进向西开放

丝绸之路经济带建设带来的巨大协同效应，促进各国之间联系更加密切，合作更加深入，发展空间更加广阔。通过加强对外合作，沟通青海与国外市场的经济交往，从根本上扭转青海的区位劣势，使其由内陆变为向西开放的前沿，以对外开放带动青海经济发展。在这方面青海有许多得天独厚的资源可以使用。

丝绸之路“青海道”盛极一时，这条古道经由今天的西宁、都兰、香日德、诺木洪，越阿尔金山到西域，是公元六世纪到九世纪前半叶古丝绸之路的一段干线。史料证明，这条古道早在西汉初叶就已存在，称为“羌中道”。在这条道上居住着青海的多个少数民族。世居民族回族、撒拉族在宗教信仰方面与中亚国家具有较强的共通性，有很多相同的地方，与中东地区国家有着文化上的血脉联系，具有与中亚国家共建丝绸之路经济带的民族优势。同时，青海自古就是中西文化交汇之地，佛教文化、伊斯兰文化、儒家文化、道家文化、基督教文化在这里和谐共存，良好的民族关系和多元共荣的文化氛围使青海具有与中亚国家共建丝绸之路经济带的独特文化优势和交流基础。青海应利用这些优势，进一步完善丝绸之路经济带沿线国家经贸交流机制，使之成为多方沟通协商的平台，以新的机制为各方企业合作搭建平台，力争在基础设施建设、双向投资、环境保护、人文交流等领域拓展与丝绸之路周边国家的合作，在规划等方面进行沟通，形成合作框架，引导企业发现新机会、进入新领域、实现新发展。寻求与丝绸之路经济带沿线政府间的友好合作，引导民间进行多种文化经济交流，在强化安全、经济合作等方面建立长期互信共赢的合作机制。此外，应进一步优化外贸环境，进一步提升青洽会、清食展、藏毯会、冬虫夏草展交会等规模和影响力，利用重点节会延伸开放功能，加大招商引资的力度，深化与丝绸之路沿线地区和中东、东南亚等国家经贸合作，积极组织企业参加中阿、亚欧、东盟博览会等重大展会，可以进一步疏通企业走向国际市场的渠道，提升青海企业向外发展的能力。

### （五）以强化对外贸易带动外向型企业的发展壮大

发展外向型经济关键在于对外贸易的发展。外向型经济是以“出口导向”和出口贸易额占国民生产总值的较大比重为特征的。它要求区域产业结构的建立要以国际市场需求和供给状况为依据，优势产业的选择以国际市场价值作为判断标准。因此，首先要建设外向型企业生产基地，大力发展有区域特色的对外贸易，加强青海与周边国家和世界各国的经济合作。发展青海的对外经济贸易，应依循

以国际市场为导向，发挥比较利益优势，与当地的资源配置和经济特点相结合的原则，有针对性地开拓国际贸易新领域。目前，青海省的三个国家级工业园区是青海外向型企业的重要生产基地。城南工业园区的地毯、生物园区的穆斯林服饰、柴达木绿色食品保健品的出口，对推动青海外向型经济的发展做出了重大贡献。其次要积极利用国际科技市场和资本市场，促进外贸企业转型升级，提高外向型企业的生产效率和技术含量，延伸产业链，提高附加值，壮大外向型企业向外发展的能力。进一步“加快建设出口基地和特色商品国际经营中心，优化品种结构和市场结构。”① 其三要强化与东部地区的合作，积极承接适合青海地区经济发展的外向型企业，促成他们与青海的外向型企业合作，壮大强化青海外向型企业的数量和质量。其四要鼓励青海的企业走出去承包工程和进行劳务合作，这是外向型企业向外发展的一个重要途径。2014 年青海对外承包工程业务完成营业额 1.55 亿美元，比上年增长 34.0%；对外劳务合作派出各类劳务人员 656 人。② 从增速上看，承包工程和劳务合作方面增长速度较快，但从总量看处于较为低下的水平，应出台政策大力扶持这类企业的发展。

### （六）挖掘旅游资源，推进旅游业发展

旅游业对推动青海区域经济发展有着独特的意义和作用，它既可以充分开发利用青海区域内中国独有、甚至是世界罕见的旅游资源，拉动和推动相关产业的发展，有利于培育新的增长点，有效地增加外汇收入和地方财政收入，又可以促进西部地区与国外和中国其他地区的经贸交流合作，提高本地区的开放程度，同时旅游业还可以带动贫困地区的经济发展，成为旅游资源丰富的贫困地区脱贫的支柱产业。

为进一步发挥旅游资源优势，青海应在不断扩大规模和提高质量的过程中，结合民族文化传承，明确地方特色旅游定位，探索避暑旅游、民族民俗风情旅游、宗教文化旅游、体育健身旅游、自驾车旅游等特色项目的培育和发展，依托重点项目和精品工程健身，逐步从以国内旅游为主转向国际国内并重的方向，形成全面发展的旅游格局，将旅游资源大区转化为旅游强区，成为发展外向型经济的先行部门。

旅游业的发展离不开旅游企业的发展，目前青海的旅游企业的数量和质量都不能满足旅游发展的需要，一到旅游旺季接待能力和质量都呈现捉襟见肘的窘境。特别是在向西开放中，大量国外旅客的到来，凸显我们接待能力的不足。因此，在大力建设旅游景点的同时，要促进和提升旅游企业质量建设，促进校企合

---

① 中共青海省委十二届十一次全体会议在西宁召开［N］. 青海日报，2016-01-9.

② 青海省第三次全国经济普查主要数据公报［N］. 青海日报，2015-01-14.

作，依靠各类学校加快本土小语种人才的培育，以满足旅游业对小语种导游的急迫需求。

## 本章小结：

外向型经济是一种在国际范围内进行资源合理配置，以国际市场需求为导向、以扩大出口为中心，以积极参与国际分工和国际竞争为目标所建立的经济结构、经济运行机制和经济运行体系。在经济全球化的背景下，大力发展外向型经济，对区域经济的发展具有决定性的作用。青海作为中国西部欠发达的省份，受严酷的地理环境、欠发达的经济和国家相关政策的制约，外向型经济很不发达。丝绸之路经济带的建设给青海发展外向型经济带来了一个绝好的发展机遇。青海省应及时抓住这个机遇，多渠道推进向西开放，通过打造丝绸之路经济带青海核心区、积极推进国际物流通道建设、与中亚的文化交流、旅游业发展、扩大会展经济、大力扶持与发展外向型企业等措施大力促进青海外向型经济的发展，推动青海经济发展融入国际大市场，实现跨越式发展。

# 第九章

# 青海推进新型城镇化进程中的人口问题

人口发展与城镇化存在着极为密切的联系，推进新型城镇化的问题，归根到底是人的问题，人的问题是人类社会经济发展中最为重要的问题。从人口发展看城镇化，是城镇化进程中不可缺少的重要内容之一。正确处理好人口发展与城镇化的关系，是目前中国推进新型城镇化健康发展的首要任务。

人口与经济的本质关系，是人口内部结构变化影响经济社会发展和资源环境的变化。与20世纪人口增长对经济发展的压力相比，当前人口规模和城镇化对资源环境的压力、人口结构失衡对社会发展的压力更为严重，如果不能有效应对这些新变化、新挑战，中国人口发展将遭遇环境危机和社会危机。

支持一国或一个地区经济社会持续发展的根本动力是人口的数量及结构的变化，是人口流动、融合与人口素质的提升与产业结构调整相适应的动态平衡。人口的流动、集聚及社会融合从深层次上影响着新型城镇化的效果，而新型城镇化的质量又影响着供给侧结构性改革的成效，这种环环相扣、互相制约的关系链，提醒我们必须从源头上重视人口的社会流动问题，重视农牧民的市民化问题，重视人口素质提升在人口职业转换中的作用问题，重视不同阶层人口社会融合及人们在社会结构变迁中的有序参与问题，重视人与新型城镇化之间的互动问题，这些问题的合理解决，是人口小省的青海省经济社会保持持续增长与发展的重要动力来源。

## 第一节　推进新型城镇化进程中的人口集聚问题

### 一、城市与人口集聚

人类社会发展的规律表明，城市的产生、发展与人口密切相关。人口的集聚产生了城市，人口的不断增加使城市不断变大，而人口减少使城市走向衰败，甚至消亡。环顾世界，城市人口和经济发展密切相关，人口增加是经济发展的结果，反过来人口增加又给城市提供了新一轮发展的动力，没有一个城市的发展是在人口减少情况下实现的。因而，从中国的人口总量和以城市群为主要形态的城市发展方向来看，人口向大城市聚集能够带来更为强大的内需，“大”而“密”的城镇化发展，更符合中国的国情。

中国城市和小城镇改革发展中心主任李铁（2015）认为，特大城市未来的人口态势是聚集的、递增的，是快于其他城市的。从世界上不同规模城市吸纳人口在1970～2025年的变动状况来看，1000万人口以上城市吸纳人口的比重，1970年是2.88%，1990年是6.33%，2011年是9.88%，预测2025年将达到13.57%。而其他规模城市所吸纳的人口，集聚态势远不如特大城市。当城市形成巨大的规模效益时，会持续产生虹吸效应，这是国际城市化遵循市场原则的普遍规律。因此，城市越大，人口集聚能力越强。①

北京大学国家发展研究院院长周其仁（2012）在中山大学演讲时指出，人口向大城市集聚是城市化过程的自然趋势，人口向大城市集聚从生产效率以及需求增长等方面，都能更好地拉动乡镇地区的经济发展，从而降低城乡收入差距。从国外的经验来看，城市人口聚集程度极高的美国、日本等国家，城乡收入差距往往不大。周其仁认为，目前中国的三大城市北京、上海和广州已经出现了明显的人口聚集趋势，但是程度上，与纽约东京，甚至是开罗等城市相比，还是远远不够。资料表明，日本东京都市圈的面积1.34万平方公里，聚集人口3700万，占全国总人口的28%，创造了近40%的生产总值；开罗占埃及国土的0.5%，GDP超过全国一半；法国首都巴黎都会区的面积1.7万平方公里，聚集人口1200万，占全国人口18%；英国首都伦敦都市区的面积8400平方公里，集聚人口1400万，占全国人口22%；美国纽约都市圈的面积3万平方公里，集聚人口2000万，占全国人口6%；广义纽约都市圈集聚人口6500万，占美国人口的20%；德国鲁尔城市群的面积1万平方公里，集聚人口1100万，占全国人口13%。而中国北京的面积1.6万平方公里，集聚人口2000万，占全国总人口的1.5%；上海的面积6340平方公里，集聚人口2400万，占全国人口的1.7%；广州的面积7400平方公里，集聚人口1300万，占全国人口的1%。北京、上海、广州、天津四城市的GDP相加只有全国的一成多。从以上城市群（圈）人口聚居比例来看，中国的特大城市与国外差距相当明显，随着中国城市群的加速形成，人口将加速向城市群（带）集聚。如果按照发达国家城镇化发展的方向发展，未来中国的人口

---

① 李铁：人口向大城市集聚的趋势不可逆转．网易财经，2015－08－26. http：//money.163.com/15/0826/15/B1V2K5OI00252G50.html.

将主要集中在22个城市群（带），其他地区人口密度将会减少。①

## 二、改革开放以来中国的人口与流向的变化

### （一）改革开放以来中国人口总量的变化

改革开放以来中国人口总量从1978年的9.6亿增加到2016年的13.8亿多，37年间增加了4.2亿。但由于20世纪80年代以来中国实行了严格的计划生育政策和城镇化进程对生育观念的影响，人口增长率在持续下降。1978年到1988年的10年，人口增加了14767万；1988年到1998年的10年间，人口增加了13735万；而1998年至2008年间只增加了8041万；从2008年到2016年的8年间只增加了5469万（见表9-1）。《国家人口发展规划（2016~2030年）》指出，“2020年全国总人口达到14.2亿人左右，2030年达到14.5亿人左右。”人口总量将在2030年前后达到峰值，劳动年龄人口波动下降，老龄化程度不断加深。

**表9-1　　1978~2016年中国人口总量及城镇化率的变化**

| 年份 | 年末总人口（万人） | 男性人口（万人） | 女性人口（万人） | 城镇人口（万人） | 乡村人口（万人） | 城镇化率（%） |
|---|---|---|---|---|---|---|
| 1978 | 96259 | 49567 | 46692 | 17245 | 79014 | 17.92 |
| 1988 | 111026 | 57201 | 53825 | 28661 | 82365 | 25.81 |
| 1998 | 124761 | 63940 | 60821 | 41608 | 83153 | 33.35 |
| 2008 | 132802 | 68357 | 64445 | 62403 | 70399 | 46.99 |
| 2016 | 138271 | 70815 | 67456 | 79298 | 58973 | 57.35 |

国家数据网 http：//data.stats.gov.cn/easyquery.htm？cn=C01&zb=A0301&sj=1978.

### （二）改革开放以来中国人口流向的变化及特点

**1. 改革开放以来中国人口流向的变化**

改革开放以来，随着中国经济的发展，人口迁移的流向经历了以下的变化：

（1）启动阶段（1979~1992年）。从20世纪70年代末开始的农村土地联产承包责任制，将大量农牧民从公社体制下解放了出来，而土地的不足又产生了大量农村剩余劳动力。在1984年后，国家逐步放宽了对人口迁移的制度限制后，允许农民自理口粮在小城镇落户，乡镇企业迅速发展，为农村剩余劳动力向城镇的转移创造了条件。据统计，1979年至1981年我国人口省际净迁入量为626万

① https：//www.zhihu.com/question/26557955/answer/33213333.

人，净迁出为107万人，迁移活跃度较70年代明显提升。从农村向城市转移的超大规模剩余劳动力成为全国城镇化的主体力量，人口红利开始释放。

这个阶段人口迁移的特点：1. 由于城市工商业改革尚未推开，就业的主体在乡镇企业，“离土不离乡、进厂不进城”成为当时小城镇发展模式的典型，人口迁移主要集中在省内。1985～1990年全国平均省内迁移率在20%～30%左右，其中广东省省内迁移率达到40%以上；2. 地区之间的迁移活跃度分化明显。总迁移率最高的北京达到74.2%，而最低的河南只有12.4%。

1984年以后随着城市工商企业改革的推进，沿海城市以及一些大城市开始吸引农村剩余劳动力，“百万民工下广东”的民工潮开始显现，折射出改革开放进程对我国人口再分布的直接影响，而中西部省份以及东北省份向东部沿海城市迁移的趋势也在这时开始形成。从区域来看，北京、上海、天津、广东等东部省市的人口吸引力开始初步彰显，而人口迁出最大的省市包括四川、浙江、黑龙江等中东部区域。这个阶段人口迁移的主要原因是政策的变化和乡镇企业迅速发展对劳动力的迫切需求。

（2）提升阶段（1992～2010年）。1992年邓小平发表了著名的“南方谈话”后，伴随着社会主义市场经济建设的推进，人口迁移流动进入快速提升期。邓小平在“南方谈话”中提出了“社会主义的本质，是解放生产力，发展生产力，消灭剥削，消除两极分化，最终达到共同富裕；要抓住机会发展自己，关键是发展经济，发展才是硬道理。”等著名论断。1992年10月，中国共产党第十四次代表大会召开。会议明确提出我国经济体制改革的目标是建立社会主义市场经济体制。邓小平的“南方谈话”和党的十四大成为我国社会主义改革开放和现代化建设进入新阶段的标志。

党的十四大以后，三资企业、民营经济得到了快速发展，面对企业强大的用工需求，90年代人口向东部沿海城市地区的集中化趋势进一步强化，东部地区迁入人口比重持续增加，而中西部区域人口则保持净迁出，其中中部地区的人口迁出比例持续扩大，总体流向呈现以中西部人口大省为出发点，以经济发达的特大中心城市和东部发达省份为目的地。全国各地迁出人口中有34.81%迁入了广东省，其他迁入人口较多的地区依次为浙江8.75%、上海6.60%、江苏6.34%、北京5.65%，广东、上海、北京等传统主流区域延续了80年代以来的人口吸纳能力，而同时浙江和江苏异军突起，其背后也反映了20世纪90年代长三角地区产业集聚效应开始初步显现。从净迁入流向来看，北京的流动人口来自全国各地各个方向，除河北外，其他较分散，包括山东、江苏、河南、安徽、湖北、黑龙江等地区，而上海主要吸纳长三角周边的江苏、浙江和安徽等区域人口，广东吸引的大部分迁移流动人口距离最远，主要来自经济较为欠发达的中西部的省份，主要包括湖南、广西、四川等。按照全国总迁入人口中每100人中来自某地区的频数，来自四川省的为最多 12.76 人，依次分别为湖南 9.93 人，安徽为 9.14 人，江西为 8.25 人，河南为 7.24 人，中西部区域人口成为全国主要输出点。整体而言，上海、北京、广东成为净迁出地的地区个数最少、总净迁入率最高的三个主要吸纳地中心。天津、浙江、福建、新疆为中等净迁入率类型。安徽、江西、湖北、湖南、广西、重庆、四川、黑龙江、河南、贵州为高净迁出率地区；陕西、甘肃、青海、河北、内蒙古、吉林为低净迁出率省份，除河北省外，其余都属于中西部地区。

相比 20 世纪 80 年代，这时的人口迁移流动出现了一些新的变化：期间户籍人口和流动人口迁移量都增长了近 4 倍，并且非正式迁移（在人口普查中根据户口登记状况离析出来的“人户分离”的人群）对总迁移的贡献度逐步加大，到 2000 年，非正式迁移的占比高达 70%，远远超过 80 年代。这个阶段人口迁移原因主要是随着外商直接投资的力度增强以及民营经济的兴起，地区经济发展水平的差异成为人口流迁的核心动力，人口迁移原因也从原来的工作调动、随迁家属等转变为“务工经商”，该部分人群占比至 30%。

（3）快速转移阶段（2010 年至今）。进入 21 世纪后，我国流动人口开始呈现迸发增长的态势，2010 年离开户口登记地半年以上的人数达到 2.61 亿，其中流动人口数达到 2.21 亿，相对于改革开放初期增长了 34 倍，其中 2010 年广东省流迁人口达到 3681 万，甚至超过了 1990 年全国流迁人口的总数，证明近 30 年来全国人口流迁规模和速度都是持续强化的。全国人口迁移中心发生改变，上海、北京、浙江、广东、天津、福建和江苏成为新一轮人口迁移中心，其中上海、浙江、天津、福建和江苏人口吸引作用继续提升，而北京、浙江和广东吸引力略有下降。

**2. 中国流动人口迁移的特点**

改革开放以来，中国人口流动的主要趋势一直是从中西部向东部和东南沿海一带流动。20 世纪 80 年代和 90 年代前期，珠三角地区吸引了全国大量劳动力流入。广东省的流入人口规模至今仍在全国居首位，东莞、深圳、中山等城市的流入人口数量已占常住人口的一半以上。

20 世纪 90 年代以后，随着各地经济发展进程和经济形势的变化，人口流动的地域特征也发生了局部性变化。长三角地区（包括上海、江苏、浙江）对流入人口的吸引力逐渐增强，与珠三角和京津冀共同成为流入人口集中的三大都市圈。21 世纪以来，长三角地区流入人口增长速度超过珠三角地区，其中以浙江流入人口增长幅度最大。2010 年的全国第六次人口普查结果显示，流入人口更为集中在珠三角、长三角、京津冀三大都市圈。不过，尽管广东仍是人口流入最多的省，但对流入人口的吸引力已明显弱化。21 世纪的第一个 10 年流入人口规模增长最快的几个城市是上海、北京、天津和苏州（见表 9－2 所示），显示出这些地区更为强大的吸引力，人口流入重心已经从珠三角北移到长三角地区。天津和福建对流入劳动力吸引力显著增强，显然与近年来滨海新区和闽台经济区的发展密切相关。①

**表 9－2　　2010 年中国城市净流入人口前 30 名**

| 排名 | 城市 | 级别 | 户籍人口（万人） | 常住人口（万人） | 净流入人口（万人） |
|---|---|---|---|---|---|
| 1 | 上海 | 直辖市 | 1426.93 | 2480.43 | 953.50 |
| 2 | 北京 | 直辖市 | 1297.50 | 2069.30 | 771.80 |
| 3 | 深圳 | 地级市 | 299.15 | 1054.74 | 755.59 |
| 4 | 东莞 | 地级市 | 186.05 | 829.23 | 643.18 |
| 5 | 广州 | 省会城市 | 822.30 | 1283.89 | 461.59 |
| 6 | 天津 | 直辖市 | 993.20 | 1413.15 | 419.45 |
| 7 | 苏州 | 地级市 | 653.84 | 1054.91 | 401.07 |
| 8 | 佛山 | 地级市 | 377.65 | 726.18 | 348.53 |
| 9 | 成都 | 省会城市 | 1173.40 | 1417.78 | 244.38 |
| 10 | 厦门 | 地级市 | 193.60 | 398.30 | 204.70 |
| 11 | 武汉 | 省会城市 | 821.71 | 1012.00 | 190.29 |
| 12 | 宁波 | 地级市 | 577.71 | 763.90 | 186.19 |
| 13 | 杭州 | 省会城市 | 700.52 | 880.20 | 179.28 |
| 14 | 南京 | 省会城市 | 638.48 | 816.10 | 177.62 |
| 15 | 无锡 | 地级市 | 470.07 | 646.55 | 176.48 |
| 16 | 郑州 | 省会城市 | 741.00 | 903.00 | 162.00 |
| 17 | 泉州 | 地级市 | 693.16 | 829.00 | 135.84 |
| 18 | 青岛 | 地级市 | 769.56 | 886.85 | 117.29 |
| 19 | 温州 | 地级市 | 800.21 | 915.60 | 115.39 |
| 20 | 嘉兴 | 地级市 | 344.52 | 455.80 | 111.28 |
| 21 | 太原 | 省会城市 | 320.00 | 425.63 | 105.63 |
| 22 | 常州 | 地级市 | 364.77 | 468.68 | 103.91 |
| 23 | 大连 | 地级市 | 590.30 | 689.20 | 98.90 |

① 郑真真，杨舸．中国人口流动现状及未来趋势．人民网－人民论坛，2013－05－14. http：// theory. people. com. cn/n/2013/0514/c112851－21473033. html.

续表

| 排名 | 城市 | 级别 | 户籍人口（万人） | 常住人口（万人） | 净流入人口（万人） |
|---|---|---|---|---|---|
| 24 | 沈阳 | 省会城市 | 724.80 | 822.80 | 98.00 |
| 25 | 济南 | 省会城市 | 609.21 | 694.96 | 85.75 |
| 26 | 乌鲁木齐 | 省会城市 | 257.80 | 335.00 | 77.20 |
| 27 | 昆明 | 省会城市 | 653.30 | 726.31 | 73.01 |
| 28 | 福州 | 省会城市 | 655.27 | 727.00 | 71.73 |
| 29 | 贵阳 | 省会城市 | 374.53 | 455.17 | 70.64 |
| 30 | 长沙 | 省会城市 | 651.19 | 714.66 | 63.47 |

资料来源：根据中华人民共和国国家统计局于2011年4月28日发布的2010年第六次全国人口普查数据绘制.

改革开放以来的30多年间，大量的人口向东南沿海城市集聚，尤其是长江三角洲和珠江三角洲。从流动人口迁移的空间分布来看，2000年之后，人口大量向东南沿海地区集聚的趋势并没有改变，吸引外来人口最多的省份（或直辖市）仍然是广东、浙江、江苏和上海（见表9-3）。

**表9-3　中国东中西部人口流出流入情况（2010年）**　单位：人

| 东部地区 | 流入人口 | 流出人口 | 净流入人口 | 中部地区 | 流入人口 | 流出人口 | 净流入人口 | 西部地区 | 流入人口 | 流出人口 | 净流入人口 |
|---|---|---|---|---|---|---|---|---|---|---|---|
| 北京 | 7044533 | 274365 | 6770168 | 山西 | 931653 | 1083291 | -151638 | 重庆 | 945194 | 3506899 | -2561705 |
| 天津 | 2991501 | 273134 | 2718367 | 内蒙古 | 1444181 | 1057556 | 376625 | 四川 | 1128573 | 8905128 | -7776555 |
| 河北 | 1404673 | 3498253 | -2093580 | 吉林 | 456499 | 1372853 | -916354 | 贵州 | 763294 | 4048596 | -3285302 |
| 辽宁 | 1786530 | 1014028 | 772502 | 黑龙江 | 506397 | 2553648 | -2047251 | 云南 | 1236549 | 1482442 | -245893 |
| 上海 | 8977000 | 250340 | 8726660 | 安徽 | 717463 | 9622595 | -8905132 | 西藏 | 165423 | 55185 | 110238 |
| 江苏 | 7379253 | 3058880 | 4320373 | 江西 | 599942 | 5787395 | -5187453 | 陕西 | 974362 | 1960598 | -986236 |
| 浙江 | 11823977 | 1853940 | 9970037 | 河南 | 592134 | 8626229 | -8034095 | 甘肃 | 432833 | 1593265 | -1160432 |
| 福建 | 4313602 | 1667254 | 2646348 | 湖北 | 1013612 | 5889792 | -4876180 | 青海 | 318435 | 242086 | 76349 |
| 山东 | 2115593 | 3095717 | -980124 | 湖南 | 724982 | 7228896 | -6503914 | 宁夏 | 368451 | 225794 | 142657 |
| 广东 | 21497787 | 880500 | 20617187 | | | | | 新疆 | 1791642 | 297261 | 1499381 |
| 广西 | 841806 | 4184566 | -3342760 | | | | | | | | |
| 海南 | 588463 | 275751 | 312712 | | | | | | | | |

资料来源：根据中华人民共和国国家统计局于2011年4月28日发布的2010年第六次全国人口普查数据绘制.

而首都经济贸易大学人口经济研究所讲师盛亦男博士（2017）的研究也表

明，从未来的人口流动的趋势来看，大部分的流动人口将在大城市和特大城市（包括超大城市）居留。我国人口 100 万以上的大城市，有 1.96 亿流动人口将成为城市常住外来人口，其中，新生代流动人口的规模达到 7699 万人，一代流动人口达到 1.16 亿人。未来将有大量的流动人口向大城市流动、长期居留，甚至永久定居。而新生代流动人口的思想观念更为开放、追求大城市公平的就业环境，寻求发展空间，在城市长期居留的可能性更高。从流动人口最终的定居地点来看，"77.72% 的流动者将留在大城市、特大城市（包括超大城市），选择进入农村的比例次之，达到 11.48%，而在中小城市居留意愿的比例相对最低。这表明，从未来人口流动的趋势来看，流动人口的大部分将在大城市和特大城市（包括超大城市）中居留。"①

**表 9-4　　流动人口对未来居留地点的居留意愿比较（抽样调查）**

| 未来居留地点 | 流动人口总体 | | 新生代流动人口 | | 一代流动人口 | |
|---|---|---|---|---|---|---|
| | 规模（人） | 占比（%） | 规模（人） | 占比（%） | 规模（人） | 占比（%） |
| 农村 | 1280 | 11.48 | 1038 | 10.89 | 242 | 14.98 |
| 中小城市 | 1204 | 10.8 | 1050 | 11.01 | 154 | 9.54 |
| 大城市、特大城市及超大城市 | 8667 | 77.72 | 7448 | 78.10 | 1219 | 75.48 |
| 合计 | 11151 | 100 | 9536 | 100.00 | 1615 | 100.00 |

资料来源：盛亦男．流动人口居留意愿的影响效应及政策评价．城市规划，2016（9）．

从省际迁移结构来看，2000 年至 2010 年，强势区域依旧维持强势，我国东部地区在人口迁入量上占有绝对优势，迁入人口占全国迁移总人口的比重达到了 82.4%，而西部中部分别仅占 12.1% 和 6.5%。具体来看：东部超大省市继续傲视其他区域，六普期间人口净流入规模最大的五大省市上海、北京、天津、浙江、江苏全部位于东部地区，人口净输入量持续增加。北京、上海、天津三大超大城市的净迁移人口比重从 2000 年的 17.5%、18.2% 和 6.6% 增长到了 2010 年的 34.5%、37.9% 和 21.0%，马太效应明显。中部区域首次成为全部净迁出地区。在山西从"五普"的净迁入变成净迁出后，中部地区全部变成净迁出地区，尤其安徽、江西、四川、贵州等中部成片地区的净迁出人口占到全国的 53.6%，其中安徽净迁出人口比重占到 15.0%，为全国最主要人口迁出中心。在东部地区强大集聚效应下，西部有大量人口迁出，但宁夏、青海、西藏、新疆等地区依然保持净迁入，说明西部内部依然具备较强凝聚力，但也有可能是这四个省份由于教育水平的低下，少数民族众多，人口素质不高或语言不通，抑制了人口流动的

① 盛亦男．流动人口居留意愿的影响效应及政策评价［J］．城市规划，2016（9）．

意愿和能力。如，根据青海省2000年第五次全国人口普查数据，青海省15岁及15岁以上人口中文盲人数为956396人，文盲人数占15岁及15岁以上人口人数的比重为25.21%，其中女性为35.57%；藏族地区15岁及15岁以上人口中文盲人数为433423人，占全省文盲人数的45.32%，文盲率为36.76%，其中女性为54.44%；藏区中玉树州的文盲率高达66.71%，比全国平均水平高出10倍。

从分区域迁移趋势来看，东部地区主要表现出的是区域内部的迁入和迁出，其中内部迁移比例达到75.7%，中部地区作为主要人口迁出地，其迁出人口占到了全国省际迁移总人口的32.1%，而迁出的人口中87.0%迁入了东部，为东部人口的主要贡献者。西部地区与中部地区类似，但其内部迁移的人口接近迁往中部地区的3倍，更多体现出区域内部迁移的趋势。

从迁移中心人口来源来看，随着交通工具升级以及产业重心的转移，各个地区的人口构成也开始体现出变化："六普"期间上海的主要吸纳地区从江西和浙江变成了湖北和河南，主要在于江西人口更加偏向流入福建和浙江；北京"六普"期间黑龙江取代四川成为主要被吸引地区，天津则没有发生大的变化，环渤海成为北京天津区域主要人口来源；浙江吸引人口中，河南人口大幅增加，取代了五普期间的湖北；广东省人口来源中河南取代了江西；福建区域吸引的人口中除了固有的重庆和四川，贵州人口占比也大幅提升。也就是说，如果以省为单位来观察的话，大半个中国的人口，全都在净流出，而少数净流入的地区，则集中分布在东南沿海和北京天津两地。①

## 三、改革开放以来中国城镇化政策及人口政策的变化

### （一）改革开放以来中国政府城镇化政策的演变

流动人口的居留意愿对中国的城镇化进程产生着深远的影响，大城市、特大城市和超大城市面临着流动人口长期居留带来的巨大的人口压力，而当前城市的人口调控政策对外来人口的影响效应比较有限。面对人口持续向东部地区大城市快速地集聚，政府为了减轻大城市人口集聚过快带来的压力，通过不断出台城镇化政策来调控人口的流向。

**1. 政府城镇化政策的演变**

改革开放以来，基于中国经济社会发展的阶段性和地区差异所带来的城镇化形态的变化及政策制定者在不同时期对于城镇化的不同理解，我国的城镇化政策，从以小城镇优先发展为重心，到强调大都市地区不同规模城市间的合理分工

---

① 参见：http：//money.163.com/16/0917/19/C16K7RNE002580S6.html．中信建投房地产小组．中国人口大迁移：一场你死我活的城市战争．

与协调发展，大致经历了四个阶段，其贯穿的主题是对人口流向的调控。

第一阶段：1979 年十一届四中全会至 1993 年十四届三中全会。是以控制农村剩余劳动力流动、大力推进乡镇企业发展和小城镇建设为主要内容的阶段。

改革开放初期，政府对农村剩余劳动力的流动，采取了非常严格的限制措施，采用疏堵结合的方式，“严格控制农村劳动力流入城镇”。① 1979 年十一届四中全会上正式通过的《中共中央关于加快农业发展若干问题的决定》明确提出，要“有计划地发展小城镇建设和加强城市对农村的支援。”1980 年底召开的全国城市建设工作会议，提出了“控制大城市规模、合理发展中等城市、积极发展小城市”的中国城镇化方针。80 年代中期前后，随着乡镇企业的迅猛发展，政府认为乡镇企业的发展“必将促进集镇的发展，加快农村的经济文化中心的建设，有利于实现农民离土不离乡，避免农民涌进城市。”② 邓小平在 1987 年的一次讲话中，对此作出了积极的评价：“农村改革中，我们完全没有预料到的最大的收获，就是乡镇企业发展起来了”，“这不是我们中央的功绩”；乡镇企业的发展，“解决了占农村剩余劳动力百分之五十的人的出路问题。农民不往城市跑，而是建设大批小型新型乡镇。”③ 1984 年 10 月十二届三中全会通过的《中共中央关于经济体制改革的决定》，将改革的重心转移到城市，提出“充分发挥城市的中心作用，逐步形成以城市特别是大、中城市为依托的，不同规模的，开放式、网络型的经济区。”党的十三大报告确认了这个方向，强调城市改革要同时为本城市及其周边的农村地区服务，为以城市为中心的整个经济区服务。随着城市经济的发展，出现了资金、技术、劳动力在地区之间、产业之间的流动。农村改革“已经与城市改革融为一体，不可能在农业领域单独完成。”④ 为满足城市经济发展对于劳动力的需求，对农村剩余劳动力流动的严格控制出现了松动，“允许农村剩余劳动力向劳力紧缺的地区流动。”⑤ 1990 年实施的《城市规划法》中所提出的“严格控制大城市规模、合理发展中等城市和小城市”的规定，明显体现了引导农村剩余劳动力向中小城市流动的立法意图。

第二阶段：1993 年党的十四届三中全会至 2002 年党的十六大。是以户籍制度改革为突破，逐步确立有中国特色城镇化道路的阶段。

---

① 《中共中央、国务院关于广开门路，搞活经济，解决城镇就业问题的若干决定》，1981 年 10 月 17 日 .

② 中共中央、国务院转发农牧渔业部和部党组《关于开创社队企业新局面的报告》的通知，1984 年 3 月 1 日 .

③ 《邓小平文选》第 3 卷［M］. 人民出版社，1993 年 10 月版，第 238 页 .

④ 田纪云：《必须充分重视和大力发展农业》（1988 年 11 月 2 日）［M］，载《十三大以来重要文献选编》，人民出版社 1991 年版，第 319 页 .

⑤ 《把农村改革引向深入》［M］，1987 年 1 月 22 日中共中央政治局通过，载《改革开放三十年重要文献选编》，中央文献出版社 2008 年版，第 446 页 .

1993年11月召开的党的十四届三中全会提出，“逐步改革小城镇的户籍管理制度，允许农民进入小城镇务工经商，发展农村第三产业，促进农村剩余劳动力的转移。”① 1994年9月，国务院六部委联合发布的《关于加强小城镇建设的若干意见》，成为我国小城镇健康发展的第一个指导性文件，也是政府引导城镇化的开端。② 1998年召开的十五届三中全会强调发展小城镇，“是带动农村经济和社会发展的一个大战略，有利于乡镇企业相对集中，更大规模转移农业富余劳动力，避免向大中城市盲目流动。”③ 2000年中共中央、国务院出台的《关于促进小城镇发展的若干意见》，使各级政府对中小城市尤其是小城镇的发展采取了更为积极的态度，推动农村人口向小城镇而非大中城市转移。④ 确立了“走出一条在政府引导下主要通过市场机制建设小城镇的路子。”⑤ 将建设和发展小城镇上升为中国推进城镇化进程的国家战略。1999年，在小城镇建设已经取得重大成就之后，探讨如何进一步发展的问题时，时年90高龄的费孝通先生在接受采访时提出，“现在不能再就小城镇谈小城镇了，而必须放到中国城市化体系的大框架里来研究，小城镇的发展要以全国城市化和现代化为大背景，作出战略性的长远思考和选择”，“小城镇的进一步发展，需要更高层次的中等城市的带动。”⑥

第三阶段：2002年党的十六大报告首次提出中国特色的城镇化道路至2014年《国家新型城镇化规划（2014～2020年）》颁布。是以探索区域协调发展机制，引导人口合理有序流动，推动大中小城市和小城镇协调发展，确立新型城镇化道路的阶段。

2002年召开的党的十六大报告首次提出中国特色的城镇化道路，即坚持大中小城市和小城镇协调发展；对小城镇的进一步发展作出了规范，提出发展小城镇要以现有的县城和有条件的建制镇为基础，科学规划，合理布局；并再次确认要消除城镇化发展的体制和政策障碍，引导农村劳动力合理有序流动。2003年召开的十六届三中全会进行了系统的论述，以统一城乡劳动力市场为目标，取消对农民进城就业的限制。为此，决定深化户籍制度改革，引导农村富余劳动力有序转移；对于“在城市有稳定职业和住所的农业人口，可按当地规定在就业地或居住地登记户籍，并依法享有当地居民应有的权利，承担应尽的义务。”⑦ 党的

---

① 《中共中央关于建立社会主义市场经济体制若干问题的决定》，1993年11月14日.

② 梁毕明，王德勇：我国农村城镇化走过的三十年：改革开放三十年城镇化政策回顾与展望［J］.中国集体经济，2008（5）.

③ 《中共中央关于农业和农村工作若干重大问题的决定》，1998年10月14日.

④ 王延中，王俊霞：中国城市化政策的回顾与前瞻［J］.规划师，2002（10）.

⑤ 江泽民：《目前形势和经济工作》（1999年11月15日）［M］，载《改革开放三十年重要文献选编》，中央文献出版社2008年版第1067页.

⑥ 变化 潜力 希望——费孝通教授一席谈［N］.人民日报，1999-09-30.

⑦ 《中共中央关于完善社会主义市场经济体制若干问题的决定》，2003年10月14日.

十七大报告进而总结了有中国特色城镇化道路的五大原则，即统筹城乡、布局合理、节约土地、功能完善、以大带小。与党的十六大相比，特别提出了“以增强综合承载能力为重点，以特大城市为依托，形成辐射作用大的城市群，培育新的经济增长极。”如果说前两个阶段政策重心，是把乡镇企业和小城镇建设作为培育经济增长点的话，那么，这一阶段新的增长点就是以大城市为中心的城市群。以城市群的形成和发展，作为促进大中小城市和小城镇协调发展的途径，是“遵循城市发展规律。”① 2006 年的《中共中央、国务院关于促进中部地区崛起的若干意见》提出，“构建布局完善、大中小城市和小城镇协调发展的城镇体系。以省会城市和资源环境承载力较强的中心城市为依托，加快发展沿干线铁路经济带和沿长江经济带。”“形成支撑经济发展和人口集聚的城市群，带动周边地区发展。”② 十六届五中全会在关于制定“十一五”规划的建议中提出，“鼓励农村人口进入中小城市和小城镇定居，特大城市要从调整产业结构的源头入手，形成用经济办法等控制人口过快增长的机制。”还明确了“要把城市群作为推进城镇化的主体形态。”③ 由此初步完成了城镇化政策重心由小城镇向大都市的演变。十八大报告则定下了具体的方针：“科学规划城市群规模和布局，增强中小城市和小城镇产业发展、公共服务、吸纳就业、人口集聚功能。”2013 年 5 月，国务院在批转国家发改委《关于 2013 年深化经济体制改革重点工作的意见》中提出，要“根据城市综合承载能力和转移人口情况，分类推进户籍制度改革，统筹推进相关公共服务、社会保障制度改革，有序推进农业转移人口市民化，将基本公共服务逐步覆盖到符合条件的常住人口。”2013 年 11 月 9 日至 12 日在北京召开的十八届三中全会确认，要“推进农业转移人口市民化，逐步把符合条件的农业转移人口转为城镇居民。”强调“优化城市空间结构和管理格局，增强城市综合承载能力，”“建立和完善跨区域城市发展协调机制。”十八届三中全会的决定成为中国进入 21 世纪后城市与区域发展的一个小结。

第四阶段：2014 年国务院印发《国家新型城镇化规划（2014～2020 年）》以来。2014 年 3 月 19 日中共中央、国务院印发的《国家新型城镇化规划（2014～2020 年）》提出，“我国必须从社会主义初级阶段这个最大实际出发，遵循城镇化发展规律，走中国特色新型城镇化道路。”《规划》强调，要紧紧围绕全面提高城镇化质量，加快转变城镇化发展方式，以人的城镇化为核心，有序推进农业转移人口市民化；以城市群为主体形态，推动大中小城市和小城镇协调发展；以综合承载能力为支撑，提升城市可持续发展水平。2014 年 7 月国务院印发的

① 《中共中央关于制定国民经济和社会发展第十二个五年规划的建议》，2010 年 10 月 18 日.

② 《改革开放三十年重要文献选编》[M]，中央文献出版社 2008 年版，第 1581 页.

③ 《中共中央关于制定国民经济和社会发展第十一个五年规划的建议》，2005 年 10 月 11 日.

《国务院关于进一步推进户籍制度改革的意见》指出，要“立足基本国情，积极稳妥推进，优先解决存量，有序引导增量，合理引导农业转移人口落户城镇的预期和选择。”把以人为核心的新型城镇化道路，落实到了政府工作的政策措施当中。2016 年 12 月 30 日国务院印发的《国家人口发展规划（2016～2030 年）》提出，要“推动城乡人口协调发展，完善以城市群为主体形态的人口空间布局，促进人口分布与国家区域发展战略相适应，引导人口有序流动和合理分布，实现人口与资源环境永续共生。”“以城市群为主体形态促进大中小城市和小城镇协调发展，优化提升东部地区城市群，培育发展中西部地区城市群，推动人口合理集聚。”“对人居环境适宜和资源环境承载力不超载的地区，重视提高人口城镇化质量，培育人口集聚的空间载体，引导产业集聚，增强人口吸纳能力。”为未来十五年间新型城镇化的发展指明了方向和路径。

**2. 政府以经济手段影响人口流向**

在 2003 年前后，政府的政策做了重大调整，从以往的行政控制为主转向以经济发展、新农村建设、小城镇建设来留住和吸收当地人口：首先通过实施西部大开发、中部崛起战略，以行政干预的手段让经济资源（包括建设用地指标和资金）在区域间的配置发生了重大的变化，形成了明显的政策拐点。一个明显的变化是，建设用地指标的配置被作为支持中西部经济发展的政策手段。1999 年 4 月国务院批准的《1997～2010 年全国土地利用总体规划纲要》强调了统筹平衡各区域用地，主要体现在对东南沿海区和环渤海区建设用地规模扩大加强限制。中西部省份土地供给占全国土地供给的比重在 2003 年之后明显上升。与土地配置相关的是，2003 年后，开发区的设置也被作为支持中西部发展的手段。其次，通过大力扶持小城镇的发展，吸引人口向中小城镇流动、集聚。其三，通过鼓励土地流转，发展现代农牧业，支持农牧民就地职业化。

人口流向的调控是一个复杂的经济社会问题，单一的行政控制和单一的经济诱导都不会产生政策制定者需要的效果。国际经验表明，仅靠政府“一厢情愿”式的数量调控和对准入“门槛”的设置，都不能阻拦劳动力的流向，当劳动力市场受到经济形势下滑或金融危机冲击时，没有就业机会的城镇是无法吸引人口流入的，这些外来劳动力会很快退出。如 2013 年 12 月 3 日美国的汽车城底特律市由于其支柱行业汽车产业的衰败而正式宣告破产，成为美国历史上规模最大的破产城市，继而人口的大量流失使底特律成为了一座空城。中国内蒙古的鄂尔多斯之所以也沦为空城，就是因为以煤炭为主要产业的衰败和疯狂楼市的崩盘。而北上广深等大城市人口屡屡突破政府的控制，则是因为这些大城市产业的发展带来了巨大的就业机会，给流动人口提供了大量的就业岗位，吸引了流动人口的集聚。因此，政府应当顺应市场经济规律和人口流动规律进行政策调控，顺应大势积极采取应对措施，充分发挥劳动力的效用，推动以产业发展为支撑的新型城镇化。

## （二）改革开放以来中国人口政策的变化

1949 年新中国成立时，中国大陆人口为 54167 万人。由于社会安定、生产发展、医疗卫生条件改善等各种因素致使人口迅速增长，到 1969 年已达 80671 万人。从 1969 年开始，中国政府越来越深刻地认识到：人口增长过快对经济、社会发展不利，还会对居民的就业、住房、交通、医疗等方面造成极大困难。如果不能有效地遏制人口的过快增长、不能缓解人口增长对土地、森林和水资源等构成的巨大压力，那么未来几十年后的生态和环境恶化将不可避免，这无疑危及人民起码的生存条件和社会经济的可持续发展。于是，中国政府宣称国家大、底子薄、人口多、耕地少是基本国情，决定实行计划生育、控制人口增长的政策，以促进人口与经济、社会、资源、环境协调发展。从 20 世纪 80 年代开始，中国政府基于对国情的判断，实行了严格的“一个家庭只生一个子女”的计划生育政策。国家人口发展战略研究报告指出，推行计划生育以来，中国生育率下降迅速，生育率下降导致人口抚养比下降 1/3，为中国经济增长创造了 40 年左右的人口红利期，中国少生了 4 亿多人，使世界 60 亿人口日推迟了 4 年。

2012 年 10 月 26 日，中国发展研究基金会发布的《中国人口形势的变化和人口政策调整》研究报告认为，中国目前已经进入低出生率、低死亡率的阶段，人口的红利期已经结束。报告称，根据第六次人口普查数据直接推算，中国总和生育率为 0.83，考虑到出生漏报，当前的综合出生率应在 1.0 以下。研究认为，中国人口的增长速度已经非常缓慢，如果低生育水平一直持续下去，2027 年中国人口将转为负增长。

**1. 2000 年以来生育率持续下降**

第六次人口普查的数据显示，同第五次全国人口普查 2000 年 11 月 1 日 0 时的 126588 万人相比，十年共增加 7390 万人，增长 5.83%。平均每年增加 739 万人，年平均增长率为 0.57%，已属世界上人口增长最慢的国家之一。根据第六次全国人口普查以及年度人口变动调查数据推算，按照现行生育政策，人口增长惯性趋弱。2011 年，15 岁至 49 岁育龄妇女人数达到 3.8 亿的峰值，20 岁至 29 岁生育旺盛期妇女人数达到 1.1 亿的“小高峰”，之后趋于减少。2015 ~ 2025 年，24 岁至 29 岁的生育旺盛期女性数量将从 7387 万降至 4116 万，这意味着 10 年后即使生育率保持不变，出生量也将减少接近一半。育龄妇女结构的变化，加上人口老龄化导致人口死亡率上升的影响，将使人口自然增长率不断下降。

根据国家统计局的数据，中国 2010 到 2014 年的生育率分别为 1.18、1.04、1.26、1.24、1.28，平均生育率仅 1.2，即使取最高值也只有 1.28。《中国统计年鉴 2016》公布的 2015 年全国 1% 人口抽样调查显示，中国 2015 年的总和生育率仅为 1.05。这个数据低于世界银行最新的 2014 年的所有其他 199 个国家和地区的生育率。以1.05的生育率来看，中国的生育水平已降至全球最低。生育率是指每个女性平均生育的孩子数量。从群体繁衍来看，一个国家或地区的生育率必须达到2.1才能维持人口的代际平衡。

如果通过放开二胎等生育政策的实行，生育率一直稳定在1.4的水平，那总人口也将以每50年减少一半的速度萎缩。梁建章（2016）认为：即使按照2015年11月5日国家卫计委基层指导司司长杨文庄所声称的实际生育率介于1.5到1.6的水平，那也意味着每50年减少超过40%。就是在2.2的更替水平下，也意味着每隔一代人，年出生人口将减少36.4%，两代人将减少超过60%。即使生育率上调至1.7，2010年起的劳动年龄人口水平一路下跌的趋势也不会改变：至2030年，全国劳动年龄人口将减少1亿人；至2040年，全国劳动年龄人口将减少1.5亿人；至2050年，建国100周年之际，全国劳动年龄人口将下降2.5亿。这完全是一种不可持续的生育状态。[①]

**表9－5　　2010～2015年分孩次生育率**

| 生育率 | 2010年 | 2011年 | 2012年 | 2013年 | 2014年 | 2015年 |
|---|---|---|---|---|---|---|
| 一孩次生育率 | 0.7246 | 0.67535 | 0.80805 | 0.78915 | 0.7344 | 0.5621 |
| 二孩次生育率 | 0.37835 | 0.3173 | 0.3915 | 0.3902 | 0.45915 | 0.41685 |
| 三孩及以上生育率 | 0.07815 | 0.04695 | 0.0566 | 0.0561 | 0.08425 | 0.07535 |
| 总和生育率 | 1.1811 | 1.0396 | 1.25615 | 1.23545 | 1.2778 | 1.05425 |

资料来源：梁建章、黄文政．人口雪崩！中国生育水平已是全球最低。

### 2. 中国生育率下降的原因

（1）生育政策带来的生育观念的变化。在长期的一胎化的计划生育政策强制下，城市家庭已把一孩当成了默认的生育状态，需要非常充裕的理由才会生育二孩。而大量农村人口向城镇的转移和在城市工作、生活更大的压力下，生育观念在向城市靠拢，少生优生观念已成为绝大多数育龄夫妇的共识。

（2）城镇化、大学扩招、就业难导致很多年轻女性推迟婚育乃至不育。女性作为生育主体，职业发展对生育的影响必须考虑。生育的机会成本已经成为影响现代生育决策和生育行为的重要因素。

（3）从经济成本的角度看，现代技术需要更高的劳动力质量，从而推高教育要求，增加养育孩子的实际成本，养育孩子已成为一种以自己的艰辛付出来给社会提供公共产品的利他行为。随着生育成本和抚养成本的不断攀升，经济理性逐

① 参见：http：//finance.ifeng.com/a/20161101/14975867_0.shtml. 梁建章，黄文政．人口雪崩！中国生育水平已是全球最低．

步占了上风，抑制了人们的生育意愿。根据卫计委2015年生育意愿调查的结果，因为经济负担、太费精力和无人看护而不愿生育第二个子女的分别占到74.5%、61.1%、60.5%。有调查显示，育儿成本已经占到我国家庭平均收入的近50%，教育支出是最主要的一个负担。托育服务短缺非常严重，0～3岁婴幼儿在我国各类托幼机构入托率仅为4%，远低于一些发达国家50%的比例。80%的婴幼儿由祖辈参与看护。①

（4）随着社会保障水平的提高、养老社会化的普及和社会观念的改变，“养儿防老”的经济动因已基本消失。即使那些愿意多生的父母，也只是满足情感的需要，而极少指望今后靠孩子来养老。

（5）生育力因素。因为环境污染、年龄偏大、疾病等因素，人类的生育力急剧下降，人们的生殖健康问题越来越突出，不孕不育比例大幅上升。

（6）随着中国进入城市时代，接受城市文明的年轻人更注重个体生活的质量和对生活自由度的追求，也客观上推后了生育的年龄，抑制了生育的愿望。有研究表明，照料压力、养育成本、女性职业发展，以及追求生活质量等因素，对生育意愿和生育行为的约束增强了，只想要1～2个孩子的中国人已占生育人口的90%。

（7）现代化进程中，经济的发展挤压生育率，生育率持续下降是世界性的普遍现象。

### （三）政府生育政策的调整与人口发展的趋势

回顾中国改革开放以来30多年的发展，其经济的发展得益于长期集聚的巨大人口红利的加速释放。30多年来中国总人口净增加了3.24亿，其中15岁至64岁的人口数量保持了12年的连续增长，2014年人口密度也比1980年增长了38%。人口红利的快速释放加速了人口向城镇的聚集，带动了人口布局的重构，推动了城镇化的进程，促进了长三角、珠三角、京津冀等城市群形成与繁荣，城镇化率从20世纪80年代初不到20%的水平提升至2015年56.1%。但2009年8月以来珠三角、长三角等地频繁出现的“民工荒”表明，中国已进入了劳动力短缺的时代。进入“十二五”末，人口总量增速开始下行，人口自然增长率已经下降至5‰左右，老龄化问题日趋严重，劳动力人口占比也出现拐点，抚养比逐步抬升。

据国家统计局网站的资料，2016年年末中国大陆总人口（包括31个省、自治区、直辖市和中国人民解放军现役军人，不包括香港、澳门特别行政区和台湾

---

① 参见：http：//new. item. btime. com/news/32ai58v5d8u9ier52fuu6f9j3kf？from = mini. 育儿成本占我国家庭收入近一半7成不愿再生. 2017 - 01 - 23 北京时间综合.

省以及海外华侨人数）138271 万人，比上年末增加 809 万人。全年出生人口 1786 万人，比上年多增 131 万人，人口出生率为 12.95‰；死亡人口 977 万人，人口死亡率为 7.09‰；人口自然增长率为 5.86‰，比上年提高 0.9 个千分点。从性别结构看，男性人口 70815 万人，女性人口 67456 万人，总人口性别比为 104.98（以女性为 100）。从年龄构成看，16 周岁以上至 60 周岁以下（不含 60 周岁）的劳动年龄人口 90747 万人，占总人口的比重为 65.6%；60 周岁及以上人口 23086 万人，占总人口的 16.7%；65 周岁及以上人口 15003 万人，占总人口的 10.8%。从城乡结构看，城镇常住人口 79298 万人，比上年末增加 2182 万人，乡村常住人口 58973 万人，减少 1373 万人，城镇人口占总人口比重（城镇化率）为 57.35%。

根据以上数据推算，2016 年中国的 0～16 岁人口占总人口之比已经低到了 6.9%。全国人户分离人口（即居住地和户口登记地不在同一个乡镇街道且离开户口登记地半年以上的人口）2.92 亿人，比上年末减少 203 万人，其中流动人口 2.45 亿人，比上年末减少 171 万人。年末全国就业人员 77603 万人，其中城镇就业人员 41428 万人。

从大趋势来看，在 2025 年以前，25～44 岁人口的总量虽然可以稳定在 4 亿左右，但人口红利的下降乃至消失已经成为不可回避的话题，而且当 65 周岁及以上人口占总人口的比重达 10.8%，老龄化全面来袭之时，青少年人口比重的下降，不仅将使劳动力价格快速上涨，而且很难应对老龄化带来的社会问题。

面对生育率下降和人口红利的逐步消失，国家开始逐步调整生育政策，以谨慎的态度抑制生育率的下降。2013 年中共中央十八届三中全会决定启动实施“单独二孩”政策。2013 年 12 月 28 日，第十二届全国人大常委会第六次会议表决通过了《关于调整完善生育政策的决议》，一方是独生子女的夫妇可生育两个孩子的单独两孩政策依法启动实施，“单独二孩”政策正式实施。2014 年国家实施单独二孩的政策后，截至 2014 年底，全国共有 106.9 万对单独夫妇申请再生育，2014 年出生人口为 1687 万人，比 2013 年增加了 47 万人，幅度为 2.9%，2014 年总和生育率高于 2013 年。但国家统计局在 2016 年 1 月 19 日公布的数据显示，2015 年全年出生人口为 1655 万，比 2014 年减少了 32 万，有评论称这验证了单独二孩政策的实施效果远低于卫计委之前的估算。

面对不太理想的单独二胎政策实施的效果，2015 年 10 月 29 日十八届五中全会公报宣布，将“全面实施一对夫妇可生育两个孩子政策。”2015 年 12 月 27 日，全国人大常委会审议通过了修订后的《人口与计划生育法》，2016 年 1 月 1 日起，我国正式结束了实施 30 多年的独生子女政策，“全面二孩”政策正式实施，步入了“全面两孩”时代。2016 年 12 月 30 日国务院印发的《国家人口发展规划（2016～2030 年）》明确了今后一段时期我国人口发展的总体要求、主要目标、战略导向和工作任务，强调要以促进人口均衡发展为主线，坚持计划生育基本国策，鼓励按政策生育，充分发挥全面两孩政策效应，综合施策，创造有利于发展的人口总量势能、结构红利和素质资本叠加优势，促进人口与经济社会、资源环境协调可持续发展。

虽然自2014年以来，伴随着生育政策调整完善，出生人口有了明显增加，但“全面二孩”政策落地一年来，全国二孩的生育数量低于预期。“据调查，实施一方是独生子女的夫妇可生育两个孩子政策以来，全国符合政策条件的夫妇有1100多万对。截至2015年8月底，提出生育二孩申请的只有169万对，占比为15.4%。”① 2016年全国新出生人口1750万，相比2015年的出生人口1655万，仅仅增加了95万；相比2014年的出生人口1687万，也只是增加63万。据国家卫计委数据，“十二五”期间育龄妇女总量每年减少350万左右；“十三五”期间，每年将减少500万人左右。总体来看，中国人口形势已发生历史性转变，全国总和生育率（TFR）逐年缓慢下降是一个大趋势，持续的低生育和少子化已经成为人口“新常态”。习近平总书记在《中共中央关于制定国民经济和社会发展第十三个五年规划的建议》的说明中指出：“当前，我国人口结构呈现明显的高龄少子特征，适龄人口生育意愿明显降低，妇女总和生育率明显低于更替水平。”“中国人口老龄化态势明显，2014年60岁以上人口占总人口的比重已经超过15%，老年人口比重高于世界平均水平，14岁以下人口比重低于世界平均水平，劳动年龄人口开始绝对减少，这种趋势还在继续。这些都对中国人口均衡发展和人口安全提出了新的挑战。”② 在这段讲话中，习近平总书记明确地表明对我国人口均衡发展和人口安全构成了新的挑战的是老龄化、低生育率、少子化和劳动年龄人口减少，而不是人口太多。人口的集聚和劳动力的持续增长是经济发展的基础，随着人口红利的下降，城市之间的人口争夺战已经开始。如何最大限度地引进人口、留住人口、集聚人口，成为各区域、各城市发展中高度关注的问题。

## 四、影响未来中国人口流向的因素及后果

### （一）影响未来中国人口流向的因素

从以上中国人口生育意愿、迁移的流向和中国经济进入“新常态”下的大背景来看，影响未来中国人口流向的因素主要有以下几个方面。

（1）经济发展决定着人口流向。新型产业的兴起与发展提供的就业机会，对人口流向起着导向作用，经济发达的地区有更多的机会与能力吸收周边地区的年

①② 习近平：关于《中共中央关于制定国民经济和社会发展第十三个五年规划的建议》的说明 - 新华网 http://news.xinhuanet.com/fortune/2015 - 11/03/c_1117029621_3.htm.

轻劳动力。

（2）教育程度决定着人口的流动能力。中国教育的发展，特别是高等教育的普及将不断提高人口的素质，高素质人口的流动率将大幅度提升。同时民族地区教育的发展将突破语言和技能缺失对年轻劳动力人口的制约，将带来民族人口流动率的提升。

（3）由于人口密度增加，城市土地的利用价值也在增加，工业支撑不起这个成本，而且工业污染会对城市产生负面影响，城镇化的推进会使工业逐渐远离城市，进入城市周边的工业园区。因此，随着产业结构的调整，服务业会成为城市的主导产业，服务业的发展会使城市群、特大城市、大城市成为未来的人口流动的主要目的地。

（4）国家户籍制度、城市准入（落户）政策，社保政策、土地政策等政策的逐步宽松和完善，会带来人口流动的加速，在快速工业化和现代化的拉动下，带来人类历史上最大规模的人口迁移。2010 年流动人口约 2.2 亿人，“六普”资料显示，居住地与户口登记地所在的乡镇街道不一致且离开户口登记地半年以上的人口超过 2.6 亿人，其中 40% 是年轻人。根据《国家新型城镇化规划（2014 ~ 2020 年）》，我国人口流动迁移的规模在 2050 年将达到 3.5 亿人左右。其中绝大部分的流动人口将向经济较为发达的东部城市群聚集，导致人口地区分布失衡，给城市资源环境、社会管理和公共服务带来空前压力。

（5）在进入人口负增长的情况下，大都市将毫不留情地吸干周边地区的年轻劳动力，而中西部人口净迁出地区，如果不能以优质和稳定的移民来确保自身整体人口结构合理性的情况下，这些地区必然会走向衰落。

### （二）中国流动人口未来的流向

根据城镇化发展的诺瑟姆曲线，城镇人口比重在 30% 以下为城镇化发展的初级阶段，在 30% ~ 70% 为城镇化加速阶段，70% 以上为城镇化后期阶段。现阶段中国城乡差距、区域差距依然较大，城镇化发展的内在动力依然较强。2016 年中国的城镇化率只有 57.35%，还有很大的发展空间，正处于高速发展阶段，且还会持续相当长时间，预计中国的人口流动也会持续相当长时间，并且在短期内规模不会缩小。预计中国城镇化快速发展的趋势将持续到 2030 年左右，届时城镇人口比重将达到约 70%。

从中国经济发展的趋势来看，随着东部地区产业转型升级及城市群的不断壮大，东中西部的差距仍将保持不断拉大的趋势，相对较好的就业环境及城市生活质量的不断提升，将不断吸收中西部人口进入东部城市群。在国家和大城市人口流动政策逐步宽松的条件下，人口向东部地区的流向将会持续，在经济持续低迷的情况下会呈现加速的态势。

### （三）流动人口对未来中国区域发展的影响

（1）人口向东部城市的集聚将带来中西部农村的凋敝、高端人才的流失将使中西部地区的创新能力受到抑制、制约中西部产业的转型升级，劳动力的缺乏将进一步抬高产业的发展成本，制约中西部城镇的发展，进一步拉大区域差距。

（2）超大城市人口规模将继续增长，沿海的经济中心地区人口将更为密集，而中西部和东北地区将由于年轻劳动力的持续流出导致人口老龄化加速。受人口流动的影响，中国农村的老龄化水平高于城镇地区，呈现城乡倒置的特征。

（3）随着人们受教育水平的提高和新生代农民工成为流动人口的主体，影响人口流动的因素逐步多样化、综合化。除了更多就业机会和发展空间外，生态环境、社会环境及城市能否提供良好的教育资源、公共政策、医疗卫生服务、生活质量和社会文化环境等，都将成为吸引人口流向的重要条件。在本地人口老龄化加速的大趋势下，利用良好的社会环境和提供高质量的公共服务将成为大城市吸引年轻的、高素质劳动者的巨大优势。

## 五、结论

通过以上的分析，我们得出的结论如下：（1）中国的人口增长率在持续下降，政府通过温和的政策调整力求人口的持续发展，以降低抚养比，应对快速发展的老龄化和降低劳动力成本延续人口红利；（2）随着中国经济进入“新常态”，中国经济发展放缓，中西部地区就业压力加大，劳动力人口呈现加速向大城市集聚的态势，超大城市人口规模将继续增长；（3）随着人口红利的消失和新生劳动力数量的减少，地区间争夺劳动力的竞争将不断加剧，大城市将利用自己在产业、公共服务和社会环境等方面的优势吸引走年轻的、高素质的劳动者，将进一步拉大区域差距。

# 第二节 青海的人口与人口问题

人口作为经济社会可持续发展系统中的一个变量是影响新型城镇化进程的一个关键因素。青海面对中国人口形势的新变化，深入认识省情，积极探索人口与推进新型城镇化关系的新思路，对于加快青海省新型城镇化进程，促进人口、资源、生态、经济与社会的协调发展具有重要的理论与现实意义。

## 一、青海人口数量与流向的变化

### （一）青海人口数量的变化

从中国第一次人口普查资料到第六次人口普查资料中有关青海的人口数据来看（见表9－6），青海省的人口从1953年到2010年期间增加了大约400万人，绝对量不是很大，而且人口增长率近年来在逐步下降，从2000年的13.10‰降到了2016年的8.31‰。

**表9－6　根据六次人口普查数据的青海省人口数变化情况**

| 年份 | 1953（一普） | 1964（二普） | 1982（三普） | 1990（四普） | 2000（五普） | 2010（六普） |
|---|---|---|---|---|---|---|
| 总人口数 | 1676534人 | 2145604人 | 3895706人 | 4456946人 | 4822963人 | 5626723人 |

从分布来看，根据青海省统计局公布的资料，2016年末青海省总人口为593.46万人，平均人口密度大约7.12人/平方千米，是全国地广人稀的省区。由于受地理环境的制约，全省人口集中分布在东部农业区（包括西宁市、湟中县、互助县、乐都区、民和县、循化县、化隆县、湟源县、平安区、贵德县、门源县、尖扎县、同仁县），该区域面积不到全省总面积的5%，居住着全省75%的人口，人口密度约为每平方千米170.3人，其中西宁市高达1982.7人。西部牧业区的面积占全省总面积的95%以上，但居住的人口只有全省总人口的25%，人口密度每平方千米1.6人。其中海西州每平方千米还不到1人，玉树、海西两州有的地方几百平方千米以内荒无人烟，成为高寒无人区。人口分布极不平衡是青海省人口分布的显著特点。

**表9－7　全省州（地、市）常住人口的地区分布**

| 地区 | 人口数（人） | 比重（%） | | 人口密度（人/平方公里） |
|---|---|---|---|---|
| | | 2000年 | 2010年 | |
| 西宁市 | 2208708 | 38.20 | 39.25 | 295.60 |
| 海东地区 | 1396846 | 29.34 | 24.82 | 106.14 |
| 海北藏族自治州 | 273304 | 5.34 | 4.86 | 6.94 |
| 黄南藏族自治州 | 256716 | 4.35 | 4.56 | 14.32 |
| 海南藏族自治州 | 441689 | 7.75 | 7.85 | 9.62 |
| 果洛藏族自治州 | 181682 | 2.71 | 3.23 | 2.38 |
| 玉树藏族自治州 | 378439 | 5.19 | 6.73 | 2.00 |
| 海西蒙古族藏族自治州 | 489338 | 7.12 | 8.70 | 1.50 |

资料来源：根据青海省2010年第六次人口普查主要数据公报绘制.

从2000年至2016年青海省的总人口数量变化和人口自然增长率来看（见表9－8），青海总人口的绝对量在不断增加的同时，人口自然增长率在不断下降。但从2016年的数据来看，2016年人口出生率和自然增长率的回升显示全面二胎政策正在发挥影响。2016年青海人口自然增长率为8.31‰，比全国的5.86‰高出2.45个千分点。但在全面二胎政策所带来的生育率回升、全国人口自然增长率比2015年提高0.9个千分点的大背景下，青海2016年的人口自然增长率反而比2015年下降了0.24个千分点，这说明开放二胎政策对少数民族人口占几乎一半的青海人口增长的影响不是很显著，这与国家对少数民族实行比较宽松的计划生育政策有关，但这个变化对青海未来人口发展有很大影响，值得我们关注。

**表9－8　　青海省总人口与人口自然增长率（2000～2016年）**

| 年份 | 总人口（万） | 人口自然增长率（‰） |
|---|---|---|
| 2000 | 517 | 13.10 |
| 2001 | 523 | 12.62 |
| 2002 | 529 | 11.70 |
| 2003 | 534 | 10.85 |
| 2004 | 539 | 9.87 |
| 2005 | 543 | 9.49 |
| 2006 | 548 | 8.97 |
| 2007 | 552 | 8.80 |
| 2008 | 554 | 8.35 |
| 2009 | 557 | 8.32 |
| 2010 | 563 | 8.63 |
| 2011 | 568 | 8.31 |
| 2012 | 573 | 8.24 |
| 2013 | 578 | 8.03 |
| 2014 | 583 | 8.49 |
| 2015 | 588 | 8.55 |
| 2016 | 593 | 8.31 |

资料来源：中华人民共和国国家统计局（http：//www.stats.gov.cn/）。

## （二）人口构成的变化

### 1. 民族构成

青海是一个多民族地区，各民族长期和睦相处。改革开放以来，党和政府十分关心少数民族人口的发展，采取了一系列有效措施，保障少数民族人口稳定增长，提高各民族人口素质，改善人口结构，青海人口的民族结构随之发生了显著变化（见表9－9）。

表9－9　青海少数民族人口的增长速度及其同汉族和全省平均水平的比较

| 年代 | 全省人口年均增长率（%） | 汉族人口年均增长率（%） | 少数民族人口年均增长率（%） |
|---|---|---|---|
| 1953～1964 | 2.27 | 4.37 | －0.27 |
| 1964～1982 | 3.37 | 3.33 | 3.48 |
| 1982～1990 | 1.70 | 1.12 | 2.54 |
| 1990～2000 | 1.48 | 0.87 | 2.24 |
| 2000～2010 | 0.83 | 0.55 | 1.15 |

根据历次全国人口普查资料计算所得.

以上数据显示，20世纪60年代以来青海少数民族人口的增长速度快于全省平均水平，也远远高于汉族人口的增速。其原因主要有以下几个方面：（1）经济建设带来的汉族人口的变化。新中国成立之初，青海省的汉族和少数民族基本上是各占一半的比重。20世纪50年代为了支援青海建设，以专业技术人才和管理人才为主的汉族人口大量迁入，使得少数民族人口占全省总人口的比重明显下降，1959年降至最低点35.03%；三年自然灾害期间，20世纪50年代迁入青海的人口又大量返迁，造成汉族人口占总人口的比重下降、少数民族人口所占比重回升；20世纪60年代末至70年代初的“三线建设”中，随着大批内地工矿企业迁移到青海，使得青海总人口中汉族人口的比重再次呈现上升之势。（2）计划生育政策的实施。少数民族人口所占比重持续上升的原因，主要是在少数民族中实行了比较宽松的生育政策。《青海省人口和计划生育条例》中规定：“实行‘一二三’的生育政策，法定的生育政策规定少数民族可生育两个或三个孩子。”同时，国家在升学、就业等方面对少数民族的优惠政策，汉族与少数民族人口通婚，子女大多申报少数民族成分。这也是导致少数民族人口所占比重不断上升的主要原因之一。（3）改革开放以来，汉族流入人口减少外流人口增加带来的汉族人口减少。汉族“人才外流”、“退休返乡”、高考学生内地就业等现象日益增多，这也导致少数民族人口比重的相对上升。自20世纪80年代中期开始，随着计划生育一二三胎政策的实施，加之汉族人口政策性迁入减少，使得少数民族人口占总人口的比重逐渐回升，尤其是20世纪90年代以来回升的速度明显加快。1990年第四次人口普查时，少数民族人口占全省常住人口的比重为42.10%，2000年第五次人口普查时，少数民族常住人口达235.83万人，占全省常住人口的45.51%，仅低于西藏（94.07%）和新疆（59.39%），而高于广西（38.48%）、宁夏（34.53%）和内蒙古（20.76%）。十年间，少数民族人口占常住人口的比重上升了 3.41 个百分点。2010 年第六次人口普查结果表明，青海省少数民族常住人口所占比重进一步上升至 46.98%。2000 年至 2010 年这十年间，少数民族常住人口占全省常住人口的比重上升了 1.47 个百分点。（4）生产方式的影响。在世居青海的藏族、回族、土族、撒拉族和蒙古族五个主要少数民族中，藏族人口比重遥遥领先，高居首位，回族位居第二，而后依次为土族、撒拉族、蒙古族。从第四、第五次人口普查数据分析，世居青海的 5 个少数民族在 20 世纪最后 10 年的增长速度全部高于全省平均水平，也远远高于汉族人口的增速。2000 年第五次人口普查的结果表明，从 1990 年到 2000 年的十年间，增长最快的是回族，增长 28.9%，其次是撒拉族，增长 24.43%，而后依次是藏族增长 24.39%，蒙古族增长 24.21%，土族增长 22.21%，均高于全省平均水平。而第六次人口普查结果表明，从 2000 年到 2010 年，增长最快的是藏族，增长 21.23%，其次是蒙古族，增长 12.37%，而后依次是撒拉族增长 11.77%，土族增长 2.48%，回族仅仅增长 1.32%。分析 2000 年至 2010 年的十年间，藏族人口增速最快的原因，主要有以下几点：一是藏族大多聚居在牧区，享受的是“三孩”的生育政策，政策生育率较高；二是藏族人口总量大；三是藏族、蒙古族主要从事畜牧业，生产方式决定了人口跨区域、跨省区的流动较少；四是藏族与其他民族通婚的人口比例相对较高，后代在民族界定上多为藏族。分析回族人口降低的原因，并不是生育政策内的出生人数减少，据调研，回族、撒拉族的人口也享受了生育二胎的政策，其主要原因是因为回族、撒拉族自古以来就有从事经营、经商的传统，这两个民族的就业人口中外出从事贸易、餐饮业的人口比例远远高于其他少数民族。随着市场经济的发展，人口流动相对频繁，回族长期在外省经商、打工人口不断增加，规模逐年加大。由于人口普查统计的是常住人口，凡是离开户籍所在地半年以上人口，都计入流入地的常住人口。因此，造成青海省回族和撒拉族人口增长速度在统计数据上相对较低的结果。

**表 9－10　2010 年青海省第六次人口普查少数民族人口**　单位：人

| 民族 | 人口 | 民族 | 人口 | 民族 | 人口 | 民族 | 人口 |
|---|---|---|---|---|---|---|---|
| 藏族 | 1375059 | 朝鲜族 | 312 | 水族 | 30 | 门巴族 | 4 |
| 回族 | 834298 | 布依族 | 251 | 达斡尔族 | 26 | 柯尔克孜族 | 4 |
| 土族 | 204412 | 维吾尔族 | 209 | 傈僳族 | 21 | 独龙族 | 4 |
| 撒拉族 | 107089 | 瑶族 | 209 | 高山族 | 20 | 塔吉克族 | 3 |
| 蒙古族 | 99815 | 裕固族 | 163 | 佤族 | 20 | 普米族 | 3 |
| 满族 | 8029 | 侗族 | 161 | 哈尼族 | 17 | 布朗族 | 2 |
| 东乡族 | 6331 | 黎族 | 139 | 仫佬族 | 15 | 塔塔尔族 | 2 |
| 土家族 | 1537 | 锡伯族 | 128 | 赫哲族 | 11 | 乌孜别克族 | 2 |
| 壮族 | 980 | 羌族 | 104 | 京族 | 10 | 鄂伦春族 | 2 |

续表

| 民族 | 人口 | 民族 | 人口 | 民族 | 人口 | 民族 | 人口 |
|---|---|---|---|---|---|---|---|
| 苗族 | 911 | 仡佬族 | 69 | 毛南族 | 8 | 德昂族 | 1 |
| 保安族 | 904 | 畲族 | 53 | 拉祜族 | 8 | 基诺族 | 1 |
| 彝族 | 683 | 俄罗斯族 | 38 | 鄂温克族 | 5 | 阿昌族 | 1 |
| 哈萨克族 | 680 | 纳西族 | 32 | 怒族 | 5 | 珞巴族 | |
| 白族 | 320 | 傣族 | 31 | 景颇族 | 5 | 其他未识别的民族 | 20 |

资料来源：第六次全国人口普查资料.

根据2010年第六次人口普查资料，全省常住人口为562.67万人，同2000年第五次人口普查相比，十年间共增加了44.52万人，年均增长0.83%。全省少数民族人口为264.32万人，占全部常住人口的46.98%，比2000年“五普”时的45.5%提高了1.48个百分点。十年间，汉族人口增加了16.02万人，增长5.67%；少数民族人口增加了28.50万人，增长12.08%，少数民族人口增长幅度高出汉族人口6.41个百分点。2010年青海的民族个数由2000年“五普”时的54个增加到55个，56个民族中只缺珞巴族（见表9－10）。

2010年，全省少数民族人口中百万人以上的只有藏族，占全省少数民族人口的52.02%，十年间增加24.08万人，增长21.23%。10～100万人的有：回族，十年间增加1.08万人，增长1.32%；土族十年间增加0.49万人，增长2.48%；撒拉族十年间增加1.13万人，增长11.77%。1万～10万人的为蒙古族，十年间增加1.1万人，增长12.37%。人数在1000～10000人的有满族、东乡族、土家族（见表9－10）。

在青海8个州（地、市）中，除了西宁市、海西州和海东地区的人口以汉族为主外，其他5个州的人口均以少数民族为主。少数民族人口比重最高的是玉树藏族自治州（见表9－11）。

**表9－11　2010年青海省分地区主要民族人口**　单位：万人

| 地区 | 常住人口 | 少数民族人口 | | 藏族 | 回族 | 土族 | 撒拉族 | 蒙古族 | 其他少数民族 |
|---|---|---|---|---|---|---|---|---|---|
| | | 人口数 | 比重（%） | | | | | | |
| 全省 | 562.67 | 264.32 | 46.98 | 137.51 | 83.43 | 20.44 | 10.71 | 9.98 | 2.25 |
| 西宁市 | 220.87 | 57.35 | 25.96 | 12.16 | 35.91 | 5.75 | 0.85 | 1.37 | 1.3 |
| 海东地区 | 139.69 | 61.85 | 44.28 | 13.24 | 27.37 | 11.5 | 8.98 | 0.62 | 0.15 |
| 海北州 | 27.33 | 17.52 | 64.12 | 6.66 | 8.62 | 0.72 | 0.09 | 1.37 | 0.07 |
| 黄南州 | 25.67 | 24.11 | 93.92 | 17.6 | 1.67 | 1 | 0.17 | 3.59 | 0.08 |

续表

| 地区 | 常住人口 | 少数民族人口 | | 藏族 | 回族 | 土族 | 撒拉族 | 蒙古族 | 其他少数民族 |
|---|---|---|---|---|---|---|---|---|---|
| | | 人口数 | 比重(%) | | | | | | |
| 海南州 | 44.17 | 33.2 | 75.16 | 29.29 | 3.02 | 0.4 | 0.1 | 0.31 | 0.08 |
| 果洛州 | 18.17 | 16.98 | 93.43 | 16.69 | 0.17 | 0.05 | 0.02 | 0.01 | 0.03 |
| 玉树州 | 37.84 | 36.68 | 96.91 | 36.52 | 0.09 | 0.03 | 0.03 | 0.01 | 0.01 |
| 海西州 | 48.93 | 16.63 | 33.99 | 5.35 | 6.58 | 0.99 | 0.47 | 2.7 | 0.53 |

资料来源：第六次全国人口普查资料.

从各州（地、市）少数民族人口所占比重看，由于各地人口数量与密度不同，各地少数民族人口占全省少数民族总人口的比例也有差异，西宁市少数民族人口占全省少数民族人口的21.70%，海东地区占23.40%，海北州占6.63%，黄南州占9.12%，海南州占12.56%，果洛州占6.42%，玉树州占13.88%，海西州占6.29%。五个藏族自治州少数民族人口占当地人口的比例虽然较高，但在数量上少于西宁和海东地区。

青海7个民族自治县少数民族人口占本县常住人口的比重分别是：河南蒙古族自治县95.55%，循化撒拉族自治县93.60%，化隆回族自治县78.40%，门源回族自治县60.59%，民和回族土族自治县54.55%，大通回族土族自治县47.60%，互助土族自治县26.09%。

**2. 年龄构成的变化**

2010年，青海少数民族人口的年龄中位数为27.58岁，比2000年的27.52岁增加0.06岁。少数民族人口中0～14岁少年儿童人口为70.35万人，占少数民族人口总数的26.61%；15～64岁人口为179.8万人，占68.03%；65岁及以上人口为14.17万人，占5.36%，老少比20.14%。与2000年相比，少数民族人口年龄结构呈现“两降一升”的趋势，即0～14岁和15～64岁人口比重分别下降0.18和0.62个百分点，相应地65岁及以上人口比重上升了0.8个百分点（见表9－12）。

**表9－12　青海少数民族人口年龄构成比较**　　单位：%

| 年龄组 | 2010年 | 2000年 |
|---|---|---|
| 0～14岁人口比重 | 26.61 | 26.79 |
| 15～64岁人口比重 | 68.03 | 68.65 |
| 65岁及以上人口比重 | 5.36 | 4.56 |

资料来源：2000年、2010年人口普查资料.

### 3. 少数民族人口文化素质结构

2010 年，青海省少数民族中 6 岁及以上的人口 236.74 万人，其中具有小学及以上教育程度的人口占到 77.61%，与 2000 年相比，提高了 20.59 个百分点。从各民族受过小学以上各种学历教育的人数占本民族 6 岁及以上人口的比重来看，最高的是土族，为 87.18%，其余依次是：回族为 83.17%，蒙古族为 81.82%，撒拉族为 76.14%，藏族为 72.36%。2010 年全省少数民族 6 岁及以上人口平均受教育年限为 6.07 年，比 2000 年“五普”时的 4.56 年提高了 1.51 年。

从少数民族的各种文化构成来看，具有大专及以上文化程度的人口为 12.75 万人，占少数民族小学以上教育程度人口的 6.94%；高中文化程度的 13.83 万人，占 7.53%；初中文化程度的 41.38 万人，占 22.52%；小学文化程度的 115.79 万人，占 63.01%（见表 9－13）。与 2000 年相比，青海省少数民族人口每万人拥有各种文化程度的人口明显增多，大专及以上为 482 人，比 2000 年增加 315 人；高中 523 人，增加 39 人；初中 1566 人，增加 403 人；小学 4381 人，增加 745 人。十年间，少数民族各种文化程度人口数均大幅增加，特别是具有大专及以上文化程度的人口数增长了 2.2 倍，比重提高了 3.62 个百分点。说明少数民族人口不仅整体文化素质明显提高，而且受高中层次教育的人口大量增加。

**表 9－13　2010 年青海少数民族各种文化程度人口及占受教育人口的比重** 单位：人、%

| 民族 | 6 岁及以上人口 | 小学 | | 初中 | | 高中 | | 大专及以上 | |
|---|---|---|---|---|---|---|---|---|---|
| | | 小计 | 比重 | 小计 | 比重 | 小计 | 比重 | 小计 | 比重 |
| 总计 | 5184022 | 1984288 | 44.26 | 1427740 | 31.84 | 586713 | 13.09 | 484794 | 10.81 |
| 一、汉族 | 2816617 | 826432 | 31.23 | 1013920 | 38.32 | 448436 | 16.95 | 357290 | 13.50 |
| 二、少数民族 | 2367405 | 1157856 | 63.01 | 413820 | 22.52 | 138277 | 7.53 | 127504 | 6.94 |
| 蒙古族 | 91969 | 39723 | 52.79 | 16734 | 22.24 | 8582 | 11.40 | 10213 | 13.57 |
| 回族 | 748658 | 378937 | 60.86 | 171805 | 27.59 | 42848 | 6.88 | 29090 | 4.67 |
| 藏族 | 1225771 | 605923 | 68.31 | 156016 | 17.59 | 59656 | 6.73 | 65370 | 7.37 |
| 土族 | 187127 | 79281 | 48.60 | 50317 | 30.84 | 19431 | 11.91 | 14106 | 8.65 |
| 撒拉族 | 92910 | 47994 | 67.85 | 13990 | 19.78 | 4422 | 6.25 | 4332 | 6.12 |

资料来源：第六次全国人口普查资料.

### 4. 少数民族人口的行业、职业结构

（1）行业结构。

第六次人口普查资料显示，少数民族就业人口中从事第一产业的占全部就

业人口总数的73.49%，比汉族高28.31个百分点；从事第二产业的占5.6%，比汉族低14.43个百分点；从事第三产业的占20.91%，比汉族低13.88个百分点。

世居青海的五个少数民族就业人口的行业结构也存在明显的差异。从事农、林、牧、渔业就业人口比例最高的是藏族，占本民族就业人口的78.87%，其次是土族，占78.67%；蒙古族占73.48%；撒拉族占68.54%；回族占65.05%。从五个民族分布在其他行业就业人口所占比重看，藏族主要集中在公共管理和社会组织，占本民族就业人口的9.29%，比例高于其他几个民族，比汉族高4.99个百分点，其他行业的比重较低。蒙古族就业人员的行业结构基本类似于藏族，就业人口中从事公共管理和社会组织占7.57%，比汉族高3.27个百分点，从事教育行业的占3.04%，高于其他几个民族。土族就业人口分布比较分散，从事公共管理和社会组织的占3.47%，从事制造业的占3.2%，从事建筑业的占2.56%，从事教育业的占2.45%。回族和撒拉族从事经营性行业的人口比例远远高于其他少数民族，其中从事批发零售和住宿餐饮业的分别占本民族就业人口的14.39%和15.7%，从事交通运输、仓储及邮政业的分别占5.48%和4.05%，均高于其他少数民族。另外，回族人口从事建筑业和制造业的比例也较高，分别占4.02%和3.17%（见表9-14）。

**表9-14　2010年青海主要民族就业人口在各行业的比重**　单位：%

| 行业 | 全省总计 | 汉族 | 少数民族合计 | 蒙古族 | 回族 | 藏族 | 土族 | 撒拉族 |
|---|---|---|---|---|---|---|---|---|
| 总计 | 100 | 100 | 100 | 100 | 100 | 100 | 100 | 100 |
| 农、林、牧、渔业 | 57.83 | 45.18 | 73.49 | 73.48 | 65.05 | 78.87 | 78.67 | 68.54 |
| 采矿业 | 1.54 | 2.32 | 0.57 | 0.64 | 1.01 | 0.25 | 0.69 | 0.46 |
| 制造业 | 5.36 | 7.96 | 2.14 | 1.85 | 3.17 | 1.17 | 3.20 | 1.73 |
| 电力、燃气及水的生产和供应业 | 1.10 | 1.73 | 0.33 | 0.57 | 0.39 | 0.21 | 0.51 | 0.46 |
| 建筑业 | 5.58 | 8.02 | 2.56 | 2.02 | 4.02 | 1.72 | 2.56 | 1.75 |
| 交通运输、仓储和邮政业 | 3.94 | 5.08 | 2.53 | 1.66 | 5.48 | 0.93 | 1.15 | 4.05 |
| 信息传输、计算机服务和软件业 | 0.49 | 0.75 | 0.17 | 0.11 | 0.21 | 0.11 | 0.32 | 0.23 |
| 批发和零售业 | 7.48 | 10.19 | 4.13 | 3.08 | 7.54 | 2.19 | 2.32 | 4.65 |
| 住宿和餐饮业 | 3.21 | 3.23 | 3.18 | 0.91 | 6.85 | 0.85 | 1.60 | 11.05 |
| 金融业 | 0.78 | 1.19 | 0.28 | 0.64 | 0.27 | 0.22 | 0.31 | 0.37 |
| 房地产业 | 0.50 | 0.78 | 0.15 | 0.13 | 0.29 | 0.05 | 0.16 | 0.25 |
| 租赁和商务服务业 | 0.46 | 0.70 | 0.17 | 0.30 | 0.28 | 0.10 | 0.16 | 0.12 |

续表

| 行业 | 全省总计 | 汉族 | 少数民族合计 | 蒙古族 | 回族 | 藏族 | 土族 | 撒拉族 |
|---|---|---|---|---|---|---|---|---|
| 科学研究、技术服务和地质勘查业 | 0.48 | 0.78 | 0.10 | 0.19 | 0.08 | 0.09 | 0.13 | 0.07 |
| 水利、环境和公共设施管理业 | 0.38 | 0.51 | 0.21 | 0.42 | 0.24 | 0.16 | 0.33 | 0.09 |
| 居民服务和其他服务业 | 1.37 | 1.98 | 0.62 | 0.59 | 0.97 | 0.38 | 0.63 | 0.74 |
| 教育 | 2.54 | 3.03 | 1.93 | 3.04 | 1.26 | 2.17 | 2.45 | 1.24 |
| 卫生、社会保障和社会福利业 | 1.36 | 1.68 | 0.97 | 1.87 | 0.76 | 0.96 | 1.16 | 0.67 |
| 文化、体育和娱乐业 | 0.44 | 0.59 | 0.26 | 0.94 | 0.16 | 0.28 | 0.16 | 0.23 |
| 公共管理和社会组织 | 5.16 | 4.30 | 6.21 | 7.57 | 1.97 | 9.29 | 3.47 | 3.29 |

资料来源：2010 年人口普查资料.

（2）少数民族职业构成。

2010 年，青海少数民族就业人口在七大职业分类中所占比重以农、林、牧、渔、水利业生产人员为最多，占 75.57%，其次是商业、服务业人员，占 8.61%，其他依次为生产、运输设备操作人员及有关人员，占 7.12%；专业技术人员，占 5.32%；办事人员和有关人员占 2.33%；国家机关、党群组织、企业、事业单位负责人，占 1.01%。与汉族人口相比，少数民族农、林、牧、渔、水利业生产人员的比重高于汉族 30.76 个百分点，其他职业的比重均低于汉族。

5 个世居青海的少数民族就业人口中，由于文化、观念和传统等诸多原因，职业构成情况也有差异。从事农、林、牧、渔、水利业的比重最高的是藏族，占本民族就业人口的 82.97%，其次是土族占 78.50%，比例最低的是回族，占 64.96%。在专业技术人员中，比重最高的是蒙古族，占本民族就业人口的 8.48%，其次是藏族，占 6.11%，比例最低的是回族占 3.23%。在商业、服务业人员和生产、运输设备操作人员及有关人员中回族和撒拉族比重最高，分别占本民族就业人口的 15.99%、16.07% 和 12.52%、6.98%（见表 9-15）。

**表 9-15　2010 年青海主要民族就业人口占各职业就业人口的比重**　单位：%

|  | 全省合计 | 汉族 | 少数民族合计 | 蒙古族 | 回族 | 藏族 | 土族 | 撒拉族 |
|---|---|---|---|---|---|---|---|---|
| 总计 | 100 | 100 | 100 | 100 | 100 | 100 | 100 | 100 |
| 国家机关、党群组织、企业、事业单位负责人 | 1.81 | 2.46 | 1.01 | 1.68 | 1.26 | 0.74 | 0.90 | 1.63 |
| 专业技术人员 | 7.46 | 9.19 | 5.32 | 8.47 | 3.23 | 6.11 | 6.05 | 4.54 |
| 办事人员和有关人员 | 3.90 | 5.17 | 2.33 | 4.53 | 1.99 | 2.26 | 2.52 | 2.28 |

续表

| | 全省合计 | 汉族 | 少数民族合计 | 蒙古族 | 回族 | 藏族 | 土族 | 撒拉族 |
|---|---|---|---|---|---|---|---|---|
| 商业、服务业人员 | 13.62 | 17.67 | 8.61 | 6.42 | 15.99 | 4.02 | 5.58 | 16.07 |
| 农、林、牧、渔、水利业生产人员 | 58.56 | 44.81 | 75.57 | 73.56 | 64.95 | 82.97 | 78.50 | 68.45 |
| 生产、运输设备操作人员及有关人员 | 14.56 | 20.58 | 7.12 | 5.32 | 12.52 | 3.87 | 6.45 | 6.98 |
| 不便分类的其他从业人员 | 0.09 | 0.12 | 0.04 | 0.02 | 0.06 | 0.03 | | 0.05 |

资料来源：第六次全国人口普查资料.

### 5. 民族自治地区少数民族家庭结构状况

2010 年，青海省民族自治地区平均家庭户规模为 3.73 人，高于全省 0.27 人。在 7 个民族自治县和 6 个民族自治州中，除海西蒙古族藏族自治州的户规模低于全省户均规模外，其他地区均高于全省。与 2000 年相比，户规模呈下降趋势（见表 9－16）。

**表 9－16　两次普查青海民族自治地区家庭户规模比较**　单位：人

| 地区 | 户均人数 | | 2010 年与 2000 年相比户均人数增减人数 |
|---|---|---|---|
| | 2010 年 | 2000 年 | |
| 全省 | 3.46 | 4.27 | －0.81 |
| 海北藏族自治州 | 3.53 | 4.20 | －0.67 |
| 黄南藏族自治州 | 3.87 | 4.39 | －0.52 |
| 海南藏族自治州 | 3.68 | 4.39 | －0.71 |
| 果洛藏族自治州 | 3.38 | 4.11 | －0.73 |
| 玉树藏族自治州 | 3.99 | 4.89 | －0.9 |
| 海西蒙古族藏族自治州 | 2.97 | 3.13 | －0.16 |
| 大通回族土族自治县 | 3.89 | 4.43 | －0.54 |
| 民和回族土族自治县 | 4.23 | 4.60 | －0.37 |
| 互助土族自治县 | 3.81 | 4.36 | －0.55 |
| 化隆回族自治县 | 4.17 | 4.75 | －0.58 |
| 循化撒拉族自治县 | 4.55 | 4.60 | －0.05 |
| 门源回族自治县 | 3.83 | 4.45 | －0.62 |
| 河南蒙古族自治县 | 3.69 | 4.85 | －1.16 |

资料来源：2000 年、2010 年第五、第六次全国人口普查资料.

从家庭人口数看，2010 年全省家庭户户均规模为 3.46 人，3 人户比重最高，达到24.78%，而民族自治地区（除海西蒙古族藏族自治州和果洛藏族自治州），户均规模均大于全省平均水平，以4人户居多（见表9-17）。

表9-17　　2010年青海民族自治地区家庭户规模及比重

| 地区别 | 家庭户户数（户） | 一人户比重（%） | 二人户比重（%） | 三人户比重（%） | 四人户比重（%） | 五人户比重（%） | 六人户比重（%） | 七人户比重（%） | 八人户比重（%） | 九人户比重（%） | 十人及以上户比重（%） |
| --- | --- | --- | --- | --- | --- | --- | --- | --- | --- | --- | --- |
| 全省总计 | 1529039 | 11.92 | 19.12 | 24.78 | 20.44 | 12.34 | 6.61 | 2.62 | 1.10 | 0.53 | 0.55 |
| 海北藏族自治州 | 74354 | 12.36 | 16.03 | 22.43 | 23.92 | 13.32 | 7.53 | 2.87 | 0.86 | 0.39 | 0.29 |
| 黄南藏族自治州 | 62950 | 10.87 | 12.96 | 19.29 | 23.38 | 16.30 | 9.30 | 4.47 | 1.90 | 0.86 | 0.67 |
| 海南藏族自治州 | 115358 | 11.24 | 14.98 | 22.07 | 23.22 | 14.60 | 7.66 | 3.51 | 1.42 | 0.67 | 0.63 |
| 果洛藏族自治州 | 51383 | 20.59 | 18.92 | 17.99 | 16.79 | 11.68 | 6.26 | 3.81 | 1.87 | 1.00 | 1.10 |
| 玉树藏族自治州 | 92091 | 13.41 | 16.70 | 18.30 | 17.09 | 12.82 | 7.77 | 5.33 | 3.38 | 2.10 | 3.11 |
| 海西蒙古族藏族自治州 | 139533 | 17.65 | 22.87 | 27.04 | 18.07 | 8.81 | 3.52 | 1.31 | 0.44 | 0.16 | 0.12 |
| 大通回族土族自治县 | 109567 | 6.12 | 12.49 | 23.35 | 26.07 | 16.55 | 10.38 | 3.34 | 1.04 | 0.41 | 0.25 |
| 民和回族土族自治县 | 80683 | 6.09 | 10.43 | 17.98 | 24.28 | 19.45 | 12.01 | 5.63 | 2.24 | 0.99 | 0.90 |
| 互助土族自治县 | 89219 | 5.67 | 13.22 | 23.83 | 27.39 | 17.06 | 9.19 | 2.48 | 0.70 | 0.28 | 0.17 |
| 化隆回族自治县 | 47719 | 9.17 | 10.80 | 16.69 | 23.65 | 17.92 | 10.84 | 5.72 | 2.74 | 1.28 | 1.19 |
| 循化撒拉族自治县 | 26062 | 7.03 | 9.37 | 14.20 | 23.46 | 18.70 | 12.02 | 6.75 | 3.48 | 2.05 | 2.92 |
| 门源回族自治县 | 37595 | 9.69 | 13.43 | 18.98 | 25.78 | 16.14 | 10.14 | 3.93 | 1.06 | 0.48 | 0.38 |
| 河南蒙古族自治县 | 10511 | 12.04 | 16.33 | 21.33 | 21.16 | 13.68 | 7.83 | 3.96 | 2.03 | 0.91 | 0.73 |

资料来源：第六次全国人口普查资料.

## （三）青海少数民族人口抚养比的变化

普查数据显示，2010年，青海少数民族人口的总抚养比为47%，比汉族高17.11个百分点，其中少年儿童抚养比高于汉族和全省平均水平18.5和10.37个百分点，老年抚养比比汉族低1.39个百分点。说明少数民族主要是少年儿童抚养比高，老年抚养负担相对较轻。由于对少年儿童的抚养不仅包括对少儿的生活抚养，还包括教育投入、技能培训、智力开发及预期的婚姻等方面的开支，显然比老年人口的抚养负担大。从这个意义上说，少数民族人口的负担比汉族更重。

表9-18　　2010年青海少数民族人口抚养比

| 年龄 | 全省 | 汉族 | 少数民族 | 蒙古族 | 回族 | 藏族 | 土族 | 撒拉族 |
| --- | --- | --- | --- | --- | --- | --- | --- | --- |
| 0~14岁人口（万人） | 117.71 | 47.36 | 70.35 | 2.32 | 21.29 | 38.60 | 4.61 | 3.12 |
| 15~64岁人口（万人） | 409.49 | 229.69 | 179.80 | 7.11 | 57.62 | 91.51 | 14.84 | 6.99 |
| 65岁及以上人口（万人） | 35.47 | 21.30 | 14.17 | 0.55 | 4.51 | 7.40 | 1.00 | 0.60 |

续表

| 年龄 | 全省 | 汉族 | 少数民族 | 蒙古族 | 回族 | 藏族 | 土族 | 撒拉族 |
|---|---|---|---|---|---|---|---|---|
| 少儿抚养比（%） | 28.75 | 20.62 | 39.12 | 32.59 | 36.96 | 42.18 | 31.05 | 44.56 |
| 老年抚养比（%） | 8.66 | 9.27 | 7.88 | 7.74 | 7.84 | 8.08 | 6.74 | 8.57 |
| 总抚养比（%） | 37.41 | 29.89 | 47.00 | 40.33 | 44.79 | 50.26 | 37.79 | 53.14 |

资料来源：第六次全国人口普查资料.

根据相关部门对青海省劳动力资源的预测，青海省的人口增速2015年之后逐步开始下降，到2050年后适龄劳动人口大约减少51万，城镇劳动力将出现不足的状况。老龄化加速和抚养比上升带来的人口年龄结构将对青海省的经济发展产生深远的影响，在人口转变带来的人口红利消失殆尽之前，我们应当更加充分的开发和利用劳动力资源，使人口因素促进经济增长的效果最大限度地发挥出来。

## （四）青海省城乡人口结构变化

**表9－19　　2010年青海各州（地、市）城乡人口及城镇化率**

| 地区 | 城镇人口（人） | 乡村人口（人） | 城镇化率（%） |
|---|---|---|---|
| 西宁市 | 1406894 | 801814 | 63.70 |
| 海东地区 | 318918 | 1077928 | 22.83 |
| 海北藏族自治州 | 89597 | 183707 | 32.78 |
| 黄南藏族自治州 | 65960 | 190756 | 25.69 |
| 海南藏族自治州 | 125742 | 315947 | 28.47 |
| 果洛藏族自治州 | 44920 | 136762 | 24.72 |
| 玉树藏族自治州 | 121521 | 256918 | 32.11 |
| 海西蒙古族藏族自治州 | 342706 | 146632 | 70.03 |

资料来源：青海省2010年第六次人口普查主要数据公报.

从2000年“五普”到2010年“六普”的十年间，随着人口城镇化进程的加快，城镇人口数量不断增加，城镇化率不断上升，城镇人口中的少数民族人口增速加快，少数民族人口比重上升幅度较大（见表9－19）。

2010年全省分布在城市（不含市属县）的少数民族人口为29.18万人，占全省少数民族人口的11.04%，比2000年上升了2.18个百分点，占全省城市常住人口的21.33%，比重比2000年上升2.52个百分点。在全省城市少数民族人口中，人数最多的是回族，19.16万人，占全省城市少数民族人口的66%，其次为藏族4.86万人，土族1.39万人，蒙古族1.31万人，撒拉族1.06万人。从总体上看，青海少数民族人口城镇化进程正在加快。

2010年全省分布在镇的少数民族人口53.57万人，占全省少数民族人口的20.27%，比重比2000年上升了7.48个百分点，占全省城镇常住人口的46.66%，比2000年上升33.87个百分点。在镇少数民族人口中，人数最多的是藏族28.39万人，占全省镇少数民族人口的72.8%，其次是回族16.82万人，土族3.37万人，蒙古族2.55万人，撒拉族1.91万人。

2010年全省乡村少数民族人口181.57人，占全省少数民族总人口的68.69%，比重比2000年下降了9.63个百分点，占全省乡村常住人口的58.37%，比2000年上升3.66个百分点。在全省乡村少数民族人口中人数最多的是藏族104.26万人，占全省乡村少数民族人口的57.42%，其次是回族47.45万人，土族15.68万人，撒拉族7.73万人，蒙古族6.12万人，其他少数民族在乡村的人口比较少。

### （五）城镇化推进了民族融合

在民族自治地区，平等、团结、互助的社会主义新型民族关系不断发展，各民族之间通婚现象较为普遍。海北、海南、海西州、大通、互助、门源等地区家庭户中有两个民族的家庭户户数均高于全省平均水平（见表9－20）。

**表9－20　青海民族自治地区家庭户中民族混合户比重**

| | 家庭户户数（户） | 单一民族户比重（%） | 两个民族户比重（%） | 三个民族户比重（%） | 四个及以上民族户比重（%） |
|---|---|---|---|---|---|
| 总计 | 1529039 | 94.07 | 5.83 | 0.10 | |
| 海北藏族自治州 | 74354 | 87.43 | 12.26 | 0.31 | 0.01 |
| 黄南藏族自治州 | 62950 | 95.98 | 3.92 | 0.09 | |
| 海南藏族自治州 | 115358 | 93.59 | 6.30 | 0.11 | |
| 果洛藏族自治州 | 51383 | 98.33 | 1.65 | 0.01 | |
| 玉树藏族自治州 | 92091 | 99.43 | 0.57 | | |
| 海西蒙古族藏族自治州 | 139533 | 93.38 | 6.52 | 0.10 | |
| 大通回族土族自治县 | 109567 | 87.97 | 11.78 | 0.24 | 0.01 |
| 民和回族土族自治县 | 80683 | 94.83 | 5.04 | 0.13 | |
| 互助土族自治县 | 89219 | 91.64 | 8.22 | 0.14 | |
| 化隆回族自治县 | 47719 | 97.29 | 2.67 | 0.04 | |
| 循化撒拉族自治县 | 26062 | 95.76 | 4.18 | 0.06 | |
| 门源回族自治县 | 37595 | 88.23 | 11.45 | 0.31 | 0.01 |
| 河南蒙古族自治县 | 10511 | 98.24 | 1.75 | 0.01 | |

资料来源：第六次全国人口普查资料.

## （六）青海人口流向的变化

### 1. 省际人口迁移

从“六普”的数据来看，青海流入人口318435人，流出人口242086人，净流入人口76349人。从2011年至2015年住本乡、镇、街道，户口在外乡、镇、街道，离开户口登记地半年以上人口数（人口抽样调查）来看，呈现出人口加速流动的趋势（见表9－21）。

**表9－21　青海省离开户口登记地半年以上人口数**

| 年代 | 2011年 | 2012年 | 2013年 | 2014年 | 2015年 |
| --- | --- | --- | --- | --- | --- |
| 人口数（人） | 964 | 792 | 746 | 906 | 17915 |
| 女性人口数（人） | 480 | 370 | 369 | 479 | 8065 |
| 男性人口数（人） | 484 | 422 | 377 | 427 | 9850 |

资料来源：中华人民共和国国家统计局 http：//www. stats. gov. cn/.

### 2. 省内人口迁移

随着国家推进城镇化的一系列政策的出台，青海人口流向呈现出从农牧区向城镇集中、从小城镇向大中城市高度集中的态势（见表9－22）。

**表9－22　2014年青海省及各市、州、县户籍城镇化率**　　单位：%

| 地区 | 户籍人口城镇化率 | 地区 | 户籍人口城镇化率 |
| --- | --- | --- | --- |
| 全省 | 47.95 | 海南州 | 23.93 |
| 西宁市 | 72.32 | 共和县 | 32.50 |
| 城东区 | 97.53 | 同德县 | 19.60 |
| 城中区 | 99.29 | 贵德县 | 22.15 |
| 城西区 | 98.96 | 兴海县 | 14.48 |
| 城北区 | 97.66 | 贵南县 | 24.78 |
| 大通县 | 46.00 | 果洛州 | 18.61 |
| 湟中县 | 52.89 | 玛沁县 | 32.72 |
| 湟源县 | 51.51 | 班玛县 | 17.51 |
| 海东市 | 33.14 | 甘德县 | 11.88 |
| 平安区 | 39.38 | 达日县 | 10.18 |
| 民和县 | 33.41 | 久治县 | 9.85 |
| 乐都区 | 44.24 | 玛多县 | 30.19 |
| 互助县 | 41.51 | 玉树州 | 16.87 |
| 化隆县 | 16.00 | 玉树市 | 21.35 |

续表

| 地区 | 户籍人口城镇化率 | 地区 | 户籍人口城镇化率 |
|---|---|---|---|
| 循化县 | 18.44 | 杂多县 | 10.49 |
| 海北州 | 26.08 | 称多县 | 18.94 |
| 门源县 | 19.13 | 治多县 | 27.70 |
| 祁连县 | 27.85 | 囊谦县 | 10.48 |
| 海晏县 | 45.69 | 曲麻莱县 | 17.03 |
| 刚察县 | 33.12 | 海西州 | 91.95 |
| 黄南州 | 26.23 | 格尔木市 | 98.76 |
| 同仁县 | 33.95 | 德令哈市 | 77.07 |
| 尖扎县 | 29.72 | 乌兰县 | 99.12 |
| 泽库县 | 13.89 | 都兰县 | 100.00 |
| 河南县 | 25.15 | 天峻县 | 42.24 |

资料来源：根据青海统计年鉴 2015 的数据计算所得.

根据对以上数据的分析，我们得出了如下结论：（1）随着人口增长率的不断下降，青海的人口总量在 2017 年突破 600 万后，人口增长将呈现趋缓乃至下降的趋势，适龄劳动力供给减少、老龄化加速和抚养比上升带来的人口年龄结构变化将对青海省的社会经济发展产生深远的影响；（2）随着新型城镇化的推进和严格的生态保护政策的执行及其人口受教育水平的提高，人口向东部城镇集聚和向省外流动的趋势将进一步增强，广大农牧区的人口将进一步减少，留守在农牧区的老年人口的抚养将成为一个棘手的社会问题；（3）从人口增速和人口构成上少数民族已远远高于汉族，随着民族教育的不断强化和普及，进入城镇的少数民族流动人口将大量增加，虽然城镇化能促进民族融合，但城镇民族问题仍会成为影响青海城镇社会经济发展的重要问题；（4）随着国家和青海省推进新型城镇化的一系列政策的出台，青海人口流向呈现出从农牧区向城镇集中、从小城镇向大中城市高度集中的态势；（5）随着农牧区人口向城镇的集聚，从事农牧业劳动的人口将大量减少，面对不断弃耕弃牧的土地草场，青海农牧业发展方式必将改革，推进以家庭农牧场为主要形式的农牧业现代化生产方式将成为推进农牧业改革的重要内容；（6）推进城镇建设，提高城镇人口集聚度，发展紧凑型城镇将成为青海推进新型城镇化进程需要高度重视的问题之一；（7）人口向城镇高度集聚后，广大农牧区的生态压力将得到缓解，发展和完善小城镇的功能，实现小城镇建设与农牧业现代化的互动发展将成为青海推进农牧区新型城镇化的重要方式。

## 二、青海面临的人口问题及对推进新型城镇化的影响

### （一）青海面临的人口问题

**1. 人口总量与生态承载力问题**

青海从绝对数字来看一直是一个人口小省，资源大省，给人以“地广人稀、地大物博”的印象，再加之人均占有资源和土地面积远远高于全国平均水平，容易使人误以为青海现实和潜在的生存空间都比较大，但实际情况远非如此。

多数研究者认为，青海省虽然人口数量小，国土面积大，但青海位于青藏高原，是中国最大面积的寒旱区，这种先天的地理环境，铸就了青海环境脆弱的天然本底，形成了青海省环境脆弱度高、空间结构合理度和区位优势差的自然基础，成为影响青海省人口发展的天然因素。

由于自然环境的限制，人口的承载力比较低，实际能够承载人口的地区分布不均，青海实际情况已是人口密度过大，人口长期处于严重超载状态；人口总体文化素质不高，使得科技进步对可持续发展的贡献率小；人口分布的不平衡度在全国各省区中最高，使生产力的合理布局受到严重影响；青海省尽管不是民族自治区，但自治面积占全省总面积的98%，民族人口增长较快，受教育程度偏低，对青海省的可持续发展影响较大。人口增长过快和低素质的人口、人口空间分布不均、人口容量的超载，引发对生存资源需求的增加，这种对生存资源需求的增加刺激人们大肆开发资源，从而导致了生态失衡。

生态承载力的概念最早来自于生态学。1921 年，帕克和伯格斯（Park & Burgess）在人文生态学领域中首次应用了生态承载力的概念，即在某一特定环境条件下（主要指生存空间、营养物质、阳光等生态因子的组合），某种个体存在数量的最高极限。人类可使用的自然资源分为可更新资源和不可更新资源 2 类。随着人类对资源的不断利用，不可更新资源的消耗会日益枯竭，只有利用可更新资源，生态承载力才具有可持续性，其计算公式是：$Ec = e/p1$，式中 Ec 为人均生态承载力，e 为可更新和不可更新资源的人均太阳能值，p1 为全球平均能值密度。

生态承载力包括两层基本含义：第一层含义是指生态系统的自我维持与自我调节能力，以及资源与环境子系统的供容能力，为生态承载力的支持部分；第二层含义是指生态系统内社会经济子系统的发展能力，为生态承载力的压力部分。生态系统的自我维持与自我调节能力是指生态系统的弹性大小，资源与环境子系统的供容能力则分别指资源和环境的承载能力大小；而社会经济子系统的发展能力指生态系统可维持的社会经济规模和具有一定生活水平的人口数量。

生态承载力具有如下的特性：（1）客观性：生态承载力的客观承载性是生态系统最重要的固有功能之一，这种固有功能一方面是为生态系统抵抗外力的干扰破坏提供了基础，另一方面为生态系统向更高层次的发育奠定了基础。（2）可变性：生态系统的稳定性是相对意义的稳定，是可以改变的，而不是固定不变。所以说，生态承载力虽然客观存在，但不是固定不变的，应按照对自己有利的方式去积极提高系统的生态承载力。（3）层次性：生态环境的稳定性不仅表现为小单元的生态系统水平上，而且表现在景观、区域、地区以及生物圈各个层次的生态系统水平上。同样，生态系统的承载力也表现在上述各个层次水平上，在不同层次水平上，生态承载力不同。

青藏高原区域虽然地域面积广大、资源丰富，但高寒的气候使青藏高原的生态恢复十分缓慢，在粗放的经济发展和过快的人口增长压力下，青藏高原的生态承载力在快速下降。根据目前生态承载力计算，青海现阶段适宜的人口规模应为400万，最大人口容量为650万，超过650万人将会使人口与生态环境的关系面临严重的危机，经济社会系统会面临严重的混乱。而到2016年青海的人口已达到593万，正在接近生态承载的极限。不考虑从外部迁入人口数量的变化，从现有人口年龄构成来看，虽然青海的人口年龄构成正处于从成年型向老年型过渡之间（见表9－23），但人口总量在一个较长时间内仍然会持续增加，对青藏高原的生态环境构成较大的压力。

**表9－23　　青海省六次人口普查年龄构成**

| 类别 | 国际通用标准 | | | 六次人口普查 | | | | | |
|---|---|---|---|---|---|---|---|---|---|
| | 年轻型 | 成年型 | 老年型 | 1953年 | 1964年 | 1982年 | 1990年 | 2000年 | 2010年 |
| 少年儿童系数（0～14岁人口占总人口比重）（%） | 40+ | 30～40 | 30－ | 40.03 | 38.45 | 40.56 | 30.75 | 26.62 | 20.92 |
| 老年人口系数（65岁及以上人口占总人口比重）（%） | 5 | 5～10 | 10+ | 2.83 | 2.07 | 2.70 | 3.07 | 4.33 | 6.30 |
| 老少比（65岁及以上人口/0～14岁人口）（%） | 15－ | 15－30 | 30+ | 7.06 | 5.38 | 6.64 | 9.98 | 16.26 | 30.13 |

资料来源：国务院人口普查办公室编．中国历次人口普查资料．中国统计出版社．

成升魁、沈镭在对青藏高原人口、资源、环境与发展关系进行了探讨后指出：综合来看，相对于粮食、工农业总产值和国民收入等资源、经济承载力而言，青藏高原人口均呈不同程度的超载状态，并将严重制约高原资源、经济可持续发展。① 从表9－23所示的数据可以看出，青海人口构成中青少年所占比例虽

① 成升魁，沈镭．青藏高原人口、资源、环境与发展互动关系探讨［J］．自然科学学报．2000（4）．

然呈现下滑趋势，但相对比例仍在 20% 以上，未来发展趋势将表现为：以年轻型人口为特征的快速增长趋势将持续较长时间，未来人口增长对资源环境的压力将不断增大，高原严酷的自然环境和有限的农牧业资源很难供养一个迅速增长的人口；人口文化素质的普遍低下成为制约高原社会经济发展的最大障碍。青海推进新型城镇化发展必须关注人口的发展趋势，在合理地向城镇集聚人口和提高人口文化素质的基础上，正确处理人口增长与环境容量有限的矛盾，这对于青藏高原可持续发展至为重要。

长期关注和研究青藏高原生态问题的中国青藏高原研究会副理事长洛桑·灵智多杰（1996）指出：长期以来青藏高原地区在发展经济、特别是扩大畜牧业生产规模的过程中，单纯追求各类牲畜的存栏率，而没有顾及到草原单位面积的负荷，造成西藏和青海部分草地的退化和沙化。而草地的沙漠化加剧了高原气候的干旱和风沙侵蚀，同时也改变了自然环境本身的结构。而干旱、寒冷的青藏高原的生态一旦遭到破还，就很难再恢复原貌。而且中国西高东低的阶梯形地势决定了，一旦青藏高原的生态遭到破坏，其危害势必沿高低悬殊的地势自西向东扩散。尤其是黄河上游地区森林植被的破坏将直接导致黄河中下游地区生态环境的变化，形成泥石流、滑坡、水土流失、湖泊干涸等旱涝灾害。因此，切实保护好青藏高原的一草一木已刻不容缓。[①] 张宏岩（2010）在用朱宝树教授提出的“人口与经济 - 资源承载力区域匹配模式（简称 P - E - P 匹配模式）”对青海省藏族地区资源—经济的人口容量与人口压力进行了定量分析后指出，“从动态和比较的角度来考察，青海藏区 10 年来的经济—资源人口容量减少的速度显然是比较快的。”“青海藏区在近期经济发展水平较低，人口增长较快，对农用自然资源利用能力又相对不足的情况下，资源—经济人口容量日益减少，人口压力逐步增大，人口经济—资源压力在 2000 年时就已大大超过临界水平，而且增大的趋势明显。”[②] 隋欣，齐晔（2007）采用基于生态系统健康的生态承载力评价模型与方法，研究了黄河流域青海片区生态承载力的动态变化。结果表明：黄河流域青海片区生态承载力指数随时间的推移呈下降趋势，由 1985 年的 0. 5096 降至 1999 年的 0. 4700 和 2015 年的 0. 4263；黄河流域青海片区生态系统健康等级较低，多处于亚健康状态或不健康状态；空间上，以湟水流域和黄河干流区域生态系统健康等级最低，青海省黄河干流龙羊峡以下区域生态弹性力相应的生态系统整体健康状态呈下降趋势；各项分指数中，以资源环境承载力指数相应的生态系统健康等级最高，多处于健康状态；人类潜力和生态弹性力是制约黄河流域青海片生态

---

① 洛桑·灵智多杰主编. 青藏高原环境与发展概论 [M]. 北京：中国藏学出版社，1996 (5).

② 张宏岩. 青海省藏族地区经济与社会协调发展研究 [M]. 北京：中央民族大学出版社，2010 (9).

系统健康的主要因素。[①] 张爱儒（2015）在对青海藏区三江源重要生态功能区生态环境状况进行实地调查研究的基础上，通过构建三江源重要生态功能区生态环境承载力指标体系和评价模型，采用多元统计方法进行了分析评价，得出的结论是：总面积39.5万平方公里，约占青海省总面积54.61%，包括玉树、果洛、黄南、海南4个藏族自治州的21县1乡的三江源生态功能区环境承载力系统协调发展水平大都处在失调状态（见表9－24所示），森林草地水土流失大，荒漠化严重；人口密度不大，对资源人均占有量较大，土地资源环境承载力较小，综合环境承载力较差，建议根据实际情况，采用农牧民易于接受的移民方式，培育优势特色产业和推进小城镇建设有机结合，大力培育生态移民后续产业做好生态移民后续产业发展规划，加快发展二、三产业，拓宽移民就业渠道，确保生态得到保护。[②]

**表9－24　三江源生态功能区各县综合环境承载力系统协调发展水平**

| 地区 | C(自然环境－社会经济) | 协调度等级 | D(自然环境－社会经济) | 协调等级 |
|---|---|---|---|---|
| 共和县 | 0.95131 | 优质协调 | 0.8167 | 良好协调 |
| 玉树市 | 0.77720 | 中等协调 | 0.6242 | 初级协调 |
| 曲麻莱县 | 0.00810 | 失调 | 0.0571 | 失调 |
| 兴海县 | 0.85636 | 良好协调 | 0.5720 | 勉强协调 |
| 河南县 | 0.99378 | 优质协调 | 0.6025 | 初级协调 |
| 贵德县 | 0.70608 | 中等协调 | 0.4775 | 濒临协调 |
| 贵南县 | 0.65597 | 初级协调 | 0.4557 | 濒临协调 |
| 同仁县 | 0.99727 | 优质协调 | 0.5556 | 勉强协调 |
| 尖扎县 | 0.68280 | 初级协调 | 0.4486 | 濒临协调 |
| 同德县 | 0.70558 | 中等协调 | 0.4488 | 濒临协调 |
| 甘德县 | 0.00017 | 失调 | 0.0067 | 失调 |
| 泽库县 | 0.49355 | 濒临协调 | 0.3572 | 失调 |
| 玛沁县 | 0.67591 | 初级协调 | 0.4109 | 濒临协调 |
| 杂多县 | 0.23439 | 失调 | 0.2236 | 失调 |
| 囊谦县 | 0.52457 | 勉强协调 | 0.3279 | 失调 |

① 隋欣，齐晔．黄河流域青海片生态承载力动态评价［J］．生态学杂志，2007（3）．

② 张爱儒．青海藏区重要生态功能区生态环境承载力研究——以三江源生态功能区为例［J］．兰州大学学报（社会科学版），2015（3）．

续表

| 地区 | C(自然环境－社会经济) | 协调度等级 | D(自然环境－社会经济) | 协调等级 |
|---|---|---|---|---|
| 班玛县 | 0.00851 | 失调 | 0.0398 | 失调 |
| 达日县 | 0.01947 | 失调 | 0.0581 | 失调 |
| 久治县 | 0.00516 | 失调 | 0.0290 | 失调 |
| 治多县 | 0.40320 | 濒临协调 | 0.2545 | 失调 |
| 称多县 | 0.96313 | 优质协调 | 0.3706 | 失调 |
| 玛多县 | 0.00003 | 失调 | 0.0016 | 失调 |

资料来源：张爱儒．青海藏区重要生态功能区生态环境承载力研究——以三江源生态功能区为例．兰州大学学报（社会科学版），2015（3）.

面积广大，生态承载力低，人口总量小，人口集聚度不足，城镇人口少，城镇经济不发达，东部城市群难以有效集聚人口是青海推进新型城镇化进程中面临的重要问题。

**2. 人口素质与人口流动问题**

人口素质是指在一定的历史条件下人口的结构和组合状态所展现的各种社会功能和影响力。传统的个体素质“三要素”论认为，人口素质包括了身体素质、科学文化素质和思想道德素质三个方面，在这三方面中，身体素质是人口质量的自然条件和基础，科学文化素质和思想道德素质是人口质量的中心。思想素质包括世界观、社会观、道德观、法纪观、社会公德、个人私德、思想品行、修养操守等，是支配人们行为的意识状态；科学文化素质指人们在生产实践和社会实践中积累的劳动生产经验，以及在教育培训中学到的文化科技知识，是人们认识和改造世界的能力，在科技日新月异飞速发展的当代，人口文化素质的提高是促进社会经济迅速发展的条件；身体素质是人口素质发展的自然基础，指人口群体的身体器官和生理系统的发育、成长和机能的状况，表现为身躯完损、体质强弱、耐力大小、智能高下、反应快慢等，是人口质量的自然条件和基础。因此，影响人口素质的主要因素在于医疗和教育，前者决定着人口的体质，后者决定着人口的思想文化水平和职业适应能力。

通过教育培训提高人口素质，一方面可以提高生产者的素质，使同一劳动在其他生产条件不变的情况下吸收更多的劳动资源，从而提高劳动生产率；另一方面，可创造更多的技术发明，并同时作用于直接生产者、劳动资源和劳动对象，从而产生更多的经济效益。

中国特色的新型城镇化本质上是以人的需要和人的全面发展为核心意涵的城镇化，是一个城乡统筹发展和城乡一体化过程，要实现的主要目标是人的城镇化。要实现人的城镇化主要解决的问题是农民工的市民化。而要实现农民工的市民化，我们不仅要注重制度的建设，注重城镇软硬件设施的建设，更要切实关注农民工市民化的能力问题。

人口是否流动、流向何方、从事何种职业不仅取决于国家政策，也取决于个人的素质。一般来说，人口素质决定人口流动的意愿。素质越高的人，对世界具有更强烈的探索意识和追求美好生活的动力，流动的意愿比较强烈，流动的范围也越大。同时，人口素质也决定着人口职业转换的能力。素质越高的人，学习的能力更强，更能适应科技发展而产生的新的就业岗位。适应职业的能力越强，转换职业越容易。此外，人口素质也影响身份转换和适应城镇生活能力。一个接受了大学教育的农村学生，比农民工更容易获得社会认可，能得到较高的社会身份，也能很快实现从农民到市民的身份转换。而职业和身份的转换决定着人们在城镇的生活质量。从表 9 – 14 和表 9 – 15 的数据可以看出，2010 年青海主要民族就业人口在各行业的比重中在农、林、牧、渔、水利业的生产人员为最多，占 75.57%，在占各职业就业人口的比重中成为国家机关、党群组织、企业、事业单位负责人和专业技术人员的比重分别是 1.01% 和 5.32%。这说明由于青海省教育的不足，直接影响了少数民族人口综合素质的提高，制约着人口的流动及职业选择。

世界科技飞速发展的今天，人类已进入了智能时代。智能时代的生产已经从制造转向了“智造”。体力劳动已经快速地被智能机器所取代，简单劳动被复杂劳动所取代，创新成为引领世界发展的主导力量。科技是第一生产力，创新是一个民族的灵魂。科技发展和创新的前提是通过教育提高人口素质，让人力资源转化为人力资本。对农民工来说，就是要让他们通过接受各类教育培训，跟上产业转型升级对劳动者技能适应的需要，使农民工有能力适应城镇职业发展，从而顺利完成职业转换，成为有持续能力的城镇产业的就业者，为市民化奠定坚实的物质基础。

人口素质作为发展经济和增强国家实力的必要条件，是参与市场竞争的根本资本，也决定着个体的流动能力。而一个地区人口的综合素质取决于一个地区的科教投入及该地区整体的科技实力，是区域经济发展水平的综合体现，与区域的教育、医疗水平呈现正相关的关系。联合国教科文组织的研究成果显示，劳动生产率与劳动者文化程度呈现出高度的正相关，与文盲相比，小学毕业可提高生产率 43%，初中毕业提高 108%，大学毕业可提高 300%。因此，《国家人口发展规划（2016 ~2030 年）》明确提出，要“加快完善国民教育体系，不断提高基本公共教育服务均等化水平，2020 年普及高中阶段教育，迈入高等教育普及化“门槛”（毛入学率达到 50%），2030 年达到更高普及水平，劳动年龄人口平均受教育年限进一步提升。全面提高教育质量，切实提升大中专毕业生就业创业能力。”①

青海作为一个地处青藏高原欠发达的西部省份，长期以来教育、医疗水平投入不足和发展滞后，导致人口素质较低、人民群众的科学素养不高，高寒的环境也使大部分人的身体状况欠佳。智力素质和身体素质的不足，严重制约了人口的流动。特别是众多的少数民族群众，由于受教育程度不高，语言不通，掌握的技能有限，很难走出草原进入城镇。加大教育、医疗投入，努力提高各民族群众的综合素质是青海推进新型城镇化的当务之急。

**3. 民族融合与民族发展问题**

青海是一个多民族地区，城镇化的推进加快了各民族人口的流动，进入城镇的各民族人口，杂居混居在同一个社区的现象比较普遍。由此带来的文化、信仰、生活习俗等方面的冲突成为城镇社会发展的一个重要问题。同时，城镇在经济社会发展中的许多问题直接关系到少数民族群众权力和物质利益的获取，少数民族人口来到城镇，其合法的权益还缺乏足够的法律保障和政策支持，如就业、医疗、社会保障、子女入学、宗教活动场所等实际问题得不到充分保障，就会影响到民族关系甚至会导致社会政治的不稳定。妥善处理城镇化进程中民族矛盾，促进社会主义民族关系的和谐发展，是构建社会主义和谐社会，推进新型城镇化的一个非常重要的内容。

## （二）青海的人口问题对推进新型城镇化的影响

**1. 人口总量变化决定城镇人口的集聚程度**

城镇是由人口的集聚发展起来的，人口集聚的程度决定了城镇发展的速度。青海作为欠发达的西部省份，其经济发展程度不足以大量吸引外来人口在省内定居，而自身人口不足600万且素质不高的现实也决定着人口向城镇集聚的绝对量是有限的。从这些年城镇化的发展来看，由于人口集聚量不足，青海的城镇发展速度慢、规模小、集聚度不足，由此制约着城镇规模经济的发展，缺乏规模效应的城镇没有能够充分发挥城镇的规模效率，致使第三产业的发展受限，城镇对周边的辐射带动能力不强（见表9－25）。

**表9－25　2010～2015年青海市级城市人口变化**　单位：万人

| 城市＼时间 | 2010 | 2011 | 2012 | 2013 | 2014 | 2015 |
|---|---|---|---|---|---|---|
| 西宁市 | 91.26 | 91.98 | 92.64 | 123.59 | 124.15 | 146.55 |
| 格尔木市 | 9.74 | 11.94 | 12.65 | 12.76 | 13.01 | 13.42 |

① 国务院印发《国家人口发展规划（2016～2030年）》－新华网 http://news.xinhuanet.com/politics/2017－01/25/c_1120382754.htm.

续表

| 时间<br>城市 | 2010 | 2011 | 2012 | 2013 | 2014 | 2015 |
|---|---|---|---|---|---|---|
| 德令哈市 | 4.33 | 4.56 | 5.63 | 5.78 | 5.87 | 5.91 |
| 海东市 | 20.23 | 34.35 | 46.20 | 48.30 | 56.40 | 57.12 |
| 玉树市 | 2.27 | 2.34 | 2.41 | 2.37 | 2.49 | 3.16 |

资料来源：根据2011～2016《青海统计年鉴》的数据绘制.

**2. 各民族城镇人口比重变化决定着城镇的社会发展**

新型城镇化是人的城镇化，只有各民族的和睦相处、只有社会的和谐稳定，新型城镇化才能得以顺利推进。青海作为一个多民族的省份，在城镇化进程加速推进的进程中，少数民族流动人口也大量进入了城镇。他们在为城镇的发展做出贡献的同时，也使城镇民族关系进一步复杂化，使城镇发展面临着一系列社会问题。由于在城镇中很难形成较大的民族社区，各民族大都处于杂居状态。这种杂居状态不可避免地使城镇社区面临着基于民族文化的差异带来的社会冲突，这种冲突会影响到城镇民族关系的稳定和城镇社会的和谐发展。从前面的数据中，我们看到，青海的少数民族人口总量和增量近年来都呈现加速发展的态势，尤其在增速上远远高于汉族。随着少数民族流动人口进入城镇的数量不断增加，政府应努力提供多种社会支持，有效解决好少数民族流动人口的身份和职业转换问题，能使其在城镇中安居乐业、各民族和睦共处，是青海在推进新型城镇化进程中要高度重视的问题。

**3. 人口素质决定着进入城镇人口的职业转换**

人口向城镇的集聚是城镇化的基础。但仅有人口向城镇的迁移是不够的，人口进入城镇只是为城镇提供了大量的劳动力资源，如果这些资源不能有效地与城镇的产业结构相匹配，成为工商业生产岗位上合格的劳动者，则进入城镇的人口无法留在城镇或只能成为城镇的负担。

流动人口的素质决定着进入城镇人口的职业转换，能顺利完成职业转换的人口才能成为有效的城镇人口。邱鸿博（2014）的研究认为，农民工接受教育的程度和他们进入城镇的职业是密切相关的。受过良好教育或者经历过高级专业技能培训的农村籍流动人口，他们中的大部分人拥有大中专学历。他们一般在城镇的就业岗位是办事人员和专业技术人员，比较容易地完成了职业转换，在身份上成为农村籍流动人口群体的中上层。而高中、初中及以下学历毕业，没有受过职业教育的农村籍流动人口，只能从事简单的生产和胜任低技能服务岗位。一般在沿海的工厂进行简单的加工工作，或者在商业、餐饮、运输等行业中从事简单的工作，他们在身份是农村籍流动人口群体的中下层。而没有接受过教育的农村籍流动人口只能从事体力劳动，工作不稳定，生活水平极低，在农民工群体中处于底层，他们属于农村籍流动人口群体的底层，既是政策允许也很难完成职业和社会身份的转换。①

从科学技术发展的进步来看，比拼人口总量的时代已经过去了，进入智能时代的世界，人口素质和劳动生产率的比拼才是国家竞争的实质。青海的人口素质如能得到较快提升，与产业升级、经济发展方式转变相配合，将会为青海未来的发展提供新的人口比较优势。因此，人口素质与城镇化发展需求的匹配才是推动新型城镇化进程的主导力量。

## 三、青海解决好人口问题推进新型城镇化的对策

### （一）通过推进新型城镇化发展紧凑型城镇，提高城镇人口集聚度，减轻生态压力

人口从农村向城市流动、从农牧业向制造业流动、再从制造业向服务业流动，这个现代经济发展的结构变迁过程是技术创新的过程、产业升级的过程，也是人口城镇化的过程。推进新型城镇化的关键在于通过比较优势来选择产业和技术，提升城镇产业的发展能力，为流动人口提供就业岗位和发展机会，进而提高城镇集聚人口的能力。通过人口不断向城镇、向第二、第三产业的地域及职业的转移，减轻对农牧区生态的压力，实现生态的平衡发展。2016 年 1 月 25 日国务院印发的《国家人口发展规划（2016～2030 年）》提出，要推进人口城镇化，推动城市群人口集聚，改善人口资源环境紧平衡，完善人口流动政策体系，优化人口空间布局。②

要实现人口向城镇的集聚，首先要正确认识流动人口对城镇发展的价值。（1）城市发展水平的比较优势形成了人口流动的动力，那些人口流入比较多的城市都是社会和经济发展水平高，对流动人口吸引力大的城市，一个没有生机和活力的城市不仅很少会有流动人口流入，自身也会成为人口的流出地。而流动人口所普遍具有的勇于探索未知环境、挑战未知领域的精神也正是城市发展所需要的、保持城市活力和进取精神的重要素质。（2）流动人口提供了城市经济和各项事业发展所需的劳动力资源。流动人口通过参与城市的就业竞争促使劳动力不断提高自身素质，一方面促进了城市劳动者素质的提高，另一方面也降低了劳动力成本，为经济的发展提供了劳动力素质和劳动力成本两个方面的竞争优

① http：//www.cssn.cn/shx/shx_fcyld/201403/t20140331_1051278.shtml. 邱鸿博．农村籍流动人口落户城镇意愿的分析——基于社会分层的视角．中国社会科学网．

② 国家人口发展规划（2016～2030 年）［N］. 人民日报，2017－01－26.

势。(3) 流动人口在一定程度上拉动了城市消费，为经济发展提供了需求动力。(4) 流动人口带来了不同的思想观念，与当地人口相互交流和沟通，丰富了城市的文化内涵，有助于建立开放的城市文化。(5) 流动人口可以促进城市的辐射力、影响力的提升，从而有效地提高城市的竞争力。其次，在认识流动人口对城镇发展价值的基础上要积极改革城镇管理体制，为流动人口进入城镇就业和居住在城镇创造条件。最后，要科学规划，努力完善城镇的软硬件设施，提升城镇的生活质量。

## （二）完善小城镇功能，集聚职业农牧民，有效推进以家庭农牧场为主要形式的农牧业现代化，提高农牧业的生产效率

### 1. 国家促进小城镇建设的举措

近年来，国家大力推动小城镇建设，出台了许多支持小城镇发展的政策，支持各地特色小城镇的建设。2016 年 7 月 21 日，住房城乡建设部、国家发展改革委、财政部联合发出的《关于开展特色小城镇培育工作的通知》（［2016］147 号）提出，即日起在全国范围内开展特色小城镇培育工作，到 2020 年争取培育 1000 个左右各具特色、富有活力的特色小镇，引领带动全国小城镇建设牢固树立并贯彻落实创新、协调、绿色、开放、共享的发展理念，因地制宜、突出特色，充分发挥市场主体作用，创新建设理念，转变发展方式，探索小城镇建设健康发展之路。8 月住房建设部发布《关于做好 2016 年特色小镇推荐工作的通知》，10 月发展改革委发布《关于加快美丽特色小（城）镇建设的指导意见》，住建部根据《住房城乡建设部　国家发展改革委　财政部关于开展特色小镇培育工作的通知》（建村［2016］147 号）精神和相关规定，在各地推荐的基础上，经专家复核，会签国家发展改革委、财政部，认定全国 127 个镇为第一批中国特色小镇，青海省的海东市化隆回族自治县群科镇、海西蒙古族藏族自治州乌兰县茶卡镇榜上有名。

2017 年 1 月 23 日，国家发改委公布的《西部大开发“十三五”规划》提出，要以县城为重点，发展小城镇。“十三五”期间，打造百座特色小城镇。青海省的贵德县河阴镇、大通县城关镇、互助县威远镇、大柴旦行委大柴旦镇成为国家重点建设的小城镇。2017 年 2 月 8 日，国家发展改革委和国家开发银行发布关于《开发性金融支持特色小（城）镇建设促进脱贫攻坚的意见》，提出要发挥资本市场在脱贫攻坚中的积极作用，盘活贫困地区特色资产资源，为特色小（城）镇建设提供多元化金融支持。通过特色小（城）镇建设带动区域性脱贫，实现特色小（城）镇持续健康发展和农村贫困人口脱贫双重目标。国家部委陆续颁布的一系列特色小（城）镇政策，使得全国各地建设特色小镇的热情不断高涨，小城镇建设取得了快速进展。

**2. 青海的小城镇建设**

在国家政策的大力支持下，青海省推进小城镇建设的力度在不断加大。在立足自身环境和资源禀赋，充分把握区位优势、资源优势和产业优势的前提下，从2014年开始，全省每年安排项目资金8亿元，通过完善规划、加强基础设施建设等工作，重点打造16个高原美丽城镇，计划利用5年时间，投资40亿元打造80个高原美丽城镇。截至2016年6月，已累计投资24亿元，完成了48个高原美丽城镇风貌规划编制审查工作，对全省48个镇开展了高原美丽城镇建设，城镇公共服务和市政基础设施也得到了进一步完善。“十二五”期间，大通县桥头镇等65个镇被列为全国重点镇；海北州海晏县西海镇等5个镇被列为全国特色景观旅游名镇；海南州贵德县河阴镇被列为全国美丽宜居小镇。

小城镇大都处于城市经济与农牧区经济的结合部，是加强城乡联系的“中转站”。它一头联系城市，是大中城市辐射功能的“接收器”和“差转台”，另一头联系农牧区，作为小区域的政治、经济、文化中心，起着本区域内发展各产业的协调和指导作用。并通过发挥自身的辐射功能来带动周围乡村发展，把大量的生活资料和工业原料聚集在一起，将城市的技术、信息和生产资料送到农村，为农牧业生产和农牧民生活提供服务。从青藏高原区域来看，茫茫草原上的小城镇就像沙漠里的绿洲、大海里的孤岛。对于一大片草原来说，一个功能完善的小城镇就是它一切活动的中心，是带动这片区域发展的核心，这个核心作用的发挥程度对这片草原的发展至关重要。

**3. 推进小城镇建设，完善小城镇功能，带动青海农牧业走向现代化**

青海现有的137个小城镇是青海广大农牧区重要的政治、经济、文化核心，发展好小城镇，进一步完善其功能对促进青海农牧业向现代化的发展起着至关重要的作用：（1）通过完善小城镇的功能，可以吸引私营企业主、第三产业经营者和小企业逐步向小城镇聚集发展，从而可以从根本上改变小城镇的市场主体形式和经济增长方式；（2）通过完善和健全小城镇的市场机制，可以以比较完备的市场体系，积极推进区域商品交换，使农牧区市场体系得到进一步的发育，进而带动整个农牧区商品生产更快地发展。（3）依靠小城镇比较齐全的市场设施和提供的服务功能，为农牧业通过土地流转实现以家庭农牧场为主要形式的农牧业现代化提供条件，进而促使农牧民就地转化为职业农牧民，向小城镇集聚，成为小城镇的永久居民；（4）可以依托城镇吸纳人、财、物的功能，带动农牧业产业化向高效经济发展，延伸农牧业产业链，实现农牧业产业的高效发展。

**4. 青海省作为一个人口小省、国土面积的大省，有能力支撑以家庭农牧场为主要形式的现代农牧业的发展**

根据2014年1月15日公布的青海省第二次土地调查资料，青海省有耕地面积58.8万公顷（882万亩），占国土面积的0.75%；其中，基本农田43.4万公顷（651 万亩）；园地为 0.6 万公顷（9 万亩）、林地为 354.5 万公顷（5317 万亩）；草地为 4212.9 万公顷（63194 万亩）占国土面积的 60%，其中可利用草地面积 5.83 亿亩，占全省草地面积的 92%；人均耕地 0.102 公顷（1.53 亩），与全国人均耕地 0.101 公顷（1.52 亩）持平，有 1.6 万公顷（24 万亩）耕地已不耕种，呈长期撂荒状态。由于受气候和地理环境的制约，耕地和草地的生产效率很低，收益不高，随着城镇化的推进，人口不断向城镇集聚，必将带来从事农牧业的劳动力的大量减少，导致更多耕地和草场的撂荒，农牧业从一家一户的小农经济向以家庭农牧场为主导的农牧业现代化生产转型是历史的必然。

小农经济与家庭农场经济的根本区别在于效率。以色列农村人口只占总人口的 9%，由于使用高科技进行现代化的生产，以色列的水资源利用率能够达到 100%，一个农业人员可以养活 90 人，农业出口占据全国出口总值的 9%，每年换取约 14 亿美元的外汇，农业物资和技术的出口额也达到 12 亿美元。美国的农业人口仅为 284 万人，却是世界粮食生产出口第一大国，其一个国家的粮食出口，就占到了世界粮食出口总量的一半。其原因就是美国的家庭大农场带来的规模效益。美国的农场大都在 1000～10000 英亩之间（1 万英亩相当于中国的 6 万亩），可以大规模地使用各种农业机械和技术，而中国农民种植的土地，只有区区几亩几十亩，狭小的土地导致农业机械用不上、技术无法用、社会服务用不起，而且劳动力大都处于半失业的状态，生产效率远远落后于别人，生产成本却远远高于别人。因此，政府应该在小城镇建设过程中，立足于青海的实际，面向广大的农牧区，以提供有效供给和满足有效需求为导向，围绕产业和功能的特色定位，以土地流转推动小城镇建设与农牧业现代化发展的联动，以小城镇建设促进农牧业现代化，以农牧业现代化促进小城镇人口及二、三产业的集聚与发展，实现小城镇建设与农牧业现代化的一体化发展。

### （三）发展多样化教育，提升人口素质，为流动人口市民化提供条件

#### 1. 流动人口市民化的实质

流动人口市民化的实质是农牧区人口进入城镇后改变原来的农牧区生活方式以适应城市生活方式的过程。它包括接受新的教育和培训、获得在城市谋生的手段和技能，适应城市的生活、工作方式，改变原有的价值观念和思维习惯，与城市市民交往并学习、使用城市主流语言，逐步实现农牧民身份的市民化、就业方向非农化、生活方式城镇化，以及居住和生产活动的范围非农村化。

#### 2. 流动人口市民化的条件

从流动人口市民化的实质来看，其市民化必须要具备如下几个方面的条件：

职业身份的转变；社会身份的转变；意识和行为的转变。这三个条件中，职业身份的转变和意识及行为的转变都与教育密切相关。

**3. 教育对流动人口市民化的作用**

对农民工及其子女来说，接受教育、特别是职业教育是实现其职业身份的转变进而市民化的关键环节。这是因为：第一，职业教育在固定的受教育场所，专门传播知识技能的教师有组织、有计划与目的地通过系统的文化知识和技能的传授，使农民工能掌握立足城市的各种技能，能为实现其职业身份转换提供基本的条件。第二，职业教育通过人文教育引导农民工树立科学的世界观和正确的人生观，明确生活目标，根据社会现实树立生活理想、职业理想和社会理想，帮助农民学会协调理想与现实产生的冲突，适应复杂的城市生活，使农民工具备城市生活意识。第三，职业教育通过法律教育可以使农民工充分认识城市社会规范的内容和意义，认识到城市生活与农村生活的不同，从而树立自觉的城市生活的规则意识。第四，职业教育可以使农民在进入其他各社会领域之前，为其提供角色学习机会，以适应社会环境，成为或承担某一社会角色，获得某种社会职业而实现社会化。

**4. 青海省以完善职业教育推进农民工市民化的对策**

相关的研究证明，流动人口受教育程度与居留城镇的意愿呈正相关关系，流动人口的文化程度越高，居留城镇的意愿也越强、可能性也越大，提高流动人口的受教育水平和强化技能培训有助于增强他们在城镇居留的信心。由于流动人口进城后接受正规教育的机会比较少，职业技能培训应成为提高他们人力资本水平的重要途径，各级政府应把开展职业培训和文化培训纳入经济社会发展规划，鼓励和支持有条件的企业对职工进行各种形式的培训。

（1）完善现代职业教育体系，以政府统筹职业教育为重点，优化教育资源。把学校布局调整与专业统筹结合起来，合理设置专业，使学校各有侧重、各具特色。充分挖掘和统筹好现有的实习实训资源，突出职业教育的时效性、专业性、灵活性。

（2）鼓励多种形式办学，满足农民工对职业培训的需要。农民工的工作现实决定了绝大多数农民工不可能脱产去学校进行系统的学习。职业教育可以根据农民工的实际情况推出多种形式的教育方式。如半工半读、社区学校、夜校、工地培训等。半工半读是现代职业教育的一种学习制度，是校企合作、工学结合的一种人才培养模式，其基本形式是学校与企业等用人单位合作培养学生，学生通过工学交替完成学业。实行工学结合、半工半读，短期培训或是岗前培训，符合职业教育发展的内在规律和农民工现实情况。

（3）建立合理的职教教师激励机制，努力提高收入水平并拓宽他们的职业晋升途径，以稳定其工作心态，使其将精力和时间积极用于改革教学方法，提高教学质量。

（4）建立健全面向市场、政府主导、学校主办、行业指导、企业参与的办学多样化职教办学机制。通过立法解决职业教育的校企合作、产学研合作问题，给用人单位提供税收减免等优惠政策，让企业在合作中得到应有的利益。要调动企业的积极性，通过制定优惠政策，鼓励企业接收学生实习实训和教师实践，鼓励企业积极与职业教育进行合作。

（5）实行职业教育免费制度，降低进入“门槛”，鼓励农民工积极选择适合自己的职业教育方式，提升他们的就业及适应城市生活的能力。

（6）青海作为多民族聚集的省份，语言障碍和职业技能培训缺乏是制约少数民族流动人口就业的最大“瓶颈”，同时也制约着少数民族流动人口在城镇的居留意愿。对此，青海省应在完善民族教育政策的同时，要开展适应民族文化特点的多方面技能培训和职业教育，增强其就业能力和职业稳定性，通过语言 + 技能的方式，为少数民族流动人口的就业、创业、留居城镇提供条件，以增强他们自我发展的能力。

### （四）强化社区建设，推动民族融合，建设和谐社会

社区是社会的基本单元，也是各民族交流交往交融的重要平台。现代意义的社区是工业文明的产物，社区建设和管理的水平已经成为社会发展的重要内容和衡量社会进步的重要标志。把民族工作延伸到社区，把社区民族工作作为社区工作的一个重要组成部分，在推进新型城镇化进程中进一步做好城市民族工作是构建社会和谐的重要途径和方式。

随着城镇多民族化的发展与少数民族流动人口的增多，少数民族流动人口存在的教育程度、民族语言文化、风俗习惯、社会心理乃至宗教信仰的差异，使得社区少数民族多元趋势不断加大。强化社区建设，以社区为平台，构建少数民族流动人口的社区支持网络，便于社区民族工作的深入开展，有助于增进、扩展城市民族事务管理部门的职能，能为少数民族流动人口提供迫切需要的服务和保障，提高其生活质量，组织他们参与社区管理和服务。在共同居住的过程中，培养对其社区的归属感，有助于提高少数民族流动人口的生存质量与心理水平，能有效促进民族和睦、团结，预防民族问题的发生，能有效促进社会和谐，减少社会冲突。

### （五）实行有效的人口政策，保证人口的持续发展

进入 21 世纪后，我国人口发展的内在动力和外部条件发生了显著改变，出现重要转折性变化。2016 年 1 月 25 日国务院印发的《国家人口发展规划（2016 ~ 2030 年）》指出，中国的“总人口将在 2030 年前后达到峰值，此后持续下降。

劳动年龄人口波动下降，劳动力老化程度加重。”因此，“完善人口发展战略和人口政策体系，促进人口长期均衡发展，最大限度地发挥人口对经济社会发展的能动作用，对全面建成小康社会、实现中华民族伟大复兴的中国梦，具有重大现实意义和深远历史意义。”《规划》强调，“要健全生育政策调控机制，合理配置公共服务资源，完善家庭发展支持体系，推动实现适度生育水平。要以促进人口均衡发展为主线，坚持计划生育基本国策，鼓励按政策生育，充分发挥全面两孩政策效应，综合施策，创造有利于发展的人口总量势能、结构红利和素质资本叠加优势，促进人口与经济社会、资源环境协调可持续发展。”① 面对人口增长趋缓，老龄化加速，“人口众多的基本国情不会根本改变，人口对经济社会发展的压力不会根本改变，人口与资源环境的紧张关系不会根本改变”的国情，青海省应根据自身的实际，“加大环境治理与保护力度，可持续开发利用自然资源，推动形成绿色发展方式和生活方式，着力增强人口承载能力。”以《国家人口发展规划（2016～2030 年）》为依据，实行积极有效的人口政策，保证人口的持续发展，是 2030 年前后中国人口达到峰值，老龄化程度不断加深，劳动年龄人口进入波动下降后，面对各地劳动力进入短缺状态下，保证青海经济社会发展的重任所在。

### （六）大力发展以西宁市海东市为核心的东部城市群，规划以格尔木为重心的西部城市群，引导人口向城市群集聚

城市群是指以一个或多个中心城市为核心、以综合交通网络为骨架、彼此具有紧密的经济社会联系、在一定区域范围内发挥复合中心功能的城市集合体。城市群是城镇化的高级形式，也是城乡一体化、郊区化和中心城区改造有机结合以及中心城区人口有机疏散的最佳地域组织形式。城市群内城镇间产业的分工合作有利于人口的集中，城市群内城镇向周边的辐射带动作用有助于城乡一体化问题的解决，通过周边城镇与核心城市的联动发展，又有利于疏散大城市的人口压力，有助于“大城市病”的缓解。因此，从《国家新型城镇化规划（2014～2020 年）》到《国家人口发展规划（2016～2030 年）》都把城市群建设和推动人口向城市群集聚，确定为未来中国城镇化的重要方向和人口的主要流向。

城市群是国家工业化和城镇化过程中产业发展和人口迁移的主要空间载体。城市集群的地方，也是一个区域最适合发展的重点地区，引导人口向城市群集聚，就是引导人口加快向重点开发区域集聚。在未来相当长的一段时间内，我国经济发展的主要动力将越来越依赖城市群，特别是大城市群，大中型城市发展已从单体城市发展向城市群整体发展转变。城市集群发展，可以促进不同规模城市

① 国务院印发国家人口发展规划［N］. 人民日报 . 2017 年 01 月 26 日 .

之间统筹规划、实现产业空间布局优化调整，实现优势互补、分工协作；扩大中心城市的辐射、带动作用，以大城市带动中小城市发展，能够破解小城镇公共设施、公共服务不公问题。

从青海来看，根据2014年3月31日青海省政府正式印发实施的《青海省主体功能区规划》，青海重点开发区域，包括东部重点开发区域和柴达木重点开发区域，属国家级兰州—西宁重点开发区域。该区域面积为7.3万平方公里，占全省面积的10.18%，总人口397万人，占全省总人口的68.7%。

2010年12月青海启动了以西宁为中心的青海东部城市群建设，2013年4月，国务院正式批准青海省撤销海东地区设立地级海东市。青海省东部城市群区域包含西宁市、湟源县、湟中县、大通回族土族自治县，海东市（乐都区）、平安区、互助土族自治县、民和回族土族自治县，共8个县市，东接兰州，西通柴达木盆地和青藏高原腹地，集聚了青海省大多数经济、人口和社会资源，是青海发展时间最长、基础最好的区域。区域内不仅有青藏铁路和兰青铁路横穿全区，且农牧业基础条件好。从东部城市群启动以来，城市群得到了快速发展，但由于东部城市群处于形成的初期，城市群效应尚未凸显。城市群产业发展不足，除西宁以外，群内各城市的通讯、防洪等配套基础设施建设大多达不到城市水平，城市内生能力不强，城镇化基础薄弱，对流动人口吸附力不足，2015年底海东市的城镇化率只有40%。① 人口聚集能力欠佳，导致群内城市人口规模较小，无法有效发挥城市群的规模效益。因此，2016年12月19日颁布的《关于深入推进青海省新型城镇化建设的实施意见》（青政〔2016〕76号）提出，要“强化地方政府推动农牧业转移人口市民化主体责任，推进教育、就业、医疗、养老、住房保障等领域配套改革，”通过“健全东部城市群建设推进联席会议制度，成立城市群交通体系、产业协同、公共服务设施、环境共治等专业建设委员会，常态化、项目化推进城市群建设发展。”把政府主导和市场主导相结合，发挥政府在城市群构建中的宏观战略引领作用，提升城市群综合品质吸引资源要素，推动产业发展转型，增加就业机会，积极引导流动人口向城市群有序集聚，推进农业转移人口市民化，是提升城市群综合品质、积累人力资本、增强城市群增长极功能、促进工业化的基础性工程。

以格尔木、德令哈为重心的柴达木重点开发区，是青海省重要的工业基地。随着国家“一带一路”建设的不断推进，柴达木的盐化工业、石化工业、有色金属冶金工业、煤化工业以及以汉藏药材、绿色食品、保健品、生物制品相结合的农牧业和生物资源开发利用产业等具有柴达木特色的五大产业呈现出强劲的发展势头。已经形成了盐湖化工循环型产业、金属产业、油气化工循环型产业、高原

① 2016年海东市政府工作报告.http：//www.libaiwu.com/17743.htm.

特色生物产业和可再生能源产业等六大产业链，形成了资源、产业和产品多层面联动发展的循环型产业格局。柴达木循环经济试验区是 2005 年国家发展改革委等六部委批准的国家首批 13 个循环经济产业试点园区之一，是国家“十一五”规划纲要明确加快实施的循环经济产业园区之一，也是目前国内面积最大、资源较为丰富、唯一布局在青藏高原少数民族地区的循环经济产业试点园区。通过柴达木循环经济试验区的建设，积极推进绿色低碳循环化发展，加快构建循环经济主导产业体系，大力推进资源、产品、产业的深度融合和企业、园区、区域的全面协调发展，具有海西特色的循环经济发展模式基本形成，发展质量和效益不断提升。

柴达木重点开发区作为丝绸之路经济带重要节点，承藏启疆及联通中亚、西亚、南亚的战略通道地位非常重要。积极筹划以格尔木、德令哈为重心的青海西部城市群，以产业发展为支撑，积极融入国家“一带一路”战略，更好利用国际国内两个市场、两种资源，开展产业跨区域合作，以开放促发展、促转型，把西部城市群打造成丝绸之路经济带上的重要产业基地，是进一步推动青海工矿业发展，大力向西开放发展的重要举措。但由于地处高寒地带，柴达木重点开发区内的城镇人口都非常少，截至 2015 年底青海西部最大的城市格尔木市的总人口只有 134841 人。[①] 随着柴达木重点开发区经济的不断发展，对劳动力的需求也将不断增加，在全国人口增加趋势下滑、劳动力供给不足的大背景下，劳动力的供给问题将可能成为制约青海西部发展的一个“瓶颈”。推动以格尔木、德令哈为重心的西部城市群建设，可以加速青海西部地区城镇人口和产业的聚集，可以带动周边中小城镇的发展，形成区域特征明显、产业相互配套、优势互为补充、要素有序流动的城镇发展新格局。

## 本章小结:

推进新型城镇化的问题，归根到底是人的问题。人口的集聚产生了城市，人口的不断增加使城市不断变大，而人口减少使城市走向衰败，甚至消亡。改革开放以来，中国人口流动的主要趋势一直是从中西部向东部和东南沿海一带流动，庞大的人口红利支持了中国经济的快速发展。面对人口持续向东部地区大城市快速地集聚，政府为了减轻大城市人口集聚过快带来的压力，通过不断出台城镇化政策来调控人口的流向。近年来随着人口自然增长率不断下降，中国的生育水平已降至全球最低。劳动力人口占比也出现拐点，抚养比逐步抬升。面对生育率下降和人口红利的逐步消失，国家开始逐步调整生育政策，以谨慎的态度抑制生育

---

① 2015 年格尔木市国民经济和社会发展统计公报，2016 年 4 月 26 日 .

率的下降。人口的集聚和劳动力的持续增长是经济发展的基础，随着人口红利的消失和新生劳动力数量的减少，城市之间、地区之间争夺劳动力的竞争将不断加剧，大城市将利用自己在产业、公共服务和社会环境等方面的优势吸引走年轻的、高素质的劳动者，劳动力向大城市的流入将进一步拉大区域差距。青海作为欠发达的西部人口小省，由于人口的制约，城镇规模都比较小，直接影响了城镇的发展壮大。青海在推进新型城镇化的进程中，在着力加大环境治理与保护力度，可持续开发利用自然资源，推动形成绿色发展方式和生活方式的前提下，应着力提升人口承载能力，面对各地劳动力进入短缺的状态，应实行有效的人口政策，保证人口的持续发展，积极引导人口向城市群、向重点开发区域集聚，积累人力资本、增强城市群增长极功能，保障青海城镇能可持续发展。

# 第十章

# 结论与展望

## 第一节　本书的基本结论

### 一、对研究背景的基本把握

2008 年国际金融经济危机爆发以来，中国发展面临的外部环境和内部条件都发生了很大变化。世界经济持续低迷，贸易保护主义明显抬头，发达经济体推行的量化宽松货币政策，使新兴经济体面临又一次被“剪羊毛”的风险，对中国经济发展带来了巨大冲击。从国内情况看，中国经济已进入由高速增长到中高速增长的“新常态”，经济发展开始了深刻变革的调整阶段。2011 年城镇化率历史性地突破 50% 后，中国城镇化建设站在一个新的起点上，在外需不振的情况下，扩大内需就成为重要的战略基点，面向未来，“城镇化是扩大内需的最大潜力”，“是我国经济增长的巨大引擎”。十八大以来中央政府出台了一系列的政策，对中国的城镇化做出了新的部署，以推进新型城镇化来应对经济下行的压力，如何推动新型城镇化成为中国各级政府十分关注的问题。

### 二、基于以上背景的研究结论

本书基于《国家新型城镇化规划（2014～2020 年）》和十八大以来中央政府出台的一系列政策，结合青海实际对青海如何推进新型城镇化进行了初步研究，得出了如下的结论：

（1）青海的城镇化发展与经济增长呈现正相关的关系，城镇化与经济增长是互为因果、互相推进的关系，推进新型城镇化能推动青海经济发展。

（2）青海推进新型城镇化应选择立足生态保护，推进绿色生态型的新型城镇化战略，以东部城市群为核心，以发展县域经济为基础，以完善小城镇功能为重点推进青海的新型城镇化进程。

（3）依据青海省在国家经济社会发展中的定位，青海省着力推进新型城镇化的区域为海东地区和海西地区。以西宁市、海东市为核心的海东东部城市群的发展和以格尔木为重心的西部城市群的筹建对青海经济的发展有着至关重要的作用。

（4）青海的土地面积广大，城镇数量少，分布不均衡，功能不完善，城镇对广大农牧区的辐射带动能力弱。小城镇作为连接城乡的纽带，在推动农牧业现代化、缩小城乡差距、协调城乡发展、实现城乡一体化、推进新型城镇化建设等方面具有重要意义。

（5）广大的牧区占了青海土地面积的96%以上，立足中小城镇建设，推动牧区的城镇化是青海推进新型城镇化的难点，也是重点。

（6）借助丝绸之路经济带建设，以外向型经济的发展带动青海新型城镇化进程，是青海融入丝绸之路经济带，向外开放的重要内容。

（7）中国城镇化的快速发展带来了民族人口的大流动，在促进新型城镇化进程中应高度注意城镇多民族融合与发展问题，要努力构建多元文化和谐共处的社区环境。

（8）人口少以前是青海的优势，但随着中国人口出生率的下降，劳动力人口不断减少和外流，青海将面临劳动人口不足带来的劳动力短缺及老龄化的压力，这将对青海城镇发展产生巨大影响。

## 三、基于以上结论的政策建议

地处青藏高原的青海省如何在中国经济进入“新常态”后积极推进新型城镇化，本书的政策建议如下：

（1）要进一步推进青海东部城市群的建设，强化西宁市和海东市的区域核心城市的功能，提升其经济辐射带动能力，以东部城市群质量的提升带动青海经济发展。

（2）面对丝绸之路经济带建设带来的向西开放的机遇，人口不多，市场狭小的青海有了向外发展的机遇。这个机遇就是积极筹建以格尔木、德令哈为重心的青海西部城市群，以柴达木循环经济试验区为基地，在产业结构调整中面向国际市场，向外开放，大力发展外向型经济，以外向型经济的发展带动外向型产业发展，带动人口集聚，带动新型城镇化进程的推进。

（3）加快青海牧区城镇化和农民工市民化进程，是提升城镇化质量，推进新型城镇化进程的一个重要方面。农民工的合理安置、保障就业和加快牧区的城镇化进程是必须要完成的关键任务。

（4）积极推动农牧区土地流转，大力发展以家庭农牧场为主的现代农牧业，通过完善以县城为主的小城镇的各项功能，可以为面积广大的农牧区腹地提供面向农牧业现代化的服务，为农牧业发展及农牧产品的深加工提供条件，为提升农牧业的发展水平和农牧民的生活水平提供基地，实现城乡互动，最终实现经济发展城乡一体化。

（5）县域是青海省经济发展的基础，以土地使用权流转推动县域经济发展是推动青海新型城镇化的重要方面。

（6）借助国家丝绸之路经济带建设，加快青海交通设施建设，以大交通带动青海城镇发展，带动旅游业发展，构建新型城镇体系。

（7）民族和谐发展问题，是多民族地区经济社会发展的主要问题。建立更加积极有效的多元包容政策，促进城镇多元文化的和谐共处、共同发展的良好环境，促进城镇各民族的共同发展，构建城镇和谐社会。

（8）在加大环境治理与保护力度，可持续开发利用自然资源，推动形成绿色发展方式和生活方式，着力增强人口承载能力的基础上，应及时出台以提升人口质量为核心的人口政策，努力提高人口质量，保证一定数量的增长，以应对劳动力减少和老龄化带来的社会问题。要积极引导人口向城市群、向重点开发区域集聚，积累人力资本、增强城市群增长极功能，保障青海城镇能可持续发展。

## 第二节　对青海推进新型城镇化的展望

到 2020 年，中国要全面建成小康社会，“十三五”时期是决胜阶段，顺利地推进以人为核心的新型城镇化，是实现小康社会的关键任务。

立足生态保护，构筑国家生态安全屏障，是青海省推进新型城镇化的前提。通过发展循环经济、以绿色发展的方式来促进具有青海特色产业的发展，实现产业转型升级是青海推进新型城镇化的基础。

《青海主体功能区》规划显示，青海的重点开发区，局限在以西宁为核心的海东地区和以格尔木为重心的柴达木地区，占全省面积的 10% 左右。依靠这 10% 的土地，青海要拉动青海经济的整体发展，实现小康社会，必须要依靠以西宁市、海东市为重心的东部城市群的快速发展和以格尔木市为重心的西部城市群的筹建，通过城市群形态的发展，化解大城市发展空间不足的问题，集聚人口，实现推进新型城镇化的目标。要实现这个目标，政府工作应更多转向更高水平的基础设施建设，包括城市地上和地下，促进大中小城市的基本公共服务均等化，吸引更多产业在城镇落户发展，完善优化城市房地产布局满足更多外来人口居住需求，推动城市更低碳绿色发展，将城镇打造成生态宜居的美丽家园。

青海是个人口小省，但也和全国一样面临着日益严重的低生育率少子化问题，这必然导致未来人口严重的老龄化和经济社会发展的危机。要推进新型城镇化必须要有效增加人口、留在人口、改善人口结构才能有效缓解今后老龄化的压力和劳动力减少带来的生产成本的上升，需要通过改善民生、提高分配率的方法，来提升人们的生育意愿和养育能力。积极推动农民工市民化是稳定城镇人口，改善人口结构的有效途径。通过基本公共服务重点向中小城市和小城镇发展转移，加快培育中小城市和特色小城镇，如把集中在大城市的学校、医院等优势资源更多向中小城市和小城镇转移，有利于人口向城镇的集聚，也有利于促进城乡公共资源均衡配置，推动城乡协调发展。

我国改革开放后的城镇化之路已经走了近 40 年，经历了从支持小城镇发展到重点发展大城市、城市群，再到大中小城市和小城镇协调发展的路径，多次为经济增长提供了动力。青海省要抓住国家推进新型城镇化的大好机遇，要全力推动绿色发展，培育形成具有比较优势的现代产业体系。深入推进国家循环经济发展先行区建设，以绿色循环低碳为主攻方向，大力推进新型工业化，改造提升传统产业，加快培育新兴产业，积极发展现代服务业，实现经济提质增效升级，打造绿色、生态、宜居的青海城镇。

# 附录 1：t 分布函数表

1　t 分布函数表

$$P(t;\ v) = \int_{-\infty}^{t} \frac{(1 + t^2/v)^{-(v+1)/2}}{\sqrt{v}B(1/2,\ v/2)} dt$$

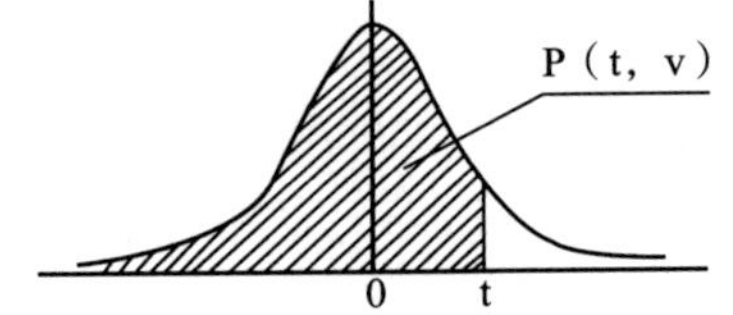


| | 0.1 | 0.05 | 0.025 | 0.01 | 0.005 | 0.001 | 0.0005 |
|---|---|---|---|---|---|---|---|
| df | 0.2 | 0.1 | 0.05 | 0.02 | 0.01 | 0.002 | 0.001 |
| 1 | 3.078 | 6.314 | 12.706 | 31.821 | 63.657 | 318.309 | 636.619 |
| 2 | 1.886 | 2.920 | 4.303 | 6.965 | 9.925 | 22.327 | 31.599 |
| 3 | 1.638 | 2.353 | 3.182 | 4.541 | 5.841 | 10.215 | 12.924 |
| 4 | 1.533 | 2.132 | 2.776 | 3.747 | 4.604 | 7.173 | 8.610 |
| 5 | 1.476 | 2.015 | 2.571 | 3.365 | 4.032 | 5.893 | 6.869 |
| 6 | 1.440 | 1.943 | 2.447 | 3.143 | 3.707 | 5.208 | 5.959 |
| 7 | 1.415 | 1.895 | 2.365 | 2.998 | 3.499 | 4.785 | 5.408 |
| 8 | 1.397 | 1.860 | 2.306 | 2.896 | 3.355 | 4.501 | 5.041 |
| 9 | 1.383 | 1.833 | 2.262 | 2.821 | 3.250 | 4.297 | 4.781 |
| 10 | 1.372 | 1.812 | 2.228 | 2.764 | 3.169 | 4.144 | 4.587 |
| 11 | 1.363 | 1.796 | 2.201 | 2.718 | 3.106 | 4.025 | 4.437 |
| 12 | 1.356 | 1.782 | 2.179 | 2.681 | 3.055 | 3.930 | 4.318 |
| 13 | 1.350 | 1.771 | 2.160 | 2.650 | 3.012 | 3.852 | 4.221 |
| 14 | 1.345 | 1.761 | 2.145 | 2.624 | 2.977 | 3.787 | 4.140 |
| 15 | 1.341 | 1.753 | 2.131 | 2.602 | 2.947 | 3.733 | 4.073 |
| 16 | 1.337 | 1.746 | 2.120 | 2.583 | 2.921 | 3.686 | 4.015 |
| 17 | 1.333 | 1.740 | 2.110 | 2.567 | 2.898 | 3.646 | 3.965 |
| 18 | 1.330 | 1.734 | 2.101 | 2.552 | 2.878 | 3.610 | 3.922 |
| 19 | 1.328 | 1.729 | 2.093 | 2.539 | 2.861 | 3.579 | 3.883 |
| 20 | 1.325 | 1.725 | 2.086 | 2.528 | 2.845 | 3.552 | 3.850 |
| 21 | 1.323 | 1.721 | 2.080 | 2.518 | 2.831 | 3.527 | 3.819 |
| 22 | 1.321 | 1.717 | 2.074 | 2.508 | 2.819 | 3.505 | 3.792 |
| 23 | 1.319 | 1.714 | 2.069 | 2.500 | 2.807 | 3.485 | 3.768 |
| 24 | 1.318 | 1.711 | 2.064 | 2.492 | 2.797 | 3.467 | 3.745 |

续表

| 25 | 1.316 | 1.708 | 2.060 | 2.485 | 2.787 | 3.450 | 3.725 |
|---|---|---|---|---|---|---|---|
| 26 | 1.315 | 1.706 | 2.056 | 2.479 | 2.779 | 3.435 | 3.707 |
| 27 | 1.314 | 1.703 | 2.052 | 2.473 | 2.771 | 3.421 | 3.690 |
| 28 | 1.313 | 1.701 | 2.048 | 2.467 | 2.763 | 3.408 | 3.674 |
| 29 | 1.311 | 1.699 | 2.045 | 2.462 | 2.756 | 3.396 | 3.659 |
| 30 | 1.310 | 1.697 | 2.042 | 2.457 | 2.750 | 3.385 | 3.646 |
| 31 | 1.309 | 1.696 | 2.040 | 2.453 | 2.744 | 3.375 | 3.633 |
| 32 | 1.309 | 1.694 | 2.037 | 2.449 | 2.738 | 3.365 | 3.622 |
| 33 | 1.308 | 1.692 | 2.035 | 2.445 | 2.733 | 3.356 | 3.611 |
| 34 | 1.307 | 1.691 | 2.032 | 2.441 | 2.728 | 3.348 | 3.601 |
| 35 | 1.306 | 1.690 | 2.030 | 2.438 | 2.724 | 3.340 | 3.591 |
| 36 | 1.306 | 1.688 | 2.028 | 2.434 | 2.719 | 3.333 | 3.582 |
| 37 | 1.305 | 1.687 | 2.026 | 2.431 | 2.715 | 3.326 | 3.574 |
| 38 | 1.304 | 1.686 | 2.024 | 2.429 | 2.712 | 3.319 | 3.566 |
| 39 | 1.304 | 1.685 | 2.023 | 2.426 | 2.708 | 3.313 | 3.558 |
| 40 | 1.303 | 1.684 | 2.021 | 2.423 | 2.704 | 3.307 | 3.551 |
| 41 | 1.303 | 1.683 | 2.020 | 2.421 | 2.701 | 3.301 | 3.544 |
| 42 | 1.302 | 1.682 | 2.018 | 2.418 | 2.698 | 3.296 | 3.538 |
| 43 | 1.302 | 1.681 | 2.017 | 2.416 | 2.695 | 3.291 | 3.532 |
| 44 | 1.301 | 1.680 | 2.015 | 2.414 | 2.692 | 3.286 | 3.526 |
| 45 | 1.301 | 1.679 | 2.014 | 2.412 | 2.690 | 3.281 | 3.520 |
| 46 | 1.300 | 1.679 | 2.013 | 2.410 | 2.687 | 3.277 | 3.515 |
| 47 | 1.300 | 1.678 | 2.012 | 2.408 | 2.685 | 3.273 | 3.510 |
| 48 | 1.299 | 1.677 | 2.011 | 2.407 | 2.682 | 3.269 | 3.505 |
| 49 | 1.299 | 1.677 | 2.010 | 2.405 | 2.680 | 3.265 | 3.500 |
| 50 | 1.299 | 1.676 | 2.009 | 2.403 | 2.678 | 3.261 | 3.496 |
| 51 | 1.298 | 1.675 | 2.008 | 2.402 | 2.676 | 3.258 | 3.492 |
| 52 | 1.298 | 1.675 | 2.007 | 2.400 | 2.674 | 3.255 | 3.488 |
| 53 | 1.298 | 1.674 | 2.006 | 2.399 | 2.672 | 3.251 | 3.484 |
| 54 | 1.297 | 1.674 | 2.005 | 2.397 | 2.670 | 3.248 | 3.480 |
| 55 | 1.297 | 1.673 | 2.004 | 2.396 | 2.668 | 3.245 | 3.476 |
| 56 | 1.297 | 1.673 | 2.003 | 2.395 | 2.667 | 3.242 | 3.473 |
| 57 | 1.297 | 1.672 | 2.002 | 2.394 | 2.665 | 3.239 | 3.470 |
| 58 | 1.296 | 1.672 | 2.002 | 2.392 | 2.663 | 3.237 | 3.466 |
| 59 | 1.296 | 1.671 | 2.001 | 2.391 | 2.662 | 3.234 | 3.463 |
| 60 | 1.296 | 1.671 | 2.000 | 2.390 | 2.660 | 3.232 | 3.460 |
| 61 | 1.296 | 1.670 | 2.000 | 2.389 | 2.659 | 3.229 | 3.457 |
| 62 | 1.295 | 1.670 | 1.999 | 2.388 | 2.657 | 3.227 | 3.454 |
| 63 | 1.295 | 1.669 | 1.998 | 2.387 | 2.656 | 3.225 | 3.452 |

续表

| | | | | | | | |
|---|---|---|---|---|---|---|---|
| 64 | 1. 295 | 1. 669 | 1. 998 | 2. 386 | 2. 655 | 3. 223 | 3. 449 |
| 65 | 1. 295 | 1. 669 | 1. 997 | 2. 385 | 2. 654 | 3. 220 | 3. 447 |
| 66 | 1. 295 | 1. 668 | 1. 997 | 2. 384 | 2. 652 | 3. 218 | 3. 444 |
| 67 | 1. 294 | 1. 668 | 1. 996 | 2. 383 | 2. 651 | 3. 216 | 3. 442 |
| 68 | 1. 294 | 1. 668 | 1. 995 | 2. 382 | 2. 650 | 3. 214 | 3. 439 |
| 69 | 1. 294 | 1. 667 | 1. 995 | 2. 382 | 2. 649 | 3. 213 | 3. 437 |
| 70 | 1. 294 | 1. 667 | 1. 994 | 2. 381 | 2. 648 | 3. 211 | 3. 435 |
| 71 | 1. 294 | 1. 667 | 1. 994 | 2. 380 | 2. 647 | 3. 209 | 3. 433 |
| 72 | 1. 293 | 1. 666 | 1. 993 | 2. 379 | 2. 646 | 3. 207 | 3. 431 |
| 73 | 1. 293 | 1. 666 | 1. 993 | 2. 379 | 2. 645 | 3. 206 | 3. 429 |
| 74 | 1. 293 | 1. 666 | 1. 993 | 2. 378 | 2. 644 | 3. 204 | 3. 427 |
| 75 | 1. 293 | 1. 665 | 1. 992 | 2. 377 | 2. 643 | 3. 202 | 3. 425 |
| 76 | 1. 293 | 1. 665 | 1. 992 | 2. 376 | 2. 642 | 3. 201 | 3. 423 |
| 77 | 1. 293 | 1. 665 | 1. 991 | 2. 376 | 2. 641 | 3. 199 | 3. 421 |
| 78 | 1. 292 | 1. 665 | 1. 991 | 2. 375 | 2. 640 | 3. 198 | 3. 420 |
| 79 | 1. 292 | 1. 664 | 1. 990 | 2. 374 | 2. 640 | 3. 197 | 3. 418 |
| 80 | 1. 292 | 1. 664 | 1. 990 | 2. 374 | 2. 639 | 3. 195 | 3. 416 |
| 81 | 1. 292 | 1. 664 | 1. 990 | 2. 373 | 2. 638 | 3. 194 | 3. 415 |
| 82 | 1. 292 | 1. 664 | 1. 989 | 2. 373 | 2. 637 | 3. 193 | 3. 413 |
| 83 | 1. 292 | 1. 663 | 1. 989 | 2. 372 | 2. 636 | 3. 191 | 3. 412 |
| 84 | 1. 292 | 1. 663 | 1. 989 | 2. 372 | 2. 636 | 3. 190 | 3. 410 |
| 85 | 1. 292 | 1. 663 | 1. 988 | 2. 371 | 2. 635 | 3. 189 | 3. 409 |
| 86 | 1. 291 | 1. 663 | 1. 988 | 2. 370 | 2. 634 | 3. 188 | 3. 407 |
| 87 | 1. 291 | 1. 663 | 1. 988 | 2. 370 | 2. 634 | 3. 187 | 3. 406 |
| 88 | 1. 291 | 1. 662 | 1. 987 | 2. 369 | 2. 633 | 3. 185 | 3. 405 |
| 89 | 1. 291 | 1. 662 | 1. 987 | 2. 369 | 2. 632 | 3. 184 | 3. 403 |
| 90 | 1. 291 | 1. 662 | 1. 987 | 2. 368 | 2. 632 | 3. 183 | 3. 402 |
| 91 | 1. 291 | 1. 662 | 1. 986 | 2. 368 | 2. 631 | 3. 182 | 3. 401 |
| 92 | 1. 291 | 1. 662 | 1. 986 | 2. 368 | 2. 630 | 3. 181 | 3. 399 |
| 93 | 1. 291 | 1. 661 | 1. 986 | 2. 367 | 2. 630 | 3. 180 | 3. 398 |
| 94 | 1. 291 | 1. 661 | 1. 986 | 2. 367 | 2. 629 | 3. 179 | 3. 397 |
| 95 | 1. 291 | 1. 661 | 1. 985 | 2. 366 | 2. 629 | 3. 178 | 3. 396 |
| 96 | 1. 290 | 1. 661 | 1. 985 | 2. 366 | 2. 628 | 3. 177 | 3. 395 |
| 97 | 1. 290 | 1. 661 | 1. 985 | 2. 365 | 2. 627 | 3. 176 | 3. 394 |
| 98 | 1. 290 | 1. 661 | 1. 984 | 2. 365 | 2. 627 | 3. 175 | 3. 393 |
| 99 | 1. 290 | 1. 660 | 1. 984 | 2. 365 | 2. 626 | 3. 175 | 3. 392 |
| 100 | 1. 290 | 1. 660 | 1. 984 | 2. 364 | 2. 626 | 3. 174 | 3. 390 |
| 120 | 1. 289 | 1. 658 | 1. 980 | 2. 358 | 2. 617 | 3. 160 | 3. 373 |
| ∞ | 1. 282 | 1. 645 | 1. 960 | 2. 326 | 2. 576 | 3. 090 | 3. 291 |

# 附录 2：青海省人民政府关于深入推进青海省新型城镇化建设的实施意见

青政〔2016〕76 号

各市、自治州人民政府，省政府各委、办、厅、局：

为全面贯彻国务院深入推进新型城镇化建设电视电话会议精神，深入落实《国务院关于深入推进新型城镇化建设的若干意见》（国发〔2016〕8 号），加快推进青海特色新型城镇化持续健康发展，特制定如下实施意见。

## 一、总体要求

坚持创新、协调、绿色、开放、共享发展理念，紧紧围绕我省“十三五”经济社会发展的“131”总体要求，深入实施城镇化带动战略，坚持以人的城镇化为核心，以提高质量为关键，以体制机制改革为动力，牢牢守住发展和生态两条底线，加快转变城镇化发展方式，走以人为本、科学布局、城乡统筹、生态文明、文化传承的具有青海特色的新型城镇化道路，充分释放新型城镇化蕴藏的巨大内需潜力，为全省经济社会发展提供强劲动力。

## 二、积极推进农牧业转移人口市民化

（一）健全农牧业转移人口和其他常住人口落户城镇制度。按照我省深化户籍制度改革的实施意见，加快推进户籍制度改革，着力解决农村牧区学生升学和参军进入城镇的人口、在城镇就业居住 5 年以上人口、举家迁徙的农牧业转移人口等重点群体在城镇落户问题。开展户籍制度改革情况专项检查，清理限制户口迁移的“门槛”和障碍。强化地方政府推动农牧业转移人口市民化主体责任，推进教育、就业、医疗、养老、住房保障等领域配套改革，开展农村土地确权登记颁证，探索土地承包权、宅基地使用权、集体收益分配权退出机制，推动“三权”与户口脱钩，调动农牧业转移人口进城落户的积极性。力争到 2020 年全省常住人口城镇化率达到 60% 左右。（各市州人民政府；省公安厅牵头，省人力资源社会保障厅、省教育厅、省卫生计生委、省住房城乡建设厅、省国土资源厅等部门配合）

（二）全面实行居住证制度。认真贯彻实施《青海省居住证实施办法》，建立健全为居住证持有人提供国家和省规定的基本公共服务的便利机制。综合考虑连续居住年限等因素，建立居住证梯度赋权机制。根据本地区资源环境承载能力，各地区要积极创造条件，逐步扩大为居住证持有人提供公共服务范围，提高服务标准，防止基本公共服务与居住证制度脱钩。将流动人口纳入城镇基本公共卫生服务范围，各项服务指标达到我省标准。建立健全公共就业服务提供机制，保障城镇常住人口享有与本地户籍人口同等的劳动就业权利，并提供就业政策法规咨询、职业指导、职业介绍等基本公共就业服务。推动居住证持有人享有与当地户籍人口同等的住房保障权利，将符合条件的农牧业转移人口纳入当地住房保障范围。（各市州人民政府；省公安厅牵头，省人力资源社会保障厅、省住房城乡建设厅、省卫生计生委等部门配合）

（三）推进城镇基本公共服务常住人口全覆盖。推进基础教育服务常住人口全覆盖。统筹人口流入地与流出地学校布局和教师编制，保障农牧业转移人口随迁子女以流入地公办学校为主接受义务教育，以公办幼儿园和普惠性民办幼儿园为主接受学前教育。从 2016 年起，由藏区六州全部学生和西宁、海东家庭经济困难学生开始实施 15 年免费教育，逐步覆盖全省。实施农牧民职业技能提升计划，每年培训 7 万人（次）。加快建立基本医疗保险省内外异地就医医疗费用结算制度。（各市州人民政府；省教育厅、省人力资源社会保障厅、省卫生计生委、省住房城乡建设厅等按照职能分工负责）

（四）加快建立农牧业转移人口市民化激励机制。切实维护进城落户农民在农村的合法权益。建立产权确认登记制度，维护进城农牧民土地承包权、林地承包权、宅基地使用权和集体收益分配权，支持引导其依法自愿有偿转让上述权益。抓好湟源县农村宅基地制度改革试点。结合省情实际，研究提出我省财政转移支付同农牧业转移人口市民化挂钩机制指导意见。财政预算内投资安排向吸纳农牧业转移人口落户数量较多的城镇倾斜，优先安排省级预算内基本建设配套资金。（各市州人民政府；省农牧厅、省国土资源厅、省林业厅、省发展改革委、省财政厅、省住房城乡建设厅等按照职能分工负责）

## 三、全面提升城市功能

（五）加快城镇棚户区、城中村和危房改造。打好棚户区改造三年攻坚战，用足用好城镇棚户区改造政策，将城中村、城郊村纳入棚户区改造范围，推动棚户区改造与名城保护、城市更新相结合。各地新启动的城镇棚户区改造要提高货币化安置比例。到 2020 年完成现有城镇棚户区、城中村和危房改造。严格实施质量责任终身追究制，加强棚户区改造质量监督，每年开展两次省级工程质量巡查，对棚户区改造工程进行重点督查。（各市州人民政府；省住房城乡建设厅牵头，省发展改革委、省财政厅、省国土资源厅等配合）

（六）加快城市综合交通网络建设。优化城市街区路网结构，打通城市“断头路”，建立级配合理的路网系统。着力推进西宁市轨道交通1号线一期工程建设，加快综合交通枢纽、停车场（库）等设施建设，促进不同运输方式和城乡交通之间的顺畅衔接、便捷换乘。实施公交优先战略，推进西宁、海东“公交城市”建设，优化城区公共汽车站点布局，扩大城市公共交通覆盖范围，提高公共交通的机动化出行分担率。加强自行车车道、人行道等慢行系统及非机动车停车设施、无障碍设施建设。严格落实充电设施配置要求，新建住宅配建停车位、大型公共建筑物配建停车场、社会公共停车场建设充电基础设施或按比例预留建设充电设施安装条件的车位。（各有关市州人民政府；省住房城乡建设厅、省交通运输厅、省发展改革委等部门按照职能分工负责）

（七）实施城市地下管网改造工程。统筹城市地上地下设施规划建设，加强城市地下基础设施建设和改造，合理布局电力、通信、广电、给排水、热力、燃气等地下管网，加快实施既有路面城市电网、通信网络架空线入地工程。按照《青海省人民政府办公厅关于推进城镇地下综合管廊建设的实施意见》（青政办〔2016〕109号）要求，推动城市新区、各类园区、成片开发区的新建道路根据功能需求，同步建设地下综合管廊；老城区要结合旧城更新、地下轨道交通、道路改造、河道治理、地下空间开发等，因地制宜、统筹安排地下综合管廊建设。鼓励社会资本投资运营地下综合管廊。加强供水管网改造，降低供水管网漏损率。编制实施海东国家地下综合管廊试点建设计划，加快推进西宁市地下综合管廊建设，具备条件的县级城市、重点培育的新兴城市等城镇适时启动地下综合管廊建设。（各市州人民政府；省住房城乡建设厅、省发展改革委、省财政厅、省水利厅、省通信管理局、省广电局等部门按照职能分工负责）

（八）推进海绵城市建设。按照《青海省人民政府办公厅关于推进海绵城市建设的实施意见》（青政办〔2016〕111号）要求，将海绵城市建设纳入城市规划建设管理全过程，科学规划、统筹实施，增强海绵城市建设的整体性和系统性，在城市新区、各类园区、成片开发区域开展海绵城市建设，最大限度地实现雨水在城市区域的自然积存、自然渗透、自然净化，提升城市水源涵养能力，缓解雨洪内涝压力，促进水资源循环利用，构建和谐宜居的城市生态环境。推进海绵型建筑与小区、海绵型道路与广场、海绵型公园与绿地等建设。加强自然水系保护与生态修复，切实保护良好水体和饮用水源。通过三年建设，西宁市完成海绵城市试点建设任务，达到国家试点要求，打造西北地区半干旱缺水型海绵城市建设的“西宁模式”。（各市州人民政府；省住房城乡建设厅、省水利厅、省环境保护厅、省财政厅等部门按照职能分工负责）

（九）推动新型城市建设。把以人为本、尊重自然、传承历史、绿色低碳、安全发展等理念融入城市规划全过程，增强城市规划的科学性和权威性，促进“多规合一”。根据资源环境承载力调节城市规模，开展城市开发边界划定工作。加快推进城市设计，加强城市设计工作指导，抓紧制定适应青海实际的城市设计技术导则和管理办法。树立“三分建、七分管”的城市管理理念，提升城市管理标准化、信息化、精细化水平。全面实施大数据战略行动，加快推进格尔木、贵德、共和智慧城市试点建设。实施建筑效能提升工程和绿色建筑发展提速工程，开展绿色生态城区示范，创建节能型城市。积极推广应用绿色新型建材、装配式建筑和钢结构、现代木结构建筑。加强垃圾处理设施建设，进一步推进城镇生活垃圾多元化综合处理，建立建筑垃圾、餐厨废弃物、园林废弃物等回收和再生利用体系，建设循环型城市。大力实施大气污染防治计划，加大工业废气治理力度，稳步提高空气质量优良天数比例。推进城市规划水资源论证，落实最严格水资源管理制度，推广节水新技术和新工艺，开展节水型城市建设试点，积极创建节水型城市。划定永久基本农田、生态保护红线，实施城市生态廊道建设和生态系统修复工程，建设生态型城市。推动符合条件的开发区向城市综合功能区转型，引导工业集聚区规范发展，促进城市新区、各类产业园区健康发展，实现产城融合。（各市州人民政府；省发展改革委、省住房城乡建设厅、省经济和信息化委、省国土资源厅、省环境保护厅、省水利厅、省林业厅、省农牧厅、省商务厅、省文化新闻出版厅等部门按照职能分工负责）

（十）提升城市公共服务水平。根据城镇常住人口增长趋势，加大财政对接收农民工随迁子女较多的城镇中小学校、幼儿园建设的投入力度，吸引企业和社会力量投资建学办学，增加中小学校和幼儿园学位供给。加强医疗卫生机构、文化设施、体育设施、公园绿地等公共服务设施规划建设，提高城镇公共服务配套水平。统筹新老城区公共服务资源均衡配置。优化社区生活设施布局，完善社区服务综合信息平台，打造包括便民超市、银行网点、零售药店、物流配送、家庭服务中心等在内的便捷生活服务圈。建设以居家为基础、社区为依托、机构为补充的多层次养老服务体系，推动生活照料、康复护理、精神慰藉、紧急援助、家庭签约医生等服务全覆盖。加快推进住宅、公共建筑、公共场所等适老化改造。加强城镇公用设施使用安全管理，健全城市抗震、防洪、排涝、消防、应对地质灾害应急指挥体系，完善城市生命通道系统，加强城市防灾避难场所建设，增强抵御自然灾害、处置突发事件和危机管理能力，加强城市防灾减灾设施的使用管理，提高设施使用效率。（各市州人民政府；省发展改革委、省教育厅、省卫生计生委、省民政厅、省人力资源社会保障厅、省文化新闻出版厅、省体育局、省住房城乡建设厅、省国土资源厅、省水利厅、省公安厅、省地震局等部门按照职能分工负责）

## 四、着力培育发展东部城市群

（十一）完善空间结构与布局。构建“一核一副一带一圈一幅”的空间结构与布局，全力推进西宁中心城市转型升级，建设幸福西宁，推动以“绿色为芯、双城联动、生态抱团、组团发展”的城市空间重构，把西宁打造为西部有较大影响力的省会城市。尽快发挥海东市区域副中心城市作用，促进西宁海东一体化协同发展，使海东市三年初具城市形态、五年完善城市功能，建设成为青海和东部城市群功能优化的重要副中心城市、兰西城市群的重要节点城市、兰西经济区的产业基地、高原现代农业示范区、具有河湟文化特色的高原生态宜居城市和全省科学发展的新增长极。（西宁、海东市人民政府；省发展改革委、省住房城乡建设厅、省经济和信息化委、省旅游发展委、省环境保护厅、省交通运输厅、省农牧厅、省水利厅、省商务厅等部门按照职能分工负责）

（十二）完善城市群协同推进机制。加快东部城市群专项规划修编工作，优化空间布局，统筹推进城市群综合交通运输网络、水利、能源、信息等重大基础设施建设，提升互联互通和现代化水平，推进西宁—海东一体化发展。统筹城市群交通基础设施布局，建设一体化基础设施，拓展和增加主要城市之间、主要城市与周边城镇的快速通道，整合建设城市、产业园区、重点旅游景区基础设施，实现城际路网无缝对接，构建西宁 1 小时通勤圈。统筹建设高速联通、服务便捷、信息服务网络。统筹推进城市群重大能源基础设施和能源市场一体化建设，共同建设安全可靠的城市群供水、供电、供气系统。探索建立城市群医疗、教育资源交流机制和互派干部挂职交流机制。优化城市群重大产业布局，加快重点工业区和开发区建设，形成层次清晰、协调互补的产业发展体系。全面建设无障碍旅游区，加快全域旅游发展。健全东部城市群建设推进联席会议制度，成立城市群交通体系、产业协同、公共服务设施、环境共治等专业建设委员会，常态化、项目化推进城市群建设发展。（西宁、海东市人民政府；省发展改革委、省住房城乡建设厅、省经济和信息化委、省旅游发展委、省环境保护厅、省交通运输厅、省农牧厅、省水利厅、省商务厅等部门按照职能分工负责）

## 五、加快培育中小城市和特色小镇

（十三）培育发展一批中小城市。实施培育新兴城市重点县县城建设三年攻坚行动，按照同等城市市政设施标准，着力完善服务功能，提升城市品质，提高新兴城市综合承载能力。坚持分类指导、典型引路，着力培育一批基础设施较好、发展潜力较大的县，积极推进撤县设市、撤县设区申报工作，重点支持共和、同仁、贵德、海晏、玛沁、门源、民和、互助等具有先行优势的县积极发展成为新兴城市，推进海西西部三行委行政区划管理体制改革，补足我省中小城市数量偏少短板。（各有关市州、县人民政府；省发展改革委、省住房城乡建设厅、省民政厅、省财政厅、省国土资源厅、省统计局、省编办、省政府法制办等部门按照职能分工负责）

（十四）提升县城和重点镇基础设施水平。抓住国家加大对中西部地区发展潜力大、吸纳人口多的县城和重点镇支持力度的契机，加强州府县城和重点镇公共供水、市政道路、燃气、信息网络等市政基础设施和教育、医疗、文化、体育等公共服务设施建设。结合国省干线改造工程，加快县城—县城、县城—重点镇、重点镇—重点镇之间联络线建设。统筹推进县域城镇污水垃圾处理设施建设和运行管理，加快县域垃圾收运系统建设。（各市州、县人民政府；省发展改革委、省住房城乡建设厅、省交通运输厅、省水利厅、省环境保护厅、省教育厅、省文化新闻出版厅、省卫生计生委、省体育局、省通信管理局等部门按照职能分工负责）

（十五）打造美丽城镇。因地制宜、突出特色、创新机制，充分发挥市场主体作用，推动小城镇发展与疏解大城市中心城区功能相结合、与特色产业发展相结合、与服务“三农”相结合，加快全省小城镇建设提档升级，在进一步巩固和提升已批复建设的48个美丽城镇打造成果的基础上，进一步集中打造大通县城关镇、湟中县李家山镇、平安区三合镇、甘德县柯曲镇等32个宜居宜业、各具特色的美丽城镇。（各市州人民政府；省发展改革委、省住房城乡建设厅等部门按照职能分工负责）

（十六）建设特色小镇。因地制宜、创新机制，走特色鲜明、形式多样、产城融合、惠及群众的新型特色小城镇发展之路，集中力量建设一批产业定位清晰、文化内涵丰富、功能配套完善，“小而特、小而美、小而精”的特色小镇，探索形成小镇大视野新业态，推动政府与市场互动，激发创新创业活力，促进和带动小镇及其周边地区经济发展，促进就地就近城镇化。（各市州人民政府；省发展改革委、省住房城乡建设厅、省旅游发展委、省民宗委、省农牧厅、省商务厅、省文化新闻出版厅等部门按照职能分工负责）

## 六、辐射带动新农村新牧区建设

（十七）推进城乡基础设施一体化。强化城乡水电路等基础设施连接，推进城乡配电网建设改造，加快信息通信基础设施进村入户，尽快实现所有行政村通硬化路、通客班车、通邮、通宽带、通快递，推动有条件地区燃气向农村覆盖，实现城乡基础设施联网共享；开展农村人居环境整治行动，加强农村垃圾和污水收集处理设施以及抗震防洪排涝设施建设，强化河湖水系整治，加大对传统村落民居和历史文化名村名镇的保护力度，建设美丽宜居乡村。（各市州人民政府；省住房城乡建设厅、省发展改革委、省交通运输厅、省农牧厅、省水利厅、省环

境保护厅、省邮政管理局、省通信管理局、省地震局等部门按照职能分工负责）

（十八）推动城乡基本公共服务均等化。加快城镇教育、医疗卫生、文化体育等优质公共服务向农牧区延伸，建成覆盖城乡全体居民的社会保障体系，实现城乡社保对接和合理流转，提升农牧区基础设施、公共服务和社会保障水平，推进城乡基本公共服务均等化。加快农村事业发展，深化农村社区建设试点。（各市州人民政府；省住房城乡建设厅、省教育厅、省卫生计生委、省文化新闻出版厅、省民政厅、省人力资源社会保障厅、省发展改革委等部门按照职能分工负责）

（十九）建设美丽乡村。推行“耕在田、居在镇，基础设施城镇化、生活服务社区化、生活方式市民化”的新型农村城镇化模式，以住房建设、基础设施和公共服务设施配套建设、环境综合整治为主要内容，打造1500个田园美、村庄美、生活美的美丽乡村。（各市州人民政府；省住房城乡建设厅牵头，省发展改革委、省农牧厅、省交通运输厅、省环境保护厅等部门配合）

（二十）带动农村牧区第一、第二、第三产业融合发展。以新型城镇化为依托，推进农牧业供给侧结构性改革，以县为基础，以乡镇为支点，搭建多层次、宽领域、广覆盖的农村牧区第一、第二、第三产业融合发展服务平台，完善利益联结机制，推进农牧业与旅游、商贸流通业、文化、健康、养老等产业深度融合。大力发展农牧业新型业态。强化农牧业合作社基础作用，支持龙头企业引领示范，鼓励社会资本投入，培育多元化农牧业产业融合主体，构建农牧业与第二、第三产业交叉融合的现代农业体系，推动农村牧区第一、第二、第三产业融合发展。积极推进大通县、海晏县、河南县农村产业融合发展“百县千乡万村”试点示范工程。（各市州人民政府；省发展改革委、省住房城乡建设厅、省农牧厅、省经济和信息化委、省商务厅、省旅游发展委等按照职能分工负责）

（二十一）带动农村电子商务发展。完善县、乡、村三级物流配送体系，扶持壮大本地物流企业，加快推进“快递下乡”。将发展农村电子商务与精准扶贫相结合，支持适应本地特点的电子商务服务平台、商品集散平台和物流中心建设，支持农产品和农村特色产品的品牌培育、宣传、推广和质量保障体系建设，鼓励依托现有电商平台，拓展农产品销售渠道，带动农村特色产业发展，推进农畜产品进城、农牧业生产资料下乡。建立县级电子商务服务中心和村级电子商务服务站，逐步构建完善农村电子商务综合服务体系。鼓励高校毕业生、退伍军人、农村青年等群体返乡创业发展农村电商，引导支持农业培训机构面向企业、农民合作社、农户等各类电商主体开展电子商务培训。做好共和、湟中、互助、祁连等县电子商务进农村综合示范县试点工作。（各市州人民政府；省商务厅牵头，省农牧厅、省人力资源社会保障厅、省经济和信息化委、省发展改革委、省住房城乡建设厅等部门配合）

（二十二）推进易地扶贫搬迁与新型城镇化结合。坚持尊重群众意愿，注重因地制宜，搞好科学规划，通过行政村内就近安置、建设新村集中安置、依托小城镇或工业园区安置、乡村旅游区安置等方式，建设移民集中安置区，推进转移就业贫困人口在城镇落户。安排扶贫资金，重点扶持安置区群众发展后续产业，妥善解决搬迁群众的居住、看病、上学等问题，确保搬迁群众生活有改善、发展有前景。（各市州人民政府；省扶贫局、省发展改革委、省住房城乡建设厅、省财政厅、省农牧厅、省教育厅、省卫生计生委等部门按照职能分工负责）

## 七、完善土地利用机制

（二十三）规范推进城乡建设用地增减挂钩。全面实行城镇建设用地增加与农村建设用地减少相挂钩政策。全省城乡建设用地增减挂钩、工矿废弃地复垦利用指标优先保障新型城镇化建设。（各市州人民政府；省国土资源厅牵头，省住房城乡建设厅、省农牧厅、省发展改革委等部门配合）

（二十四）建立城镇低效用地再开发激励机制。允许存量土地使用权人在不违反法律法规、符合相关规划的前提下，按照有关规定经批准后对土地进行再开发。完善城镇存量土地再开发过程中的供应方式，鼓励原土地使用权人自行改造，涉及原划拨土地使用权转让需补办出让手续的，经依法批准，可采取规定方式办理，并按市场价缴纳土地出让价款。探索城市资本盘活农村闲置资源的方式方法，挖掘城市郊区发展潜力。（各市州人民政府；省国土资源厅牵头，省住房城乡建设厅、省财政厅、省发展改革委等部门配合）

（二十五）完善土地经营权和宅基地使用权流转机制。加快完成村镇地籍调查，逐步进行集体建设用地、宅基地使用权颁证工作。2017 年基本完成农村土地承包经营权确权登记颁证工作。维护进城落户农民土地承包权、宅基地使用权、集体收益分配权，支持引导其依法自愿有偿转让。指导推进湟源县农村宅基地制度改革试点工作。（各市州人民政府；省国土资源厅牵头，省住房城乡建设厅、省财政厅、省发展改革委等部门配合）

## 八、创新投融资机制

（二十六）深化投融资体制改革。发挥好政府投资的引导和带动作用，进一步明确政府投资范围，优化政府投资安排方式，规范政府投资管理，加强政府投资事中事后监管。切实转变政府职能，提高综合服务管理水平，创新服务管理方式，健全监管约束机制。深化政府和社会资本合作，健全价格调整机制和政府补贴、监管机制，广泛吸纳社会资本参与城市基础设施和市政公用设施建设和运营。改善企业投资管理，充分激发社会投资动力和活力，确立企业投资主体地位，建立投资项目准入负面清单、行政审批清单、政府监管清单“三个清单”管理制度，优化管理流程，规范企业投资行为。充分发挥公共设施建设投资平台作用，不断扩大基金募集规模，拓宽新型城镇化建设融资渠道。（各市州人民政府；省发展改革委牵头，省金融办、省财政厅、省住房城乡建设厅、人行西宁中心支行等部门配合）

（二十七）加大政府投入力度。从教育、医疗、文化、基本建设等省级预算专项资金中，统筹衔接落实支持农牧业转移人口市民化的相关配套设施建设资金。协调各金融机构配合做好地方政府债券发行工作，政府举债使用方向要向新型城镇化倾斜。（各市州人民政府；省财政厅、省住房城乡建设厅、省发展改革委、省金融办、人行西宁中心支行等部门按照职能分工负责）

（二十八）强化金融支持。鼓励政策性银行、开发性银行和商业银行创新信贷模式和产品，加强对我省新型城镇化建设信贷支持力度。鼓励地方利用财政资金和社会资金设立城镇化发展基金。推进国家普惠金融综合示范区建设，加强对城镇化建设的重点领域和薄弱环节的金融支持。提升商业保险在新型城镇化建设的服务功能。推动建设主体企业资产证券化，拓宽城市城镇基础设施建设项目直接融资渠道。加强项目前期工作，做好与国家开发银行、中国农业发展银行的沟通衔接，积极争取国家专项建设基金，重点支持城市基础设施和公共服务设施建设、新兴城市培育、特色小城镇功能提升等。（各市州人民政府；省财政厅、省发展改革委、省住房城乡建设厅、省金融办、人行西宁中心支行、青海证监局、国家开发银行青海省分行、中国农业发展银行青海省分行等部门按照职能分工负责）

## 九、完善城镇住房制度

（二十九）建立购租并举的城镇住房制度。以满足新市民的住房需求为出发点，建立购房与租房并举、市场配置与政府保障相结合的住房制度，健全以市场为主满足多层次需求、以政府为主提供基本保障的住房供应体系。紧盯国家深化住房制度改革动向，待国家政策出台后，及时制定我省政策。（各市州人民政府；省住房城乡建设厅牵头，省财政厅、省发展改革委、省民政厅等部门配合）

（三十）完善城镇住房保障体系。实行公租房货币化，各地政府原则上不再新建公租房，住房保障方式由采取实物与租赁补贴相结合逐步转向租赁补贴为主。指导各地将城镇住房保障范围覆盖到城镇中低收入住房困难家庭、新就业职工、居住证持有人、外来务工人员、乡镇公职人员。各地要合理确定租赁补贴发放和实物保障的准入标准，实行梯度保障，做好有效衔接。继续落实好保障性住房并轨政策。完善住房保障申请、审核、公示、轮候、复核制度，严格保障性住房分配和使用管理，健全退出机制，确保住房保障体系公平、公正、健康运行。

（各市州人民政府；省住房城乡建设厅牵头，省财政厅、省发展改革委、省民政厅等部门配合）

（三十一）加快发展专业化住房租赁市场。建立租赁市场房源信息平台，积极培育专业化住房租赁机构，推动住房租赁规模化、专业化经营。根据住房租赁业务的经营特点、融资需求，开发住房租赁业务信贷产品。市州、县（市、区）政府要积极创造条件，搭建住房租赁信息政府服务平台，为租赁市场供需双方提供高效、准确、便捷的信息服务。（各市州人民政府；省住房城乡建设厅牵头，省金融办、省财政厅、省国土资源厅、省工商局、省国税局、省地税局、人行西宁中心支行等部门配合）

（三十二）健全房地产市场调控机制。认真落实我省关于化解房地产库存促进房地产市场健康发展的政策措施，将棚户区改造货币化安置比例列入年度考核目标体系。完善住房用地供应制度，优化供应结构。加快建立房地产统计监测平台，做好市场动态监测分析。切实加强房地产交易资金监管。指导各市州政府制定鼓励农牧民进城购房的政策措施。将农民工和城镇个体工商户纳入住房公积金覆盖范围，全面开展住房公积金异地贷款，实现住房公积金缴存异地互认和转移接续，提高进城务工人员住房消费能力。研究制定差别化住房信贷政策并抓好落实，鼓励银行业金融机构尽快推出针对农牧民进城购房的信贷产品。推行个人住房贷款保险业务。（各市州人民政府；省住房城乡建设厅牵头，省金融办、省国土资源厅、人行西宁中心支行等部门配合）

## 十、加快推进新型城镇化综合试点

（三十三）深化试点内容。按照国家新型城镇化综合试点“一年打基础、两年见成效、三年能推开”的工作要求，积极推进西宁市、海东市、格尔木市、门源县在建立农牧业转移人口市民化成本分担机制、多元化可持续的城镇化投融资机制、改革完善农村宅基地制度、探索建立行政管理创新和行政成本降低的新型管理模式等方面，加大探索力度，实现重点突破。试点地区要全面落实主体责任，切实加强试点工作组织和探索推进工作，加快改革创新，确保顺利完成各项试点任务，发挥好试点的牵引作用，2017 年初步形成试点阶段性成果，确保如期完成任务。省有关部门强化对试点地区的指导支持，营造宽松包容的环境，加强政策协同配合，支持试点地区发扬首创精神，推动新型城镇化相关政策和改革举措率先在试点地区落地，及时总结推广试点经验。（各市州人民政府；省发展改革委牵头，省住房城乡建设厅、省编办、省公安厅、省民政厅、省财政厅、省人力资源社会保障厅、省国土资源厅、省农牧厅、人行西宁中心支行、青海银监局等部门配合）

（三十四）扩大试点范围。紧紧抓住国家新型城镇化试点向中西部地区倾斜、向中小城市和小城镇倾斜的机遇，积极组织我省改革意愿强、综合条件成熟的地区申报第三批国家新型城镇化综合试点。省有关部门在组织开展城镇化相关领域试点时，向国家新型城镇化综合试点地区倾斜。（各市州人民政府；省发展改革委牵头，省住房城乡建设厅、省公安厅、省民政厅、省财政厅、省人力资源社会保障厅、省国土资源厅、省农牧厅、人行西宁中心支行等部门配合）

（三十五）加大支持力度。研究制定新型城镇化发展评估实施办法，探索建立试点申报评价体系，激发各级政府在推进新型城镇化工作中的活力。加强对试点地区的指导和支持，组织试点地区总结试点经验并及时推广。指导试点地区制订和实施年度推进计划，明确年度任务，确保试点工作有序推进。（各市州人民政府；省发展改革委牵头，省住房城乡建设厅、省财政厅、省公安厅、省民政厅、省人力资源社会保障厅、省国土资源厅、省农牧厅、人行西宁中心支行、青海银监局等部门配合）

## 十一、健全新型城镇化工作推进机制

（三十六）强化政策协调。各级政府是新型城镇化建设的责任主体，要把推进新型城镇化建设列入重要议事日程，强化政府调控引导作用，完善部门协作工作机制。省级层面，省发展改革委要加强协调，各成员单位要强化责任意识、主动配合，以省推进新型城镇化工作联席会议为平台，统筹推动相关政策尽快出台，研究制定推进新型城镇化发展行动方案，推动“十三五”时期我省新型城镇化持续健康发展。（各市州人民政府；省发展改革委、省住房城乡建设厅、省编办、省公安厅、省经济和信息化委、省教育厅、省民政厅、省财政厅、省人力资源社会保障厅、省国土资源厅、省环境保护厅、省交通运输厅、省水利厅、省农牧厅、省林业厅、省卫生计生委、省统计局、人行西宁中心支行、省金融办等部门按照职能分工负责）

（三十七）加强规划统领。加强统筹管理和衔接协调，探索建立健全空间规划体系，充分发挥经济社会发展规划和主体功能区规划的统领作用，加强城乡规划、土地规划、生态环境保护规划等之间的衔接配合，确保各项规划在总体要求上方向一致，在时序安排上科学有序，在空间配置上相互协调，形成规划合力。加快推进贵德、格尔木、祁连、河南等“多规合一”试点。（各市州人民政府；省发展改革委、省住房城乡建设厅、省国土资源厅、省环境保护厅、省林业厅等部门按照职能分工负责）

（三十八）加强监督检查。积极配合国家有关部门对新型城镇化建设进展情况的跟踪监测和监督检查。省推进新型城镇化工作联席会议研究审议并及时发布城镇化发展报告和年度工作要点，推动政策措施落地生效。（各市州人民政府；

省发展改革委、省住房城乡建设厅、省统计局按照职能分工负责）

（三十九）强化宣传引导。利用网络、电视、报刊等媒体和新闻客户端、微博、微信、论坛等平台，加大宣传力度，努力营造良好氛围。（各市州人民政府；省委宣传部牵头，省广电局、省发展改革委、省住房城乡建设厅等部门配合）

青海省人民政府

2016 年 10 月 19 日

# 参 考 文 献

**专著：**

1. 喻新安，等. 新型城镇化引领论. 北京：人民出版社，2012：10.

2. 许光中. 青海城市化问题研究. 西宁：青海人民出版社，2007：12.

3. 刘同德. 青藏高原区域可持续发展研究. 北京：中国经济出版社，2010：1.

4. 丁生喜. 环青海湖少数民族地区特色城镇化研究. 北京：中国经济出版社，2012：4.

5. 马玉英，马维胜. 青藏高原城市化模式研究. 北京：北京大学出版社，2013：10.

6. 厉以宁，等. 中国新型城镇化概论. 北京：中国工人出版社，2014（12）.

7. 钱纳里，赛尔昆. 发展的格局 1950～1970. 北京：中国财政经济出版社，1989.

8. 王少农. 西部大开发. 天津：天津社会科学院出版社，2004（4）.

9. ［美］兰帕德. 经济发展和文化变迁. 上海：译文出版社，1956.

10. 林玲. 城市化与经济发展. 荆门：湖北人民出版社，1995. 3.

11. 周一星. 城市化与国民生产总值关系的规律性探讨. 城市地理求索——周一星自选集. 北京：商务印书馆，2010：5.

12. 许学强，周一星，宁越敏. 城市地理学（第二版）. 北京：高等教育出版社，2009：3.

13. 张平，刘霞辉主编. 中国经济增长报告：2009～2010：城市化与经济增长. 北京：社会科学文献出版社，2010（3）.

14. 叶裕民. 中国城市化之路——经济支持与制度创新. 北京：商务印书馆，2001. 5.

15. 周一星. 中国的城市体系和区域倾斜战略探讨. 哈尔滨：黑龙江人民出版社，1991. 6.

16. 姚士谋. 中国城市群. 合肥：中国科学技术大学出版社，2000. 10.

17. 洛桑·灵智多杰主编. 青藏高原环境与发展概论. 北京：中国藏学出版社，1996：5.

18. 张宏岩. 青海省藏族地区经济与社会协调发展研究. 北京：中央民族大

学出版社，2010：9.

19. 华生．城市化转型与土地陷阱．北京：东方出版社，2013：11.

20. 赵俊超．城镇化改革的突破口．北京：中国人民大学出版社，2015：4.

21. 童大焕．中国城市的死于生——走出费孝通陷阱．北京：东方出版社，2014：8.

22. ［美］D. 盖尔．约翰逊．经济发展中的农业、农村、农民问题．北京：商务印书馆，2005：5.

23. 徐同文．城乡一体化体制与对策研究．北京：人民出版社，2011：4.

24. 马成俊，贾伟．青海人口研究．北京：民族出版社，2008：7.

25. 加滕弘之，吴柏均．城市化与区域经济发展研究．上海：华东理工大学出版社，2011：3.

26. 倪鹏飞，等．中国新型城市化道路一城乡双赢：以成都为案例．北京：社会科学文献出版社，2007：7.

27. 刘增荣．城镇密集区发展演化机制与整合．北京：经济科学出版社，2003. 6.

28. 倪鹏飞．中国城市竞争力报告．北京：社会科学文献出版社，2006. 3.

29. 喻新安，等．新型城镇化引领论．北京：人民出版社，2012：10.

30. 许光中．中国城市和谐社区建设的理论与实践．西宁：青海民族出版社，2012：6.

**论文：**

1. 王千，赵俊俊．城镇化理论的演进及新型城镇化的内涵．洛阳师范学院学报，2013（6）.

2. 史学斌，武辉，贾俊花．人口城市化动力机制理论综述．西北人口，2006（3）.

3. 胡际权．中国新型城镇化发展研究．重庆：西南大学，2005（2）.

4. 吴江，等．中国新型城镇化进程中的地方政府行为研究．中国行政管理，2009（3）.

5. 杨重光．新型城镇化是必由之路．中国城市经济，2009（11）.

6. 张占仓．河南省新型城镇化战略研究．经济地理，2010，30（9）.

7. 王千，赵俊俊．城镇化理论的演进及新型城镇化的内涵．洛阳师范学院学报，2013，32（6）.

8. 周冲，吴玲．城乡统筹背景下中国欠发达地区新型城镇化路径研究．当代世界与社会主义，2014（1）.

9. 常益飞．新型城镇化发展道路研究——以甘肃为例．兰州大学学报，2010（6）.

10. 胡际权．中国新型城镇化发展研究．重庆：西南大学，2005 (2).

11. 吴江．重庆新型城镇化推进路径研究．西南大学学报，2010 (4).

12. 胡际权．中国新型城镇化发展研究．重庆：西南大学，2005 (2).

13. 蒋晓岚，程必定．我国新型城镇化发展阶段性特征与发展趋势研究．区域经济评论，2013 (2).

14. 王发曾．中原经济区的新型城镇化之路．经济地理，2010，30 (12).

15. 黄亚平，林小如．欠发达山区县域新型城镇化动力机制探讨．城市规划学刊，2012 (4).

16. 倪鹏飞．新型城镇化的基本模式、具体路径与推进对策．江海学刊，2013 (1).

17. 于晓晴．长江上游地区新型城镇化模式研究．重庆工商大学学报，2011 (6).

18. 庄栋．基于城乡统筹的陕西省新型城镇化模式研究．西安外国语大学学报，2012 (6).

19. 倪鹏飞．新型城镇化的基本模式、具体路径与推进对策．江海学刊，2013 (1).

20. 杨仪青．新型城镇化发展的国外经验和模式及中国的路径选择．农业现代化研究，2013，34 (4).

21. 许光中．中国城市社区治理体制改革的实践与模式选择．青海师范大学学报，2014 (4).

22. 王大海，张玉磊．从运动式治理到制度化治理：新型城镇化的治理模式选择．探索与争鸣，2013 (11).

23. 宣超，陈甬军．中部地区新型城镇化发展模式研究——以河南省鄢陵县为例．理论与改革，2013 (5).

24. 韦仕川，等．国际旅游岛建设背景下海南省新型城镇化模式研究．上海国土资源，2014，35 (1).

25. 冯煜雯．关中经济区新型城镇化发展路径探析．陕西社会主义学院学报，2011 (4).

26. 倪鹏飞．新型城镇化的基本模式、具体路径与推进对策．江海学刊，2013 (1).

27. 向建，吴江．城乡统筹视阈下重庆新型城镇化的路径选择．现代城市研究，2013 (7).

28. 杨仪青．新型城镇化发展的国外经验和模式及中国的路径选择．农业现代化研究，2013，34 (4).

29. 周冲，吴玲．城乡统筹背景下中国欠发达地区新型城镇化路径研究．当代世界与社会主义，2014 (1).

30. 胡际权. 中国新型城镇化发展研究. 西南农业大学学报，2005 (2).

31. 吴江. 重庆新型城镇化推进路径研究. 西南大学学报，2010 (4).

32. 吴江，申丽娟. 重庆新型城镇化路径选择影响因素的实证分析. 西南大学学报（社会科学版），2012，38 (2).

33. 刘静玉，等. 河南省新型城镇化的空间格局演变研究. 地域研究与开发，2012，31 (5).

34. 曾志伟，等. 新型城镇化新型度评价研究. 城市发展研究，2012，19 (2).

35. 仇保兴. 新型城镇化带动西部大开发的几点思考——以南疆为例. 城市规划，2010，34 (6).

36. 王发曾. 中原经济区的新型城镇化之路. 经济地理，2010，30 (12).

37. 潘海生，曹晓峰. 就地城镇化：浙江小城镇建设的调查. 政策瞭望，2010 (9).

38. 常益飞. 新型城镇化发展道路研究——以甘肃为例. 兰州大学学报，2010 (6).

39. 张占仓. 河南省新型城镇化战略研究. 经济地理，2010，30 (9).

40. 张占仓，等. 河南省新型城镇化战略实施中需要破解的难题及对策. 河南科学，2012，30 (6).

41. 吴江. 重庆新型城镇化推进路径研究. 西南大学学报，2010 (4).

42. 唐娅娇，李晓燕. 低碳路径下推进长株潭城市群新型城镇化的思考. 特区经济，2011 (7).

43. 刘静玉，等. 河南省新型城镇化的空间格局演变研究. 地域研究与开发，2012，31 (5).

44. 陈映雪，等. 环首都中小城市新型城镇化路径研究——以张家口怀来县为例. 城市发展研究，2013 (7).

45. 郭蕊. 加快小城镇建设是解决“三农”问题的重要途径. 理论探讨，2006 (2).

46. 李志民，周宝同，张玫. 小城镇的特色发展探析. 安徽农业科学，2006 (14).

47. 刘小洋，金晓玲. 浅议小城镇景观特色的营造. 乡镇经济，2007 (3).

48. 李正宏，李波平. 湖北特色小城镇建设的思考. 湖北社会科学，2013 (6).

49. 赵曦，赵朋飞. 现代农业支撑下西部农村小城镇建设机制设计. 经济与管理研究，2015 (7).

50. 王慧军. 新型小城镇文化建设与人的城镇化问题探究. 中共天津市委党校学报，2015 (4).

51. 王志章，孙晗霖．西南地区新型特色小城镇建设的对策．经济纵横，2016 (1).

52. 简新华．走好中国特色的城镇化道路—中国特色城镇化道路研究之二．学习与实践，2003 (11).

53. 冉启秀，周兵．新型工业化和新型城镇化协调发展研究——基于重庆市全国统筹城乡综合配套改革试验区的实证．重庆工商大学学报，2008，18 (2).

54. 鲁鹏．新型城镇化：解决三农问题的根本出路．山东农业管理干部学院学报，2010 (1).

55. 耿明斋．对新型城镇化引领“三化”协调发展的几点认识．河南工业大学学报（社会科学版)，2011，7 (4).

56. 沈青基．论基于生态文明的新型城镇化建设．城市规划学刊，2013 (1).

57. 马维胜．人口视阈下的青海城市布局构想．青海民族学院学报（社会科学版)，2007 (2).

58. 马彪．青海省人口城市化 Logistic 模型及其应用．甘肃科技，2008 (5).

59. 严新，许长军．基于 GIS 青海省城镇体系的空间布．青海大学学报（自然科学版)，2009 (3).

60. 苏海红．青海城镇化发展的战略思考．青海社会科学，2010 (1).

61. 黄志宏，黄志梅．青海省城市化进程的特征、问题及对策分析．泉州师范学院学报，2011 (2).

62. 张效娟，何邕健，刘同德．青海省城镇化综合水平空间格局研究．青海社会科学，2011 (6).

63. 王红宇．青海省人口城镇化问题研究．攀登，2012 (3).

64. 李勇．加快青海东部城市群发展的理论与实践探析．青海社会科学，2013 (6).

65. 马丽雅．青海东部城市群建设的 SWOT 分析．产业与科技论坛，2014 (1).

66. 丁生喜，王晓鹏，秦真凤，诸宁扬．基于人口－经济－生态协调发展的青海省新型城镇化研究．生态经济，2015 (3).

67. 毛雪艳，王平．青海省新型城镇化影响因素的实证研究．西北人口，2014 (6).

68. 国家开发银行股份有限公司青海省分行课题组．青海省新型城镇化发展探索．青海金融，2015 (4).

69. 强莹．青海新型城镇化模式建设的战略构想．柴达木开发研究，2016 (1).

70. 李毅，夏红梅．青海推进新型城镇化建设进程中的政府规制．安徽行政学院学报，2015（6）.

71. 李浩．城镇化率首次超过50%的国际现象观察．城市规划学刊，2013（1）.

72. 马维胜．青藏高原生态城市化模式研究．青海民族研究，2002（4）.

73. 张向阳，景普秋．区域工业化与城镇化关系的特征分析：基于山西的实证．兰州商学院学报，2010（2）.

74. 张鸿雁．“合理性危机”：当代中国城市化进程中的社会问题．中国城市评论．2005（1）.

75. 简新华，黄琨．中国城镇化水平和速度的实证分析与前景预测．经济研究，2010（3）.

76. 朱孔来，李静静，乐菲菲．中国城镇化进程与经济增长关系的实证研究．统计研究，2011（9）.

77. 卢方元，单可栋．河南省城镇化与经济增长关系的实证研究．河南科学，2013（6）.

78. 刘建华，周晓．城镇化发展与经济增长的关系——基于吉林省经验数据的研究．中共中央党校学报，2015（1）.

79. 赵晓谛．城镇化：从政府推进到市场选择．中共南京市委党校、南京市行政学院学报，2002（2）.

80. 辜胜阻，李正友．中国自下而上城镇化的制度分析．中国社会科学，1998（2）.

81. 刘振宇，魏旭红．我国城镇化动力机制研究进展：基于结构视角的文献综述．区域经济评论，2013（3）.

82. 徐勇．农民理性的扩张：“中国奇迹”的创造主体分析．中国社会科学，2010（1）.

83. 杨发祥，茹婧．新型城镇化的动力机制及其协同策略．山东社会科学，2014（1）.

84. 戴正，闽文义．对青藏高原牧区城镇化特殊性和政策取向的研究．中国藏学，2008，81（1）.

85. 肖枫，张俊江．城市群经济运行模式．城市问题，1990（4）.

86. 姚士谋．关于中国城市群的新认识．现代城市研究，1998（6）.

87. 顾朝林，张敏．长江三角洲城市连绵区发展战略研究．城市问题，2000（1）.

88. 苏雪串．城市化进程中的要素集聚、产业集聚和城市群发展．中央财经大学学报，2004（1）.

89. 熊世伟．经济全球化/跨国公司以及对上海城市发展的影响．城市规划汇刊，1999（2）.

90. 车冰清，朱传耿，孟召宜，等．江苏经济社会协调发展过程、格局及机制．地理研究，2012（3）.

91. 贾成林，周姣．城市群协调发展：内涵、概念模型与实现路径．城市发展研究，2010（12）.

92. 程玉鸿，罗金济．城市群协调发展研究述评．城市问题，2013（1）.

93. 薛成有．西部大开中的民生法律保障研究——以青海东部城市群建设为例．青海社会科学，2011（6）.

94. 课题组．青海城镇化中人口与资源环境承载能力研究．攀登，2013，32（2）.

95. 陈钊，陆铭．首位城市该多大？——国家规模、全球化和城市化的影响．学术月刊，2014（5）.

96. 李毅，王虎英．青海藏毯产业集聚现状与产业集群化研究．青海社会科学，2009（5）.

97. 陈雪梅．青海中藏药产业集群化发展战略探析．攀登，2009（5）.

98. 陈莲芳，严良，陈晓红．青海矿产资源产业集群式开发利用分析．中国矿业，2008（7）.

99. 王建军，刘敏敏，王习．产业集群资源支持力评价——以青海西宁国家经济技术开发区为例．青海社会科学，2014（3）.

100. 厉敏萍，尹佳．试论我国农村城镇化与县域经济的协调发展．商业时代，2010（10）.

101. 张宪平，刘靖宇．城镇化发展与县域经济增长关系的实证分析．生产力研究，2008（2）.

102. 陈永志，黄丽萍．农村土地使用权流转的动力、条件及路径选择．经济学家，2007（1）.

103. 李克强．以改革创新为动力加快推进农业现代化．求是，2015（4）.

104. 王虎成，王月红，何天祥．城市群外向型经济发展水平评价模型．湖南商学院学报（双月刊），2013（1）.

105. 李明武，袁玉琢．外向型经济与开放型经济辨析．生产力研究，2011（1）.

106. 王虎成，王月红，何天祥．城市群外向型经济发展水平评价模型．湖南商学院学报（双月刊）2013（1）.

107. 陆大道．对我国城镇化发展态势的分析．中国科学报，2014（8）.

108. 武小菲，闵树琴，武云亮．外向型经济对我国东中西部地区城镇化的影响——基于省际面板数据的实证研究．铜陵学院学报，2015（3）.

109. 倪天麒，杜宏茹，曹建标，李雪梅．外向型经济对城镇职能的作用响应研究——以天山北坡经济带为例．干旱区资源与环境，2010（12）．

110. 李铁立，等．边境区位、边境区经济合作的理论与实践．人文地理，2004，19（6）．

111. 隋欣，齐晔．黄河流域青海片生态承载力动态评价．生态学杂志，2007（3）．

112. 张爱儒．青海藏区重要生态功能区生态环境承载力研究——以三江源生态功能区为例．兰州大学学报（社会科学版），2015（3）．

113. 许光中．青海东部城市群发展机遇与对策研究．青海师范大学学报，2016（4）．

114. 梁浩，等．绿色建筑产业新城助力新型城镇化．城市发展研究，2013（7）．

# 后　记

诺贝尔经济学奖获得者斯蒂格利斯曾说，21 世纪影响人类进程的两件大事，一是以美国为首的新技术革命，一是中国的城市化。改革开放以来，中国快速推进的城镇化带来了中国经济社会的巨大变革。城镇化不仅改变着城镇的面貌，历史性地改变着城乡结构，深刻地影响着中国的人口、经济和环境版图，也改变着人们的生活。可以说，城镇化与每个中国人的生存发展息息相关。2011 年我国城镇化率首次突破 50%，达到 51.3%，中国的城镇人口数量第一次超过了农村，在城乡结构发生了历史性变化的同时，城镇化快速推进中的问题也日益显现。

从过去 200 多年世界城镇化的发展进程来看，城镇化为人的全面发展提供了巨大的潜在机会，但是这种潜在机会能否转化为现实，在很大程度上取决于政府公共政策的导向，以及一个国家的土地政策、经济发展方式、就业、住房、社会保障等公共服务的供给及公平分配等。而政府公共政策的制定合理与否则取决于学界对城镇化问题的科学研究和理论构建的正确与否。

十八大以来党和政府对中国的城镇化问题给予了高度关注，做为欠发达地区的青海省，省委省政府对青海省的城镇化问题也非常关注。2013 年青海省哲学社会科学规划办公室将推进青海城镇化问题作为青海社会科学的重大课题向社会招标，我有幸通过答辩获得了课题的立项。在我苦苦思索青海推进城镇化问题之时，2014 年 3 月 16 日中共中央、国务院印发了《国家新型城镇化规划（2014 ~ 2020 年）》，在《规划》精神的指导下，很快完成了课题，本书就是我在 2015 年完成课题的基础上修改、增订而成的一个成果。

在本书完成的过程中，得到了省规划办、青海师大及其他院校科研单位多位专家教授的指导，得到了领导同事的诸多帮助，得到了青海师大出版基金的资助，特别是校长刘同德教授在百忙中阅读了本书并热情做序，并给我以非常大的鼓励，在此深表谢意！

在本书的写作过程中，参考和引用了许多专家学者的研究成果和部分单位提供的数据，在书中已经尽量做了标注，但由于种种原因，可能有部分引用的研究成果和数据未能向原作者和提供数据的单位进行反馈和再次核实，或未做出清晰的来源标注，在此深表歉意，并请给予谅解为盼。

回顾自己的教学和科研的历程，中国城镇化带来的经济社会的巨大变化是引导我研究的主因，国家对社会科学研究的重视是重要条件。2003 年以来我先后承担和完成了国家社科基金课题《中国城市化进程中的城市和谐社区建设问题研究》、《中国西北小城镇发展问题研究》，青海省社科规划办公室的课题《青海城市化进程中的“失地农民”问题研究》、《和谐城市建设中的“城中村”问题研究》、《青藏高原区域生态型城镇化发展战略研究》、《青海推进城镇化问题研究》，统计局国家经济普查招标课题《城市化进程中的青海教育行业的现状与问题研究》、《丝绸之路经济带与青海外向型经济发展研究》及多项校级课题，参与完成了国家社科基金课题《藏区生态环境与生态文明制度建设研究》等两项，省部级课题 4 项，发表了相关论文 50 余篇，完成调研报告 32 篇，出版了专著《青海城市化问题研究》、《中国城市和谐社区建设的理论与实践》等两部。2011 年青海师范大学成立了经济管理学院，我从当时的社会科学部调到了经济管理学院担任区域经济学硕士点区域城镇化问题研究方向的研究生导师，开设了《现代区域经济学》、《城市化发展史》、《区域与城市发展论》、《城镇化前沿问题研究》、《社会学》等课程。通过十余年来对城镇化问题的研究和在给研究生讲课的过程中对课程的深入研究，对中国的城镇化的问题有了一些新认识，我希望能有闲暇和更多对此问题有兴趣的朋友们做进一步的讨论（可加微信：13897268865，QQ：1067066584），能把这些认识写下来，让更多的人关注社会经济发展，积极探索城镇化进程中的问题，为政府各部门的决策提供理论及具体可操作的对策参考。

当了 30 多年的教师，走上讲台慷慨激昂，坐在书房沉思默想，讲课和看书写字像白天和黑夜，不停的轮回着，几乎成了我生活的全部，成了生活习惯，闲下来似乎就手足无措了。一个教师最惬意的事情莫过于学生成才、自己的成果能顺利的呱呱坠地，呈现给大家并得到赏识。感谢经济科学出版社的庞丽佳、赵泽蓬两位编辑认真的编辑与修正，你们辛勤的劳动让我在这个月圆之夜，终于给书稿顺利划上了最后一个句号。

长舒一口气，伸一伸腰，抬头看看，星空是那么的深邃，明月是那么的可爱，可以想想诗和远方了。

许光中

2017 年 7 月 8 日